Briefe aus Malawi

Manfred Glagow, geb. 1941, Akademischer Oberrat (i.R.) für Planungs- und Entscheidungstheorie an der Fakultät für Soziologie der Universität Bielefeld. Studium der Politikwissenschaften in Berlin und Aberdeen. Studien- und Lehraufenthalte u.a. in Italien (Florenz), Amerika (Baltimore), Russland (St. Petersburg), Asien (Singapur, Malaysia, Indonesien) und Afrika (Malawi, Moçambique, Zimbabwe, Äthiopien, Benin, Mali). Forschungsinteressen und Veröffentlichungen u.a. zu folgenden Themen: Umweltpolitik, Nichtregierungsorganisationen, Zivilgesellschaft, Entwicklungspolitik, Gesellschaftssteuerung.

Neuere Veröffentlichungen u.a.: 1997 (zus. mit Lohmann, Nickolmann, Paul, Paul): Non-Governmental Organisations in Malawi. Their Contribution to Development and Democratization. Münster, Hamburg, London; 1999 (zus. mit Schrader, Gavra, Kleineberg, Hg.): Russland auf dem Weg zur Zivilgesellschaft? Studien zur gesellschaftlichen Selbstorganisation in St. Petersburg. Münster, Hamburg, London.

Briefe aus Malawi

Beobachtungen in einem afrikanischen Entwicklungsland

VON
MANFRED GLAGOW

[transcript]

Bibliografische Information der Deutschen Bibliothek
Die Deutsche Bibliothek verzeichnet diese Publikation in der
Deutschen Nationalbibliografie; detaillierte bibliografische
Daten sind im Internet über http://dnb.ddb.de abrufbar.

© 2004 transcript Verlag, Bielefeld
Innenlayout und Umschlaggestaltung: Kordula Röckenhaus, Bielefeld
Umschlagfotografie: Manfred Glagow, Bielefeld
Satz: more! than words, Bielefeld
Druck: Majuskel Medienproduktion GmbH, Wetzlar
ISBN 3-89942-175-2

INHALT

FÜR RENATE

Vorbemerkung

Malawi beschäftigt mich schon seit mehr als zehn Jahren. 1991 habe ich das Land erstmalig bereist – nach vorherigen Besuchen anderer Länder des südlichen Afrikas. Ein Jahr später hatte ich das Glück, zum Zeitpunkt der Verlesung des Hirtenbriefes der katholischen Bischöfe von Malawi, des Ausgangspunktes der Auflösung des Banda-Regimes in Zomba, der ehemaligen Kolonialhauptstadt, zu sein und so die Spannung und Emotionen der Leute hautnah erleben zu können. Ich erinnere mich noch, wie mich am Vortag wildfremde Leute auf der Straße ansprachen und mich aufforderten, am Sonntag in die katholische Kirche zu gehen, und das zu einem Zeitpunkt, wo Gespräche mit Ausländern als höchst verdächtig eingestuft waren. Schnell kursierten Flugblätter und Abschriften des Hirtenbriefes, vervielfältigt und hektografiert auf den Maschinen des Chancellor College in Zomba und der Lehrerausbildungsstätte in Domasi. Das Städtchen vibrierte förmlich vor Anspannung – und dennoch war die allmächtige und allgegenwärtige Geheimpolizei nicht auf die landesweite und gleichzeitige Verlesung des Hirtenbriefes vorbereitet. Als dann das Regime Tage später reagierte, war Malawi nicht mehr wiederzuerkennen. »The Wind of Change« hatte die düsteren Wolken der Diktatur weggeblasen.

Jedes Jahr bin ich seither für Wochen und Monate nach Malawi gereist, in manchen Jahren zweimal und oft mit Studenten. Von 1998 schließlich bis 2002 haben dann meine Frau und ich in Lilongwe, der Hauptstadt Malawis, gelebt. Sie leitete in diesem Zeitraum das Landesprogramm der GTZ (Deutsche Gesellschaft für Technische Zusammenarbeit) in Malawi und fungierte als Scharnier zwischen den Partnern im Land, den Repräsentanten der internationalen Gebergemeinschaft und der Zentrale in Frankfurt. Ich erhielt die Möglichkeit, mich von meiner Universität in Bielefeld beurlauben zu lassen, und begleitete sie als neugieriger Sozialwissenschaftler, der bis dato viel über die Strukturprobleme deutscher Entwicklungspolitik nachgedacht und publiziert hatte, und nicht zuletzt als Hausmann, um meiner Frau den Rücken bei ihrer weiß Gott nicht leichten Aufgabe freihalten zu können. Ich nahm die Gelegenheit sehr gern an, gab sie mir doch die Möglichkeit, etwas Neues zu probieren, und für diese Chance bin ich noch heute dankbar.

Hausmann zu sein im afrikanischen Kontext ist etwas völlig anderes als in Europa, es ist die Rolle eines »Masters« in einer Art Hofhaltung mit mehreren Angestellten, für die und für deren Angehörige der Master verantwortlich ist. Hieraus ergeben sich ungeahnte, zum Teil skurrile und zum Teil schwer erträgliche Anforderungen des Alltags, die ich aufschreiben musste und wollte, um sie mir und meinen Freunden ins Bewusstsein zu rücken. Daraus sind die Briefe aus Malawi entstanden. Sie berichten und bewerten aus subjektiver Sicht, mit fremdem Blick, gefärbt durch die Herkunftskultur des Schreibers. Die Briefe schildern Ereignisse mit dem Bemühen, sie zu verstehen. Zweifellos gelingt das nicht immer, und so zeigen sie nicht nur vorhandene Widersprüche und offene Fragen, sondern spiegeln auch meine (noch?) nicht ausreichend Aufnahme- und Verständnisfähigkeit wider. Aber selbst wenn ich es wollte, ich kann diese Unebenheiten, möglichen Missverständnisse, Urteilsunsicherheiten und Perzeptionen nicht glätten. Das würde ihrem Charakter als Fremdbeobachtungen widersprechen, und so ist das geschilderte Bild von Malawi notwendigerweise ein Torso geblieben, geformt aus meiner Sicht. Deshalb habe ich auch darauf verzichtet, die Briefe zur jetzigen Veröffentlichung inhaltlich zu überarbeiten, Irrtümer zu streichen und ein Bild aus meiner jetzigen Sicht (mit ähnlichen oder anderen Verkürzungen) neu zu entwerfen. Nein, so habe ich es gesehen, und so will ich es mitteilen. Hinzugefügt habe ich als eine Art Einleitung einen Überblicksartikel zu Malawi und abschließend einen Aufsatz zur Geschichte der christlichen Missionen in Malawi, deren Bedeutung noch für das heutige Malawi nicht zu unterschätzen ist.

Für die Unterstützung bei der Herstellung der Texte bin ich Pauline Worley dankbar, für die redaktionelle Überarbeitung darüber hinaus Roselore Brose. Wertvolle Hinweise, Unterstützung und Ermutigung habe ich von meiner Frau Renate Pollvogt erhalten.

Bielefeld, August 2003

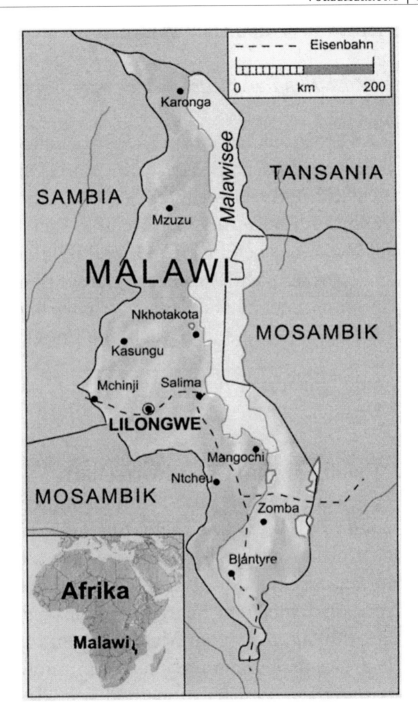

Malawi, »Everybody's Hinterland«[1]

Malawi ist nicht nur im deutschsprachigen Raum ein weitgehend unbekanntes Land, fern irgendwo in Afrika. Allenfalls mögen sich Aquarienfreunde erinnern, denn aus dem gleichnamigen See stammen nicht wenige Zierfische, die sich in europäischen und nordamerikanischen Aquarien wiederfinden. Die einmalige Fischpopulation, die Artenvielfalt und der See selbst, der im großen afrikanischen Graben ruht, haben dazu geführt, dass Malawi zumindest in der biologischen und geographischen Literatur wiederzufinden ist.

Das flächenmäßig kleine Malawi mit verhältnismäßig dichter Bevölkerung, eingezwängt zwischen Zambia, Tanzania und Moçambique, erhielt in seiner jüngeren Geschichte selten die Chance und Gelegenheit, eigenverantwortlich seine Geschicke zu bestimmen. Zu groß sind die politischen und ökonomischen Abhängigkeiten des Landes von seinen Nachbarn und den Mächten, die in der Weltgeschichte etwas zu sagen haben. Zunächst Protektorat, dann Kolonie, führte es unter dem Namen Nyasa oder Nyasaland ein Mauerblümchendasein im britischen Empire, und nach seiner Unabhängigkeit hat es diesen Status bis heute nicht aufbrechen können: Malawi.

Geographisch ist die Lage Malawis durch seine Nord-Süd-Ausrichtung entlang des afrikanischen Grabens, der das östliche Afrika durchzieht und eine Kette von Seen begründet, zu der auch der Malawi-See gehört, der dem Land seinen Namen gibt, bestimmt. Das Land erstreckt sich von 9°22 bis 17°08 südlicher Breite und zwischen 33°02 und 33°55 östlicher Länge[2]. Mehr als 900 km Luftlinie trennen die Zollstationen des Landes im Norden von denen im Süden. An seiner breitesten Stelle beträgt die Distanz circa 180 km, an seiner schmalsten Stelle circa 60-80 km. Die Staatsfläche beträgt etwa 118.000 qkm, von der fast 20 % der große See und 2-3 kleinere einnehmen. Die Höhenlagen schwanken zwischen 50-3.000 m ü.M., woraus sich eine abwechslungsreiche Landschaft, vom Marschland im Shire-Flußtal bis zu den schroffen Gebirgen des Mulange oder (weniger schroff) des Nyika-Plateaus, ergibt.

---

1 So der Titel eines Aufsatzes von B. Fetter, in: African Studies Review 25, pp. 79-116.

2 A. Erhard, Malawi, Agrarstruktur und Unterentwicklung, Innsbruck 1994: 66.

Zwar finden sich in Malawi keine spektakulären Naturphänomene, wie etwa die Victoria Falls an der Grenze zwischen Zambia und Zimbabwe, dennoch besticht das Land durch seine Schönheit und vor allem durch seine wechselnden Landschaftsbilder. Malawi belohnt den Reisenden nicht nur durch seine Natur, sondern auch wegen seiner freundlichen Menschen. Wäre nicht angesichts der unübersehbaren Armut eine gewisse Aggressivität der Menschen erwartbar? Stattdessen werden sie als höflich, freundlich und geduldig charakterisiert. Ein Erbe der Missionare? Bezeichnend für die gar nicht unbedingt negativ gemeinten Vorurteile der malawischen Nachbarn ist der folgende Witz, der sich vor einiger Zeit in einem zimbabwischen Magazin wiederfand: »Malawi being the only country where you can knock someone down with a car, and your victim will get up from the road and apologize to you.« Es ist dennoch kein gängiges Touristenland. Obwohl Touristen für die Ökonomie des Landes von großer Bedeutung sein könnten, fehlt es an Infrastruktur und Erfahrungen. Die wenigen besserklassigen Beach Resorts mögen zwar die Erwartungen einer bestimmten Touristen-Klasse erfüllen, ihre Anzahl jedoch ist begrenzt, letztlich auch ihr Niveau, und das bei reichlich überzogenen Preisen. Nein, erfreulich ist das Land für den geduldigen und neugierigen Reisenden, der sich nicht fremdbestimmt von Reiseführern durch das Land jagen lässt. Wer leichter und schneller das erleben und sehen möchte, was er schon gesehen und erlebt hat oder im Fernsehen vorgeführt bekommen hat, sollte lieber in die Südafrikanische Republik, nach Kenia oder auch Zimbabwe fahren.

Mit circa 10 Millionen Einwohnern ist Malawi für afrikanische Verhältnisse relativ dicht bevölkert. Seit der Unabhängigkeit des Landes in den sechziger Jahren hat sich die Bevölkerung fast verdreifacht, und das Bevölkerungswachstum ist von knapp 3 % jährlich in den letzten Jahren nur unwesentlich gesunken. Eine der Folgen des weitgehend ungebremsten Bevölkerungsanstiegs ist die »Jugendlichkeit« des Landes. Rund 50 % der Bevölkerung gehören den Altersgruppen bis zu fünfzehn Jahren an. Bei einer gleichzeitig gesunkenen Lebenserwartung von unter vierzig Jahren ergibt sich eine extrem flache Alterspyramide. Die Jugendlichen finden kaum Arbeit, und das traditionelle, familiale Erziehungssystem kann mit diesen Altersrelationen nicht mehr Schritt halten. Die Straßen sind voll von herumlungernden Kindern und Jugendlichen, und der Zeitraum ist nicht mehr fern, wo sich diese in Kinderbanden zusammenschließen werden. Die aktuellen Ereignisse und Gefährdungen durch Aids und andere Krankheiten dramatisieren diese Entwicklung in unfassbarer Weise.

Gruppe von Kindern

Die starke landwirtschaftliche Ausrichtung der Ökonomie des Landes, die bestehenden Eigentumsverhältnisse und der geringe Produktivitätsstandard der Landwirtschaft bedingen die Dominanz von Subsistenz- und Kleinbauern, die sich angesichts einer weiterhin wachsenden Bevölkerung bei notwendigerweise statisch verbleibenden Landwirtschaftsflächen mit einer zunehmenden Knappheit von bearbeitungsfähigen Böden konfrontiert sehen. Daneben existiert ein kleiner Plantagensektor (Tabak, Zucker, Tee), auf den Weltmarkt ausgerichtet. Schon heute aber verfügen mindestens 25 % der Subsistenzbauern über nicht mehr ausreichende Landwirtschaftsflächen, die wenigstens ihren Eigenbedarf decken könnten. Unübersehbar sind deshalb die ökologischen Schäden durch die Inanspruchnahme neuer, aber auch ungeeigneter Böden, zum Beispiel an den Steilhängen der Berge. Aber nicht nur Landnot führt zur Urbarmachung von bisher nicht in Anspruch genommenen Flächen, sondern auch ein ungesättigter Holzbedarf, stellt doch Holz die wichtigste Energiequelle des Landes dar. Abgesehen von den wenigen städtischen Haushalten, die über eine mehr oder weniger gesicherte Stromversorgung verfügen, ist die überwiegende Mehrzahl der Bevölkerung auf Holz oder Holzkohle angewiesen, um ihre sowieso schon knappen Mahlzeiten kochen zu können. Die Abholzung der wenigen noch vorhandenen Wälder und Gehölze geht also nicht auf Vandalismus oder Uneinsichtigkeit zurück, sondern wird von der schieren Not der Land- und Holzsuchenden verursacht. Jedes Jahr werden 5 % der noch vorhandenen Holzreserven vernichtet. Falls hier nicht eine Änderung in kürzester Zeit eintritt, wird Malawi in wenigen Jahren nicht mehr über eine brennbare Vegetation verfügen.

Ein Erbe der eher zufällig gezogenen Kolonialgrenzen ist die Binnenlage Malawis mit schwierigen und entfernten Verkehrsanbindungen an die Seehäfen. Die klassische Verbindungslinie zur »Welt« war für lange Zeit im 19. Jahrhundert und bis in den Zweiten Weltkrieg hinein die Schifffahrtsroute über den Shire und anschließend den Zambezi an die moçambiquanische Küste. Aber beide Flüsse sind mit Hindernissen versehen und nicht immer befahrbar. Stromschnellen, Versandungen und wechselnde Wasserstände behindern die Schifffahrt erheblich, so dass sie heute nicht mehr praktiziert wird. Straße und Schiene haben die Rolle der Wasserwege übernommen, während der Luftverkehr in erster Linie auf den Personentransport beschränkt ist. Eisenbahnen und Landstraßen sind jedoch kapital- und betreuungsintensiv und deshalb unter afrikanischen Gegebenheiten stark anfällig in ihrem Bestand, von kriegerischen Zerstörungen einmal ganz abgesehen. Klima, Überanspruchnahme und nicht rechtzeitige und fachgerechte Wartung und Reparaturen führen zu Zerstörungen der Verkehrswege in dramatischer Intensität und Schnelligkeit. Der Reisende mag eine intakte Straße bereits nach ein oder zwei Jahren nicht wiedererkennen und ist heilfroh, ohne Achsenbruch davongekommen zu sein. Unter den Gegebenheiten anfälliger bzw. nicht intakter Straßen- und Eisenbahnverbindungen sind Entfernungen von Hunderten von Kilometern nach Beira, Dar es Salam oder gar Durban eine enorme Erschwernis und Verteuerung der Transporte von Gütern und Personen.

Bezeichnend, dass die Malawis für eine Eigenbeschreibung ihrer Situation gern den Terminus *land-locked-country* benutzen. Die Charakterisierung will nicht allein auf eine geographische Tatsache hinweisen, sondern darüber hinaus auf geopolitische Verwundbarkeiten und die entwicklungspolitische Notwendigkeit, Unterstützungsleistungen für den Erhalt der Verkehrs-Infrastruktur des Landes von den internationalen Gebern zu erhalten.

Ende der siebziger, Anfang der achtziger Jahre unterstützte Malawi, unter der Führung des Diktator *Banda*, als einziges schwarzafrikanisches Land die *Renamo*, die sich in einem langjährigen Bürgerkrieg mit der moçambiquanischen Befreiungsbewegung, *Frelimo*, befand. Als dann die gleiche *Renamo* die Bahnverbindungen zu den von Malawi aus erreichbaren moçambiquanischen Häfen zerstörte, musste das Land verstärkt die Verkehrsan-

Die Ihlala, das einzige noch fahrbereite Fährschiff auf dem See

bindung über Tanzania oder Südafrika sichern, wodurch sich die Transportkosten enorm erhöhten, zu Lasten der Wirtschaftskraft Malawis. Zwar beeilten sich die internationalen Geber, dem Land finanziell beizustehen, und
suchten eine neue Verkehrsanbindung über den Malawi-See an tanzanische
Eisenbahnlinien zu erstellen. Aber das brauchte Zeit und erwies sich im
Endeffekt als so stümperhaft vorbereitet und durchgeführt, dass man sich
fragt, warum für diese Verschwendung von menschlicher Energie und Steuergeldern, auch deutschen, in Millionenhöhe niemand zur Rechenschaft gezogen wurde.

Besucher von *Monkey Bay*, einer wunderschönen Bucht an der Südspit-
ze des Malawi-Sees, die zum Schnorcheln und Tauchen einlädt und sich
auch als idealer Naturhafen eignet, staunen nicht schlecht, wenn sie hinter
der Bucht ein großes, solide gebautes Containerschiff, das größte Schiff auf
dem ganzen See, ankern sehen. Schnell findet sich jemand, der erklärt, dass
das Schiff dort schon circa fünfzehn Jahre liegt. Es werde ab und zu bewegt,
neu gewartet und gestrichen, damit es funktionsfähig bleibt, aber ansonsten
sei es nie seiner Bestimmung, Güter über den See zu transportieren, übergeben worden. Im Übrigen hätten »die Deutschen« das Schiff finanziert.
Die Story dahinter liest sich folgendermaßen. Ein Konsortium verschiedener

Geber, Weltbank, USAID, African Development Bank und auch die deutsche Kreditanstalt für Wiederaufbau verfolgte in den achtziger Jahren den bereits erwähnten Plan, mit Hilfe von Schiffen den Zugang Malawis zum Hafen von Dar es Salam zu erleichtern und zu verbilligen, angesichts der nicht erreichbaren moçambiquanischen Häfen. Die Idee war naheliegend, bestand doch das Verkehrsnetz des Protektorats und der späteren Kolonie Nyasa zuerst und überwiegend aus Schiffsverkehr auf dem See. Also beschloss man den Auf- und Ausbau von Häfen am Malawi-See, in denen Güter aus dem Land bzw. ins Land umgeschlagen werden sollten, von Schiffen, die von und nach Tanzania pendeln würden. Auf malawischer Seite wurde in der Folge eine Reihe von Häfen zum Ausbau bestimmt und mit aufwendigen Containerverladevorrichtungen ausgestattet. Auch deutsche Entwicklungshilfe-Beiträge in nicht geringer Höhe sind zur Errichtung dieser Hafenanlagen, die noch heute zu bewundern sind, benutzt worden. Für ein Trinkgeld setzt sich dann auch jemand mal in die Krananlage und dokumentiert die Funktionsweise. Nur ein Schiff kann er nicht beladen, denn die Schiffe können die Anlage nicht erreichen, weil die Wassertiefe nicht ausreicht. Und so kann das »deutsche Schiff« die Hafenmole nicht erreichen und ankert in tieferen Lagen auf dem See, und das schon seit einigen Jahren, in der Hoffnung auf bessere Zeiten, die da nicht kommen mögen. Die Planer des Vorhabens hatten nicht mit den starken Schwankungen der Wasserhöhen des Malawi-Sees gerechnet. Weil der See im ost-zentralafrikanischen Graben liegt, verändern sich seine Wasserhöhen mit den Bewegungen der darunter liegenden Erdplatten und in Abhängigkeit von stark schwankenden Niederschlagsmengen erheblich und über die Jahre in mehreren Metern. Obwohl diese Schwankungen bekannt und bereits von der britischen Kolonialverwaltung akribisch gemessen und notiert wurden, sahen die Verantwortlichen offensichtlich nicht die Notwendigkeit, sich wenigstens zu informieren. Die Folgen sind Verschwendung von Entwicklungshilfebeiträgen in zweistelligen Millionenhöhen, peinliche Gesichtsverluste, auch auf deutscher Seite, und die Gewissheit, dass sich die Entwicklungshilfe nicht über sinkende Beiträge beschweren müsste, wenn sie die vorhandenen Mittel richtig einsetzen würde. Aber das Containerboot auf dem Malawi-See ist keineswegs der einzige und letzte Verschwendungsskandal der deutschen Entwicklungspolitik und unterscheidet sich auch nicht von denen der anderen internationalen Geber.

Immer wieder hat der kürzlich verstorbene Gründungsvater Malawis und langjährige Diktator, *Hastings Banda*, mit Verweisen auf ein legendäres Reich Maravi (Land der Tausend Feuer) versucht, dem Land eine jahrhundertelange Kontinuität zu verleihen. Tatsächlich jedoch gab es auf dem heutigen Territorium Malawis und in der Region keine langfristig stabile Herrschaftsordnung. Bis in die Mitte des 19. Jahrhunderts bestimmten extensive Wanderungsbewegungen das Leben westlich und östlich des großen Sees. Kontinuierlich strömten seit dem 12. Jahrhundert Bantuvölker aus dem heutigen Kongo in den Süden und vertrieben, töteten oder assimilierten die Ureinwohner, deren Nachfahren unter dem falsch verstandenen und von der deutschen Kolonialverwaltung erfundenen Namen »Buschmänner« (die San) heute als Minderheiten in Botswana, Namibia und Südafrika leben. Im 19. Jahrhundert erreichten die Kriegervölker der Yaos und Ngoni auf der Jagd nach Sklaven und Vieh die Seeregion. Teile von ihnen wurden im heutigen Malawi sesshaft. Diese ununterbrochenen und in der Regel kriegerischen Wanderungsbewegungen verhinderten die Herausbildung einer längerfristigen und kalkulierbaren Ordnung und bedingten eine äußerst kleinräumige lokale Sicherheit, die, ständig auf der Hut und auf der Flucht, sich als äußerst mobil erweisen musste, was wiederum den extensiven Wanderungsbewegungen im südlichen Afrika entsprach. In die Jetztzeit verlängert hat sich die tribale Vielfalt in Malawi und die enge Verbundenheit der Menschen mit ihrer stammesmäßig gebundenen Überlebensgemeinschaft, bei gleichzeitigem Mißtrauen gegen die der anderen.

Als Nation und Staat kann sich Malawi nicht auf irgendwelche Vorläufer berufen und auch nicht auf eine wie auch immer geartete vormoderne Kontinuität. Das Land ist ein Kunstprodukt des Kolonialismus und hat dennoch eine eigene Identität gewonnen, die in der Literatur geradezu als Prototyp und als herausragendes Beispiel für die Entwicklung eines afrikanischen Nationalismus gewertet wird.[3]

Ins Blickfeld der europäischen Geschichte gerät die Region durch die Erkundungsreisen von *David Livingstone*. Dieser erfolglose Missionar, jedoch recht angesehene Geograph durchstreifte in der Mitte des 19. Jahrhunderts von Südafrika kommend die südliche Hälfte des Kontinents bis hoch zum Kongo und erlangte damit einen höchst modern anmutenden Bekanntheitsgrad in Großbritannien, der auf eine bereits vorhandene und funktionierende Medienlandschaft der Zeit verwies. Seine Berichte in Form von Büchern und Zeitungsartikeln machten ihn berühmt und forderten Nachahmungen heraus, gedeckt durch die Legitimation, die christliche Religion zu verbreiten, die Ungläubigen zu bekehren und den bestehenden Sklavenhandel der

---

3 R.I. Rotberg, The Rise of Nationalism in Central Africa; The Making of Malawi and Zambia 1873-1964, Cambridge, Mass. 1965.

David Livingstone

Araber über Zanzibar zu verhindern. Auf seinen Reisen »entdeckte« *Living-stone* auch den Malawi-See und beschrieb in warmen Worten die herzliche Aufnahme, die er bei den Einwohnern des Landes gefunden hatte, und gleichzeitig die barbarischen Ungerechtigkeiten, die durch den Sklavenhandel der Portugiesen, Araber und ihrer Hilfsvölker entstanden waren.[4] Mit seinen Berichten aktivierte er insbesondere schottische und englische Missionen, in der Seeregion tätig zu werden. Und es sind diese Missionen, die das heutige Malawi in den Blick der europäischen Welt rücken und nicht so sehr politische und ökonomische Interessen der imperialen Mächte der Zeit. Großbritannien nimmt zum Ende des 19. Jahrhunderts nur zögerlich, wenn nicht gar widerstrebend, das Land in sein Imperium auf, zunächst als Protektorat, später als Kolonie. Es handelt sich dabei um eine geopolitische Ne-

---

4 Vgl. R. MacKenzie, David Livingstone, The Truth Behind the Legend, Chinhoyi, Zimbabwe, 1993; B.W. Lloyd (ed.), Livingstone 1873 – 1973, Capetown 1973.

gativentscheidung, die darauf abzielte zu verhindern, dass Portugal oder gar das Deutsche Reich in ein eventuelles Machtvakuum hinein expandieren könnten und damit die bereits prosperierenden Kolonien in Süd- und Nordrhodesien bedrängen würden. Und so wird Malawi im Gefolge der Berliner Konferenz bei der endgültigen Aufteilung Afrikas unter dem Namen Nyasa zum britischen Protektorat. Populär war diese Maßnahme in England deshalb, weil die schottischen und englischen Missionen diese Region bereits vorher bekannt gemacht hatten, aber der Mangel an Bodenschätzen war evident, die Plantagenwirtschaft stand noch in ihren Anfängen und war zudem systematisch begrenzt, und auch als Siedlungsland für weiße Auswanderer aus dem beengten Europa bot Nyasa keine Perspektive.

Das Desinteresse und die signifikante Ressourcenknappheit der britischen Protektorats- bzw. Kolonialverwaltung sicherte den christlichen Missionen eine starke Stellung in der Kolonie, insbesondere im Bildungs- und Gesundheitswesen. Das zunächst von den schottischen Missionaren dominierte Erziehungs- und Ausbildungssystem in Nyasa galt für lange Jahre als vorbildlich im gesamten südlichen Afrika. Sicher, nur eine kleine Minderheit afrikanischer Zöglinge durchlief das Curriculum dieser Missionsschulen, überwiegend männliche Zöglinge, während Frauen auf ihre artspezifisch festgelegten Haushaltsrollen zurückverwiesen wurden. Auch war die Sinn- und Nachhaltigkeit vermittelter Lehrinhalte häufig nicht gegeben und die Dominanz der Vermittlung von »Sekundärtugenden« notorisch. Dennoch, die schottischen Missionsschulen boten Chancen, allerdings mit ambivalenten Folgen.

Im Zusammenwirken mit der Tatsache, dass Nyasa, anders als die umliegenden Nachbarkolonien, nie Siedlungsland für weiße Auswanderer aus Europa wurde, erhielten die Absolventen der Missionsschulen Möglichkeiten zu einer beruflichen und sozialen Karriere, wie sie Afrikanern in der Kolonialzeit woanders in dieser Breite und Tiefe nicht eröffnet waren. Sie erhielten Jobs in Missionen, in der Kolonialverwaltung und in den Plantagen als Manager, Buchhalter und Verwalter, besetzten Lehrerstellen, stiegen zu Priestern bzw. Pastoren auf, dienten in der Armee nicht nur als gemeine Soldaten und waren als Handwerker anerkannt. Mit ihrem relativ hohen Bildungsstand und einer gefestigten Arbeitsdisziplin erlangten sie auch in den englischen und burischen Nachbarkolonien als Arbeitskräfte Reputation. Hier aber stießen sie auf die Konkurrenz weißer Zuwanderer, häufig aus bildungsmäßig und sozial niedrigen Milieus, die für sich selbst Busfahrer-, Briefträger-, Eisenbahnschaffner- und Sanitäterstellen in Anspruch

Straßenstand

nahmen und politisch eine offene oder verdeckte Apartheid zur Sicherung dieses Anspruchs durchzusetzen versuchten und letztendlich durchsetzten.

Die Emigration gebildeter (und auch nicht gebildeter) Malawis jedoch war bittere Notwendigkeit. Die kleine Kolonie bot keineswegs und zu keiner Zeit genügend Nachfrage nach den in den Missionsschulen Ausgebildeten. Deshalb organisierten die Missionare selbst frühzeitig eine geordnete Arbeitsvermittlung nach Südafrika und in die beiden Rhodesien. Sie waren zwar besorgt, dass der dauernde Arbeitsaufenthalt ihrer Zöglinge in der Fremde Auswirkungen auf die soziale und familiäre Struktur von Nyasa haben würde. Aber die Emigration Hunderttausender von Arbeitskräften war angesichts der fehlenden Arbeitsplätze in Nyasa notwendig und verselbstständigte sich kulturell und sozial als biographische Durchgangsstation für Männer. Immerhin konnten die Jungen mit einer Arbeitsverpflichtung im Ausland den Brautpreis erwirtschaften, den sie vorher in Abhängigkeit von ihren Familien verliehen bekamen. Die langfristig problematischen Folgen für das soziale Gefüge und die eigene ökonomische Entwicklung der Region durch den fortlaufenden »Brain Drain« blieben jedoch evident und erklären sicherlich ein Stück weit die heutige unbefriedigende politische und ökonomische Situation des modernen Malawis.

Es entstehen typische Biographien der Emigration und Wanderarbeit.

Der bereits erwähnte Diktator, *Hastings Kamuzu Banda*, hat eine solche Biographie selbst verkörpert und zu einem Mythos seines eigenen Lebenswegs zu dramatisieren versucht. *Banda*, geboren zwischen 1898 und 1906, war Zögling der berühmten *Livingstonia Mission* im Norden der Kolonie. Wegen nicht näher benannter Unregelmäßigkeiten musste er die dortige Missionsschule verlassen und wanderte zu Fuß (1915 ?) in das südafrikanische Minengebiet, um sich dort Geld für eine weitere Ausbildung zu erwirtschaften. Er traf hier auf amerikanische Missionare, die seine Intelligenz und Cleverness erkannten und ihm ein Studium in den USA ermöglichten. Zunächst nahm er ein sozialwissenschaftliches Studium auf, um später Medizin ebenfalls erfolgreich zu studieren und abzuschließen. Als ökonomisch erfolgreicher Mediziner hat er dann in den USA, später in Schottland und dann in Ghana gewirkt und ist erst als bereits Fünfzigjähriger nach Nyasa zurückgekehrt. Fern von Wahrheit und Mythos dieser Individualgeschichte bleibt festzuhalten, dass eine überwiegende Anzahl von männlichen Malawis mit einer Emigrationsgeschichte, wenn auch nicht immer so erfolgreich wie die des Diktators, aber immer verbunden mit Verwerfungen und psychischen Verletzungen aufgrund erlittener Diskriminierung aufwarten konnten. Es sind diese gemeinsamen Erfahrungen der Arbeitsemigranten über ihre tribale individuelle Herkunft hinaus und generationsübergreifend sowie die Fremdwahrnehmung der Gastkolonien, die sie alle unbeschadet ihrer Herkunft als Arbeiter aus Nyasa definieren, die die Betroffenen zu einer sozialen, politischen und kulturellen Einheit verschweißen und damit den Grundstein für einen malawischen Nationalismus[5] legen.

In der Phase der Entkolonialisierung als zwingende Folge des Zweiten Weltkriegs suchte die britische Kolonialverwaltung ihre Verantwortung für Nyasa an die beiden Nachbarkolonien Süd- und Nord Rhodesien zu übertragen, in dem sie den Plan einer gemeinsamen Konföderation der beiden Rhodesien mit Nyasa durchsetzte. Für Nyasa bestünde der Vorteil in der Sicherung seiner Überlebensfähigkeit, die angesichts fehlender Bodenschätze und einer schwachen Wirtschaft allein nicht gegeben wäre, lautete die durchaus plausible Begründung von britischer Seite für eine Konföderationslösung. Die afrikanischen Eliten Nyasas lasen jedoch den Plan anders. Gerade die im Vergleich übermächtige Wirtschaftsmacht der beiden Nachbarn mit ihren Minen und einer entfalteten Plantagenwirtschaft würde Nyasa an den Rand der Konföderation drücken und das Land zu einem bloßen Arbeitskräftereservoir verstetigen. Zudem war bereits deutlich zu erkennen,

---

5 Rotberg (wie Anm. 3).

dass starke Gruppen der weißen Siedler in den beiden Rhodesien mit der Entkolonialisierung keineswegs eine Afrikanisierung der dann unabhängigen Länder verbanden, sondern, dem Vorbild der Südafrikanischen Republik folgend, eine Spielart der Apartheid durchzusetzen suchten, in dem ein Nyasa, ohne eine nennenswerte Anzahl weißer Siedler, als Ganzes den Status einer Kolonie der von Weißen dominierten Nachbarländer erhalten würde. So verband sich die Gegenwehr gegen eine Konföderation mit Süd-Nord-Rhodesien nahtlos, mit der Forderung nach einer eigenen umfassenden Unabhängigkeit, ohne britische oder rhodesische Vorherrschaft. Dass die Parole des Kampfes gegen die »verdammte Konföderation« eine überwältigende Zustimmung in der breiten Bevölkerung Nyasas fand, erklärt sich aus den gemachten Erfahrungen der Tausenden von Arbeitsemigranten in den Minen und Plantagen Südafrikas und den beiden Rhodesiens. Der Protest gegen die Konföderation verdichtete sich zu Unruhen und zwang die beiden Nachbarn, Truppen nach Nyasa zu senden – ein vergebliches Bemühen, Nyasa in der Konföderation zu halten. Nach viertausend Tagen musste der Plan einer Zwangsvereinigung der drei Kolonien aufgegeben werden.[6] Nyasa verließ die Konföderation und wurde wenig später als Malawi unabhängig. Der Kampf gegen die Konföderation und für die Unabhängigkeit ist eines der wenigen Beispiele, wo die Menschen der Region ihr Schicksal in eigene Hände nahmen, wobei ihnen die internationalen Gegebenheiten und Zeitläufe günstig waren.

Am 6. Juli 1964 wurde das heutige Malawi unter dem Ministerpräsidenten *Dr. Hastings Kamuzu Banda* unabhängig. Jedoch die Träume von Freiheit und Selbstbestimmtheit zerstoben rasch. Die 1964 erfolgten allgemeinen und freien Wahlen sollten sich für fast dreißig Jahre als die letzten erweisen. Von Beginn seiner Herrschaft an regierte *Banda* mit den Notstandsgesetzen des vorangegangenen Kolonialregimes. Im Windschatten der Geschichte und unbeachtet von der Welt formte *Banda* eine auf seine Person zugeschnittene Diktatur, deren Ausmaß und Terror bis heute nur in Ansätzen aufgearbeitet ist.[7] Die Regierungspartei MCP (Malawi Congress Party) wurde zur Staatspartei und zur einzig erlaubten Partei im Lande. *Banda* ernannte sich zum Präsidenten und recht bald auf Lebenszeit. Die Regierung

6 Autobiographie von R. Welensky, The Life and Death of the Federation of Rhodesia and Nyasaland, Welensky's 4000 Days, London 1964.

7 Vgl. S. Mpasu, Political Prisoner 3/75 of Dr. H. Kamuzu Banda of Malawi, Harare 1995; E. Mkamanga, Suffering in Silence, Malai Women's 30 Year Dance with Dr. Banda, Glasgow 2000.

verlor ihren Status als Kollegialorgan und wurde zum Arbeitsstab des Diktators degradiert. Die jüngeren Politiker, die *Banda* aus dem Exil und an die Macht gebracht hatten, verloren ihre Funktionen in Regierung, Verwaltung und Partei, flohen ins Ausland, wurden ins Gefängnis geworfen oder ermordet. *Banda* gelang es in kurzer Zeit, ein persönliches Patronagesystem zur Sicherung der Loyalität von Polizei, Verwaltung und Partei zu errichten. Flankierend erschuf er sich mit dem militärischen Arm der »jungen Pioniere« (eine Art Miliz) ein allgegenwärtiges terroristisches Gewaltinstrument. Die zum Teil noch von englischen Expatriates geleitete und beeinflusste Armee und Jurisprudenz verhielten sich zögerlich abwartend bis wohlwollend. War es nicht angesichts bereits sichtbarer Fehlentwicklungen in anderen aus der Kolonialherrschaft entlassenen Ländern sinnvoll, dass Malawi mit harter Hand zu »Law and Order« angehalten wurde? Und schließlich war eines sicher: Der Diktator konnte keineswegs kommunistischer oder sozialistischer Neigungen verdächtigt werden.

Zweifellos profitierte *Hastings Kamuzu Banda* von der Hinnahme seines Gewaltregimes durch die westliche Welt und deren Zustimmung dazu. Im entfachten globalen Ost-West-Konflikt erklärte sich Malawi eindeutig und zweifelsfrei als Bündnispartner des Westens. Zudem bezog das Regime im Stellvertreterkonflikt zwischen dem Apartheidssystem Südafrikas und den afrikanischen Befreiungsbewegungen in Moçambique, Angola, Zimbabwe und Namibia Position zugunsten Pretorias. Diese Haltung wurde politisch und auch entwicklungspolitisch durch Südafrika und den Westen belohnt. Südafrika finanzierte und baute den malawischen Geheimdienst, die Paläste des Diktators und die neu bestimmte Hauptstadt Lilongwe auf und aus. Die westlichen Länder, einschließlich der Bundesrepublik Deutschland, gaben großzügige Entwicklungshilfe. Zwar mokierte man sich in den Metropolen über eigenartige Marotten des alten Diktators, der den Frauen seines Landes das Tragen von langen Hosen verbot und Männern zu lange Haare und Hosen mit Schlag untersagte; zu den von den Human-Watch-Organizations berichteten Folterungen, Morden und Menschenrechtsverletzungen in Malawi jedoch wurde geschwiegen. Einzig Norwegen zog Konsequenzen und stellte die Entwicklungszusammenarbeit ein. Malawi versank, unbeachtet von der Weltöffentlichkeit, in Repression und Terror, schweigend exekutiert und erduldet. Gleichzeit mutierte das Land zur persönlichen Liegenschaft des Diktators und seiner ergebenen Gefolgschaft.

Schließlich jedoch erfasste der »Wind of Change« 1993 auch das kleine

Land.[8] Die weltpolitischen Parameter um Malawi herum hatten sich drastisch verändert. Der Zusammenbruch der sozialistischen Staatengemeinschaft machte den Ost-West-Konflikt obsolet, und das Ende des Apartheidregimes in Südafrika nahm Malawi den letzten Bündnispartner. *Bandas* Nibelungentreue zum Westen, mehr als peinlich durchsetzt mit menschenverachtendem Terror gegenüber der eigenen Bevölkerung, war unnötig geworden und auch ein wenig anrüchig für die europäische und nordamerikanische Staatengemeinschaft. IWF und Weltbank knüpften plötzlich Bedingungen an die Vergabe von Entwicklungsbeiträgen, und auch die nationalen Geber, wie die Bundesrepublik, verwiesen auf notwendig durchzuführende Reformen in Politik und Wirtschaft des Landes. Es war nicht mehr politisch opportun zu verdrängen, dass Malawi trotz erheblicher Entwicklungshilfe der internationalen Gemeinschaft und ohne Krieg und Bürgerkrieg mittlerweile zu einem der ärmsten Länder der Welt geworden war, mit einer schreiend ungerechten Einkommensverteilung zugunsten einer kleinen Herrschaftsclique.

In dieser Situation erhoben die katholischen Bischöfe von Malawi ihre Stimme und ließen einen Hirtenbrief[9] von den Kanzeln ihrer Kirchen verlesen, indem sie in höflichen, aber nicht weniger prägnanten Worten die sozialen Ungerechtigkeiten, politischen Repressionen, ein verrottetes Bildungs- und Erziehungssystem und eine sinkende Moral bei gleichzeitig anwachsender Armut beschrieben und beklagten. Das Regime schwieg zunächst einige Tage fassungslos darüber, dass die Geheimpolizei von diesem Brief vorab keine Kenntnis erhalten und trotz des bestehenden hohen Repressionsniveaus eine solche Kritik, die nun im ganzen Land bekannt wurde, offensichtlich nicht hatte verhindern können. Schließlich wurden die Bischöfe einbestellt und unter Hausarrest gestellt. Tonbandmitschnitte belegen, dass *Banda* und sein Umfeld den Tod der Bischöfe beschließen wollten. Da aber erklärten die Botschafter der wichtigsten Geberländer, Großbritanniens, der USA, der Bundesrepublik und Frankreichs, in gemeinsamen Erklärungen, dass ihre Länder repressive Maßnahmen gegen die Bischöfe nicht akzeptieren und an ein Einfrieren gegenwärtiger und zukünftiger

---

8 Vgl. M.S. Nzunda, K.R. Ross (eds.), Church, Law and Political Transition in Malawi 1992-94, Gweru (Zimbabwe) 1995; P. O'Maille, Living Dangerously. A Memoir of Political Change in Malawi, Blantyre 2000.

9 Vgl. in dt. Übersetzung Fastenhirtenbrief der katholischen Bischöfe von Malawi, in: EZE-Forum, Demokratie in Afrika. Kirchliche Stellungnahmen zum politischen Wandel, Bonn 1992.

Entwicklungsbeiträge denken würden. Die protestantischen Kirchen schlossen sich nach einigen Wochen des Zögerns in Aussagen des katholischen Hirtenbriefs an. Ihre traditionell enge Beziehung zum malawischen Staat und ihre heterogenen Entscheidungsstrukturen bewirkten diese zeitliche Verzögerung. Als sich auch die Muslime des Landes mit den katholischen Bischöfen solidarisierten und dann auch die Organisationen der Rechtsanwälte, der Journalisten, der Wirtschaftskammern und Gewerkschaften, entfaltete sich eine Dynamik unter dem Schutzschild der westeuropäischen und nordamerikanischen Staaten, die schließlich zum Sturz des *Banda*-Regimes führte. Wie in solchen Fällen häufig, signalisierten moderate Teile der Staatspartei Verständigungsbereitschaft. Gleichzeitig schaltete die Armee den Gewaltapparat der Partei, die jungen Pioniere, aus, so dass sich im Wesentlichen ein erstaunlich friedlicher Regimewechsel vollzog.[10]

Noch einmal, wie bereits zur Unabhängigkeit 1964, erlebte Malawi 1993/94 die Euphorie der Befreiung und der Hoffnung auf eine neue, endlich lebenswerte Zukunft. Und wieder wurde nach kurzer Zeit deutlich, dass die Erwartungen und Wünsche der Bevölkerung unerfüllt bleiben würden. Weder waren ihre Hoffnungen realitätsnah, noch ergaben sich aus dem Ende der Diktatur Voraussetzungen für den notwendigen Strukturwandel im Land.

In hierarchisch-konservativ strukturierten und wenig demokratie-erprobten Gesellschaften, wie denjenigen Afrikas, fokussieren die Betroffenen in Führer-Gefolgschafts-Konstellationen ihre drängenden Erwartungen nach einer sofortigen und umfassenden Verbesserung ihrer Lebensumstände, fern aller Realitäten und unter Missachtung der vorhandenen Ressourcen. Gleichzeitig ist zu bedenken, dass der Wechsel der Herrschaft in Malawi allenfalls als Regimewechsel und nicht als Systemwechsel verstanden werden kann. Mit wenigen Ausnahmen blieben die politischen Akteure die gleichen, die in der Diktatur das Sagen hatten. In jedem Fall hielten sich die bekannten Familien am politischen und ökonomischen Ruder, auch wenn einzelne Persönlichkeiten aus der Öffentlichkeit zurückgezogen werden mussten. Wichtiger jedoch als die Akteure sind die unverändert gelassenen konservativen Gesellschaftsstrukturen, auch dort, wo ihre Berechtigung und ihre Funktionsfähigkeit längst nicht mehr gegeben sind. Und so schließen sich die zahlenmäßig kleinen Elitegruppen zu einem Kartell zusammen, um die vorhandenen Ressourcen gegen die Masse der Bevölkerung und unter deren

---

10 Vgl. K.M. Phiri, K.R. Ross (eds.), Democratization im Malawi: A Stock Taking, Blantyre 1998.

Erinnerungsschild an das Referendum zum Mehrparteiensystem 1993

Ausschluss zu monopolisieren. Im heutigen Malawi hat sich, wie in den Nachbarstaaten auch, ein neopatrimonales Herrschaftssystem herausgebildet, das sich nicht mehr, wie die vorangegangene Diktatur, vornehmlich auf Gewalt gründet, sondern seine Existenz über ein Verflechtungssystem von Privilegien, Auszahlungen, zugelassenen Korruptionschancen und familialen bzw. tribalen Netzwerken sichert. Hohe Korruption, manipulierte Medien, Unregelmäßigkeiten bei Wahlen und steigende Gewaltbereitschaft unterminieren in der Konsequenz die Entwicklungsfähigkeit Malawis, und die internationale Entwicklungshilfe ist Teil dieses Syndroms, indem sie diese Auswüchse hinnimmt und als »second best« verteidigt. Längst sind die Entwicklungsbeiträge der internationalen Geber die eigentlichen Ressourcen, wodurch ein Land wie Malawi handlungsfähig bleibt. Ohne die in die Entwicklungsländer transferierten Gelder könnten Infrastruktur, Erziehungs- und Bildungssystem, Gesundheit und auch mittlerweile die Ernährung der Bevölkerung nicht mehr gewährleistet werden. Das Beispiel Malawi steht für eine völlig neue Qualität der Entstaatlichung der Länder der Dritten Welt, indem die elementarsten Staatsfunktionen bis hin zur Sicherung der physischen Existenz der eigenen Staatsbürger internationalisiert werden, abgegeben an eine Instanz außerhalb der eigenen Souveränität und Verantwortlichkeit. Auf ideologischer Ebene reagieren darauf die Eliten Malawis und Afrikas erschreckt und widerborstig, sehen sie doch sehr wohl damit eine Einschränkung ihrer eigenen Nationalstaatlichkeit einhergehen. Faktisch jedoch können sie sich damit sehr gut abfinden, denn sie partizipieren an dieser Internationalisierung, indem und solange sie sich die Chancen wahren, an den großzügig fließenden Entwicklungsbeiträgen, den Bemühungen um »Institution Building«, der Unterhaltung von überregionalen Regelungsbehörden legale oder illegale Vorteile sichern können.

Unter diesen strukturellen Gegebenheiten ist ein Land wie Malawi nicht entwicklungsfähig, und die Entwicklungsbeiträge der internationalen Gebergemeinschaft sind dabei nicht nur Augenwischerei, sondern stabilisieren die Reformunfähigkeit, indem sie in einer statischen Verhärtung von Ungleichheit und Ungerechtigkeit Bewegung und Hoffnung vortäuschen und damit die zweifellos vorhandene Energie und Handlungsfähigkeit isolieren und entmutigen.

BRIEFE AUS MALAWI

Briefe Februar bis Dezember 1998

Februar 1998

... Es ist so weit. Renate befindet sich bereits in Afrika und verabschiedet sich von Moçambique, dem Land, für das sie neben Malawi bisher verantwortlich war. Ich selbst schließe noch das Semester hier in Bielefeld ab und werde dann am 18.2. starten. Wir treffen uns beide in Johannesburg, kaufen dort noch einige Dinge, die wir zu brauchen glauben, und fliegen dann nach Malawi, wo wir uns für die nächsten knapp drei Jahre* mit Unterbrechungen aufhalten werden.

In Bielefeld sind wir bereits abgemeldet, und wir haben auch formal unser Haus weitervermietet. Die Abmeldung beim Einwohnermeldeamt führte zu dem folgenden erstaunten Ausruf: »Malawi, wo ist dat denn?« Ob die Erklärung, dass das Land irgendwo zwischen Moçambique, Tanzania und Zambia liege, weitergeholfen hat, vermag ich nicht zu sagen.

Aus der Verwandtschaft kam die Frage, ob ich mir denn schon ein Gewehr gekauft hätte. Als ich erstaunt zurückfragte, warum man mich denn für einen Großwildjäger halte, kam die Antwort, nein, daran hätte man nicht gedacht, sondern vielmehr seien doch Waffen zur Eigenverteidigung notwendig. Schließlich herrsche doch die pure Gewalt in Afrika. Deutlich wird daran, dass das Image Afrikas auf Jahrzehnte mit den Greueltaten in Ruanda und Somalia verbunden ist, und auch die Zeitungsberichte über die Gewalt in Südafrika oder in Kenia stärken sicherlich diese Beurteilungen.

Nein, wir gehen nicht in ein besonders gefährdetes Gebiet. Zwar hat der Übergang von der Diktatur zur formalen Demokratie die Kriminalitätsrate im Lande ansteigen lassen, aber es handelt sich in erster Linie um Eigentumsdelikte und typischerweise um Delikte, die Arme gegenüber Armen begehen. In den Slums wird am meisten gestohlen, während die Reichen sich hinter ihren hohen Gartenmauern relativ sicher fühlen können.

Wie in der afrikanischen Kultur und Tradition angelegt, scheuen die Malawis offen ausgetragene Konflikte. Die Erziehung ist auf Konformität und Konsens ausgerichtet. Extravaganz und Abweichung sind sozial geächtet. Die Entwicklung von Individualität ist also kein Leitbild der traditionel-

---

* Es wurden dreieinhalb Jahre.

len afrikanischen Erziehung, ebenso fehlt es an einer »Streitkultur«, und Abweichung in allen Formen stößt auf Unverständnis. Falls so richtig gesehen, warum sind dann Konfliktlösungen in Afrika, wie es scheint, in den von den Zeitungen berichteten Fällen so extrem gewaltförmig?

Zunächst einmal ist fraglich, ob es sich dabei um eine afrikanische Spezialität handelt. Die europäische Geschichte kennt genügend Pogrome vergleichbarer Art, wobei der organisierte und bürokratisch perfekt abgewickelte Holocaust des deutschen Faschismus wohl eine unvergleichliche Besonderheit ausmacht. Aber abgesehen davon, könnte es sein, dass in Gesellschaften mit sozial niedrig gehaltenen Konfliktlösungspotentialen wenig gestaffelte und kontrollierte Äußerungsformen vorliegen, so dass sehr rasch die Karte der Extremität gezogen wird. In der Familienpsychologie kennt man ganz sicherlich vergleichbare Analogien zur Konfliktaufarbeitung. Wenn dann noch die bis dato existierenden Traditionen ihre Eindämmungsfunktion nicht mehr wahrnehmen können, weil sie dem Druck der Modernisierung nicht standhalten, dann wird Gewalt zur denkbaren und praktizierbaren Option.

Aber unabhängig von diesen Spekulationen, wir haben keine Angst, nach Malawi zu gehen. Im Gegenteil, wir freuen uns und sind uns sicher, dass ihr durch euren Besuch in Malawi an dieser Freude teilhaben solltet. Aber was sind unsere Erwartungen, auf die sich diese Freude gründet?

Zunächst einmal, recht allgemein, die Hoffnung, dass wir ein Stück weit aus altem Trott herauskommen. Renate hat in ihrer Arbeit in der GTZ-Zentrale zunächst einmal alles erreicht, was sie erreichen konnte, und ist gleichzeitig an ihre Stressverarbeitungsgrenzen gestoßen. Es hat sich gezeigt, dass zu wenig Zeit für Nachdenken und Reflexion, aber auch für die Aufrechterhaltung einer privaten Sphäre besteht. Vielleicht gibt der Aufenthalt in Malawi die Chance, die notwendig zu erledigende Arbeit in ihrer Ganzheit zu reflektieren und umzusetzen. Gleichzeitig muss auch mehr Raum her für das familiale Leben.

Ich selbst konstatiere für mich vergleichbare Ermüdungserscheinungen. Mehr als zwanzig Jahre arbeite ich nun an der Bielefelder Universität. Ich brauche Abstand. Im Grunde bin ich gern Hochschullehrer, und ich weiß auch, in welcher privilegierten Situation ich mit diesem Beruf stehe. Dennoch will ich nun mal für eine gewisse Zeit etwas anderes tun, wobei noch gar nicht richtig klar ist, worin das Andere besteht. Hier sind noch viele offene Fragen, die mich beunruhigen, aber auch neugierig machen. Ich werde versuchen, meine bisherige Gutachtertätigkeit weiterzuführen und vielleicht sogar zu steigern. Ganz sicherlich werde ich an einigen zentralen Themen –

Nicht-Regierung-Organisationen, Organisationen im südlichen Afrika, Zivilgesellschaft, aber auch Entwicklungsstruktur deutscher Entwicklungspolitik – weiterarbeiten, was vielleicht zu dem einen oder anderen publizierten Ergebnis führt. Aus einer nicht mehr institutionellen Verankerung meiner Arbeit ergeben sich ganz sicherlich Chancen, aber natürlich auch Risiken. Ich kann endlich arbeiten, wie ich will, aber ich muss es auch selbst wollen.
...

Mai 1998

... Wir sind ja jetzt schon fast drei Monate im Land, allerdings waren wir zwischenzeitlich für drei Wochen noch einmal in Deutschland. Das Haus ist so weit wie fertig eingerichtet und wartet auf ... Besuch. Auch der Garten ist bereits in Schuss. Der anfängliche Dschungel ist abgehackt und neue Pflanzen sind bereits am Blühen. Ein großer Garten versorgt uns mit Salat und Gewürzen. Die Gemüse werden auch bald reif sein.

Jetzt nach der Regenzeit (wir haben also Herbst) wuchert die Vegetation so stark, dass man beim Wachsen zugucken kann. Alles ist grün und überall blühen knallige große Blumen. Wasser ist noch nicht knapp. Erst im August nach der kältesten Jahreszeit im Juli wird es dann sehr trocken sein, und wir müssen abwarten, wie dann der Garten überlebt.

Auf dem Campus geht es ruhig und friedlich zu. Das Hausmädchen, die Gärtner, die Tag- und Nachtwächter haben sich an uns gewöhnt und wir uns an sie, und es geht recht harmonisch zu. Eine Rolle dabei spielt sicherlich, dass wir ein für das Land hohes Gehalt zahlen. Zwar wird auch von Weißen erwartet, dass sie gut zahlen, im Gegensatz zu Indern oder Chinesen oder gar Malawis selbst, aber wir haben hier erst einmal für eine Gehaltserhöhung bei den GTZ-Kollegen gesorgt, denn sehr rasch hat sich in dieser kleinen Community herumgesprochen, dass wir mehr zahlen als die Kollegen. Gleichzeitig haben wir als gute Gewerkschafter eine 40-Stunden-Woche eingeführt, ebenfalls eine erstaunliche Neuigkeit. Alles in allem, wir haben noch keine Probleme mit »unseren Leuten« gehabt und hoffen, dass es so bleibt.

Die Lebensmittelsituation für die Bevölkerung hier im Land hat sich nach der nun erfolgten Ernte etwas gebessert, obwohl die Preise keineswegs durch ein höheres Angebot heruntergegangen sind. Im Gegenteil, täglich steigen die Preise, nicht zuletzt, weil der Kwacha* fast täglich abgewertet wird. Unter den hohen und steigenden Preisen leidet die Bevölkerung erheblich. Fehlende Arbeit und kaum noch vorhandene Möglichkeiten im informellen Sektor machen es der überwiegenden Anzahl der Malawis schwer zu überleben. Insbesondere die Jugend leidet unter absoluter Perspektivlosigkeit. Bei einer durchschnittlichen Fruchtbarkeitsrate der malawischen Frau von 8,5 Lebendgeburten und einem jährlichen Wachstum der Bevölkerung von 3 % sind zum gegebenen Zeitpunkt mehr als 50 % der Bevölkerung unter 15 Jahre alt. Hier liegt eine Zeitbombe, die sich recht bald entladen muss. Ob in den Dörfern oder in den Städten, die Jugendlichen können nur herumlungern. Soweit sie zur Schule gehen, und im Prinzip können sie das bei jetzt aufgehobenen Schulgebühren, sind sie wenigstens zeitweilig von der Straße. Andererseits, die Schulen und Schulklassen sind überfüllt, die Lehrer schlecht ausgebildet und wenig motiviert, nicht zuletzt auch miserabel bezahlt, so dass der Schulbesuch auch wenig attraktiv und effektiv ist. Das spüren natürlich auch die Jugendlichen, umso mehr, als sie sich vom Herumlungern vielleicht doch die Chance eines kleinen Nebenverdienstes durch einen Gelegenheitsjob oder das »Finden« von irgendwelchen brauchbaren Gegenständen erhoffen. Und sie sind dabei auch durchaus erfindungsreich. Ein Beispiel: Die Straße nach Salima** ist so schlecht und mit Riesenschlaglöchern versehen, dass die Kinder nun die Löcher mit nasser Erde auffüllen und stampfen, nicht ohne die vorbeifahrende Weißen auf ihre Arbeit aufmerksam zu machen, in der richtigen Annahme, dass sie dafür einige Pfennige erhalten. Andere Kinder bieten sich als Fremdenführer an oder führen Autos durch Flussübergänge an den Stellen, wo es keine Brücken gibt. Jeder tut also mit viel Phantasie und Lebenswillen sein Möglichstes, und dennoch reicht es meist nicht hinten und vorn.

Vielleicht hierzu noch ein Beispiel. Unsere Haushaltshilfe, vier Kinder, von denen zwei bei ihren Verwandten wohnen, während ihr Ehemann mit einer anderen Frau in Südafrika zusammenlebt, besaß, als sie sich bei uns vorstellte, gerade mal ein Bündel von einigen Kleidungsstücken, eine Matratze und zwei, drei Küchengegenstände. Hier auf dem Gelände bewohnt sie in einem Dreizimmerhaus nun zwei Zimmer, normalerweise ausreichend für 10-15 Bewohner. Wir haben erst einmal einige Wohnungsgegenstände, einen Herd, Küchengeräte und vor allem Decken für die Kinder,

---

* die malawische Währung

** Straße von Lilongwe, der Hauptstadt des Landes, an den See

hineingebracht. Obwohl sie bereits mehrfach für deutsche Experten in den letzten Jahren gearbeitet hat und deshalb im Vergleich zu anderen Malawis überdurchschnittlich verdiente, besitzt sie so gut wie nichts, weil sie in den Zwischenzeiten offensichtlich das Wenige, was sie hatte, veräußern musste. Insbesondere außergewöhnliche Belastungen können finanziell nicht getragen werden, so zum Beispiel ein Arztbesuch. Wir haben deshalb inoffiziell beschlossen, ohne das zu veröffentlichen, dass wir uns an den Arztrechnungen und vor allem auch an den Schulbüchern und ähnlichen Ausgaben für »unsere Leute« beteiligen.

Maisspeicher

So weit die weniger erfreulichen Dinge hier in Malawi, die die Leute mit erstaunlicher Großmut und Gelassenheit ertragen. Jetzt ist natürlich auch noch schönes Wetter und der kalte Winter wird sie erst im Juli bedrängen. Am Tage herrschen noch immer 27 Grad Celsius im Schatten. Nachts kühlt es sich erstaunlich stark ab, was sich als angenehm für den Nachtschlaf erweist. Daraus ist das Fazit zu ziehen: April und Mai, wahrscheinlich auch noch der Juni sind sehr gute Reisezeiten. Aber natürlich ist auch der Juli nicht zu verachten, obwohl er die Winterzeit anzeigt, was sich insbesondere in den Bergen durchaus spürbar niederschlägt, nicht so sehr jedoch am See und hier in Lilongwe. Man sitzt dann eben am Abend oder Nachmittag nicht mehr so ohne weiteres im Freien, sondern zieht sich in die Räume zurück. Und wenn es dann immer noch zu kühl ist, wird das Kaminfeuer entfacht. ...

Juni 1998

... Die Zeit rast. Nachdem wir uns erst zur Osterzeit aus beruflichen und privaten Gründen in Deutschland aufgehalten haben, sind wir schon wieder auf dem Sprung nach Europa. Ich werde mit Zwischenstopp in Bielefeld nach St. Petersburg reisen, und Renate wird zwei Wochen später nach Deutschland bzw. Russland nachfolgen. Die St. Petersburg-Geschichte ist zweifellos ein wenig verquer und passt mir auch nur teilweise in den Kram. Im Prinzip möchte ich mich an sich erst einmal an die malawische Welt – soweit das möglich ist – zumindest annähern und nicht cross-national die internationalen Flughäfen dieser Welt kennen lernen. Gleichzeitig jedoch fanden Renate und ich unseren Aufenthalt in St. Petersburg im letzten Jahr hoch interessant und damit fortsetzungsfähig, so dass ich dem Wunsch russischer Kollegen, ich möge doch meine NRO-Geschichte, die ich in St. Petersburg begonnen hatte, in ein Forschungsprojekt einbringen, nicht widerstehen konnte. Die Kollegen erhoffen sich zweifellos, dass ich einen entsprechenden Antrag auf Forschungsgelder akquirieren kann. Dagegen ist ja auch nichts zu sagen. Für mich wird das sicherlich viel Arbeit und Verantwortung bedeuten, aber das ist der Preis für die Einladung nach St. Petersburg. Das Ganze ist natürlich nicht völlig selbstlos, das wäre auch eine etwas zu dünne Begründung. Der kurze Sommer in St. Petersburg, die so genannten Weißen Nächte, sind sicherlich ein zusätzlicher Anreiz, dahin zu fahren. Aber es bleibt dabei, so völlig freudig erregt setze ich mich nicht erneut in das Flugzeug.

Hier ist jetzt Ende Mai/Anfang Juni. Die Regenzeit ist endgültig vorbei und der Winter kündigt sich an. Am Tag geht die Temperatur zumindest hier in Lilongwe noch hoch auf 21-23 Grad im Schatten, aber in der Nacht sind es dann 12-14 Grad. Diese an sich noch recht erträglichen Temperaturen in der Nacht sind dann auch nur insofern ein kleines Problem für die Privilegierten, als sie nicht mehr in den Abendstunden im Freien sitzen können, sondern sich in die allerdings auch nicht sehr warmen Räume des Hauses zurückziehen müssen, wo sie dann – so wie ich das tue – mit dem Feuerholz im Kamin herumspielen. Die Häuser werden dennoch nicht unbedingt warm, weil sie, wie etwa im mediterranen Klima, schlichtweg nicht für Kälte gebaut sind. So gibt es ja keine geschlossenen Fenster, sondern aufeinander gezogene Klappen, die nicht völlig dicht sind. Doppelfenster und Ähnliches sind nicht vorgesehen. Deshalb klettert man auch irgendwann unter das dicke Federbett wie im Herbst oder Winter auch in Deutschland.

Problematischer ist das Klima für die lokale Einwohnerschaft. Die Häuser des Durchschnittsmalawis sind natürlich noch viel schlechter, und das heißt kälter. Alles klagt über Erkältungskrankheiten. Die kleinen Kinder laufen mit Rotz in den Augen und Nasen herum, obwohl ja erst die richtig kalte Jahreszeit im Anmarsch ist. Der Irrtum, anzunehmen, Afrika sei heiß, kostet hier viele Leute Gesundheit und Leben. Wir haben deshalb in den letzten Wochen angefangen, die bereits angesammelten Decken von unseren Flugreisen an »unsere Leute« auf dem Gelände zu verteilen, zusätzliche Decken zu kaufen und überflüssige Pullover abzugeben.

Die Vokabel »unsere Leute« bedarf sicherlich einer Erklärung, die allerdings notwendigerweise ambivalent ausfallen wird. Zunächst einmal das Faktum: Bei allem Sträuben und Unwohlsein befinden sich z.Zt. sieben Leute auf unserer Payroll. Eine Hausfrau (und das bin nicht ich) kümmert sich um das Saubermachen und Bügeln, zwei Gärtner haben einen großen Gemüsegarten erstellt und pflegen ihn jetzt, wobei die Blumen noch immer zu kurz kommen, ein Tagwächter weiß nicht genau, was er eigentlich machen soll, außer dass er ab und zu das Tor öffnet, wenn ein Gast oder wir eintreffen. Als wir deshalb diesen Posten abschaffen wollten, wurde uns klar, welche soziale Bedeutung das für den Betroffenen hat, so dass er jetzt auf unsere Kosten und Bezahlung zum Gärtner auf unserem Gelände umgeschult werden soll, obwohl wir gar keinen dritten Gärtner gebrauchen können. Weiterhin kümmern sich zwei Nachtwächter um unseren Schutz, und nächsten Monat werde ich von der »harten Arbeit« des tagtäglichen zweimaligen Kochens durch einen professionellen Koch abgelöst. Das Vorhandensein und die Arbeit dieser Leute bedeuten zweifellos eine erhebliche Lebenserleichterung. Zwar lassen wir uns nicht bedienen und kochen unseren Tee selbst, aber es ist schon entlastend, wenn man nicht andauernd bügeln, waschen und putzen muss, umso mehr als das Haus natürlich auch nach deutschen Verhältnissen viel zu groß ist. Die Ambivalenz liegt natürlich darin, dass man sich jetzt auch noch über die Größe des Hauses beschwert. Einerseits schafft man Einkommen, und in unserer sozialdemokratisch-grün geprägten Schiefmoral zahlen wir die relativ höchsten Löhne in unserer Nachbarschaft, was allerdings auch nicht viel heißt, weil diese Löhne sich im Bereich von 80-100 DM pro Monat bewegen. Aber dennoch, damit verdienen die Gärtner und die anderen das Doppelte von dem, was sie bei malawischen Arbeitgebern verdienen würden, ganz abgesehen davon, dass nur 15 % der Bevölkerung überhaupt über formale Arbeitsplätze verfügt. Wir tun also etwas für unser schlechtes Gewissen und profitieren gleichzeitig.

Die gegebene Ambivalenz wird selber nicht zwischen den Beteiligten diskutiert. Nicht so sehr, weil etwa sprachliche und intellektuelle Differenzen dem im Wege stünden. Zumindest drei der sieben Angestellten sprechen ein sehr gutes Englisch und wagen es auch, mich bei meinen vielen sprachlichen Fehlern zu korrigieren. Nein, bei der bestehenden Differenz sind nur wir es, die diese als Problem betrachten. Soweit erkennbar, erleben unsere Leute die Differenz nicht so sehr in nicht erreichbaren Alternativen, sondern in dem, was sie vorher, vor den Jobs in unserem Haus, erlebt haben. Bislang jedenfalls herrscht deshalb eine gute und offene Stimmung zwischen den »Gutsbewohnern«, wobei das genau diese patriarchalisch-hierarchische Struktur mit einschließt. Die Leute kommen dann auch bei Fieberanfällen und wollen von uns medizinisch betreut werden. In unserer Hilflosigkeit geben wir dann meistens Aspirin oder kontaktieren telefonisch einen deutschen Arzt. Meist handelt es sich sowieso um Malaria, so dass wir schon fertige Päckchen von Fansidar bereithaben. Wenn ein Kind eine Beule hat, müssen wir etwas unternehmen. Bei Hochzeiten, Beerdigungen oder Einschulungen sind wir selbstverständlich mit Beiträgen gefordert.

Welche festen sozialen Regelwerke damit verbunden sind, verdeutlicht vielleicht eine kleine Geschichte aus der hiesigen Zeitung. Vor zwei Tagen haben hundert empörte Angestellte eines größeren Autohauses in südafrikanischem Besitz den Sarg mit dem zwei Tage vorab gestorbenen Buchhalter des Betriebes in das Hauptgebäude der Firma getragen, um ihren Protest über den mangelnden Respekt der Betriebsleitung gegenüber dem Toten zu dokumentieren. Der mangelnde Respekt drückte sich unter anderem dadurch aus, dass die Firma sich weigerte, Transport, also Autos, bereitzustellen, um möglichst vielen Verwandten und Freunden des Toten Gelegenheit zu geben, an der Beerdigung teilnehmen zu können. Transport oder genauer der Mangel an Bewegungsmöglichkeiten in diesem an sich gar nicht großen Land ist ein tägliches und drängendes Problem der malawischen Bevölkerung. Es kostet Stunden, um zur Arbeit zu kommen, soweit man überhaupt eine Arbeit hat. Unsere Gärtner zum Beispiel sind mit einer Dreiviertelstunde Fußmarsch zur Arbeit in unserem Garten absolut privilegiert. Ein angebotenes Kreditprogramm für den Kauf eines Fahrrads haben sie deshalb angesichts der Kürze ihres Anmarschweges noch nicht akzeptiert.

Transport spielt aber bei den meisten eine so große Rolle, dass bei Arbeitsverträgen häufig nicht die Höhe des Lohnes entscheidend ist, sondern die Tatsache, dass man mit einem Fahrzeug abgeholt und wieder zurückgebracht wird.

Transport ist das eine mehr lebensweltlich bedingte Bedrängnis, die Ehre der Toten jedoch, die sich unter anderem in der Anzahl der an der Beerdigung Teilnehmenden misst, ist ein ganz hoher moralischer und sittlicher Wert. Hier ist man also als Arbeitgeber nicht nur in einer höflich-distanzierten Weise aufgefordert, sondern muss sich überzeugend emotional engagieren, was nicht ausschließt, dass dieses Engagement materiell gezählt wird.

Der Garten ist in Schuss gebracht. Geerntet werden bereits Salat und Rettich. Die Tomaten stehen einen halben Meter hoch und werden wohl in drei bis vier Wochen erste Früchte tragen. Da wir erst gegen Ende der Regenzeit in Malawi eingetroffen sind und dann das Haus übernommen haben, ist die Fruchtfolge zeitlich etwas zurück, aber hier wächst alles oder fast alles. Überraschend übrigens, dass bis auf die Bohnen alles umstandslos gedeiht. Wir düngen zwar mit Hühnerdung und Tabakstängeln, aber wir benutzen überhaupt keine Chemie. Dennoch werden Salat und Kohlköpfe keineswegs von Schnecken zerfressen. Nur die Bohnen sind Zielscheibe der so genannten Bohnenfliege, die wir dann auch nicht mit der chemischen Keule erschlagen werden.

Heute gab es den ersten größeren Power-Cut in diesem Jahr. Gegen acht Uhr abends ging also das Licht aus und die Kühltruhen stellten ihre Tätigkeit ein. So weit ein eher belangloses oder gar romantisches Ereignis, mussten doch sofort Teelichter und Kerzen im Gang gesetzt werden. Allerdings nicht ganz. Mit der Dunkelheit entstand auch eine sofort spürbare Unruhe und Unsicherheit. Der Garten und die Hausumgebung, sonst erleuchtet, lagen nun in völliger Dunkelheit, und das irritiert nicht nur die weißen Fremdlinge, sondern auch die einheimischen Nachtwächter. Was passiert? Kann da was passieren? Statistisch gesehen, gehen Einbrüche und Überfälle in der Zahl in die Höhe, wenn der Strom ausfällt. Aber zum einen ist die vorhandene Kriminalität keineswegs primär auf die Privilegierten, in diesem Fall die Weißen, gerichtet, sondern bedrängt die Armen untereinander, und zum anderen ergibt sich eine innere Unruhe nicht primär oder allein über die Angst vor kriminellen Übergriffen. Es gibt auch eine sehr existenzielle Unsicherheit gegenüber der Nacht. Vielleicht verspürt der Großstädter, noch dazu aus Europa, diese Unsicherheit stärker als jemand, der die Geräusch- und Geruchswelt der afrikanischen Landschaft von Geburt aus gewöhnt ist, aber das stimmt nur ein Stück weit. Nacht und Dunkelheit sind eine allmenschliche Bedrängnis und bedingen Furcht. Jedenfalls, als wir unseren Nachtwächtern Kerzen und Taschenlampen brachten, waren die sehr erleichtert, und sie empfanden mein regelmäßiges Auftauchen mit der Taschenlampe in der Nacht nicht als Kontrolle, sondern als Erleichterung.

Wie stark auch die Afrikaner die Nacht fürchten, zeigt sich an einer Beobachtung, die sich oft wiederholt. Sowie die Sonne aufgeht, also sehr früh, fängt ein riesiges Palaver nicht nur der Tierwelt an. Die Nachtwächter begrüßen mit lautem Hallo die eintreffenden Gärtner. Die Kinder, obwohl sie erst eine oder zwei Stunden später zur Schule müssen, fangen bereits an herumzutoben. Man spürt förmlich – und ärgert sich auch manchmal, wenn man länger schlafen will – die Erleichterung, dass der Tag die dunkle Nacht verscheucht hat. Übrigens ist jetzt, zwei Uhr morgens, das Licht wieder angegangen, und ganz plötzlich ist der Schatten der Unsicherheit verflogen. Die Nachtwächter sind an die Terrassentür gekommen und haben die Kerzen und Taschenlampen zurückgeben wollen. Deutlich war ihnen die Ungewöhnlichkeit des Vorgangs. Noch nie haben sie sich in den Nachtstunden bemerkbar gemacht, auch dann nicht, wenn ich noch wach war, wie auch in diesem Beispiel. Normalerweise schlafen sie auch gegen ihren Arbeitsauftrag um diese Zeit bereits in ihren Wachhütten. Und noch jetzt höre ich sie erleichtert palavern, jetzt wo die Lichter im Garten wieder an sind. Und auch ich bin erleichtert, was ich an dem Nachlassen eines bis dato gar nicht bemerkten Magendrucks verspüre. ...

September 1998

... Der heutige Brief aus Malawi kommt aus St. Petersburg, wohin es uns – etwas gegen unsere Überzeugung – hin verschlagen hat. Dieses kurzzeitige Hin und Her von Malawi nach Deutschland und jetzt gar nach Russland hat vielleicht den ersten Anschein eines aufregenden Lebens, verwirrt jedoch auch. Kaum hat man sich etwas an Malawi gewöhnt, muss man sich auf neue Umstände einlassen. Aber der Wunsch der St. Petersburger Kollegen, herauszufinden, ob es eine längerfristige Kooperation geben könnte, war hier entscheidend.

Der Sprung von Malawi nach Russland führte nicht nur bei den Betroffenen, sondern auch bei Beobachtern zu Irritationen. So fragte mich mit ernstem Gesicht und ebensolcher Stimme ein sich für die Petersburger Soziologische Fakultät verantwortlich Fühlender und ermahnte mich gleichermaßen: »Du wirst doch wohl nicht etwa Malawi mit Russland vergleichen wollen?« Auf diesen Gedanken war ich noch gar nicht gekommen, aber Recht hat der wackere Mann. Gleichzeitig war ich ihm für den ungewollten Hinweis dankbar.

Es gibt schon gewisse Parallelen zwischen den beiden Ländern, allerdings mehr im Negativen. Hier wie dort das Fehlen einer Zivilgesellschaft, hier wie dort die enge Verschränkung von Markt und Staat, und hier wie dort das Fehlen kollektiver Verantwortlichkeiten auf der Basis freiwilliger Übereinkunft und Einsicht. Primäre Netzwerke, basierend auf Familie, Freundschaft, Sportverein, oder die gemeinsame Zeit beim Militär durchziehen alle Lebensbereiche in Russland und reichen bis weit in Politik und Ökonomie. Sie funktionieren, und auf sie ist Verlass zum Vorteil aller Beteiligten. Alles darüber Hinausgehende jedoch, die Verantwortung zum Beispiel für ein Gemeinwesen oder gar für die Allgemeinheit, ist Utopie. Den öffentlichen Raum gilt es nur zu betreten, um ihn für sich selbst zu vereinnahmen. Hierfür etwa Vorleistungen zu erbringen, ohne sofortige Auszahlungen, erscheint im höchsten Maße irrational. Parteien, Vereine, Wohlfahrtsverbände und öffentliche Positionen sind Einrichtungen zum Zwecke der eigenen Bereicherung und Interessenbefriedigung. Allein schon das Abwägen eigener Bedürfnisse und deren Kompatibilität mit so etwas wie dem Allgemeinwohl ist offensichtlich ein hirnrissiges Unternehmen. Und dafür gibt es auch keine sozialen Regelwerke, die kontrollierend oder mäßigend eingreifen würden. Da es jeder tut, der sich in die Situation versetzt sieht, es tun zu können, macht es im Ergebnis auch keine Differenz, wenn ein Einzelner sich mal ausnahmsweise anders verhält.

Ein wesentliches Moment der russischen Gesellschaft scheint das Gegensatzpaar Individualität und Kollektiv zu sein. Auf der kleinräumig lebensweltlich organisierten Ebene agieren die Individuen verlässlich und in großer Sympathie und Herzlichkeit zueinander. Auf der kollektiven Ebene jedoch herrscht der nackte Wahnsinn, das Chaos und der Kampf jedes gegen jeden. Die individuelle Oma, mit der man in der Oper ins Gespräch kommt, will sich nicht daran hindern lassen, ihre Zuneigung dadurch zu dokumentieren, dass sie einem ihre aus der Datscha mühsam herangeschafften Schätze schenken möchte, die sie selbst notwendigst für ihre eigene Ernährung braucht und für die sie sehr viel Energie aufgebracht hat, sie zu produzieren und zu ernten. Die kollektiven Omas jedoch trampeln einen in den U-Bahn-Ausgängen fast darnieder. Es wird gedrängelt und geschubst, es wird gestoßen und geschimpft, um ja bloß schneller zur Rolltreppe zu gelangen, wahrscheinlich in der Angst, sie könnte zwei Minuten später abgestellt werden. Kein Wunder, dass die Russen so gut im Eishockey sind, sie üben in täglicher Praxis unablässig den Ellbogencheck.

Einem Fremden die Tür zu öffnen oder offenzuhalten, zum Beispiel am U-Bahneingang, wird entweder gar nicht zur Kenntnis genommen oder ist im höchstem Maße erklärungsbedürftig. Am besten, man bezeichnet sich als unzurechnungsfähig. Der Versuch, das unverständliche Tun mit Höflichkeit zu begründen, scheitert elendig und führt letztendlich zur gleichen Bewertung, nur dauert es länger.

Und so kann, außerhalb der sozialen Kontrollstrukturen der primären Netzwerke, jeder machen, was er will. Ist es Gleichgültigkeit oder auch ein Stück weit Toleranz? Erstaunlich jedenfalls, wie nächtlicher Lärm in Nachbarwohnungen oder auf der Straße hingenommen wird. Über die zahlreichen Besoffenen steigt man vorsichtig hinweg, und Katzenpisse und menschliche Exkremente in den Treppenhäusern und Hausfluren scheinen niemand ernsthaft aufzuregen. Hier zu intervenieren erscheint sinnlos. Besser man verbleibt in seinem überschaubar privaten Bereich und kümmert sich um nichts anderes. Und so kann man in Russland Freunde gewinnen, die alles mit einem teilen, und sieht sich gleichzeitig einem Kampf jedes gegen jeden im öffentlichen Raum ausgesetzt, den man wiederum nur in der engen Koalition mit den primären Netzwerken überstehen kann. Und so stärken sich die beiden Gegensatzpole – individuelle Berechenbarkeit und kollektiver Wahnsinn – gegenseitig. Schon wieder eine Analogie zu Malawi?

Es gäbe noch viel zu berichten. Als Beobachter ist man ja Gott sei Dank nicht unmittelbar Betroffener, sondern steht in relativer Distanz zu den Dingen, was einem vieles leichter macht. Anders wäre es, wenn man hier unwiderruflich leben müsste. Und so freuen wir uns über die schönen Fassaden; wie es dahinter aussieht, geht keinen was an. Die Weißen Nächte beeindrucken natürlich stark. Der ganze Lebensrhythmus verlagert sich in die Nacht hinein, was zumindest mir ja nicht fremd ist. Das Wetter war bis heute eher gemischt. Sehr heiße Tage und Nächte wurden durch herbstlich kalte abgelöst. Urlaub also würde ich nicht in St. Petersburg machen. Aber ansonsten haben wir viel gesehen und erlebt, Dinge die wir nicht missen wollen. Jetzt aber geht es zurück nach Malawi und hoffentlich nicht so bald wieder retour nach Europa. Jedenfalls haben wir nochmal unsere Ferienpläne dahingehend überprüft, ob es dann sinnvoll ist, im August und September für sechs Wochen nach Europa zurückzukehren. Wahrscheinlich werden wir diesen Zeitraum erheblich kürzen und uns lieber endlich mal im umliegenden Afrika umschauen. ...

Oktober 1998

... Endlich zurück in Malawi! Der malawische Winter scheint doch freundlicher zu sein als der europäische Sommer. Jedenfalls haben wir in St. Petersburg und auch in Bielefeld an einigen Tagen mächtig gefroren und schon am Tage die Heizung angemacht. Hier klettert die Temperatur tagsüber schon auf über 20 Grad, so dass wir im Garten frühstücken und Mittag essen. Erst nach Sonnenuntergang, der allerdings schon zwischen 17.00 und 17.30 einsetzt, wird es merklich kühler. Dann heißt es nicht nur ins Haus zu gehen, sondern hier auch den Kamin anzustellen, denn das Haus ist keineswegs wärmer als die Außentemperaturen.

In unserer Abwesenheit ist einiges passiert. Der Gemüsegarten hat sich stark entwickelt. Salate, Möhren, grüne Erbsen und Bohnen, Kohl, Zwiebeln, Brokkoli und Weißkohl stehen zur Ernte an. In zwei, drei Wochen werden die Tomaten so weit sein. Auch die gesäten Blumen sind zum Teil gekommen. Den größten Teil jedoch haben die Gärtner als Unkraut ausgezupft. Zwar ist die Regenzeit vorbei, aber die Trockenzeit hat noch nicht begonnen, so dass noch alles recht grün ist, obwohl die Bäume vorsichtshalber sich schon ihres Laubs entledigen.

Nach unserer Rückkehr wurde uns berichtet, dass aus der Garage unsere Fahrräder, eine Gartenschere und die Säge verschwunden sind. Wie beunruhigend, dass da jemand aus dem Haus die entsprechenden Tipps für das Vorhandensein dieser Güter einem anderen gegeben haben muss oder dass Leute aus dem Haus selbst den Diebstahl begangen haben. Jedenfalls hat die Polizei in unserer Abwesenheit den Fall übernommen und alle Beteiligten und Nichtbeteiligten verhört, wobei nur zu hoffen ist, dass dabei nicht die üblichen rabiaten Methoden angewandt wurden. Die Polizei hat ja nicht nur deshalb ein sehr schlechtes Image hier im Lande, sondern auch, weil sie in der Vergangenheit sehr eng mit der Diktatur verknüpft war und für sie die Drecksarbeit erledigt hat. Während die Armee sich relativ aus den innenpolitischen Gegebenheiten heraushielt, war die Polizei neben den jungen Pionieren eines der Instrumente des Terrors. Entsprechend hält das Misstrauen der Bevölkerung gegenüber dieser Institution an. Jetzt wird sie allerdings nicht so sehr als gefährlich angesehen, sondern als korrupt und ineffizient. Unterbezahlt, schlecht ausgebildet, verunsichert und wenig motiviert, versehen die Beamten ihren Dienst mehr schlecht als recht.

Es ist ein Rechtsvakuum entstanden, das die Bevölkerung in Selbstjustiz füllt. Kaum vergeht ein Tag, in dem die Zeitungen nicht von Mob-Justiz berichten. Erwischte Diebe oder Personen, die dafür gehalten werden, werden erschlagen oder mit Benzin übergossen und abgefackelt. Schusswaffen sind über Moçambique und Zambia ins Land gekommen und finden auch Anwendung. In Blantyre, dem ökonomischen Zentrum des Landes, haben die indischen Kaufleute, die sich in der letzten Zeit besonders bedroht fühlen (mehrere Raubüberfälle mit Todesfolgen haben sich dort ereignet, die überwiegend die indischen Händler getroffen haben), begonnen, einen Fonds einzurichten, mit dem sie Polizisten bei der Ausübung ihres Dienstes entlohnen. Dabei legen sie Wert darauf, dass nicht Polizeiangehörige der Stadt selbst zu ihrem Schutz herangezogen werden und damit in den Genuss einer spürbaren Zusatzentlohnung kommen, sondern bestehen auf »unbelasteten« Polizisten aus der Provinz. Darin dokumentiert sich eindringlich die Einschätzung der Polizei, aber es zeigt sich auch die Absurdität, wie das legitime Gewaltmonopol des Staats desavouiert und ersatzweise privatisiert wird.

Auf jeden Fall, die verschwundenen Fahrräder sind bisher nicht wieder aufgetaucht. Bei Fahrten durch die Stadt verfolgt unser misstrauischer Blick alle Fahrräder am Straßenrand, gerichtet auf signifikante Erkennungsmerkmale. Aber die Diebe werden ja wohl so clever sein, die Fahrräder nicht nur umzuspritzen, sondern in andere Regionen zu entführen. Dennoch wurden noch von der Polizei die Nachtwächter als Hauptverdächtige – sei es, dass sie fest geschlafen haben, sei es dass sie wissentlich ein Auge zugedrückt haben, oder sei es, dass sie selbst die Fahrräder über die Mauer geworfen haben – ausgemustert, zur Erleichterung der anderen Hofzugehörigen und -beschäftigten, die sich damit von jeder Verdächtigung befreit sehen. Dennoch bleibt ein Misstrauen. Zwei Tage nach unserer Ankunft hier in Lilongwe erschien einer der Gärtner mit einem nagelneuen indischen Fahrrad, das ihn einen eineinhalbmonatigen Lohn gekostet hat. Noch vor zwei Monaten bat derselbe Gärtner uns um einen Vorschuss, da er sich stark anderweitig verschuldet habe. Aber wie dem auch sei, »Misstrauen isst Seele auf«, es lohnt nicht darüber nachzudenken. So hat uns also der Alltag wieder.

Der Alltag besteht auch darin, dass die gesamte Hofgemeinschaft plus die damit verbundenen sozialen Netze uns als zinsfreie Kreditanstalt ansehen. Die Begründung für zinsfrei gewährte und natürlich auch nicht inflationsgesicherte Kredite ist dabei etwas stereotyp. Mittlerweile hat sich der fünfte Geldnachfrager an uns gewandt mit der begründenden Story, ein Sturm hätte in seinem Heimatdorf das Dach des Hauses der Eltern, der Geschwister oder anderer Familienmitglieder zerstört, und nur mit unserer Hilfe könne nun das Unglück bereinigt werden. Zwar berichten weder Zeitungen noch Augenzeugen von nennenswerten Stürmen in der jetzigen Jahreszeit in Malawi, aber dennoch, alle Dächer scheinen zur Zeit zusammenzubrechen. Für uns heißt das, Kreditaufnahmen unter welchen fadenscheinigen Begründungen auch immer nicht prinzipiell auszuschließen, wohl aber die Kredithöhe einigermaßen in realistischen Bahnen zu halten. Es nützt ja nichts, wenn die Schuldner hinterher sich selbst ins Unglück stoßen.

Der Alltag zeigt sich auch in den Berichten und Kommentaren der Zeitungen. Dabei muss man berücksichtigen, dass die nach der demokratischen Öffnung des Landes entstandene Zeitungsvielfalt auf zwei Tageszeitungen zurückgeschrumpft ist. Bei einer spontan geschätzten Leserschaft von vielleicht 50-60.000 Lesern ist das vielleicht auch ein realistisches Szenario der Medienlandschaft in Malawi. Problematischer als die geringe Zahl der Printmedien ist jedoch deren Qualität. Dennoch hat sich hier gegenüber der Diktatur durchaus einiges positiv verändert.

Bemerkenswert vielleicht aus den Zeitungsdarstellungen der letzten Woche ein Fall, der die politische Kultur des Landes beleuchtet. Vor einigen Wochen hat die größte Einzelgewerkschaft der Staatsangestellten auf einen landesweiten Streik hin gearbeitet, weil die sowieso schon unfassbar geringen Löhne mit der rasanten Preisentwicklung in keinerlei Weise kompatibel sind. Überraschend dann, dass der Vorsitzende dieser Gewerkschaft wenige Tage vor dem gesetzten Streikdatum diese demonstrative Veranstaltung abblasen wollte und sich vehement dagegen aussprach, obwohl er wochenlang vorher als Motor des Streikes wirkte. Dieser Sinneswandel an der Spitze der Gewerkschaft führte zur erheblichen Verunsicherung der Mitglieder und der Öffentlichkeit, so dass der geplante Streik nur zögerlich und unkoordiniert anlief und damit wenig Wirkung zeigte. Vor einer Woche berichtete dann die Oppositionszeitung des Landes, eine der beiden erwähnten Zeitungen, dass dieser Gewerkschaftsvorsitzende seit kurzer Zeit in einer staatlichen Liegenschaft wohne, ein Haus, das normalerweise einem Staatssekretär oder einem höheren Armee- bzw. Polizeioffizier zusteht. Gestern nun veröffentlichte dieselbe Zeitung die Kopie eines Briefes, in dem der Präsident des Landes selbst die Anweisung gab, dem entsprechenden Gewerkschaftsführer ein solches Haus sofort und unwiderruflich zuzuweisen. Gewerkschaftsmitglieder versuchen nun, diesen auffälligen Vorgang zur Ablösung des bisherigen Vorsitzenden zu nutzen. Ob das gelingt, bleibt abzuwarten. Letztendlich sind solche Praktiken offensichtlich gang und gäbe und keineswegs ein Grund für eine Abwahl oder gar einen Rücktritt verantwortlicher Politiker.

Mitteilungswert vielleicht auch die in den Zeitungen dargestellte Position der malawischen Frau. Eine der bekanntesten Karikaturisten des Landes veröffentlichte vor zwei Tagen in einer der beiden Tageszeitungen eine witzig gemeinte Zeichnung, in der sich eine vollbusige, aufgedonnerte Frau bei einem Polizisten aufgeregt beklagt, dass sie von einem Mann verschleppt und anschließend vergewaltigt worden sei. Dagegen habe sie zwar im Prinzip nichts, wohl aber gegen die Tatsache, dass derselbe Mann sie nicht und schon gar nicht angemessen hierfür entlohnt habe. Dieser Witz koinzidiert mit einem kürzlich abgedruckten Leserbrief, in dem sich ein bibelfester Christ auf einer halben Zeitungsseite darüber auslässt, dass sich Frauen gegen allen Anstand so kleiden, dass sie halb nackt und aufreizend wirken würden und sich deshalb auch nicht wundern dürften, wenn Männer diese fleischliche Darstellung als Aufforderung für eine Vergewaltigung verstehen würden, also noch nicht einmal missverstehen würden.

Die malawische Öffentlichkeit ist jedoch nicht nur staunend bewegt über die Cleverness von Gewerkschaftsführern, sich schöne staatliche Häuser zu sichern, und schüttelt auch nicht nur den Kopf über die Frauen, die doch nur erhielten, was sie verdienten und letztlich anstrebten, sondern zeigt sich richtig betroffen über die ökonomische Situation des Landes, die zum Beispiel vom Tabakpreis abhängt. Tabak ist das wichtigste Exportgut des Landes und besitzt auch Weltgeltung. 20 % aller Top-Zigaretten-Marken, insbesondere in den USA, verarbeiten malawischen Tabak. Es geht dabei um bestimmte Geruchs- und Geschmacksrichtungen, auf die sich Malawi spezialisiert hat. 180 Millionen US$ werden dieses Jahr als Erlöse für den exportierten Tabak erwartet. Im letzten Jahr jedoch betrug der Exportwert 249 Millionen US$. Das Kilo Burley-Tabak kostet jetzt US$ 1,29, während im letzten Jahr dafür noch 1,68 pro Kilo erzielt wurden. Dieser enorme Preisverfall ergibt sich im Übrigen nicht aus einer nachlassenden Nachfrage wegen nachlassenden Rauchgenusses (obwohl auch dieses Problem immer wieder in den Tageszeitungen diskutiert wird), sondern steigender Konkurrenz durch die Nachbarländer. Insgesamt beliefert die südliche afrikanische Region 70 % des entsprechenden Tabakbedarfes in der Welt, was sich nicht nur in entsprechenden, allerdings tendenziell sinkenden Erträgen widerspiegelt, sondern auch in erodierten Böden und einer wachsenden Landknappheit für die Gemüse- und Lebensmittelproduktion. Hinzu kommt, dass diese speziell verarbeiteten Tabake einen enorm hohen Holzverbrauch voraussetzen, der auf Kosten des gegenwärtigen und zukünftigen Energiebedarfs der Bevölkerung (Feuerholz) befriedigt wird und kaum noch reparierbare ökologische Schäden hinterlässt. Tabak und sein genussvoll inhaliertes Verbrennen sind also nicht nur eine gesundheitliche Geisel für die Täter, sondern wirken sich auch katastrophal für die Produzenten des toxischen Rohstoffes aus. Gewinner sind einzig die vermittelnden Händler des kollektiven Selbstmordes.

Ansonsten gilt es noch aus der Presse zu vermelden, dass das College of Medicine, 1991 gegründet, bisher 105 Doktoren erfolgreich, das heißt mit Abschluss, ausgebildet hat. Dieser Ausbildungserfolg verbessert statistisch das Doktor-Patienten-Verhältnis im Lande von einem Arzt auf 60.000 Patienten vor 1991 auf 1:56.000 in diesem Jahr. Diese Nachricht sollte nicht von mir kommentiert werden – ebenso wenig der Hinweis, dass in diesem Jahr Malawi als ehemals selbstversorgendes Land »nur noch« ein Erntedefizit von 245.000 Tonnen Mais und Getreide erwartet. In der ganzen südöstlichen Region Afrikas ist ein Defizit von 3,2 Millionen Tonnen wahrscheinlich. Der Zusammenhang mit einer mengenmäßig wachsenden Tabakproduktion bei gleichzeitig sinkenden Erträgen ist evident. ...

Feuerholz-Verkäufer

Oktober 1998

... Das friedliche und harmonische Leben auf unserem Hof steht im eklatanten Widerspruch zu den Zuständen im Lande. Als eine Folge des Preisverfalls von Tabak, dem wichtigsten Exportgut des Landes, ist der malawische Kwacha zusammengebrochen. Im Gefolge der Abwertung der Währung in Zimbabwe und Südafrika musste auch Malawi abwerten, und zwar um 65 %. Bei stagnierenden Löhnen, die nicht mehr als ihren halben Wert von vor einem Monat ausmachen, sind die Preise zwischen 30 und 100 % angestiegen. IWF und Weltbank haben die Subventionierung von Lebensmitteln verboten bzw. eng begrenzt, so dass der 50-Kilo-Sack Mais von 195 Kwacha auf 350 Kwacha gestiegen ist. Kerosin, neben Holz der wichtigste Grundstoff, um sich eine warme Mahlzeit zu kochen, wurde um 50 % teurer, obwohl hier noch erhebliche Subventionen mit einfließen. Und so geht es weiter mit den Preisen für Brot, Gemüse und Transport. Gott sei Dank verfügen noch die meisten Malawis über die Restbestände ihrer Ernte. Die eigentliche bittere Zeit ist für Dezember/ Januar zu erwarten, wenn die Vorräte aufgebraucht sind und die neue Ernte noch nicht in Sicht ist.

Dennoch hat es die ersten Riots gegeben. In Blantyre ist eine Reihe von Läden gestürmt und geplündert worden. Auch die Minibusfahrer wurden angegriffen, und einige der Autos sind verbrannt worden, weil diese den Fahrpreis als Folge der Preiserhöhung generell und der Preiserhöhungen für Benzin über Nacht verdoppelt hatten. Ähnliche Vorfälle hat es übrigens letzten Monat auch in Zimbabwe aus demselben Grund gegeben, wobei Mugabe das erste Mal die Armee im Land einsetzen musste. Hier versucht noch die Riot-Polizei die Vorkommnisse unter Kontrolle zu bringen.

Das Ganze spielt sich im Vorfeld der kommenden Wahlen ab. Die Regierung, mit so großer Hoffnung als erste demokratisch gewählte ins Amt geholt, ist bewegungsunfähig und vermag unter den gesetzten Rahmenbedingungen des IWF, aber auch eigener Inkompetenz und Korruption keine positiven Veränderungen einzuleiten. Die wichtigste Oppositionspartei, die Partei des verstorbenen Diktators Banda, steht bereit, und ein Großteil der Bevölkerung scheint auch die historische Vergangenheit einer fast vierzigjährigen Unterdrückung bereits vergessen zu haben.

In unsere Domus-Wirtschaft schwappen diese Ereignisse jedoch nicht oder kaum hinein. Die Hofbevölkerung schart sich um ihren Meister in der Annahme und Forderung, er werde es schon richten. Loyalität hat ihren Preis, und der muss bezahlt werden. Mit Bezahlung sind aber nicht primär monetäre Auszahlungen gemeint, sondern ein umfassendes Versorgungs-netz mit den wichtigsten materiellen und immateriellen Gütern. Die mittel-alterliche Domus-Wirtschaft in den deutschen Städten zum Beispiel zeich-nete sich dadurch aus, dass der Meister für Ernährung, Schlafstätte, Klei-dung etc. der Gesellen zuständig war. Geldliche Leistungen spielten dabei eine äußerst geringe oder gar keine Rolle. Eine vergleichbare Struktur findet sich hier in Malawi. Die Lohnform ist nicht ausgebildet. Cash wird nicht als Widerspiegelung erbrachter Leistungen angesehen, sondern als Donation und Zusatzeinkommen zur Subsistenzökonomie. Das ändert sich zwar zur Zeit, aber recht langsam. Je mehr die Subsistenzökonomie aus Mangel an Land, aber auch an Zeit, den Boden noch zu bewirtschaften, erodiert, wenn nicht zusammenbricht, desto stärker wird sich auch hier eine umfassende Geldwirtschaft entwickeln, die allerdings noch erhebliche strukturelle und mentale Hürden zu überwinden hat.

Die von uns Beschäftigten jedenfalls nutzen ihre Entlohnung nur be-dingt für die Reproduktion der Gesamtfamilie. Insbesondere die männli-chen Hofarbeiter betrachten große Teile der Auszahlungen als ihr Taschen-geld, um sich Batterien für ihre Radios, Chamba (Haschisch) oder Bier zu kaufen. Dass die ihnen gewährten Auszahlungen doppelt so hoch sind wie die Entgelte, die ihre Berufsgenossen in der Nachbarschaft erhalten, neh-men sie mit Gelassenheit zur Kenntnis. Die Höhe der Auszahlungen ist ja auch schließlich nicht mit der eigenen Arbeitsleistung verbunden, sondern mit dem Status des Zahlenden. In anderen Worten, der reiche Weiße kann natürlich und sollte auch mehr zahlen als der indische Kaufmann oder die afrikanische Elite, soweit sie über vergleichbare Häuser und Anlagen in un-serer Nachbarschaft verfügt.

Die Geldleistungen stehen aber auch nicht unbedingt im Zentrum. Er-wartet werden Kleidung, Verpflegung, Krankheitsschutz, Erziehungsbeiträ-ge und immer wieder erneuerbare Kreditmöglichkeiten, die der Master zu erfüllen hat. Bei Kleidung stehen insbesondere identitätsstiftende Unifor-men im Vordergrund. Ob Nachtwächter oder Gärtner, ob Hausangestellter oder Koch, sie alle erwarten eine Ausstattung, die sie als Teil der Hauswirt-schaft nach außen erkennbar macht. Nicht umsonst haben wir auch das Anwesen Dambo-House getauft, was mit großer Anerkennung der Hofan-gehörigen verfolgt wurde, sind sie jetzt doch Teil und Repräsentanten des Dambo-Hauses.

Für das lang zelebrierte Mittagessen, wofür eine anderthalbstündige Mittagspause angesetzt ist, liefert der Hausherr Maismehl, Gemüse aus dem

Garten, Öl, Zucker, Salz, unendliche Mengen an Squash und natürlich Kerosin. Falls die Lieferungen nicht pünktlich eintreffen, wird er höflich, aber bestimmt ermahnt, seine Pflicht zu erfüllen.

Ansonsten ist die Hausführung für die Gesundheitssicherung zuständig. Fieber, Durchfall oder ähnliche Beschwerden werden dem Meister zu jeder Tages- und Nachtzeit vorgetragen. Und so greifen wir in die Pillenkiste und verteilen Aspirin oder Malariamittel. Soweit das nicht reicht, sind wir für den Transport in eine Gesundheitsstation zuständig, und sollte auch das schief gehen, was Gott sei Dank bisher noch nicht passiert ist, müssen wir die Beerdigung organisieren.

Eingebettet in diese Struktur, haben wir dann also auch, wie erwartet, Maßnahmen zur Abfederung der sozialen Probleme als Folge der Abwertung der Landeswährung in unsere Hauswirtschaft eingeleitet. Die Löhne wurden inflationsbereinigt, und selbstverständlich fuhr der Meister persönlich zum nächsten Mais-Depot, um Vorräte einzukaufen. Das kostete einen ganzen Tag und war mit erheblichen Lernprozessen verbunden. Hunderte, wenn nicht Tausende von Menschen prügelten sich um den Einlass in das Maisdepot, und obwohl ich als Weißer alle Privilegien dieser Welt habe, in diesem Falle die Unterstützung und das Wort des Depotdirektors, geriet ich mehrfach in erhebliche Bedrängungen, aus der mich dann meine Schutzmannschaft wieder herausgeholt hat. Mir wurde jedenfalls klar, welche unzumutbaren Zeit- und Energieleistungen die Leute in der Sicherung ihrer Reproduktion aufwenden müssen. Kein Wunder, dass sie erschöpft und demoralisiert sind. Sie lernen systematisch, dass sich wie immer gestaltete Anstrengungen letztendlich nicht lohnen und keine Besserungen herbeiführen. Die einzige Chance einer Versicherung ist und bleibt der Patron, und wohl demjenigen, der über einen solchen verfügt.

Und so sitzen wir an einem wunderschönen Sonntag im und am Swimming Pool, abgesichert durch Mauern und die Loyalität der Hofgemeinschaft, die uns in ihr sonntägliches Gebet miteinschließt, mit den Wünschen, dass wir nicht so schnell verschwinden mögen und uns einer hinreichenden Gesundheit erfreuen. Mit 28 Grad im Schatten ist es noch nicht zu heiß, umso mehr als ein erfrischender Wind weht. Die Katze, die ja auch zur Hofhaltung gehört, hat gerade mal wieder eine größere Echse gefangen, die sie nun mal eine Weile quälen wird, bevor sie sie auffrisst. Ihr seht, es passiert vieles und nichts, und diese Widersprüchlichkeit macht das Ganze doch recht spannend. ...

Oktober 1998

... Die Regenzeit kündigt sich an. Die älteren Leute riechen bereits den Klimawechsel und bereiten sich auf den beginnenden Regen vor. Es gilt die Aussaat vorzubereiten, insbesondere den Mais in die Erde zu bringen. Und so konzentrieren sich die üblichen Wünsche nach zinslosem Kredit (übrigens, die Zinsrate hier im Lande beträgt 43 %) auf die Begründung, man müsse rechtzeitig Dünger kaufen, um eine gute Ernte zu gewährleisten.

Mais stellt das absolut wichtigste Nahrungsmittel in Malawi dar. Das, was die Kartoffel in Norddeutschland ist, ist der Mais in ganz Malawi. Verstärkt propagiert durch die Kolonialherren, hat diese Frucht Vor- und Nachteile. Der Vorteil besteht darin, dass bei Gelingen der Ertrag relativ hoch zum gegebenen Input, nämlich ein oder zwei Samenkörner pro Pflanze, ist. Deshalb wurde die Pflanze auch verbreitet, weil die Engländer für ihren erheblichen Bedarf an Arbeitskräften in den Plantagen ein Nahrungsmittel brauchten, das im großen Stil angebaut werden konnte. Der Nachteil besteht darin, dass Mais nicht einfach und unproblematisch wächst. Er bedarf einer bestimmten Erde und braucht viel Wasser. Kommt die Regenzeit zu früh, säuft die Pflanze ab. Kommt aber die Regenzeit zu spät oder gar nicht, ist der Mais durch Trockenheit verloren. Mais stellt also ein hohes Risiko dar, und die Abhängigkeit des Landes von diesem Nahrungsmittel ist in hoher Weise fatal.*

Das Banda-Regime hat in den letzten dreißig Jahren noch eindeutiger auf Mais gesetzt als die vorangegangenen Kolonialherren. Der Plantagensektor (Tabak, Tee und Zucker) ist weiter ausgebaut worden, und die Ernährung der Bevölkerung ist weitgehend auf Mais konzentriert worden. Bei zunehmender Bevölkerungsdichte hat das dazu geführt, dass auch Böden unter die Hacke genommen wurden, die für Mais überhaupt nicht geeignet sind. Zudem ist man die Berge hoch gegangen, hat die Bäume und Büsche dort abgehackt und stattdessen Mais angepflanzt. Nach ein oder zwei Ernten ist jedoch der Boden erschöpft, und man braucht erhebliche Mengen an Dünger. Hinzukommen Erosionsschäden, die kaum noch reparierbar sind.

Dünger, das heißt jedoch Kunstdünger, der nicht im Lande hergestellt wird, ist als Importgut relativ teuer. Das frühere Regime hat immerhin noch den Kunstdünger subventioniert, so dass die Bauern im Prinzip Zugriff auf dieses Hilfsmittel hatten. Unter dem Diktat des internationalen Währungs-

---

* Früher pflegten die Bauern auch Soja, Kassava, Süßkartoffeln und Ähnliches anzubauen, so dass sie in ihrer Versorgung nicht allein vom Mais abhängig waren.

fonds jedoch sind alle Subventionen, ob im Landwirtschafts- oder Gesundheitsbereich, abgebaut worden. Das führt unter anderem dazu, dass die Bauern den Mais nun ohne Fertilizer ausbringen müssen und entsprechend schlechte Ernten erwarten. In diesem Jahr fehlen wieder einige Hunderttausend Tonnen Mais, die für teures Geld aus dem Ausland importiert werden müssen. Schlechte Ernten jedoch und Importe treiben den Preis für Mais erheblich in die Höhe. Die kürzlich erfolgte Abwertung hat zudem den Kaufpreis verdoppelt. In dieser Situation hat sich nun der IWF entschlossen, wenigstens den Maispreis zu subventionieren, mit ca. 30 %. Damit ist eine noch weitere Verteuerung zwar verhindert, aber die Verdoppelung des Preises nicht rückgängig gemacht worden. Diese Subventionsmaßnahme wird einige Millionen Kwacha kosten, die an anderer Stelle fehlen werden. Hätte man wenigstens das gleiche Geld zur Subventionierung von Dünger vorher bereitgestellt, wäre es gar nicht zur Verteuerung des Maises gekommen und auch nicht zu Versorgungsengpässen. Denn mit Dünger fällt erfahrungsgemäß die Ernte besser aus. So hat sich also der IWF durch seine orthodoxe liberale Politik selber ein Problem geschaffen, das er nun, um politische Unruhen zu verhindern, notdürftig zu reparieren sucht, wobei natürlich selbstverständlich die Malawis selber für den Schaden und die nachträglichen Subventionen aufkommen müssen.

Es ist ein Jammer, dass man die Verantwortlichen für eine solche fatale und falsche Politik, die den Malawis aufgezwungen wird, nicht verantwortlich machen kann, ja noch nicht einmal identifizieren kann. Anonyme Bürokratien irgendwo in New York und Washington entscheiden über das Leben und Sterben anderer Leute, ohne für die Folgen selber belangt werden zu können. Es müsste einen internationalen Gerichtshof für solche Art Verbrechen geben.

Sicherlich, den Malawis stünden weitere Optionen zur Ernährungssicherung offen, die sie aus sozio-kulturellen Gründen nicht hinreichend nutzen. Zwar war die Konzentration des Maisanbaus eine politische Entscheidung des vorangegangenen Regimes, aber sie entspricht auch den Essensgewohnheiten der Bevölkerung; ohne täglichen Nsima, einen Brei, hergestellt aus Maismehl, wird ein Einheimischer nicht satt. Süßkartoffeln, Kassava und Gemüse werden nicht als gleichberechtigt anerkannt. Die Folgen sind nicht nur ein starker Nachfragedruck auf Mais, sondern auch einseitige Ernährung, weil vorhandene Auberginen, Zucchini oder Paprika eher als Viehfutter denn zum menschlichen Verzehr geeignet angesehen werden. Die Salate in unserem Garten werden von den Gärtnern nicht angenommen. Rohes wird nicht gegessen. Aber nicht nur Essensgewohnheiten stehen einer gesunden Ernährung im Wege, sondern die Bauern haben oft zum Teil verlernt oder nie gelernt, diese Gemüse anzubauen. Kassava zum Beispiel ist eine traditionelle Frucht, die sich zudem als relativ dürreresistent erweist. Aber wie gesagt, die Bauern wissen gar nicht mehr, wie man diese Pflanze ausbringt und pflegt. Auch mangelt es an Wissen über Haltbarmachung und Weiterverarbeitung von vorhandenen Agrarprodukten. So kommt es zu der Situation, dass in bestimmten Erntezeiten ein Überfluss zum Beispiel an Mangofrüchten besteht, so dass die Früchte, die wenig später gebraucht werden könnten, schlicht vergammeln.

Die Ernährungssicherung Malawis ist in einer Dauerkrise schon seit Jahren. Längst kann sich das Land nicht allein ernähren, sondern ist auf Nahrungsmittelhilfe von außen angewiesen. Es hängt sozusagen am Dauertropf. Das war nicht immer so. Bis in die siebziger Jahre hinein konnte das Land Nahrungsmittelüberschüsse produzieren und exportieren. Diese Nahrungsmittel wurden überwiegend von Subsistenzbauern oder Smallholders erbracht, während sich die Plantagen auf Cash-Crops wie Tabak, Tee und Kaffee konzentrierten. Mit den siebziger Jahren jedoch trug die Politik der einseitigen Förderung der Plantagen ihre negativen Früchte. Steuererleichterungen und Investitionen wurden auf den Estate-Sektor gerichtet, der sich in Fläche und Produktionsvolumen stark ausweitete, während Smallholders und Subsistenzökonomie stagnierten. Eine staatliche Vermarktungsorganisation nutzte das ihr politisch zugewiesene Monopol dazu, den kleinen Bauern für ihre Güter, in erster Linie Mais, einen Preis unter Weltmarktniveau zu zahlen, was einer faktischen Besteuerung gleich kam. Die so erwirtschafteten Überschüsse kamen wiederum den Plantagen zugute, was einer Umverteilung entspricht. Die Folgen sind heute evident. Subsistenz- und Smallholder-Sektor haben abgenommen und damit auch die Kapazitäten zur Selbstversorgung mit Nahrungsmitteln. Die Plantagen jedoch, die mit ihren Cash-Crops immerhin Devisen erwirtschaften könnten, sind in einer weltweiten Krise. Der Tabakpreis ist enorm gefallen, und die Perspektiven sehen alles andere als rosig aus. Alternativen sind kaum in Sicht, die Abhängigkeit vom Tabak zumindest zu minimieren. Es wird zwar in diesem Jahr groß propagiert, rote Paprika anzupflanzen, um den darin enthaltenen Farbstoff nach Europa zu exportieren, aber das sind natürlich alles sehr kurzfristige und unsichere Produktentscheidungen.

Wie verzweifelt die Situation ist, zeigt die tägliche Lektüre der Zeitung. Politiker der verschiedenen Parteien reisen auf und ab und fordern die kleinen Bauern zu mehr Fleiß auf, als ob es am mangelnden Fleiß läge. Tatsächlich jedoch ist die Subsistenzökonomie am Ende. Die ist jahrelang belastet und stranguliert worden. Sicherlich gibt es noch technologische Reserven, wie Dünger, bessere Sorten, Bewässerung etc., aber die Grenzen sind erreicht. Allein schon die zur Verfügung stehende Anbaufläche für eine Bevölkerung, die sich seit der Unabhängigkeit verdreifacht hat, reicht nicht mehr aus. Bereits 25 % der Subsistenzbauern verfügen nur noch über einen halben Hektar. Man rechnet jedoch, dass eine Familie mindestens einein halb Hektar Land zur Verfügung haben muss, um sich selbst ernähren, geschweige denn einen Überschuss erwirtschaften zu können. An Landumverteilung jedoch zu Lasten der Estates ist nicht zu denken. Allenfalls wollen einige Politiker die Plantagen bitten, doch auf den Tabakanbau zu verzichten und stattdessen Lebensmittel zu produzieren.

Die Situation ist also ausgesprochen schlecht und bietet kaum Perspektiven. Dass es nicht zu Aufständen kommt, liegt zum einen an der offensichtlichen Geduld der Malawis, aber auch an der Tatsache, dass ein längst eingefahrenes internationales Krisenmanagement es sich zur Aufgabe gemacht hat, Länder wie Malawi dauerhaft mit Lebensmitteln zu versorgen. Entwicklungshilfe, so scheint es, degeneriert immer stärker zur bloßen Nahrungsmittelhilfe. Statt also die Strukturen der Unterentwicklung aufzubrechen, werden Suppenküchen zur Linderung des Hungers eingerichtet. Die Eliten des Landes können damit auch sehr gut leben, vermögen sie doch dann die verbleibenden Staatseinnahmen für ihre Zwecke zu nutzen. Und so bleibt alles beim Alten. Die Armen bleiben arm, die Krisenmanager haben gut bezahlte Jobs, und die afrikanischen Eliten werden in ihrem Tun nicht gestört.

Übrigens, es hat tatsächlich ein wenig geregnet, aber die richtige Regenzeit wird noch etwas auf sich warten lassen. ...

November 1998

... Vorgestern hat die Regenzeit angefangen. Am ersten Tag gab es einige Schauer. Das Regenwasser ist sofort verdunstet, und die Temperatur kühlte sich keineswegs ab, sondern es entstand eher ein Sauna-Gefühl. Erst gegen Abend ging das Thermometer auf 20 Grad zurück. Gestern nun hat es die ganze Nacht stetig, wenn auch nicht heftig, geregnet. Und dennoch ist der Boden allenfalls an der Oberfläche feucht und nicht in der Tiefe. Jetzt um 9.00 Uhr morgens ist die Temperatur schon wieder auf 25 Grad geklettert.

Die Bauern haben den Regen sehnsüchtig erwartet. Nachdem im letzten

Jahrzehnt mindestens dreimal der Regen ausblieb, sind die Farmer jedesmal neu besorgt, ob dieses Unglück nun wieder passieren werde. Insofern herrscht große Zufriedenheit über den Regen, und selbst unsere Hausangestellten, die alle noch Subsistenzbauern sind, genauer, deren Familien in ihren Heimatdörfern das Feld bestellen, sind aufgeräumt und erleichtert. Jetzt wird der Mais ausgebracht, das wichtigste Grundnahrungsmittel im Land. Aber viele können den ertragreicheren Hybrid-Mais nicht kaufen und müssen, so sie überhaupt haben, auf ihre eigenen von Ratten und Insekten zerbissenen Vorräte als Saatgut zurückgreifen. Düngemittel wären jetzt dringend erforderlich, aber die können sie nicht bezahlen.

Der Beginn der Regenzeit bringt jedoch noch andere Probleme mit sich. Es ist die Zeit der ausbrechenden Viruserkrankungen. Die Wasserqualität wird zunehmend schlechter, weil Regenwasser in die Zisternen eindringt. Die Stadt bekämpft diese Vorkommnisse mit mehr Chlor. Aber die meisten Malawis haben gar keinen Zugang zu Leitungswasser, sondern holen sich ihren Bedarf in Tümpeln und Bächen. Drei unserer Leute sind zur Zeit krank, obwohl für jeden abgekochtes Wasser bereitsteht. Wir haben extra Plastik-Container gekauft, damit entsprechend sauberes Wasser mit nach Hause genommen werden kann. Und dennoch, Laxheiten in der Hygiene, verbunden mit einseitiger oder gar unzureichender Ernährung, machen die Leute anfällig. Und so verteilen wir Pillen, organisieren Arztbesuche und verteilen Südfrüchte – Aufmerksamkeiten, die stoisch und als selbstverständlich entgegengenommen werden.

Letzte Woche sind wir ganz hoch in den Norden des Landes gefahren. Auf der M1 geht es zunächst von Lilongwe nach Mzuzu. Für die Strecke von weniger als 400 Kilometern braucht man etwa vier bis viereinhalb Stunden, was zeigt, dass die Straße ganz gut in Schuss ist. Von hier aus haben wir Projektbesuche gemacht in der Gegend unterhalb des Nyika-Plateaus. Es geht hier um veterinär-medizinische Betreuung der Farmer, deren Kleinvieh und Rinder von allerlei Krankheiten bedroht sind. Da der Staat schon lange keine Arzneimittel und Betreuung zur Verfügung stellen kann, hat die GTZ hier eine Art genossenschaftlich organisierter Ersatzstruktur aufgebaut, die wohl nach Augenschein erste Erfolge zeitigt. Die Frage bleibt, was passiert, wenn die Deutschen wieder abziehen.

Von Mzuzu sind wir dann über die Berge an den See Richtung Norden gefahren. Die Straße ist neu gemacht und bietet einen wunderschönen Blick über den See, der an dieser Stelle so groß ist, dass man das gegenüberliegende Ufer nicht mehr sehen kann. Die Küstenstrecke nach Karonga ist noch im Bau, wird also erst später gut befahrbar sein. Am See ist es zu dieser Jahreszeit merklich heißer und schwüler, so dass wir in unserem einfachen Nachtquartier schier weggeflossen sind.

Von Karonga ging es dann westlich wieder zurück in die Berge. Hier gibt es keine Teerstraße mehr, und der Weg hinauf ist ohne ein Four-Wheel-Drive nicht mehr zu machen. Und auch mit einem solchen Auto ist die Fahrt ein verwegener Ritt. Für die knapp 100 Kilometer haben wir mehr als fünf Stunden gebraucht. An dem schweren Mercedes-Unimog-Jeep ist dann auch prompt die Stoßdämpferaufhängung gebrochen, die dann nach Ankunft in Chitipa geschweißt werden musste. Da unterwegs die Brücken bei der letzten Regenzeit weggeschwemmt worden sind, mussten wir mehrfach die Flüsse an Furten durchfahren. Gott sei Dank, dass die Regenzeit sich noch nicht voll entwickelt hatte, sonst hätten wir die Fahrt abbrechen müssen.

Warum die schweren Eisenbrücken weggeschwemmt wurden und die Eisenträger wie Streichhölzer zerknickt im Flussbett liegen, wird deutlich, wenn man sich die umliegenden Hänge und Berge anschaut. Brandflächen und abgehackte Bäume sind das Erscheinungsbild. Es lohnt sich im Grunde gar nicht, die Brücken wieder aufzubauen, denn sie werden mit Sicherheit wieder zerstört werden. Die Wassermassen während der Regenzeit fließen ungehindert mit ungeheurer Wucht in die Flusstäler. Man kann sie nicht mehr einmauern. Die Natur rächt sich hier für die rigide Abholzung, die ja nicht nur gewaltige Mengen an Regenwasser in die Täler donnern lässt, sondern auch gleichzeitig den sowieso schon nicht sehr ertragreichen Boden mitreißt. Der Fahrer erklärte uns diesen Zusammenhang wie folgt. Es handele sich um die wilde und ungezähmte Wasserschlange Napolo, die zwar noch niemand gesehen habe, die aber diese ungeheueren Schäden verursache. Dagegen könne man nichts machen. Die Schlange sei stärker.*

Und in der Tat stehen die Bewohner dieses Landesteils diesem Phänomen teilweise ratlos, teilweise uninteressiert gegenüber. Die Chiefs, auf die Brandrodung und Abholzung angesprochen, kennen natürlich die Erwartungen der Weißen genau und distanzieren sich davon. Gefragt, ob sie nicht ihre Autorität zum Schutze der Wälder einsetzen könnten, verweisen sie gern auf die Verantwortlichkeit der fernen Regierung in der Hauptstadt. Sie möge doch schärfere Gesetze erlassen, mehr Polizei schicken und überhaupt mehr Geld. Hier zeigt sich wieder das typische Regelungsmuster in

---

* Der Begriff Napolo steht in der Tat für eine Schlange aus alt-malawischen Sagen, ist aber erweitert worden zu Sturmflut, Wasserflut.

diesem Land. Nichts wird in Eigenverantwortlichkeit geklärt, sondern alles wird auf ferne und externe Verantwortlichkeiten verschoben. Es ist immer wieder wie im Märchen von 1001 Nacht, wo der weise Sultan nachts verkleidet durch das Land zieht und mit Hilfe seiner unermesslichen Macht erkannte Probleme mit einem Federstrich bewältigt. Und solange dieser Sultan in Form der fiktiven Regierung oder des weißen Experten nicht auftaucht, muss man sich eben in Geduld fassen.

Sicher, die Leute gehen in die Berge, um neue Böden zu erschließen. Und sie hacken die Bäume ab, weil sie Feuerholz brauchen. Aber das gilt nur bedingt für den Norden. Hier gibt es keine Überbevölkerung, und entsprechend gering ist der Landdruck. Die Brandflächen entstehen auch nicht aus Landnot heraus, sondern weil die Bauern, die im Tal über genügend Flächen verfügen, hier oben einmal im Jahr Hirse anbauen, um daraus das lokale Bier herzustellen. Dabei bevorzugen sie Stellen, in denen sich Termitenhügel befinden, denn diese Tiere tragen besonders fruchtbaren Boden zusammen. Diese Stellen werden dann gerodet und angesteckt. Die Asche dient als Dünger. Es werden also noch nicht einmal die Bäume als Feuerholz entnommen, sondern sie werden schlicht als störend oder als düngende Asche abgefackelt. Und so schwemmt der nächste Regen die neu gewonnenen Flächen ins Tal und reißt zudem das dort befindliche Bauernland weg. Befragt, ob denn die Betroffenen und Beteiligten diesen Zusammenhang nicht erkennen würden, erntet man ein verlegenes, aber immer höfliches Lächeln. Gelingt es, die Sprachlosigkeit zu durchbrechen, erfährt man, das habe man doch schon immer so gemacht, es würden ja alle machen, und da mache es auch keinen Unterschied mehr, ob man sich selber fern halte. Und so wird auch der Norden des Landes buchstäblich den Bach hinuntergehen, falls nicht der legendäre Sultan aufkreuzt und das Unwahrscheinliche wahrscheinlich werden lässt.

Dieser kollektiven Handlungsunfähigkeit steht sehr wohl eine individuelle Tatkraft der Bewohner dieses Landstriches entgegen. In ganz Malawi haben wir nicht so propere und große Bauernhäuser gesehen wie in Chitipa. Die Felder zeugen von fast westfälischem Ordnungssinn, und fast jeder Bauer verfügt über Vieh, sonst überhaupt nicht typisch für Malawi.* Eine eindrucksvolle bäuerliche Wirtschaft, die möglicherweise von den nahen Grenzen nach Tanzania und Zambia profitiert. Von Malawi selbst ist der Landstrich ja eher abgeschnitten.

In Chitipa befindet sich ein GTZ-Gesundheitsprogramm, das sich unter

---

* Wahrscheinlich gib es auf den Höhen nicht die Gefahr der Tse-tse-Fliege.

anderem mit der Verbesserung des Distrikt-Gesundheitswesens befassen soll. Im Mittelpunkt steht dabei die Rehabilitierung des Distrikt-Hospitals. Es soll mit Hilfe von KfW-Mitteln repariert und modernisiert werden. Die Malawis selbst hatten sich einen Neubau des Krankenhauses erhofft, aber die KfW hat diesem Wunsch unter Druck der GTZ-Mitarbeiter nicht entsprochen. Und so nimmt die malawische Seite die Rehabilitierung des Krankenhauses achselzuckend und zögerlich entgegen, wäre doch ein Neubau ein viel schöneres Geschenk.

Da wir mit dem deutschen Botschafter unterwegs waren, lief das übliche Zeremoniell bei Ortsbesichtigungen in besonderer Feierlichkeit ab. Zunächst einmal bestand Polizeischutz, das heißt die Fahrzeugkarawane wurde von einem Polizeifahrzeug angeführt. Bei Ankunft erwarteten die Besucher eine Gesangs- und Tanzgruppe und alle Honoratioren des Distrikts. Nach einer kurzen Begrüßung gab die Kulturgruppe ihr Bestes, und danach zog man sich in eines der bestehenden Gebäude zurück, um ohne das störende Volk die Ehrengäste zu begrüßen.

Am Beginn einer jeden Begrüßung steht ein Gebet, ökumenisch gehalten, auch unter Einschluss eventueller Muslime. Danach stellt ein Zeremonienmeister die einheimischen Honoratioren vor, die alle aufstehen und sich verbeugen. Anschließend wird jemand von der deutschen Delegation gebeten, dasselbe für seine Seite zu tun. Es folgen Ansprachen der malawischen Repräsentanten, die alle durch die Bank ihre nicht unerheblichen Erwartungen an die Besucher richten. Im Kern handelt es sich dabei um einen aufwendigen und wenig bescheidenen Warenhauskatalog. Da spricht der Chief des Distriktes von der Notwendigkeit eines Krankenhausneubaus, die Rehabilitierung wird gar nicht zur Kenntnis genommen. Ein oder zwei Autos wären auch ganz angenehm. Die Wasserversorgung müsste an sich mal verbessert werden. Die Schule benötigt Toiletten und und und. Zum Abschluss jeder Rede wird dann nochmals darauf hingewiesen, dass man ja schließlich die Vertreter eines mächtigen Landes vor sich habe, eines guten Freundes, dem man sich nach Ablieferung all dieser Geschenke auf ewig dankbar erweisen werde.

Anschließend wird der Botschafter als Ranghöchster der deutschen Delegation zu einer Antwortrede aufgefordert. Dem ist inzwischen schon ganz anders geworden, denn erstens ärgert er sich über die in höfliche Worte gefasste Unverfrorenheit der Wünsche, zweitens verfügt er über das Jahr über ein eher bescheidenes Repräsentationsbudget, und drittens kann er natürlich für die deutsche Bundesregierung überhaupt keine Zusagen machen. Also spricht er über alles Mögliche, nur nicht über die angemeldeten Wünsche. Nach der dritten oder vierten Redesituation dieser Art murmelt er auch so etwas wie, man möge doch Eigeninitiative zeigen und nicht alle Wünsche könnten in Erfüllung gehen. Dann schließt die Versammlung. Eine Besichtigung des Ortes folgt. Danach bieten die Gastgeber Coca-Cola und Kekse an, und sofort geht es zurück in die Autos, und die Zurückbleibenden versinken in einer riesigen Staubwolke. In den Autos lassen dann die deutschen Delegationsmitglieder ihre Luft ab und sind sich in der Einschätzung der Malawis einig. Danach geht man als gefestigte Gruppe in das nächste Treffen dieser Art.

Von Chitipa sind wir dann wieder Richtung Süden gefahren, mit Zielsetzung Nyika-Plateau. Zwischendurch wurde noch einmal angehalten in einem Wahlkreis des örtlichen Parlamentsabgeordneten. Der hatte ebenfalls die Gelegenheit eines informellen, persönlichen Gespräches dazu genutzt, seine Parteigenossen, die örtlichen Honoratioren und sein Wahlvolk hinzuzuladen. Da wir uns entschieden verspätet hatten, musste die riesige Versammlung zwei Stunden warten, und das oben erwähnte Programm musste auf zehn Minuten zusammengeschmolzen werden. Also sang man schneller und kam direkter auf die dringendsten Wünsche zu sprechen. Danach ging es zurück in die Autos und hoch auf das Nyika-Plateau.

Das Nyika-Plateau ist eine Fläche von circa 30 Quadratkilometern, landschaftlich sehr schön. Durch seine Höhe auf über 2.000 m dominiert ein Gras- und Buschbesatz. An einigen Stellen finden sich importierte Nadelhölzer, die aus der Kolonialzeit stammen. Man wollte ursprünglich den Holzbedarf der zambischen Minen von hier aus wenigstens teilweise befriedigen. Allerdings erwiesen und erweisen sich noch heute die Transportprobleme als unüberwindlich. So steht also ein eher schottischer Hochwald im Gelände – ästhetisch sehr schön, aber natürlich auch nicht sehr afrikanisch. Je nach Sicht- und Wetterlage kann man Tiere beobachten, meistens Antilopen, Zebras und Springböcke. Löwen sind ausgestorben, aber es soll Geparden geben. Die Tierwelt wird immer wieder belastet und bedroht durch Brennrodung und Wilddieberei der um den Park lebenden Bevölkerung, die nicht vor langer Zeit aus diesem Gelände mit Gewalt vertrieben wurde und sich nicht zu Unrecht noch heute im Besitz dieses jetzt als Nationalpark deklarierten Bodens wähnt. Und so wundert es nicht, dass die Eindringlinge in den Park wenig oder gar kein Unrechtsbewusstsein zeigen. Auch die Wildhüter vermögen ihr Verständnis für Landsuchende und Wilddiebe nicht zu verbergen.

Die KfW zusammen mit der GTZ hat hier ein völlig überdimensioniertes Rehabilitierungsprojekt in Höhe von fast 12 Millionen DM angefangen.

Es wurde mal wieder geklotzt und nicht gekleckert. Für allein 500.000 DM wurden Autos zur Verfügung gestellt, von denen einige vom Ministerium in der Hauptstadt abgezweigt wurden und damit ihrem ursprünglichen Zweck der Unterstützung der Forstverwaltung und der Wildhüter gar nicht erst zugeführt wurden. Für eine weitere Million werden Luxus-Lodges gebaut in der wahnwitzigen Annahme, dass sich reiche Touristen auf das Nyika-Plateau verirren würden, nachdem sie sich am weit attraktiveren Krüger-Park in Südafrika offensichtlich satt gesehen hätten. Dabei hat der Park seine höchst angenehmen Seiten, aber eben nicht als luxuriöse Anlage, sondern als relativ einfache, naturbelassene Institution. Die schon jetzt bestehenden schlichten Häuser mit jeweils zwei Schlafzimmern sind nicht nur ausreichend, sondern geradezu charmant und überzeugend. Man kann selbst kochen, oder ein Verantwortlicher für jedes Haus übernimmt die entsprechende Arbeit. Lebensmittel müssen mitgebracht werden, aber Getränke gibt es vor Ort. Um 22.00 Uhr wird der Stromgenerator ausgestellt, und danach kann man noch bei Kerzen- oder Laternenlicht weiter schwatzen oder vor sich hin träumen. Ins Bett gehen ist auch erlaubt. Nyika ist wirklich was für ruhige Tage, Wandern, Game-Watching, Angeln oder Nichtstun. Ein sehr empfehlenswertes Örtchen, das die Deutschen nicht hätten aufmotzen sollen, aber vielleicht ist ja das Geld deutscher Steuergelder ohne Schaden für den Ort schlicht nur (und wieder) vergeudet worden.

Danach ging es in einem Rutsch vom Plateau runter nach Lilongwe, eine Reise von fast acht Stunden. Die erste Strecke ist wiederum sehr rau, und man tanzt mit seinem Four-Wheel-Drive den Berg hinunter. Ab Mzuzu geht es dann normal weiter. Insgesamt hat sich die Fahrt in den Norden sehr gelohnt und wird von uns sicherlich wiederholt werden, vielleicht mit einem oder mehreren von euch.

So, ich muss jetzt Schluss machen. Meine Haushälterin verlangt kategorisch, dass ich sie ins Krankenhaus fahren muss. Sie hätte schließlich keinen Transport und außerdem, wer solle denn für die Krankenhausbehandlung aufkommen, wenn nicht ich. Womit sie sicherlich recht hat. Vielleicht fällt ja dann auch ein beiläufiges Dankeschön für mich ab.

P.S.: Heute (einen Tag später) habe ich auch den Gärtner Nr. 1 in dasselbe Krankenhaus gefahren. Der Erholungsurlaub, in den ich ihn geschickt habe, hat offensichtlich wenig bewirkt. ...

Dezember 1998

... Wir sind für ein Wochenende nach Harare geflogen, um mal etwas anderes zu sehen. Zwei Tage haben wir in Kunst gemacht, Galerien aufgesucht und Maler zu Hause besucht. Und, wie nicht anders zu erwarten, wir haben fürchterlich zugeschlagen. Ein Ensemble von fünf großen Ölbildern, die jeweils die Elemente darstellen sollen (aus ästhetischen Gründen musste der Künstler ein fünftes Element erfinden; er hat es All genannt), wartet nun auf seinen Transport nach Lilongwe. Von demselben Künstler haben wir noch sechzehn allseitig bemalte Holzwürfel (30 x 30 x 30 cm) gekauft, die man spielerisch immer wieder neu zusammensetzen oder übereinander türmen kann. Auch die müssen noch mit einem Fahrzeug hierher geschafft werden. Hinzukommen zwei größere Papierarbeiten von einem Moçambiquaner und drei, vier kleinere Bilder, Collagen und Grafiken. Harare hat eben schon eine Kunstszene, die Weltanschluss gefunden hat. Im Januar des kommenden Jahres werden wir bei unserem Rückflug von Deutschland uns wieder einige Tage in Harare aufhalten, hoffentlich dann mit weniger aufwendigen Folgen.

Als wir am Sonntag nach Lilongwe zurückkehrten, erwartete uns eine schreckliche Überraschung. Das immer Denkbare und immer Verdrängte war geschehen, der im Krankenhaus liegende Gärtner war in den Morgenstunden gestorben, für uns insofern etwas überraschend, als wir dachten, dass alle erdenklichen Vorkehrungen zu seiner Gesundung getroffen worden seien. Es stellte sich jedoch dann heraus, dass sich aus seiner Verwandtschaft nicht genügend Blutspender zur Verfügung gestellt haben, und anderes Blut ist nicht erreichbar. Es ist also in Realität gar nicht so weit her mit der Familiensolidarität. Die Betroffenen müssen erheblichen emotionalen Druck auf ihre Verwandten ausüben, um Hilfe zu erlangen, und auch Geldzahlungen spielen eine Rolle. Jedenfalls hat wohl eine ganze Reihe von angefragten Familienmitgliedern abgewinkt. Die Gründe lassen sich nur vermuten. Der Durchschnittsmalawi hat in der Regel ein Blutbild, das in Deutschland zur Einlieferung in die Intensivstation reichen würde. Aber vielleicht war auch allen Beteiligten die wahrscheinliche Krankheitsursache, nämlich die Volksseuche Aids, gegenwärtig, so dass eine Hilfe sowieso sinnlos gewesen wäre.

Als wir auf unserem Hof ankamen, erwarteten uns die Familienangehörigen und die Hofangestellten, die – obwohl sonntags – sofort an ihre Arbeitsstelle geeilt sind. Nichts war unternommen, stattdessen erwartete man Instruktionen vom Meister, der nun das Naheliegende zu organisieren hat, nämlich die Angehörigen zu benachrichtigen, die Leiche aus dem Krankenhaus zu holen usw. usw.

Am nächsten Tag ging es dann so weiter. Über Nacht hatten sich alle möglichen Verwandte und Freunde im Gartenhaus eingefunden. Es wurde gesungen, gebetet und gegessen, wobei anzumerken ist, dass der Verstorbene gar nicht hier auf diesem Grundstück gewohnt hat, sondern sich ein Haus in einem anderen Viertel der Stadt gemietet hat. Aber hier an diesem Ort existiert eben ein Master, der moralische und finanzielle Verantwortung zu übernehmen hat. Hinzu kommt, dass sich nun herausstellte, dass unsere Haushaltshilfe die Schwester des Gärtners war und von daher wohl gewisse Verpflichtungen übernehmen musste. Beide gehören dem Stamm der Tonga an, einem Stamm, der sowohl matrilinear als auch patrilinear strukturiert ist. Deshalb also muss auch die Schwester für die Kinder des Verstorbenen Verantwortung übernehmen.

Inzwischen hatte die Trauergemeinde einen Zeremonienmeister bestellt. Ein älterer Bruder war eingetroffen. Die Leiche war auf unsere Kosten, wobei ein Teil des zur Verfügung gestellten Geldes verschwunden ist, ins Zentralkrankenhaus gebracht worden. Und nun ging es um die Frage, wie geht es weiter. Auch diese Frage lässt sich offensichtlich ohne Anleitung und Entscheidungen des Masters nicht selbstständig regeln. Dahinter steckt nicht nur eigene Entmündigung und Hilflosigkeit, sondern auch das Kalkül, den Master gar nicht erst aus der von ihm geforderten Verantwortung herauszulassen. Also näherte sich eine Verhandlungskommission in den Vormittagsstunden dem Master, um die nächsten Schritte zu beraten. Das erwartend, hatte der Master unter Bäumen eine kleine Arena aus Stühlen und Bänken aufstellen lassen, und nun ging es los. Der Master begrüßt die Anwesenden, und der Zeremonienmeister übersetzt aus dem Englischen ins Chechewa. Dann bittet der Master den Ältesten um ein kurzes Gebet (für mich als Atheisten ein etwas schwieriges Unterfangen), und dann würdigt der Master den Verstorbenen und hebt seine Verdienste hervor. In die Rede werden Fragen an die Familie mit eingeschlossen, so zum Beispiel, warum sich keine Familienangehörigen für eine Bluttransfusion zur Verfügung gestellt hätten. Der Zeremonienmeister murmelt etwas von Kommunikationsproblemen und gibt darüber hinaus keine Antwort. Schließlich zählt der Master bereits geleistete Zahlungstransfers auf, denn er weiß natürlich, dass die Trauergemeinde nach oben keine Grenzen ihrer finanziellen Erwartungen hat. Längst jedenfalls hatte die Familie beschlossen, dass der Tote in sein Heimatdorf im Norden des Landes verbracht werden sollte. Die Familie dort warte bereits. Nur, niemand hatte sich um einen Sarg gekümmert, geschweige denn um eine Transportmöglichkeit in den mehr als 400 Kilometer entfernten Geburtsort. Auf meine erstaunte Frage, wer denn nun sich um diese Dinge zu kümmern habe, meinte der Zeremonienmeister unter breiter Zustimmung der Mitversammelten, das sei Aufgabe des Masters. Daraufhin unterbrach ich die Sitzung und stellte in sehr ernstem Ton fest, dass der Verstorbene nicht zu meiner Familie gehöre und ich deshalb auch keine diesbezügliche Verantwortung übernähme. Über diese Feststellung wurde längere Zeit palavert, und erst als die Anwesenden begriffen, dass ich es ernst meine, konnte man wieder zur Sache zurückkehren.

Ich machte klar, dass ich einen Teil der Kosten – und zwar einen erheblichen – zu übernehmen bereit wäre, dass ich mich aber ohne eine Beteiligung der Familie sperren würde. Außerdem – unter dem Eindruck des am Vortage verschwundenen Geldbetrags – forderte ich die Anwesenden auf, mir die Summe der zu erwartenden Kosten vorab zu nennen, so dass ich meinen Beitrag darauf abstellen könnte. Das wiederum erstaunte die Familienrepräsentanten, die sich erhofft hatten, dass ich ihnen eine recht große Pauschale überreichen würde, die sie dann zur Deckung der Kosten, aber auch für den Eigenverbrauch verwenden würden. Alles in allem, niemand hatte sich um einen Sarg gekümmert, niemand hatte sich Gedanken über eine Transportmöglichkeit gemacht, und niemand machte sich offensichtlich Gedanken, wie viel Kosten entstehen würden. An der Stelle knirschte dann die Unterhaltung recht erheblich, und es dauerte eine Weile, bis die Familienangehörigen ihre Verantwortung zu übernehmen bereit waren. Die Sitzung wurde daraufhin unterbrochen, und nun wurden Unterhändler in alle Richtungen ausgesandt, um Transportmöglichkeiten und -kosten zu eruieren. Zwischenzeitlich hatten wir uns bei malawischen Bekannten erkundigt, was denn tatsächlich an sozial üblichen Verpflichtungen auf uns zukommt. Mit diesen Informationen gewappnet, die im Übrigen unseren bis dahin eingeschlagenen Weg bestätigten, ging es dann nach einiger Zeit mit der Diskussion weiter. Im Hinterhalt hatten wir zu diesem Zeitpunkt bereits einen Fahrzeughalter, der gegen Entgelt bereit war, den Transport vorzunehmen. Und irgendwann ließ sich diese Nachricht nicht mehr zurückhalten, weil die Familie absolut nicht in der Lage war, das Problem auch nur halbwegs rational zu lösen. Nun war wieder alles im Lot, die eigene Verantwortung war wieder dort, wo sie offensichtlich hingehört, nämlich beim Master. Hoch erfreut nahm man dann auch zur Kenntnis, dass er nun noch zusätzlich 80 % der Transportkosten übernehmen würde, nachdem er schon den Sarg bezahlt hatte (beides zusammen ca. 350-400 DM). Die Mienen und die Stimmung hellten sich auf. Der Master war eben doch der

Größte, und nun konnte man endlich loslegen. Um 15.00 Uhr – so wurde beschlossen – sollte der Transport sich in Bewegung setzen.

Gegen 17.00 Uhr war es dann endlich so weit. In die Fahrerkabine des Pickups drängelten sich Schwester, Witwe und fünf Kinder. Auf der Ladefläche war der Sarg festgezurrt, und neben und auf ihm saßen weitere zehn Personen einschließlich zweier Klageweiber. Um das Auto herum scharten sich 80-100 Menschen, Verwandte, Freunde, Arbeitskollegen und Nachbarn. Der Master wurde noch einmal aufgefordert, eine kurze Abschiedsrede zu halten, und danach ging die Fahrt in den Norden des Landes.

Als der Wagen aus dem Gesichtsfeld der Zurückgebliebenen entschwand, breitete sich Erleichterung und Zufriedenheit aus. Die Hofgemeinschaft und die Nachbarn bedankten sich beim Master für seine großherzigen Taten und Worte. Nun war alles landesüblich geregelt worden. Der Master hatte Stärke und Güte zugleich bewiesen, so wie es sich für einen orientalischen Potentaten gehört. Nun konnte jeder zur Tagesordnung übergehen, aber der Tag wird noch lange in Erinnerung aller Beteiligten bleiben.

Abgesehen vom makabren Anlass, verdeutlicht die Geschichte die höchst problematische Entwicklungsfähigkeit des Landes. Diese nicht entwirrbare Mischung von Hilflosigkeit, Entscheidungsunfähigkeit und -willigkeit auf der einen Seite und des berechnenden Kalküls auf der anderen – die da oben, der Master oder die auswärtigen Experten, werden es schon richten – scheint für den täglichen Überlebenskampf adäquat zu sein, birgt jedoch keinerlei hoffnungsvolle Perspektive. Sicherlich, die Leute sind arm, sehr arm und sehen deshalb keine Alternative zu ihrem Verhalten. Aber das gilt noch nicht einmal in diesem Fall. Die Betroffenen und Beteiligten verdienen überdurchschnittlich viel, und zudem hatten sie gerade ein dreizehntes Monatsgehalt als Weihnachtsgeld erhalten. Nein, es ist eine tief verwurzelte Lakaienhaltung, die sich über die vorkoloniale, koloniale und nachkoloniale Zeit verfestigt hat. Eigeninitiative ist verpönt und wird bestraft. Jeder versteckt sich hinter jedem und keiner übernimmt Verantwortung. Und was tun wir? Wir perpetuieren diese Situation. Gutwillig, indem wir uns den sozio-kulturellen Normen anpassen und den Betroffenen zu helfen versuchen. Und ignorant, indem wir uns als unschlagbar überlegen mit unseren geistigen, technischen und finanziellen Ressourcen in einer für die Einheimischen absehbar nicht erreichbaren Sphäre bewegen. Und so brechen wir ihnen täglich das moralische Selbstbewusstsein, und die Betroffenen bedanken sich artig dafür.

Keine Sorge, wir entwickeln uns nicht zu Zynikern. Aber wir wollen auch unsere Augen nicht verschließen und suchen tragbare und konsequente Auswege. Man kann hier nicht einfach so weiter wursteln, und sich von der Realität abzuschotten ist zwar bequem, aber wenig hilfreich. Hingucken statt weggucken, und auch das wollen wir euch gerne zeigen, denn es gehört dazu. Malawi besteht eben nicht allein aus einer wunderschönen Landschaft und den freundlichen Menschen, sondern auch aus Problemen. Diese Tatsache jedoch sollte nicht abschrecken, sich mit dem Land zu beschäftigen und es zu besuchen. ...

Briefe März bis Dezember 1999

März 1999

... Seit Monaten erlebt Malawi eine Regenzeit wie schon lange nicht mehr. Normalerweise ist der Regenzyklus von Oktober bis März in zwei Intervalle geteilt, die so genannte große und die so genannte kleine Regenzeit. Dieses Jahr regnet es ununterbrochen, zumindest im Zentrum und im Süden des Landes. Die Folgen sind ambivalent. Zunächst einmal bedeutet Regen Leben. Die landwirtschaftliche Subsistenz wird mit den Niederschlägen gesichert, mehr noch, dieses Jahr werden viele Produzenten zweimal ernten können. Ob der Ernteertrag auch unter diesen günstigen natürlichen Bedingungen ausreicht, das Land zu ernähren, bleibt dennoch zweifelhaft. Die mangelnde Diversifikation der Aussaat mit ihrer ungesunden Konzentration auf den Mais, auch auf nicht geeigneten Böden, die Konkurrenz des Tabakanbaus auf den wertvollsten Ackerflächen, der vom Normalbauer nicht zu finanzierende Zugang zu Düngemitteln und den ertragreicheren Hybrid-Sorten, erodierende und viel zu kleine Anbauflächen und vieles mehr machen einen erfolgreichen Ernteabschluss für das Land eher unwahrscheinlich.

Der viele Regen wirft auch seine Schatten. Insbesondere die Gemüsebauern, zu denen wir ja auch zählen, »ersaufen« im Wasser. Tomaten lassen sich zur Zeit nicht anpflanzen, die Kartoffeln und Möhren verfaulen. Selbst die resistenten Kohlsorten können sich nicht entwickeln. Aber auch der Mais wird manchmal durch die Heftigkeit des Regens umgeworfen, ohne dass er eine Chance besitzt, sich wieder aufzurichten.

Für die unmittelbare Gesundheit jedoch ist die jährlich zur Regenzeit aufspringende Cholera das einschneidendste Ereignis. Dieses Jahr nimmt die Cholera-Epidemie ein ungeahntes Ausmaß an und übertrifft bereits das

Katastrophenjahr 1973. Das Ministerium für Gesundheit und Bevölkerung spricht von 14.749 Fällen und bereits 494 Toten. Während 1997 nur ein Cholerafall mit tödlichem Ausgang zu verzeichnen war, war bereits das Jahr 1998 ein Schock für das Land. Das Jahr 1999 beeilt sich nun, diesen Schock zu übertreffen.

Ursächlich sind einerseits die infrastrukturellen Bedingungen der Wasserversorgung und andererseits die Verhaltensweisen der Bevölkerung. Durch die heftigen und umfangreichen Regenfälle werden die vorhandenen Seen, Flüsse, Stauseen, Wassertanks und Brunnen stark verschmutzt. Der Schmutz rührt zum Teil von natürlichen und nicht unbedingt schädlichen Sedimenten her, aber es dringen auch gefährliche Stoffe aus überfließenden Kloaken, ungeschützten Friedhöfen und tierischen Resten und Fäkalien in die von der Bevölkerung einzig zugänglichen »natürlichen« Wasserversorgungssysteme ein. Es gibt ja, mit Ausnahme in den Städten, kein kontrolliertes Leitungswassersystem, sondern jeder bedient sich aus der ihn umgebenden Natur, künstlich angelegte Wassertanks und Brunnen mit eingeschlossen. Insbesondere in den wachsenden städtischen Slums, die genauso wenig wie die ländlichen Siedlungsgebiete an Rohrleitungssysteme angeschlossen sind, wirkt sich nun ein starker Wassernachfragedruck, befriedigt aus unzulänglichen Quellen, als Katastrophe aus. Während sich im ländlichen und weniger bevölkerten Siedlungsbereich des Nordens die Cholerafälle in Grenzen halten, sind insbesondere die städtischen, aber auch ländlichen Ballungszentren des Südens und des Zentrums stark betroffen.

Im Augenschein ergeben sich signifikante Beispiele. Die wenigen vorhandenen Brunnen in städtischen Slums sind selten sachgerecht angelegt und werden nicht gepflegt, gewartet und kontrolliert. Oft liegen Brunnen unterhalb von Hängen und haben aus finanziellen Gründen keine hochgemauerte Umrandung und Abdeckung. Folglich werden sie durch unkontrollierte Einsickerungen, Einflüsse und das Herantreten der Nutzer auch außerhalb der Regenzeit beeinträchtigt. Das Ganze kulminiert natürlich mit den herunterprasselnden Wassermassen, die nicht nur natürlichen Boden mit sich führen und in die Brunnen fließen. Es kümmert sich auch niemand um den Erhalt und die Gewährleistung einer annehmbaren Wasserversorgung durch diese Brunnen. Wer sollte auch dafür zuständig sein? Der Zugang ist unbeschränkt und öffentlich, und so ergibt sich eine typische Rational-Choice-Situation. Jeder nutzt so viel wie möglich und ohne Rücksicht auf den nächsten. Ein anderes Verhalten würde ihm nichts nutzen und im Ergebnis für alle nichts ändern, weil eine rücksichtsvolle und pflegende Nutzung des Wassers durch den einen die Chancen für eine extremere Nutzung durch den nächsten nur erhöht. Gerade in den Slums gibt es ja keine kollektive Ordnung, es sei denn die von mafiosen Strukturen. Die jedoch sind nicht an infrastrukturellen Leistungen der Wasserversorgung interessiert, sondern an Gewinnbeteiligungen und Abschöpfungen von ökonomischen Unternehmungen. Im Kampf jedes gegen jeden ums eigene Überleben entwickelt sich kaum ein Gemeinwesen. Privat entstandene und gehaltene Brunnen schließlich, die es auch im kleinen Umfang gibt, müssen ihre Gestehungs- und Unterhaltungsinvestitionen über finanzielle Beiträge der potentiellen Nutzer außerhalb der eigenen Familie wieder hereinholen. Solche finanziellen Beiträge jedoch können sich nur die wenigsten im Slum leisten. Und so schöpft die Mehrheit der Bevölkerung in den Armenvierteln sein notwendiges Wasser aus verdreckten und versifften Brunnen oder geht zum nahen Fluss, der längst zu Kloake verkommen ist.

Aber es sind nicht nur die objektiven Bedingungen der Wasserversorgung, sondern auch uneinsichtige und kulturell bedingte Verhaltensnormen. Um auch hier ein Beispiel zu nennen: Obwohl ich in meiner Hofhaltung im großen Stil Wasser abkochen lasse und in Containern für die gesamte Hofgemeinschaft zur Verfügung stelle, kann ich immer wieder beobachten, wie Erwachsene und Kinder direkt aus dem Wasserkran trinken. Sicherlich, das Wasser hier in Lilongwe kommt vom Wasserwerk und ist in der Regel nur durch Chlor und mitgeführtem Sand in der Regenzeit belastet. Aber immerhin, Appelle zur Hygienevorsorge fruchten wenig.

Häufig verbreitet sich auch die Cholera dadurch, dass Angehörige und Freunde von Toten im letzten Liebesdienst diese waschen, ohne sich über die notwendigen Vorsichtsmaßnahmen im Klaren zu sein. Das zuständige Ministerium will deshalb, zumindest in den Krankenhäusern, diese notwendigen Reinigungspflichten auf professionell geschulte Mitarbeiter übertragen. Aber längst nicht alle Cholera-Tote sterben in Krankenhäusern, die zudem nicht über ausreichend vorhandenes und geschultes Personal, und schon gar nicht für solche Krisenfälle, verfügen. Auch können sich die Angehörigen die dann anfallenden Gebühren nicht leisten, und zudem verspüren sie eine kulturell-ethisch gegründete Pflicht, dem Toten die Ehrerbietung zu beweisen, nicht zuletzt, um nicht den Geist des Toten gegen sich aufzubringen.

Kulturell fundierte Normen können Interventionen, und schon gar nicht die von Auswärtigen, kaum erschüttern. Eher noch lässt sich Unwissenheit durch organisierte Aufklärung minimieren. Was aber können Entwicklungshilfeorganisationen wie die GTZ in der infrastrukturellen Sicherung der Wasserversorgung leisten? Technisch gesehen, ist eine flächendeckende

Bereitstellung von sachgemäß gebauten Brunnen kein Problem. Angesichts des vorhandenen Bedarfs sind eher finanzielle Engpässe zu erwarten, die allerdings auch auf längere Sicht sich schließen lassen müssten. Das eigentliche Problem ist stattdessen nicht die bloße Bereitstellung von Wasserversorgungssystemen, sondern deren Annahme, Übernahme, Wartung und Fortführung durch verantwortliche und zur Verantwortung zu ziehende Akteure und Strukturen. In Europa ist das in erster Linie der Staat oder der Markt oder eine Mischung von beiden. In langwierigen und widerspruchsvollen Entwicklungen hat der bürgerliche Steuerstaat in Europa die Wasserversorgung als kollektive Daseinsvorsorge aufgenommen, organisiert und zum Teil an gemeinnützige oder offen profitorientierte Marktorganisationen weitergereicht. Finanziert und aufrechterhalten wird die angesichts der Umweltverschmutzung immer schwieriger werdende Wasserversorgung durch Steuerbeiträge, Gebühren der Konsumenten und Erlöse aus dem Verkauf des Umweltgutes Wasser. Dieses Lösungsmuster, weder in seinen Einzelteilen noch in seiner Mischung, lässt sich nicht auf Malawi, wahrscheinlich auch nicht auf die Dritte Welt insgesamt, übertragen. Der malawische Staat ist kein Steuerstaat, sondern lebt von Zöllen, Abgaben (indirekten Steuern) und Entwicklungsbeiträgen. Diese Einnahmen reichen nicht aus, um eine auch nur annähernd flächendeckende Wasserversorgung zu initiieren, geschweige denn längerfristig aufrechtzuerhalten. Zu den finanziellen Knappheiten kommt die Tatsache, dass der malawische Staat kaum sein eigenes Territorium durchdringt, sich also in erster Linie auf strategisch bedingte Räume und Verbindungslinien beschränkt. Auch fehlt es an administrativen Strukturen, eine angemessene Infrastruktur im Wasserbereich zu gewährleisten. Die auswärtigen Geber können zwar ein voll ausgebautes Wassersystem in irgendeiner Lokalität des Landes aufstellen, der malawische Staat jedoch ist nicht in der Lage, das System weiter zu fahren und zu erhalten. Wie in Europa nun auf den Markt zu schielen geht auch nicht, weil es, mit wenigen Ausnahmen der zahlenmäßig dünnen Bourgeoisie, keine zahlungskräftige Nachfrage gibt. Soll also eine Wasserversorgung nicht zur Dauersubvention von auswärtigen Gebern werden, müssen verlässliche Strukturen außerhalb von Markt und Staat gefunden werden in Form einer gesellschaftlichen Selbstorganisation.

Diesen Weg ist die GTZ in einem kleinen Pilotprojekt in den unterversorgten Slums der regionalen Hauptstadt Mzuzu des Nordens gegangen. Die Leitidee war, dass eine gesicherte Wasserversorgung in Eigeninitiative und Trägerschaft lokal, das heißt unterhalb der Staatsebene und außerhalb der Marktsphäre, organisiert und gesichert und nur anfänglich von der GTZ unterstützt würde. So gibt es in einigen der wilden Wohnsiedlungen »traditional Leaders«, aber in sehr unterschiedlicher Autorität. Die Kirchen sind wenig bis gar nicht präsent, zumindest die offiziellen evangelischen und katholischen. Es gibt keine Tradition der Armenkirche, vielleicht mit Ausnahme der sektenähnlichen Freien Afrikanischen Kirchen, die allerdings nicht diesseitig orientiert sind, sondern sich auf das Jenseits konzentrieren. Während die weißen Missionare zu Beginn der Christianisierung noch in die Armenviertel und Dörfer wanderten – insbesondere die katholische Kirche zeichnete sich dadurch aus –, sind ihre schwarzen Nachfolger an Privilegien orientiert – Steinhaus, Telefon, Auto – und kümmern sich wenig um ihre armen Schafe. Hinzu kommt, dass die Squatters sich durch eine hohe Fluktuation auszeichnen, so dass sich auch von daher kaum ein geordnetes Gemeinwesen entwickeln kann. Die kommunalen Verwaltungsstrukturen sind nicht präsent. Also geht es zunächst darum, die Leute zusammenzubringen, diskutieren zu lassen und Entscheidungen zu fällen, welche Bedürfnisse vorrangig zu befriedigen seien. Hierzu wurden Facilitators ausgebildet und in die Slums geschickt, die allein die Aufgabe hatten, Kommunikation zwischen den vereinzelten heterogenen Slumbewohnern herzustellen. Sicher, hier bestand von Anfang an das Problem, dass diese Facilitators mit ihren eigenen Interessen zu dominieren suchten. Dieses Problem musste immer wieder angesprochen und relativiert werden.

Die meisten Slumviertel entschieden sich tatsächlich für eine gesicherte Wasserversorgung, und nun ging es darum, diese zu organisieren. Um die Eigenverantwortlichkeit zu stärken, mussten die Slumbewohner Komitees gründen und vor allem einen erheblichen Eigenanteil beim Bau des Wasserversorgungssystems garantieren. Da Geld von dieser Seite nicht zu erwarten war, besteht die Eigenleistung in Arbeit. Die GTZ stellte nur Rohre, Hähne und einen ausgebildeten Handwerker zur Verfügung. Das klappte ganz gut. Die Beteiligten nahmen sehr wohl aufmerksam zur Kenntnis, wer an dem Vorhaben mitarbeitete und wer sich als Trittbrettfahrer versuchte. Nur wer mitarbeitete, konnte später am Wassersystem partizipieren. Nach Fertigstellung der Leitungen und Zapfstellen im Viertel wurde für jede Zapfstelle eine verantwortliche Familie gewählt, die den Wasserhahn aufbewahrte. Zu bestimmten Zeiten kann Wasser geholt werden und muss mit einer kleinen Gebühr bezahlt werden. Aus den Gebühren wurden die Ansprüche des örtlichen Wasserwerkes befriedigt und gleichzeitig eine Rücklage für eventuelle Reparaturen gebildet. Es sind insbesondere die Frauen, die sich hier in der Organisierung der Sicherstellung von Wasser hervortun, nicht zuletzt deshalb, weil sie für die Wasserbeschaffung traditionell zuständig sind und sicherlich auch am eigenen Leibe erfahren haben, was es heißt, lange Wege zu gehen und dann doch nur mit dreckigem Wasser zurückzukehren.

In vorsichtigen Schritten ist hier also eine Selbstorganisation mit Anstoßhilfe von außen entstanden, wenngleich auch mit vielen Schwierigkeiten. Immer wieder versuchen Einzelinteressen, den Wasserzugang zu monopolisieren. Die Komiteemitglieder, die für die Kontrolle der Wasserstellen zuständig sind, werden unter erheblichen sozialen Druck gesetzt, an den Regeln vorbei den Zugang zum Wasser zu ermöglichen. Auch gibt es Unregelmäßigkeiten in der Abrechnung, und immer wieder bricht eine Tendenz auf, bei Fehlschlägen und Reparaturnotwendigkeiten die europäischen Geber anzurufen. Gewaltförmige Konflikte über den Zugang zum Wasser sind sehr wohl vorgekommen. Auch sind bestimmte Teile der Bevölkerung auch jetzt noch nicht in der Lage, die durchaus geringen Gebühren für die Wassernutzung aufzubringen, und müssen sich deshalb weiterhin aus dem verdreckten Fluss versorgen. Dennoch lässt sich sagen, dass in Ansätzen das Experiment gelungen ist, wenngleich es noch zu früh ist, die längerfristige Tragfähigkeit festzustellen.

Deutlich wird auch an diesem Beispiel, dass sich Entwicklungshilfe eben nicht nur auf die Bereitstellung von technischer Infrastruktur konzentrieren darf, sondern sie ist in erster Linie soziale Strukturbildung. Das aber ist, wie alle steuerungstheoretischen Überlegungen beweisen, äußerst schwer von außen zu gewährleisten. Selbstregulierung von innen, durch die Betroffenen selbst, braucht jedoch Zeit und muss durch erhebliche Konflikte gehen, die keineswegs automatisch zu gemeinsamen Lösungen führen, sondern sich auch im Kampf jedes gegen jeden erschöpfen können.

P.S.: Das Landwirtschaftsministerium erwartet für dieses Jahr eine Ernte von 2,35 Millionen Tonnen Mais gegenüber einer Ernte vom letzten Jahr von 1,80 Millionen Tonnen. ...

März 1999

... Nun hat die Cholera unsere Zaunumgrenzung, die uns vor der »bösen« Umwelt schützt, überschritten. Ein Nachtwächter und die Frau eines der Gärtner liegen auf der Isolierstation des zentralen Krankenhauses der Stadt. Die arme Frau hatte vor einem Monat eine Frühgeburt. Das Baby kämpft im Brutkasten ums Überleben. Sie selbst liegt jetzt, von ihrem Baby getrennt, in einem anderen Krankenhaus im Kampf gegen die Cholera.

Der Nachtwächter kam wie immer zum Dienst. Gegen 20.00 Uhr jedoch meldeten seine Kollegen, dass er schwer krank sei. Er hat sich also,
obwohl schon krank, zum Dienst gequält, nicht so sehr aus unüberwindli-
cher Pflichterfüllung, sondern weil er nicht wusste wohin. So wie früher
Babys vor den Kirchen und Findelhäusern abgelegt wurden, so hat er sich
auf meine Schwelle gelegt, als wollte er sagen: Nimm mich in deine Obhut,
mach was du willst mit mir, lass mich sterben oder rette mich. In deine
Hände lege ich mein Schicksal.

Der nahe liegende Gedanke, ins Krankenhaus zu fahren, konnte ihm
nicht kommen, denn Notambulanzen gibt es hier nicht oder nur in unzureichender Anzahl. Auch kann man keine Kommunikation mit irgendeiner Institution (Polizei oder Feuerwehr) aufnehmen. Seine Familie lebt im Süden
der Zentralregion, und so bleibt nur die Chance, sich an den Master zu
wenden.

Aber es sind nicht nur die objektiv schrecklichen Bedingungen, die ihn
zwangen, mich zu verpflichten, sondern es ist auch die Mentalität der Passi-
vität und der Delegation von Verantwortung an tatsächlich oder scheinbar
Überlegene. Und wir gehören zu den Überlegenen. Wir verfügen über
Transport (Autos), über eine Schublade voll mit Tabletten und Medizin, und
wo immer wir auftauchen, fragt man uns nach unseren Wünschen und beeilt sich, diese zu erfüllen. Es scheint, dass wir alle materiellen Güter dieser
Welt besitzen und zudem magische Eigenschaften, die uns alle Türen öffnen. Wir sind Häuptlinge und Priester zugleich. Sich solchen Fabelwesen
zu unterwerfen und sie damit zu verpflichten ist nicht nur unausweichlich,
sondern ein Gebot der Klugheit in der Wahrung einer kleinen Überlebens-
chance. Und so schleppt sich der Nachtwächter lieber in die Nähe des Masters als in eine möglicherweise weniger weit entfernte Gesundheitsstation.

Für uns hatte das zur Folge, dass wir mitten in der Nacht den Wagen
anspannen mussten, obwohl hier die Regel gilt, nachts nicht mehr mit dem
Auto zu fahren. Im Zentralkrankenhaus angekommen, wurden wir aufgrund unserer weißen Haut an der langen Schlange der vielfältig Betroffenen vorbei in die Notaufnahme geführt. Hier untersuchte man den Nachtwächter zunächst auf Malaria. Mein Hinweis auf Cholera wurde nicht ernst
genommen. Stattdessen wurden wir mit einigen Tabletten, wahrscheinlich
Kopfschmerztabletten, nach Hause entlassen. Wir haben ihn dann in sein
Wohnviertel gebracht, soweit unser Volkswagenbus auf den schlammigen
Feldwegen vorankam. Dann gaben wir ihm Geld, so dass er, falls notwendig,
wieder zurück ins Krankenhaus fahren konnte. Morgens erfuhren wir dann,
dass es ihm schlechter statt besser gegangen sei und er tatsächlich sich hat

ins Krankenhaus bringen lassen. Nun müssen wir herausfinden, wie es ihm geht und was mit seinem Kind ist, das offensichtlich bei ihm lebt und hier zur Schule geht. Es scheint so, dass es mit seinen sieben bis acht Jahren ohne Aufsicht ist, solange er sich im Krankenhaus befindet.

Eine Konsequenz aus dem Elend ist, dass wir mit unserem Bemühen, durch einen anständigen und überdurchschnittlichen Lohn unsere Leute in die Verantwortung zu bringen, Geld zurückzulegen für Notzeiten, uns aus weiteren Verpflichtungen herauszuziehen und die Beziehungen zu den Leuten auf einen Arbeitskontrakt zu reduzieren, eklatant scheitern. Die Realität geht ganz in die andere Richtung, nämlich zurück in die vorkapitalistische Hofhaltung. Wir werden nicht umhinkommen, uns jetzt auch um die Kinder zu kümmern, ein Gesundheitsvorsorgesystem für unsere Leute und deren Familien aufzubauen, ihnen hier auf dem Hof eine warme Mahlzeit pro Tag zu bereiten und sie weiterhin mit den notwendigsten Kleidungsstücken zu versehen. Das Dilemma ist offensichtlich: Wir binden die Leute immer stärker und verfestigen die hiesigen unheiligen Patron-Klient-Verhältnisse.

Aber die Hofhaltung kennt auch positive Seiten. Wir lassen zur Zeit unter einigen Bäumen im Garten einen offenen Pavillon bauen, für den ich einen Klinker-Fußboden entworfen habe. Er erinnert ein bisschen an Per Kirkeby, aber Ideenklau gibt es ja auch woanders. Dieser Pavillon wird vielleicht nächste Woche oder übernächste fertig, und dann werden wir mit der gesamten Belegschaft und den Bauarbeitern ein kleines Richtfest feiern. Ich würde ja gern ein Zicklein oder Lamm schlachten lassen, aber wahrscheinlich läuft es auf Hühnchen hinaus, da die Bauern nur altes Vieh verkaufen. Wir werden sehen. Auf jeden Fall wird es einen großen Topf Nsima geben, natürlich keinen Salat (igittigitt) und viel süße Brause. Wahrscheinlich werden die Männer Bier verlangen, das ich dann angesichts meiner eigenen Neigungen kaum verwehren kann.

Einen Tag später ist mir die angenehme Vorerwartung eines idyllischen Richtfestes vergangen. Wir, der Koch, die Haushälterin und ich, sind heute ins Krankenhaus gefahren, um uns um den leidenden Nachtwächter zu kümmern. Um es vorweg zu sagen, ich habe ja schon einiges in Malawi erlebt, aber das nun Erlebte sprengte alle Grenzen. Die Cholera-Kranken liegen am Rande des Krankenhausgeländes in offensichtlich bereits ausrangierten Steinbaracken. Jedenfalls waren die Fenster weitgehend zugenagelt, und es gab auch keine Türen mehr. In das Eingangsloch konnte man nur nach der Durchquerung schlammartigen Drecks gelangen. Das Gelände um die beiden Steinbauten herum war mit Fetzen von Papier, Küchenresten und zum Teil auch Fäkalien besät, inmitten die apathischen Angehörigen der in dem Gebäude liegenden Kranken. Die Baracke selbst ist ein langer Schlauch mit Betonfußboden, auf dem rechts und links die Kranken in größter Enge auf dem bloßen Fußboden liegen. Manche haben das Glück, einen Pappkarton unter sich zu haben. Fast alle sind am Tropf, immerhin wird diese notwendige Überlebensmaßnahme getätigt. Ansonsten starrt das Gebäude vor Dreck, ein bestialischer Gestank von Urin und Kot steht in der Luft. Im Gang liegt ein Toter. Ein malawischer Beobachter behauptet, dieser arme Mensch sei schon vor Stunden gestorben und würde deshalb nicht bewegt, weil niemand seine Angehörigen kenne.

Inmitten dieser Ungeheuerlichkeiten liegt unserer Nachtwächter und erkennt uns auch sogleich. Er sieht heute weit besser aus als gestern und kann sich auch bewegen. Wir gehen deshalb mit ihm hinaus auf die mit Dreck belegte Wiese oberhalb des Gebäudes. Hier setzen wir uns nieder, und ein umständliches Gespräch beginnt. Die Haushälterin hat inzwischen ihren Picknickkorb ausgepackt, und Mr. Seleman, unser Nachtwächter, beginnt zu essen, nachdem wir ihm die Hände gewaschen haben. Seine Klamotten starren vor Dreck. Er hat sich seit seiner Selbsteinlieferung nicht waschen können und besitzt auch keine Ersatzkleidung. Wir sagen ihm weiteres Essen, Seife, Unterwäsche, Hemd und Hosen zu, die wir ihm allerdings erst morgen bringen können. Gott sei Dank geht es ihm physisch in dieser unendlichen Misere spürbar besser, man hat ihm 17 Infusionen gegeben. Er bestätigt uns, was wir bereits wissen, dass sein kleiner Junge bei Nachbarn gut aufgehoben ist. Wir beschließen, noch heute abend über den anderen Nachtwächter ein Essenspaket an den Jungen zu schicken. Ich selbst kann dort nicht hingehen oder -fahren, weil ich weder hinfinden noch zurückfinden würde. Seleman selber ist guter Hoffnung, dass er möglicherweise bereits Montag nach Hause entlassen wird.

Nach einiger Zeit hinterlassen wir einiges Geld und begeben uns auf den Heimweg. Auf der Fahrt bricht der Koch das betretene Schweigen mit einem »It's a shame«. Dem ist nichts hinzuzufügen. Vielleicht sollte ich an den Gesundheitsminister einen Brief schreiben, auch wenn es nichts nützt.

Es ist nicht so sehr die Armseligkeit der Behausung und der Ausstattung des Krankenhauses, eines der zwei Top-Krankenhäuser, sondern deren Vernachlässigung. Ausgerechnet in einer Cholera-Station Dreck und Unrat vorzufinden ist nicht ein Problem mangelnder Finanzen, sondern nachlässiger Fürsorge und eines gebrochenen, wenn nicht vernichteten Selbstbewusstseins. Sicher, die Krankenschwestern sind extrem unterbezahlt und nagen selbst am Hungertuch. Aber auch die Patienten selber und ihre Angehörigen sind Teil des Zerstörungs- und Verlassenseins-Syndroms. Wer zwingt sie denn, das sowieso schon schäbige Environment zur Fäkaliengrube verkommen zu lassen? Wer hat ihnen die minimalen Zivilisationsstandards ausgetrieben? Hier können auch keine auswärtigen Donors helfen. Die Leute müssen begreifen, dass sie sich selbst vernichten, und können dafür nicht irgendwelche Globalisierungstendenzen, von denen sie sowieso nichts gehört haben, in Anspruch nehmen. Ist denn der Leidensdruck noch nicht groß genug, dass die Betroffenen in ihrer großen Not ihr Schicksal in die Hände nehmen, sei es in Protest oder in humanitärer Nächstenliebe?

Der Weiße aber zieht sich in sein Gehäuse zurück, leert seinen Kasten Bier, damit er wenigstens weiß, warum ihm schlecht wird. Morgen wird er die notwendigsten Bedarfsgegenstände ins Krankenhaus fahren. Das Paket an das allein gelassene Kind ist bereits unterwegs. Man kann nur hoffen, dass es es erreicht. Es bleibt noch nachzutragen, dass das früh geborene Baby des Gärtners letzte Nacht verstorben ist, weil es die Kunstmilch zu seiner Ernährung nicht vertragen konnte, während die Mutter in derselben Internierung wie unser Nachtwächter liegt. Der Nachtwächter dagegen hat überlebt und ist jetzt von uns in Erholung geschickt worden. ...

Mai 1999

... Als wir bei unserem Rückflug von Deutschland Ende April in Johannesburg zwischenlandeten, erwarteten uns 13 Grad und Nieselregen. Gott sei Dank war es dann etwas wärmer in Malawi. Zudem ist die Regenzeit in der Süd- und Zentralregion zu Ende gegangen. Nur im Norden, der zu einer anderen Klimazone gehört, regnet es noch. In jedem Fall, der Winter in diesem Jahr ist relativ früh eingetreten. In den mittleren Lagen herrschen Temperaturen von ca. 20 Grad im Schatten. Auf den Bergen ist es dagegen kälter. Nur am See und in den Lowlands kann man noch schwitzen, so nicht ein kühler Wind herrscht. In den Abendstunden jedenfalls zieht man sich ins Haus zurück und spielt schon mal mit dem Kaminfeuer. Als Reisezeit ist der Mai also ganz gut zu gebrauchen wegen seiner nicht übermäßigen Temperaturen. Wenn man jedoch hier lebt, ist man Wärmeres gewöhnt und empfindet den Griff zum Pullover als störend. Für die geplante Fahrt nach Zanzibar Ende Juni dagegen ist die gewählte Zeit ideal. Tanzania gehört, ähnlich wie der Norden Malawis, zu einer anderen Klimazone, und hier ist Juni/Juli die beste Reisezeit.

Der Garten hat sich vom vielen Regen erholt. Die weggewaschene Erdoberfläche haben wir wieder erneuert, und so sind die Felder wieder hergerichtet und mit kleinen Pflanzen besetzt. In einigen Wochen werden wir dann gleichzeitig so viel Kohl, Zwiebeln, Tomaten und Porree haben, dass wir sie verschenken müssen. Im Augenblick können wir nur Rettich, Paprika und Auberginen ernten. Der Versuch, Kartoffeln anzupflanzen, musste dagegen endgültig aufgegeben werden.

Nach unserer Rückkehr nach Malawi bestand erneut der Anlass, eine Hausversammlung einzuberufen, drei der Nachtwächter hatten sich über den Vierten beschwert. Dieser hatte sich bei mir für vier Tage bzw. Nächte abgemeldet mit der Begründung, seine Mutter sei gestorben und er sei nun verantwortlich für die standesgemäße Beerdigung. Selbstverständlich wurde ihm daraufhin ein bezahlter Urlaub gewährt.

Die anderen Nachtwächter, die nun umschichtig seinen Nachtdienst mit übernehmen mussten, fingen nach kurzer Zeit an zu murren. Hinterfragt, behaupteten sie, ihr Kollege hätte gelogen und würde sich damit unberechtigte Vorteile verschaffen. Einer von ihnen hätte sein Haus aufgesucht und dabei festgestellt, dass die Nachbarn nichts vom Tode der Mutter gewusst hätten, ihm dafür aber erzählt hätten, dass der entsprechende Kollege gerade seine Frau verlassen habe und in heftiger Liebe zu einer anderen entbrannt sei, die er sofort zu ehelichen beabsichtige. Dieser lebensweltlich bedeutsame Vorgang, so konnte man der Erzählung entnehmen, habe offensichtlich den Nachtwächter aus seinem emotionalen Gleichgewicht gebracht und nicht etwa der vorgebliche Tod seiner Mutter.

So weit die Beschwerde, bei der nicht klar wurde, ob sie sich auf eine moralische Verurteilung des Frauenwechsels bezog oder auf die Vorteilnahme eines bezahlten Urlaubs bei nicht gegebenen Voraussetzungen. Wahrscheinlich ist es beides, denn ein solches Auseinanderdividieren unterschiedlicher Motive ist natürlich der unbegreiflichen und wenig erfolgversprechenden Denkweise weißer Patrone geschuldet.

Was also tun? Einerseits habe ich nicht das Bedürfnis, mich auch noch in die Eheprobleme der Hofleute einzumischen, auch wenn afrikanische Erwartungen mich in diese Richtung zu drängen suchen. Andererseits lässt natürlich ein sich andeutender Konflikt zwischen den Angestellten die Alarmglocken bei jedem Hausmanager klingeln. Handlungsbedarf ist angesagt und Weggucken gilt nicht. Also muss eine Hofversammlung her.

Der Koch, als Ältester auf dem Hof, dem zudem mit seiner Moderation beim letztjährigen Todesfall Prestige zugewachsen ist, wurde eingeweiht und beauftragt, die Versammlung einzuberufen. Stühle wurden auf- und Fanta bereitgestellt, und dann startete ich mit einer umständlichen Begrüßung und Einführung, an deren Ende ich den vorgeblichen Zeugen, der durch seinen Hausbesuch zu einer andersartigen Darstellung und Begründung des Urlaubsbegehrens gekommen war, bat, seine Sichtweise vorzutragen. Unter zustimmendem Gemurmel der anderen endete er dann nach einer Weile, so dass ich dem Beschuldigten das Wort erteilte. Dieser beeilte sich, alles abzustreiten. Daraufhin wurde er mit dem »Beweis« konfrontiert, dass seine Nachbarn gar nichts über den Tod seiner Mutter gewusst hätten, und das sei ja wohl nicht denkbar. Der Beschuldigte konterte damit, dass er gar keine Zeit gefunden hätte, die Nachbarn zu informieren, sondern sofort an den Todesort hätte eilen müssen. Das wurde ihm nicht so recht abgenommen, und so ging es eine Weile hin und her. Als Chef der Veranstaltung versuchte ich, zumindest die offensichtlich vorhandenen Eheprobleme aus der Diskussion herauszuhalten. Das Ganze dauerte und musste zudem immer wieder hin und her übersetzt werden. Alle Beiträge waren an mich gerichtet und nicht etwa an die unterschiedlichen Parteien, und irgendwann musste nun der Meister aktiv werden.

Die Beweislage war offensichtlich ausgesprochen dünn, und ihre Vervollkommnung hätte zu peinlichen und kaum zu realisierenden Recherchen führen müssen. Gleichzeitig war die wie auch immer begründete Empörung der anderen ernst zu nehmen. So stellte ich zunächst dem Beschuldigten in großem Ernst und vor den Zeugen die Frage, ob seine Darstellung der Wahrheit entspreche. Auf seine Beteuerung, dem sei so, stellte ich fest, dass zwar Zweifel an seiner Darstellung weiterhin gegeben seien, ich ihm aber, bis zum Beweis des Gegenteils, glauben würde. Mein Hinweis auf den europäischen Rechtsgrundsatz »im Zweifel für den Angeklagten« wurde Gott sei Dank nicht verstanden, und so unterlief ich ihn, indem ich entschied, dass der Beschuldigte für die nächsten zwei Wochen keine freie Nacht hätte, so lange, bis seine Kollegen ihren Zusatzdienst abgefeiert hätten. Diese Bestrafung versüßte ich wiederum dadurch, dass ich meine Bereitschaft erklärte, keinen Lohnabzug vorzunehmen.

Diese bestrafende Nichtbestrafung wurde offensichtlich als gutes Ergebnis der Hausversammlung betrachtet. Jeder war zu Wort gekommen und konnte seine Position vorbringen. Man sprach leise und beschimpfte sich nicht, und, wie bereits gesagt, alle Kommunikation war auf mich gerichtet und musste von dort wieder zurückgelenkt werden. Als emotional versöhnlichen Abschluss bat ich alle Beteiligten, sich die Hand zu geben, die Fanta auszutrinken und die leeren Flaschen in die Garage zu bringen. Der Koch erhielt dann das Schlusswort und bedankte sich beim Master für das gute Gespräch, die weise Entscheidung und den spendierten Softdrink. Damit war die Hausversammlung geschlossen und der Alltagsfriede auf dem Gelände wiederhergestellt.

Nicht so friedlich geht es zur Zeit im Lande zu, denn es stehen die generellen Wahlen an, die erst zweiten in der Geschichte des Landes unter demokratischen Vorzeichen. Bei erstmals durchgeführten Vorwahlen innerhalb der jeweiligen Parteien um die Feststellung der Kandidaten hatte es bereits Konflikte gegeben, die zum Teil in schwere Prügeleien ausarteten. Jetzt, wo die Kandidaten feststehen, verlagert sich der Streit in den Wahlkampf der Parteien untereinander. Veranstaltungen der jeweils anderen Gruppierungen werden gewaltsam gestört, und jede Partei beschuldigt die andere undemokratischer Gewaltförmlichkeit.

Die Kirchen versuchen zu moderieren, und im Augenblick finden überall im Lande Bittgottesdienste statt, zu denen die konkurrierenden Parteirepräsentanten hinzugeladen werden, unter der Prämisse, dass sie diesen Gottesdienst nicht etwa zu Propagandazwecken nutzen.

Diese Gottesdienste, ökumenisch und unter Einschluss der Muslime, kann man mehrfach deuten. Zum einen zeigen sie den Bedarf, die politische Gewalt im Lande zurückzudrängen, an. Zum anderen wird die relativ bedeutsame Stellung der religiösen Institutionen im Lande verdeutlicht, die ihren Appell zum gemeinsamen Gebet immerhin so weit umsetzen können, dass die Parteien bzw. ihre Repräsentanten tatsächlich auf den Versammlungen in öffentlichen Räumen, so zum Beispiel im großen Fußballstadion von Lilongwe, erscheinen und damit zumindest verbal den gewaltförmigen Konflikten im Wahlkampf abschwören. Jedenfalls beeilt sich jede Partei, ihre Friedfertigkeit zu betonen, ob jedoch die Konkurrenten eine vergleichbare Demut und Einsicht entwickeln würden, müsste man wohl wirklich bezweifeln.

Am 22. Mai müssen laut Verfassung die Wahlen durchgeführt sein. Der Termin ergibt sich aus verbindlichen Festlegungen, die bei der Verfassungsgebung als Riegel gegen die in Afrika häufige Praxis regierender Parteien, Neuwahlen immer weiter oder gar endgültig hinauszuschieben, vorgeschoben wurde. Dieser gesetzlich festgelegte Wahltermin erweist sich nun als ein Riesenproblem.

Die Wahlvorbereitung durch eine mehr oder weniger unabhängige Wahlkommission hat sich als eine kaum vorstellbare Katastrophe erwiesen. Um zur Wahl gehen zu können, müssen die Wahlberechtigten sich an einem Ort registrieren lassen. In der Vergangenheit hat es hier Unregelmäßigkeiten gegeben, so dass diese Registrierungspflicht festgelegt werden musste. Während man sich bei früheren Gelegenheiten mit einer nicht abwaschbaren Stempelfarbe auf einen Finger des Wahlberechtigten begnügt hatte, hatten diesmal europäische und nordamerikanische »Experten« die Idee, dass jeder Wahlberechtigte vorab fotografiert werden müsse und eine Art Wahlausweis erhalten solle. Zu diesem Zweck wurden mehr als tausend Polaroid-Kameras gekauft und nach Malawi transportiert. Die Finanzierung übernahmen die ausländischen Geber. Allein schon der Kaufakt führte zu erheblichen Problemen. Geld und Kameras, oder beides, gingen verloren, kamen zu spät ins Land, und so gibt es noch heute Registrierungsbüros ohne diese Ausstattung. Um die Kameras zu bedienen, mussten über tausend Fotolaien mit der Technologie vertraut gemacht werden. Das kostete auch nochmal Zeit und Geld, und außerdem mussten die Angelernten ihre Kameras auch erst einmal ausprobieren. Das taten sie mit großer Hingabe. So wurden zunächst einmal alle Familienmitglieder fotografiert, und anschließend, gegen Geld natürlich, wurden Porträts für Kinder erstellt. Im Ergebnis gab es plötzlich keine Filme mehr, und viele Kameras gingen verloren oder zu Bruch. Auf den Diebesmärkten gibt es nun preiswerte Polaroid-Kameras zu erstehen. Vielleicht sollte die Wahlkommission die gestohlenen Kameras zurückkaufen. Hierfür fehlt es allerdings an Geld, da die von den Gebern bereitgestellten Millionen bereits verpulvert sind. Immerhin jedoch ist das Jahr 1999 in den Fotoalben vieler Familien gut dokumentiert.

Die Wahlkommission selbst kann zur Zeit nicht angeben, wie viele Wahlberechtigte sich haben registrieren lassen oder können. Der Vorsitzende musste bereits zurücktreten und gab Krankheitsgründe hierfür vor. Die ihn unterstützenden Verwaltungsbeamten sind ebenfalls ausgewechselt worden. Jedenfalls gehen Schätzungen von etwa 50 % Registrierungserfolg aus. In einigen Regionen sind noch heute die Registrierungsbüros nicht geöffnet oder eben nicht technisch ausgestattet, und das eine Woche vor Wahltermin.

Deshalb, aber auch weil einzelne Kandidaten und Parteien sich verbesserte Wahlchancen ausrechnen, wird seit einiger Zeit die Verschiebung des Wahltermins öffentlich diskutiert. Insbesondere viele Kirchen und Nicht-Regierungs-Organisationen haben hierfür plädiert. Dagegen sprechen einerseits verfassungsrechtliche Bedenken, und andererseits hat die Mehrzahl der Kandidaten und Parteien ihre Wahlkampfmittel bereits verausgabt, so dass sie fürchten, dass nur die Kandidaten und Parteien, die noch zusätzliche Mittel mobilisieren können, bei einer Verschiebung des Wahltermins Erfolge haben werden. Verdächtigt in dieser Hinsicht wird insbesondere die Regierungspartei, die wohl am ehesten an Staatsgelder oder nachdrücklich geforderte »Spenden« herankommt. Ohne jedoch die verfassungsrechtlichen Bedenken auszuräumen, hätte das Ganze keine Chance. In jedem Fall könnte jeder beliebige Betroffene die Wahlen in ihrem Ergebnis bei einer eventuellen Verschiebung anzweifeln. Und da das Rechtssystem in Malawi zur Zeit einigermaßen funktioniert, würde diesem Einspruch ganz sicher stattgegeben. Also müsste die Verfassung geändert werden. Dazu bedarf es einer Zweidrittelmehrheit im Parlament. Ob diese organisiert werden kann, ist offen. Zum einen müsste das Parlament in den nächsten drei, vier Tagen einberufen werden. Zum anderen haben die parteiinternen Vorwahlen in mehr als einem Fall insofern Überraschungen ergeben, als jetzige Amtsinhaber nicht mehr für die nächste Legislaturperiode neu aufgestellt wurden. Diese zukünftigen Ex-Parlamentarier haben nun gar kein oder wenig Interesse, noch im Parlament aufzutreten, es sei denn, man zahlte ihnen einen lohnenswerten Ausgleich. Zudem sind sich die jeweiligen Parteistrategen gar nicht einig, ob eine Verschiebung im eigenen Interesse liegt. Wie bereits gesagt, viele Kandidaten zeigen an, dass sie über den jetzt verbindlich festgelegten Wahltermin hinaus keine Wahlkampfmittel mehr mobilisieren und einsetzen können, und plädieren deshalb für einen nicht nach hinten verschobenen Termin. Andere sehen bei ihrer erwartbaren Niederlage die Möglichkeit, das Wahlergebnis gerichtlich anfechten zu können. Denn würde der Wahltermin nicht mit der verfassungsgebotenen Mehrheit verschoben, sondern ohne eine solche Mehrheit, würden die Gerichte reagieren. Findet jedoch die Wahl zum angegebenen Zeitpunkt 25. Mai statt, wird es Einsprüche wegen der nicht garantierten Wählerregistrierung hageln, und da es sich nicht um Einzelfälle handelt, dass sich Wähler nicht registrieren lassen konnten, werden die Gerichte wohl auch hier dem Protest stattgeben. Die einzig halbwegs saubere Lösung wäre also die Verschiebung des Wahltermins unter Einhaltung der Verfassung. Wie das jedoch in einer Woche realisiert werden sollte, steht in den malawischen Sternen. Das Land steuert also mit großer Entschlossenheit in ein Wahlchaos, und das wird sich in einem Anwachsen der politischen Gewalt niederschlagen. Hoffentlich sind die Parteien vernünftig und die Kirchen stark genug, um die Konflikte unterhalb tribaler Bürgerkriegsauseinandersetzungen zu halten. Für uns jedenfalls ist angesagt, die Bier- und Coca-Vorräte aufzustocken und den wann auch immer terminierten Wahltag und die Tage davor und danach im eigenen Haus und Garten zu verbringen.

P.S.: Eben hat der Präsident die Einberufung des Parlaments für Freitag, also in drei Tagen, öffentlich bekannt gegeben. ...

Juni 1999

... Nein, angekommen sind wir noch nicht in Malawi, und wir werden es wohl auch nie. Diese Bemerkungen sollen weder trotzig noch resignierend wirken, eher besteht die Gefahr, dass sie banal erscheinen. Denn Fremde sind wir überall.

Die größten Hindernisse für jedwede Ankunft sind die bestehenden Kommunikationsbarrieren:

- Da sind zunächst die linguistischen Defizite. Wir sprechen ein hinreichendes Englisch mit einem eigenartigen Akzent. Unsere Malawis sprechen ein gebrochenes Englisch mit wiederum eigentümlicher Aussprache. Beide Seiten kennen also nicht die jeweilige Sprache des anderen und müssen auf ein drittes Medium, mit dem sie ihre Schwierigkeiten haben, ausweichen. Beispiel: Meine Frage, ob denn genügend Lauch gesät bzw. gepflanzt worden sei, beantwortet der Gärtner mit einem fröhlichen Ja. Auf meine Bitte, mir den Erfolg zu zeigen, weist er zunächst auf die Kohlrabi. Meinen Einwänden begegnet er durch den Fingerzeig auf die Mohrrüben, und so geht es durch die doch erstaunlich breite Vielfalt meines Gartens. Schließlich erschöpft sich meine Geduld, und ich zerre den Gärtner hin zum Küchentrakt und bitte den Koch, eine Lauchstange aus dem Kühlschrank zu holen. Diese sehend und erkennend, wirkt der Gärtner ganz erleichtert und sagt, ja, Lauch kenne er natürlich und ausgepflanzt habe er das Gemüse auch. Ich habe dann darauf verzichtet, mir den Beweis zeigen zu lassen.
- Die nächste Kommunikationsschwelle besteht darin, dass man sich vielleicht auf das Wort und seine Übersetzung in die jeweilige Muttersprache einigen, aber nicht unbedingt den komplexen Begriffsinhalt in voller Breite und Tiefe aufeinander abstimmt. Mein Hinweis auf vorhandene Spinnweben in Zimmerecken wird von unserer Hausdame mit einigermaßen Erstaunen quittiert: Warum erzählt er mir das? Was ist denn an solchen Tierchen interessant? Während ich mit diesem Hinweis verband, dass die an sich hübschen filigranen Gebilde vielleicht einmal weggefegt werden sollten. Unterschiedliche kulturelle Deutungsmuster ergeben sich auch im Garten, wo die Gärtner erbarmungslos alles Blumenähnliche herausreißen und dafür essbares Unkraut stehen lassen.
- Ein weiteres Kommunikationshindernis sind Unsicherheiten über die Diskursregeln. Eine Frage meinerseits an einen der Gärtner, ob denn ei-

ne bestimmte Pflanze nicht vielleicht und möglicherweise zu schattig stehen würde, bedeutet unweigerlich das Todesurteil für diese. Sofort wird sie herausgerissen, denn das habe der Master wohl so angeordnet. Fragen werden also nicht als Diskursangebote verstanden, sondern als höflich umschriebene, weil nicht direkte, nachdrückliche Wünsche oder Befehle. Unter solchen Bedingungen muss man wirklich aufpassen, dass man nicht die Schlachtung der Hauskatze anordnet oder sich auf einmal mit der Tochter des Koches verlobt sieht.

- Die nächste Schwelle erfolgreicher Kommunikation kann man am besten mit »die Platte ist kaputt« beschreiben. So muss täglich und manchmal mehrmals ausdrücklich auf die Tatsache in deutlicher Sprache verwiesen werden, dass der Tee mit siedend heißem Wasser angesetzt werden muss, weil er sich sonst nicht schmackhaft entwickeln könne. Diese Nachricht wird immer wieder neu als Sensation aufgenommen und entsprechend gewürdigt. »Was haben wir doch für einen klugen Master« und »Das haben wir noch gar nicht gewusst«. Vielleicht sind diese hundertfachen Wiederholungen simpler Grundregeln nur einer Höflichkeit der Betroffenen geschuldet, die dem weißen Herrn großzügig die Möglichkeit eröffnen wollen, sich zu produzieren. Und widersprechen kann man sowieso nicht. Aber Vorsicht, einmal vergessen, wird der Tee mit lauwarmem Wasser umspült. Ein nicht erneuerter Wille kann nur als Meinungsänderung verstanden werden.

- Ein eigenständiger Bereich ist das »Bermuda-Dreieck« oder »Computer-Virus-Syndrom«. Hier fallen bereits ausprobierte und langfristig gefestigte Diskursregeln unerwartet und nicht ersichtlich begründet dem Vergessen anheim. Nachdem wir im gemeinsamen Kochen festgestellt haben, dass Kartoffeln, in bereits kochendes Wasser geworfen, nicht mehr recht weich werden, hatten sich der Koch und ich auf die gemeinsam erlebte und erlittene Regel geeinigt, zukünftig Kartoffeln mit kaltem Wasser aufzusetzen. Heute kam ich in die Küche, wo die Linsen auf viel zu hohem Feuer zusammen mit Lauch und Möhren zerkochten, während die zum Eintopf gehörenden Kartoffeln noch friedlich ihrer Vernichtung harrten. Auf meine erstaunte Frage, ob denn nicht die Kartoffeln eine viel längere Kochzeit hätten und wir zudem nicht ausgemacht hätten, dass sie bereits dem kalten Wasser zugeleitet werden sollen, kamen nicht etwa die Antworten »Ach, habe ich vergessen«, »Jede Regel hat ihre Ausnahmen« oder »Man muss das ja nicht immer so ernst nehmen«, sondern das erstaunte Kontra, solche zwischen uns abgestimmten Regeln habe es nie

gegeben. Immer habe man es anders gemacht und jetzt würden offensichtlich aus dem Stand neue und noch dazu unverständliche Anforderungen formuliert.

Natürlich gibt es auch noch die »Durchlauf-Kommunikation« (linkes Ohr
rein – rechtes Ohr raus), die »Appeasement-Kommunikation« (das jetzt Gesagte wird der Master ganz sicherlich bald wieder vergessen) und viele andere Varianten, die uns hier nicht weiter beschäftigen sollen. Eine erfolgreiche
Kommunikation unter Umgehung der genannten Restriktionen ist zweifellos diejenige, die auf eine inhaltliche Einigung oder Verständigung verzichtet. Meine »Betriebsversammlungen« sind deshalb so beliebt, nicht nur weil
es Limonade gibt, sondern weil ein mehr oder weniger behaglicher sozialer
Kontext des Miteinander-Sprechens gepflegt wird. Was da besprochen wird,
ist nicht so wichtig, und ein gemeinsam getragenes Ergebnis muss es auch
nicht geben. So hat jeder die Möglichkeit, ein solches Ereignis nach seinem
Willen zu interpretieren, und im Nachhinein erwartbare inhaltliche Differenzen bringen die Möglichkeit mit sich, sich erneut zusammenzusetzen.

So ist der Versuch des Fremden, mit den Einheimischen in Kommunikation zu treten, auf relativ basale Nachrichten (Freude/Schmerz, Krank-
heit/Gesundheit etc.) beschränkt, die im Übrigen auch stark, wenn nicht sogar primär nonverbal transportiert werden. Das Scheitern von Kommunikation führt dann zu eigenartigen Verhaltensmustern, wie: der Weiße erhebt
seine Stimme, verwendet eine Teilsprache (du mich verstehen?), führt sein
Gegenüber ironisierend vor, verspricht mütterliches/väterliches Verständnis
für die vom Schwarzen nicht verschuldeten Bildungsdefizite, entschuldigt
sich für sein Dasein oder bricht die sprachliche Kommunikation dadurch ab,
dass er aktiv und beispielhaft das vorführt, was er verbal nicht rübertrans-
portieren kann. Und so sieht man den Master im Schweiße seines Angesich-
tes, rot am Kopf, die Schwimmbeckenwand säubern oder die Hecke schnei-
den, verbunden mit der Aufforderung: Sieh her, so will ich, dass es gemacht
wird.

Der einheimische Gegenüber schließlich reagiert durch stetig höfliches
Lächeln, einfach weiter machend und auf verbale Einwände nicht reagierend
oder in erstarrter Angst (Was will denn der von mir? Und gleich wird er mir
die Schuld für die nicht zustande kommende verbale Verständigung zu-
schieben!!) .

So oder so ähnlich geht es dem Fremden nicht nur in Malawi, sondern
auch in Italien, Russland oder Frankreich. Aber halt stopp, nicht ganz. In
Italien ist der Fremde Gast und hat die Folgen der Nichtkommunikation

selbst zu tragen. Hier ist der Fremde Entwicklungsexperte, Tourist oder Kaufmann, und die Einheimischen werden schon sehen, was sie davon haben, wenn sie nicht erfolgreich kommunizieren können oder wollen. Der Experte, Missionar und Kolonialist kann immer auf die Schuld der nicht einsichtigen Einheimischen verweisen, genau wie der Lehrer und Hochschullehrer auf die Dummheit der Schüler und Studenten. Nicht der Experte ist abhängig von der Klientel, sondern die Klientel vom Experten, und dem stehen noch andere Optionen als eine erfolgreiche Kommunikation zur Verfügung: Rückzug in die eigenen vier Wände zum Beispiel (mit den Schwarzen kann man ja sowieso nicht), Ersatzkommunikation durch Geldzahlungen oder das schlichte Auswechseln von Kommunikationspartnern, die sich nicht als solche erweisen. Nicht erfolgreiche Kommunikation wird hier vom Gast sanktioniert, während in Europa der Fremde die Folgen der Nichtkommunikation zu tragen hat.

Experten und andere professionelle Gäste leben ja auch nicht in Malawi, sondern in mitgebrachten Wohnwagen, die auf malawischem Grund aufgebaut werden. In diesem Wohnwagen gibt es alles, was dem Fremden nicht fremd ist: sauberes Wasser, Elektrizität und Wasserspülung, Hygiene, deutsches Bier und südafrikanischen Wein, Video, Laptop und Fernsehen. Zur Logik des Wohnwagens gehört es, dass diese Leistungen nicht von der eigenartigen Umwelt angeboten werden müssen, sondern schlichtweg im Container mitgebracht werden. Anders als Marco Polo oder Livingstone, die ihr Überleben durch Anpassung an die ungewohnte Umwelt organisieren mussten, sind die modernen Agenten der Globalisierung nicht mehr auf ihre unmittelbare kulturelle und soziale Umwelt angewiesen. Zwar bedarf es eines Minimums an Sprache, will man den professionellen Gegebenheiten seines Hierseins entsprechen, aber dafür reicht Englisch. Zusätzliches Sprachwissen erschöpft sich in Danke und Bitte in einer einheimischen Sprache. Zwar würde man sich gern darüber hinaus mit den Hiesigen verständigen, aber hier über die Grundbegriffe hinaus Chichewa oder Chitimbuka zu lernen kostet zu viel Zeit und erweist sich als unsinnig, spätestens dann, wenn man in einem anderen Land als Entwicklungsexperte arbeitet. Auf Seiten des Gastes gibt es also keinen Zwang, sich den Kommunikationsvoraussetzungen im Lande zu unterwerfen. Der Fremde geht wieder, und die Forderung an eine halbwegs erfolgreiche Kommunikation richtet sich eher an die einheimischen Partner. Sie sind es, die ihre sprachlichen Fähigkeiten zu beweisen haben, und sie stehen auf der Payroll der Entsendeorganisation des Experten. Und nicht zuletzt, es ist ja das Gastland, das von den Beiträgen der Gäste profitieren soll. Eine nicht zustande gekommene Kommunikation wird unter diesen Bedingungen nur in den seltensten Fällen dem Gast vorgeworfen, sondern wird meist abgebucht als das Nichtvorhandensein von erwarteten Rahmenbedingungen, mangelnder Lernfähigkeit auf Seiten der Einheimischen oder gar fehlendes Interesse.

Nicht in allen afrikanischen Ländern gehen Kommunikationsprobleme so eindeutig zu Lasten der Einheimischen wie in Malawi. In Südafrika zum Beispiel oder in westafrikanischen Ländern sind zumindest die einheimischen Eliten höchst kompetent, was ihre Ausdrucksweise in Englisch oder Französisch betrifft. Und sie lassen auch keine Gelegenheit verstreichen, dem Gast seine eigenen Defizite vorzuführen. Aber selbst wenn diese sprachlichen Voraussetzungen, sich in der Kolonialsprache auszudrücken, nicht vorhanden sind, wird sich der Einheimische in den genannten Ländern weigern, die Verantwortung für nicht zustande gekommene Kommunikation zu übernehmen. Der Taxifahrer in Johannesburg entschuldigt sich nicht für sein schlechtes Englisch, sondern schmeißt zur Not den unwirschen Weißen mitten in Soweto aus dem Taxi. Das lehrt den Gast, sich zukünftig als etwas geduldiger und anpassungsfähiger zu erweisen. Ein Experte in Französisch-Afrika kriegt kein Bein auf die Erde und scheitert damit in seinem Projekt, wenn er sich nicht den basalen Kommunikationsnotwendigkeiten anschließt. Während sich der Süd- und Westafrikaner mit einer gehörigen Portion Selbstgewissheit vom Fremden abwendet, wenn dieser sich nicht auszudrücken weiß, bedankt sich der Malawi zerknirscht und schuldbewusst für die nicht zustande gekommene Kommunikation, hat er doch wiederum die Erwartungen des Weißen nicht erfüllt. Aber vielleicht ist das ja alles falsch, vielleicht handelt es sich ja um eine besonders raffinierte Art des Widerspruchs und Widerstandes gegenüber einer nicht nur sprachlich geballten weißen Kultur. Schön wäre es, aber ich befürchte, dem ist nicht so.

Immerhin birgt das Nichtzustandekommen von Kommunikation Überraschungselemente in sich, manchmal unliebsame, aber manchmal auch ulkige. Deshalb werde ich jetzt einmal in der Küche nachsehen, wie meine Messages vom Mittag verstanden worden sind und zu welchen Ergebnissen sie geführt haben.

P.S.: Afrika kann sehr kalt sein. Eventuelle Besucher sollten nicht vergessen, dass im Juni und Juli hier in Malawi die Winterzeit herrscht. Pullover und warmes Unterzeug sind angesagt, und auch ein Schlafanzug kann nicht schaden. ...

Juni 1999

... Malawi ist eines der Länder in Afrika mit der höchsten Aids-Rate. Zwar liegen auf die Gesamtbevölkerung bezogen keine verlässlichen Daten vor, wohl aber zielgruppen- und regionalbezogene, mit erschreckenden Ergebnissen. So hat ein GTZ-Projekt der Schwangerenberatung feststellen müssen, dass ca. 25-30 % der Rat suchenden Frauen HIV-positiv waren. Es gibt keine Familie und keinen Freundeskreis mehr, der nicht von aidsbezogenen Todesfällen weiß. Sicher, auch hier sind die Dunkelziffern hoch. Sowohl in der Statistik, die zudem ungenau geführt wird, als auch im Alltagsverständnis wird der Aids-Tod als Erkältungskrankheit und Ähnliches abgebucht. Insbesondere in der Gruppe der 30-40-Jährigen schlägt Aids Schneisen. Die Tatsache, dass die Opfer nicht nur in den Unterschichten zu finden sind, sondern vor den Eliten in den Ministerien, Kirchen und in der Armee nicht Halt machen, hat immerhin dazu geführt, dass man sich auch in der Regierung Gedanken zu machen bereit ist.

Aids erhält in der Öffentlichkeit noch immer eine gebremste Aufmerksamkeit. Während der Banda-Diktatur gab es per Dekret kein Aids-Problem, und dieses Verbot wirkt gedanklich noch immer nach. Aber die Wahrnehmung von Aids als gesellschaftlichem Problem wurde nicht nur politisch unterdrückt, sondern trifft auch auf eine eigentümliche Tabuisierungsbereitschaft und Schamgrenze der Bevölkerung. Aids im Speziellen und Sexualität im Generellen sind Unthemen. Darüber redet man nicht, und bereits das Zurschaustellen von Zärtlichkeit, geschweige denn von Sexualität, gilt als unziemlich.

Allein schon die Kleiderordnung signalisiert hochgradige Verkrampftheit. Hochgeschlossen und umfassend abgedeckt, gehen die malawischen Damen zur Arbeit, aber auch in die Freizeit. Wer aus Westafrika kommend andere Eindrücke im Kopf hat, fasst sich an denselben und denkt, er steht im Wald.

In den Malawi-See steigen Männlein und Weiblein außerhalb Sichtweite voneinander. Weiblein tragen ein Kleid oder zumindest ein zugenähtes Badetuch, das alle gefährlichen Körperteile so abdeckt, dass man gar nicht erst auf den Gedanken käme, dass solche Teile überhaupt vorhanden seien. Meine Gärtner gehen selbstverständlich in Unterhosen unter die Dusche, und wenn sie mich, nur in Badehose bekleidet, in den Pool springen sehen, müssen sie vor Scham die Augen schließen. Erst nach diesen Erfahrungen wurde uns klar, warum der Erbauer unseres Hauses eine Mauer um den Swimmingpool errichten ließ, nicht so sehr zum Schutze der Poolbenutzer, sondern zum Schutze der Moral unserer Angestellten. Die Tabuisierung von Sexualität auch in ihren unschuldigen Formen ist allumfassend, und entsprechend vage und zum Teil gefährlich obskur ist das Wissen um Hintergründe und Gefährdungen.

Dennoch nimmt Sexualität eine dominante Rolle im Alltagsleben der Bevölkerung ein. Nicht darüber sprechen heißt ja nicht es nicht zu tun. Promiskuität ist weit verbreitet und akzeptiert, wobei, wie in den meisten Gesellschaften in der Welt, diese Option in erster Linie für die Männer bestimmt ist. Die christlichen Kirchen mussten ihren Frieden mit diesen Gegebenheiten schließen. Auch der katholische Klerus hat ja so seine Schwierigkeiten nicht nur mit seinen Schäflein, sondern auch mit sich selbst.

So wie in Europa Prostitution nicht so klar abgegrenzt ist, wie sich Moralapostel das wünschen, so auch hier in Malawi. In ökonomisch schwierigen Situationen haben Frauen oft gar keine andere Option, als den Beischlaf gegen Geld zu gewähren. Nicht nur allein stehende Frauen und nicht nur solche in den städtischen Slums müssen diesen Weg eingehen, sondern auch in den traditionellen Dörfern bieten Ehefrauen, die ihre Familien in Not sehen, entsprechende Dienste an, vorausgesetzt, dass die lokale Öffentlichkeit von diesem Tun keine Kenntnis erhält oder zumindest so tut, als ob sie keine Kenntnis davon hätte. Der Schein muss gewahrt werden, und familiäre Katastrophen brechen in der Regel erst dann auf, wenn der Ehemann öffentlich desavouiert wird. Solange er glaubhaft vor sich und der Gemeinschaft verdeutlichen kann, dass er vom Treiben seiner Frau nichts wisse, bleibt die Welt heil.

In der kulturellen Normung von Sexualität in Malawi erschöpft sie sich nicht als bloßer Lustgewinn, sondern ist Lebensbeweis und geforderter Potenznachweis. Nicht gelebte und durch Kinder bewiesene Sexualität ist höchstes Unglück und schreit nach Erklärung. Liegt vielleicht eine Schuld vor? Eventuelle Schwangerschaft ist also nicht Belastung oder Unglück und damit vermeidenswert, sondern dokumentiert den Beweis für sexuelle Potenz und Glück. Kindervermeidung setzt sich dem Verdacht der Unfruchtbarkeit und damit der sozialen Ächtung aus. Allenfalls ältere Frauen, die den Nachweis ihrer Fruchtbarkeit durch die Geburt mehrerer Kinder bereits erbracht haben, können eventuell an Geburtenvermeidung denken, müssen dabei allerdings den entschiedenen Widerspruch ihrer nicht nur männlichen Umwelt erfahren.

Doris Lessing schildert in ihrem Buch »Rückkehr nach Afrika« einen besonders aufschlussreichen, aber auch krassen Fall. Ihre Haushälterin lebt mit einem aidskranken Gärtner in einer eheähnlichen Beziehung, ohne irgendwelche Vorkehrungen zu ihrem eigenen Schutz zu treffen. Angesprochen auf mögliche Ansteckungsgefahren, kontert die Frau mit einer Risikoabwägung. Aids könne sie zwar bekommen, aber vielleicht auch nicht. Dagegen sei der Verzicht auf Sexualität und die damit verbundene Möglichkeit eines weiteren Kindes der erste vollzogene Schritt zu ihrem Tod. Ohne Sexualität und Schwangerschaft sei sie innerlich bereits leer, eine alte Frau, die nur noch ihrem Hinscheiden entgegendämmere.

Welche Bedeutung bewiesene Sexualität in der Schwangerschaft hat, zeigt vielleicht auch die folgende Geschichte, die ich der Zeitung entnommen habe. Ein Mann, dessen Frau nicht schwanger wurde, bat eines Tages seinen Freund, seiner Ehefrau beizuwohnen, in der Befürchtung, dass er selbst unfruchtbar sei. Offensichtlich hatte er für diesen Plan das Einverständnis seiner Ehefrau erlangt, die ebenso wie er die soziale Ächtung des Umfeldes befürchtete. Wahrscheinlich wäre alles gut gegangen, wenn nicht die Dorföffentlichkeit von diesem Geschehen Kenntnis erlangt hätte. Nun aber musste der Mann nicht nur die Kenntnis von einem solchen Plan von sich weisen, sondern auch Frau und Freund bestrafen. Er hat sie erschlagen und damit auch endgültig sein Leben ruiniert, denn selbst die malawische Gerichtsbarkeit will ein solches Tun nicht tolerieren.

Wenngleich Sexualität nicht partnerschaftlich gebunden ist, weist ihr Arrangement katholische Züge auf. Das hat folgenreiche Ergebnisse nicht nur für die Schwangerschaftsverhinderung, sondern auch für die Aidsprävention. Dem Geschlechtsakt wird nicht nur ein Lustgewinn zugeschrieben, sondern er erhält den Status eines quasi göttlichen Willens. Nur ein natürlich und in letzter Konsequenz vollzogener Geschlechtsakt wird als solcher akzeptiert. Dabei wird dem männlichen Samen allerlei wunderliche Eigenschaft zugeschrieben.

In einem Leserbrief, den eine für malawische Verhältnisse renommierte Zeitung abdruckenswert hielt, fragt ein Neunzehnjähriger, ob es wohl stimme, dass Frauen mit zahlreichen und wechselnden Geschlechtspartnern aufgrund des Samenkontakts zu besonders begehrenswerter Aktivität gebracht würden. Er müsse das jetzt wissen, denn er sei in der Situation, sich zu verloben. Die Zeitung murmelte etwas von »es sei nicht wissenschaftlich erwiesen«. Ansonsten trifft jedoch die Frage eine weit verbreitete Vorstellung in Malawi. Und so wundert es nicht, dass sowieso nur selten benutzte Kondome von den Betroffenen willentlich durchlöchert werden, um die gewollten Effekte hervorzurufen. Dass ungewollte Risiken damit einhergehen, ist der Preis für diese Wahnsinnskonstruktion.

Welche soziale und rituelle Bedeutung der Geschlechtsverkehr in der malawischen Gesellschaft hat, zeigt sich auch in den Initiationsriten für Mädchen und Frauen. Die Initiation bedeutet den Übergang vom Kind zur Frau und legt ein Schwergewicht auf die Sexualerziehung, die mit Sexualpraxis verbunden ist. Überspitzt gesagt, beinhaltet Initiation den Ausweis und die Erlaubnis für sexuelle Handlungen. In einigen Stämmen sind hierzu sogar Vater oder Bruder aufgerufen. Auch hier wieder ist die Schwangerschaft der an sich sicherste Nachweis für erfolgten Geschlechtsverkehr.

Eine andere Variante stellt der Geschlechtsverkehr als Reinigungsritual dar. Im Süden des Landes soll es Fälle geben, wo Witwen verpflichtet wurden, direkt vor und direkt nach der Beerdigung ihres verstorbenen Mannes anonymen Geschlechtsverkehr mit einem Trauergast, den sie nicht erkennen dürfen, zu praktizieren. Offensichtlich handelt es sich dabei um die Vertreibung und die Abwehr von Tod und Gefährdung.

Dieses ganze Gespinst und für unsere Kultur obskure Normengemisch von einerseits schambesetzter Tabuisierung und faktisch gelebter Sexualität wird noch ergänzt durch schiere Unwissenheit. So gehen – folgt man einer entsprechenden Untersuchung – viele Männer von der Annahme aus, dass zwar die Aids-Ansteckungsgefahr mit häufigem Geschlechtsverkehr steige, gleichzeitig jedoch der Körper durch häufige Ansteckung immunisiert werde. Nicht der Verzicht also ist die notwendige Verhinderungsstrategie, sondern das Gegenteil. So werden dann die Risiken von Aids noch weiter heruntergespielt und verharmlost.

Es sollte deutlich werden, dass und warum sich Aids in Malawi ungebremst ausweitet. Die Betroffenen werden immer jünger. Insbesondere junge Frauen sind die kommenden Opfer, weil Männer der Ansteckungsgefahr dadurch entgehen wollen, dass sie sich jüngere Frauen als Ehefrauen oder Prostituierte erwählen. Mit der ökonomischen Not steigt sowieso die Tendenz, junge Mädchen frühzeitiger als vor Jahren zu initiieren und zu verheiraten. Wie hier der Trend aufgebrochen werden kann, steht in den Sternen.

Hohe Promiskuität und relativ unkontrolliertes Sexualverhalten auf der einen Seite und moralische Tabuisierung auf der anderen sind der eine Widerspruch, sexuelle Gewalt der andere. Die Zeitungen sind voll von Vergewaltigungsschilderungen, wobei in besonders erschreckender Weise Kinder betroffen sind. Ist dafür die Tabuisierung von Sexualität in Malawi verantwortlich zu machen? Wie verträgt sich dieser Tatbestand mit der hohen Promiskuität und dem in der Praxis recht leichten Zugang zu Sexualität? Darauf hat mir hier noch keiner eine Antwort geben können.

Meine Spekulation weist auf eine hohe Gewaltförmigkeit in der malawischen Sexualität generell hin. Der Beweischarakter von Sexualität für Potenz und Lebenskraft, der gesellschaftlich in Fruchtbarkeit legitimiert wird, scheint mir diesen Zusammenhang mit Gewalt zu begründen. In der männlichen Selbststilisierung tobt sich ja in der Sexualität nicht der bloße egoistische Lustgewinn des Mannes aus, sondern ein höherer Sinn, wie auch immer begründet, wird exekutiert. Hiergegen kann es keinen Widerstand und Widerspruch geben. Geschlechtsverkehr, Fruchtbarkeit und Schwangerschaft bilden eine unauflösliche Einheit – eine Einheit, die im Übrigen nicht allein von Männern vertreten wird. Warum dann allerdings nicht geschlechtsreife Kinder, insbesondere Mädchen, in die Gewaltspirale hineingezogen werden und warum dieser Vorgang nicht normativ unübersteigbar gesellschaftlich tabuisiert und sanktioniert wird, vermag ich nicht zu sagen. Handelt es sich dabei um eine Normenerosion, wie christlich orientierte Konservative im Lande meinen? Oder gibt es in der traditionellen, vorkolonialen Zeit hingenommene oder gar erlaubte Praktiken der Kinderprostitution und entsprechender Gewaltlegitimation? Auch das weiß ich nicht, und auf malawischer Seite mag sich niemand mit solchen Themen beschäftigen.

P.S.: Ich vergaß zu berichten, die Wahlen wurden auf den 15. Juni verschoben. Bisher ist alles ruhig geblieben, obwohl bereits Proteste im Norden des Landes angekündigt wurden, weil die Verschiebung nicht dazu geführt hat, dass sich weitere Wahlberechtigte registrieren lassen konnten. ...

Juli 1999

... Die arbeitsteiligen und komplizierten Abläufe und Prozesse in modernen Organisationen und Betrieben sind bekannterweise nicht mehr von einer zentralen Stelle aus steuerbar, sondern werden von geschultem Personal in weitgehender Selbstverantwortung und professioneller Kompetenz ausgeführt. Ärzte, Krankenschwestern, Lehrer, Köche und Gärtner kennen ihr Arbeitsziel und vermögen es kraft ihrer Ausbildung und Fähigkeiten mehr oder weniger adäquat auszuführen, ohne dass ihnen jemand permanent und im Einzelfall hinein redet. Im soziologischen Jargon heißt das, der Anleitungstyp moderner Organisationen ist der der Zweckprogrammierung. Ein Ziel, ein Zweck ist vorgegeben und die Mitarbeiter suchen diesen kraft eigener Kompetenz zu erreichen.

Ein solcher Typus von Personalsteuerung ist in Malawi nicht denkbar oder reduziert sich auf höchst unwahrscheinliche Ausnahmen. Zweckprogrammierung setzt voraus, dass man den Zweck halbwegs teilt und versteht.

Darüber hinaus muss man wissen, welche Maßnahmen und Instrumente dem vorgegebenen Zweck dienlich sind. Dem entspricht nicht die hiesige Wirklichkeit. Dem Gärtner aufzutragen, er möge den Garten kraft seiner professionellen Intelligenz und Fähigkeit zu möglichst höchsten Erträgen führen, stößt diesen in Verlegenheit, ja, in Verzweiflung. Er kennt die Ziel- und Zweckvorgaben seines Vorgesetzten nicht und vermag sie auch kaum zu begreifen. Soll er möglichst viele Tomaten oder qualitativ hochwertige hervorbringen? Und was ist mit dem schmackhaften Unkraut, das der Master ständig moniert, weil es das Wachstum der anderen Pflanzen hindert? Soll er es tatsächlich ausreißen? Ist es nicht schon ein toller Erfolg, dass er als Gärtner dafür gesorgt hat, dass zur gleichen Zeit 100 Salatköpfe reif sind, während der Gartenbesitzer offensichtlich über diese Tatsache gar nicht erfreut ist und die meisten der Salatköpfe aufgrund von Überproduktion auf dem Kompost landen?

Ebenso die »Hausfrau«. Gehört die Beseitigung von Spinnenweben zur Zielvorgabe, das Haus rein zu halten? Was haben einem denn die armen Tierchen getan? Warum sollte man die Ecken in den Toiletten und Baderäumen sauber halten? Da setzt sich sowieso keiner hin. Was schadet ein wenig Schimmel im Kühlschrank, fragt sich der Koch. Und warum sind verfaulende Kartoffeln in der Speisekammer ein Problem?

Die Vorgabe ordentlicher Garten- und Haushaltsführung scheitert also schon daran, dass keine Einigung und kein gemeinsames Verständnis über das Ziel und den Zweck erreicht werden können. Darüber hinaus besteht auch Unsicherheit, wenn nicht sogar Unwissenheit über die adäquaten Aktivitäten, die der Zweckerreichung dienlich sein könnten. Der Gärtner hat nie gärtnern gelernt, der Koch ebenso wenig kochen. Beide haben sich über Nachahmungen bestimmte Fähigkeiten angeeignet, bei denen sie jedoch nicht genau oder gar nicht wissen, warum das so funktioniert, wie das offensichtlich der Fall ist. Im Ergebnis führt es dazu, dass eine recht begrenzte Auswahl an Handlungsschritten vorliegt, die zudem nicht variiert werden dürfen, um Koch und Gärtner nicht aus dem Tritt zu bringen. Will man sich nicht diesen Konsequenzen ausliefern und folgerichtig dreimal am Tag Bohnen essen oder mit Spinnenweben leben, dann muss man zu einem anderen Anweisungs- und Steuerungstyp übergehen, dem der Konditionalprogrammierung.

Bekannterweise meint Konditionalprogrammierung im Max Weberschen Sinne die Festlegung von Handlungsregeln bei immer wieder auftretenden und zu erwartenden Problemen. Eine Gemüsesuppe kochen heißt dann: eine Zwiebel hacken, anbraten, mit Wasser löschen, vorbereitetes

Gemüse hineingeben und soundsoviele Minuten kochen. Gibt man die Kochzeit nicht vor, erhält man Mus oder Rohgemüse. Saubermachen heißt: zwei- bis dreimal in der Woche staubsaugen, Ecken auswischen, Lampenschirme nicht vergessen, Tisch abwischen usw. Das Ganze muss genau und örtlich festgelegt werden und sollte dann klappen.

Aber es klappt nicht, denn Konditionalprogrammierung dieser Art kann nicht flexibel auf Überraschungen eingehen. Der kluge Satz »Jede Regel hat auch ihre Ausnahme« treibt das einheimische Personal in den Selbstmord. Was sind Regeln auch wert, wenn sie manchmal nicht Geltung finden? Die Anweisung, der Garten müsse gegossen werden, aber nicht wenn es regnet, ist schlicht nicht ausführbar, sondern bedarf zusätzlicher Interventionen.

Konditionalprogrammierung führt also zu den abstrusesten Ergebnissen. Kartoffeln werden 20 Minuten lang gekocht, ob es sich um harte oder weiche Sorten handelt. Fenster werden geputzt, ob sie nun nach einem Sturm dreckig sind oder genauso glänzen wie am Vortage. Bettwäsche wird im festen Rhythmus gewechselt, unabhängig davon, ob Hitze einen schnelleren Wechsel notwendig macht oder ein mäßiges Wetter erlaubt, einen Tag länger in der Wäsche zu verbleiben. Suppen bereiten keine Überraschung, weil sie exakt immer gleich zusammengesetzt sind, und wenn etwa eine Zutat wegen der Schlampigkeit des Masters nicht im Vorrat ist, kann eben keine Suppe gekocht werden.

Was also bleibt? Zweckprogrammierung geht nicht, Konditionalprogrammierung ebenfalls nicht. Also reduziert sich das Ganze auf Einzelfallanweisungen. Der Hausvorstand weist also auf die Spinnenweben und bittet um sofortige Beseitigung. Dem Koch wird zweimal am Tag das Gemüse abgezählt auf den Tisch gelegt und die Kochzeit vorgegeben. Dem Gärtner wird gesagt »heute Kohl auspflanzen, jetzt Unkraut zupfen, abends gießen«. Und Einzelanweisungen bestimmen nicht nur den Haushaltsalltag, sondern kennzeichnen die gesamten Abläufe in Betrieben und Organisationen, Ministerien eingeschlossen. Nirgends funktionieren generelle Zielvorgaben und -anweisungen. Keiner wird aktiv, ohne dass ihm gesagt werden muss: Bitte agieren Sie jetzt wie folgt. Und so ist Malawi eines der am meisten zurückgebliebenen Länder dieser Erde.

Natürlich sind hierfür nicht anthropologische Prägungen verantwortlich, sondern ein historisch gewachsener Habitus. Die traditionelle Gemeinschaft bestraft Non-Konformität. Eigensinn und Eigenwille sind Abweichungen. Hierarchische Absicherung ist für alle Handlungen notwendig, sonst wird man zur Verantwortung gezogen. Hinzukommt insbesondere in dieser Region die immer wiederkehrende gewaltförmige Überhöhung vorhandener Regeln. Bis ins 19. Jahrhundert brachen über die Dörfer nicht kalkulierbare Überfälle herein, die die Bewohner zur Apathie brachten. Die Missionare schließlich, die diese willkürlichen Gewalteinbrüche mäßigen konnten, predigten aber stattdessen Gehorsam und verlängerten damit bereits vorhandene Unterordnungsmuster. Die Kolonialherrschaft hat sicherlich auch nicht gerade zur Emanzipation und zum befreiten Eigenleben der Bevölkerung beigetragen. Die Diktatur der letzten dreißig Jahre schließlich hat das Ganze in einem Maße pervertiert, dass es kaum vorstellbar ist. Jede eigene Initiative ist als mögliche Herrschaftskritik interpretiert worden und wurde brachial unterbunden. Und so funktioniert Malawi wie ein Spielautomat. Erst einmal muss man einen Groschen hineinstecken, dann muss man die Auslösetaste drücken, und vorausgesetzt, es herrscht nicht gerade Stromsperre, wird sich der Apparat in Bewegung setzen in vorgestanzten Abläufen und nach zwei Minuten aufhören, und das war es dann.

Für die Beteiligten und Betroffenen zeitigt diese gegebene Struktur unterschiedliche Folgen. Für die Vorgesetzten und Anweisungsgeber bedeutet sie permanente Überlastung. Jedes noch so haarsträubende und abstruse Einzelproblem muss zur Einzelentscheidung nach oben gegeben werden. Sicher, der Vorgesetzte hat dadurch permanente Kontrolle über alles, was im Hause passiert, und kann diese Kompetenz auch zu recht willkürlichen Entscheidungen nutzen, gleichzeitig jedoch wird er durch die Anforderung, permanent Einzelanweisungen zu geben, letztendlich zum Herzinfarkt getrieben, ohne dass er Zeit gefunden hätte, sich tiefer gehende Gedanken über möglicherweise sinnvolle Entscheidungen machen zu können.

Für die Ausführenden ist das Leben unter Einzelentscheidungen überwiegend angenehm. Man muss, ja man darf keine Verantwortung übernehmen. Wenn bei uns die Suppe anbrennt, wird der Koch auf meine Anweisungen hinweisen. Wenn keine Anweisung vorliegt, muss man nichts tun und kann sich vom Stress der Arbeit erholen.

Die Klientel schließlich hat schon lange begriffen, dass Apparate nicht funktionieren, ohne dass man Einzelfallentscheidungen zum eigenen Nutzen durch gezielte Anstöße provoziert. Also zahlt man, schickt die Kusine vor oder beruft sich auf die gleiche Stammesherkunft. In jedem Fall jedoch insistiert man nicht etwa darauf, dass die entsprechende Behörde laut Gesetz und Vorschrift tätig werden müsse, sondern bittet um die gezielte Unterstützung der eigenen Person, vielleicht noch mit dem Hinweis, die anderen müssten ja nichts davon wissen, und wenn sie eben keinen Zugang zu Entscheidungsträgern hätten, dann seien sie selber schuld.

Und so lavieren sich die Leute durchs Leben. Ducken, sich verdrücken und unsichtbar machen, wenn es um Verantwortung und Eigeninitiative geht; schubsen, wegdrängeln und nach unten treten, wenn es um den Zugang zu Privilegien und Ressourcen geht. Nicht also, dass es keine Regeln gäbe, wohl aber, dass diese Regel den dynamischen Veränderungen, denen selbst Malawi unterliegt, nicht mehr gerecht werden. Malawi muss also durch einen schmerzhaften und schnellen Modernisierungswandel gehen, sonst wird es nie auf die Beine kommen. Soweit Entwicklungshilfe diese Modernisierungsnotwendigkeiten hinauszögert und abfedert, ist sie in der Gefahr, dysfunktional zu werden. ...

August 1999

... Im Prinzip haben wir uns verpflichtet, den Hofleuten und ihren Familien 50 % aller anfallenden medizinischen Kosten zu ersetzen. Es gibt keine funktionierende Krankenversicherung im Lande, allenfalls zahlen Arbeitgeber Zuschüsse, wie wir es tun. Kontaktierte Versicherungsunternehmen erklärten uns, dass eine Familienversicherung zum Beispiel deshalb nicht funktionieren kann, weil niemand genau weiß, wo die Familie anfängt und wo sie aufhört. Die »extended Family« kennt keine scharf ausgelegten Grenzziehungen. Die Kinder der Schwester zum Beispiel sprechen den Bruder mit Vater an und werden selbstverständlich auch von diesem als seine Kinder angesehen. Unter diesen Bedingungen jedoch sind die Versicherungen nicht bereit, Verträge abzuschließen, es sei denn, zu solch extrem ungünstigen Konditionen, dass nun wiederum die Versicherungsnehmer nicht in einen solchen Vertrag einsteigen würden.

Natürlich hat die Zuschussregelung ihre Manipulationsprobleme, und denen unterliegen wir selbstverständlich auch. Ganz sicherlich haben wir schon so manche Rechnung mit dubiosem Hintergrund beglichen. Häufig werden kleine Rechnungen eingereicht, bei denen man die Herkunft gar nicht erkennen kann. Aber im Großen und Ganzen scheint sich unseres Wissens die Schummelei in Grenzen zu halten. Auf jeden Fall sind die involvierten Summen so gering, dass man eventuelle Täuschungen gelassen ertragen kann. Das aber war in dem noch zu schildernden Fall auf einmal anders.

Kaum nach Hause zurückgekehrt, versuchten die Hofleute uns ihre Probleme nahe zu bringen. Der betreffende Nachtwächter kam demonstrativ barfüßig auf mich zu und erklärte, dass er wieder fürchterliche Schmerzen im Bein habe. Daraufhin holte ich die Wärmesalbe und gab ihm außerdem den Rat, am nächsten Tag, seinem freien Tag, zum Arzt zu gehen. Damit forderte ich ihn auf, sofort auf einen Zu- und Vorschuss zu drängen, denn schließlich hatte ich ja die Idee, und krank sein kostet eben Geld. Mit diesem Vorschuss zog er also ab und kam einen Tag später mit einer – die Höhe des Vorschusses übersteigenden – Quittung wieder. Drängend erklärte er mir, dass er aus Geldmangel den Betrag noch gar nicht erstattet habe, obwohl er mir bereits eine Quittung vorlegte und nicht etwa eine Rechnung. Aber auch das ist mir dann erst später aufgefallen. Zunächst einmal habe ich als braver Hausvater mein Portemonnaie gezückt und ihm die verlangte Summe ausgezahlt.

Erst Stunden später klickerte es in meinem Kopf. Die erstattete Summe entsprach fast einem Monatslohn, und selbst bei unseren Angestellten, die erheblich mehr verdienen, reichte die Summe an einen halben Monatslohn heran. Das machte mich stutzig, denn kein Mensch in Malawi kann eine solche Rechnung bezahlen, und auch kein Krankenhaus würde überhaupt versuchen, eine solch hohe Rechnung für einen kurzen ambulanten Aufenthalt zu stellen. Noch etwas machte mich stutzig. Es herrschte eine eigenartige Unruhe auf dem Hof. Die anderen Nachtwächter patrouillierten auf und ab, als ob sie jederzeit eine Invasion fremder Truppen befürchteten. Der Koch wich mir aus. Es knisterte förmlich. Schließlich ließ ich mir die Quittung noch einmal zeigen, wobei ich mehrfach nachfragen musste, bevor ich das Papier in die Hand zurückbekam. Jetzt wurden alle noch aufgeregter, und spätestens jetzt wusste ich, dass irgendetwas nicht stimmte. Daraufhin befragte ich den Koch, der immer noch ausweichend murmelte, er habe gehört, dass die medizinische Behandlung des Nachtwächters viel viel billiger gewesen sei. Daraufhin sprach ich mit dem Nachtwächter und fragte ihn, ob er mir etwas zu sagen habe und ob es irgendwelche Probleme mit der Quittung gebe. Ich bin dann noch zweimal in der Nacht auf den Mann zugegangen, mittlerweile von einem Manipulationsversuch ausgehend, erhielt jedoch immer wieder die Antwort, ich könne ihm vertrauen.

Am nächsten Tag sind dann der Koch und ich zu der kleinen Krankenstation hinter dem Zentralmarkt Lilongwe gefahren. Dort hatte man uns schon erstaunlicherweise erwartet. Es stellte sich heraus, dass der Nachtwächter nach Dienstschluss in aller Herrgottsfrühe bereits zur Station gelaufen war und die diensthabende Schwester zu überreden suchte, den Originalbeleg verschwinden zu lassen oder zumindest nicht vorzuzeigen. Das aber lässt die bürokratische Ordnung in Malawi nicht zu, so dass wir ohne großes Zögern die Belege einsehen konnten, und da stellte sich heraus, dass die Rechnung 30 MK (ca. 1,50 DM) betrug und nicht wie in dem mir vorgelegten Beleg 730 MK (ca. 35 DM). Die Quittung war also gefälscht worden und dabei um das mehr als Zwanzigfache erhöht worden. Zusammen mit dem Vorschuss vom Vortage hatte der Nachtwächter mir also 800 MK (knapp 40 DM) abgenommen.

Natürlich sind 40 DM auch im Sinne der Dresdner Bank Peanuts. Aber – ich wiederhole – die Summe entspricht hier einem Monatslohn. Gleichzeitig geht es natürlich auch um das Prinzip von Fälschungen. Und mehr noch, die Regeln der Hofhaltung waren mit involviert. Der betroffene Nachtwächter hatte in Dummheit oder/und Prahlerei seinen Manipulationsversuch veröffentlicht, und nun warteten alle gespannt darauf, was passieren würde. Sollte die eingeschlagene Strategie des Nachtwächters Erfolg zeitigen, würden ihm nicht nur Geld und Sozialprestige zufließen, sondern die Strategie müsste zur Nachahmung einladen. Mit der berühmten Leninschen Frage »Was tun?« zogen sich also Renate und ich zurück, um uns nach einigen Diskussionen zu einer fristlosen Kündigung durchzuringen.

Die Entscheidung ist uns nicht leicht gefallen. Wie bereits gesagt, der betreffende Nachtwächter ist uns in besonderer Weise ans Herz gewachsen. Es handelt sich um denjenigen, den ich vor Wochen mit Cholera ins Krankenhaus geschleppt habe, dem wir neue Kleidung gegeben und um dessen Kind wir uns während seiner Krankheit gekümmert haben. Uns schien, dass wir ihm menschlich näher gekommen wären und ein besonderes Vertrauensverhältnis aufgebaut hätten. Umso schlimmer die Enttäuschung. Gleichzeitig ist es eine schreckliche Tragödie, jemanden aus einem sicheren Arbeitsverhältnis in das Nichts zu stoßen. Und das war auch allen Betroffenen und Beteiligten klar. Übernächtigt, grau und fahl saß der Nachtwächter vor uns und murmelte nur immer wieder Verzeihung. Er konnte oder wollte nichts erklären. Was sollte er auch sagen? Er hatte gespielt und verloren. Drum herum schrie der Chor in Form der anderen Nachtwächter und Bediensteten »Kreuzigt ihn«, nachdem sie vorher in großer Spannung, Entsetzen, aber auch Bewunderung für die Cleverness des Fälschers zugesehen hatten. Und wir gesellten uns noch schnell zu den Opfern. Wie der Großbauer Puntila litten wir unter unserer Strenge und wollten am liebsten von dem Betroffenen Anerkennung und Verständnis für die vollzogenen Konsequenzen. Leider aber sind wir damit nicht Mitspieler in einer erhebenden griechischen Tragödie, sondern nur Schmierenkomödianten in einem bösen Spiel, bei dem wir uns zögerlich zu einer Entscheidung durchgerungen haben. Und so wabern selbstgefällige Depressionen durch das Haus, die mit einigen Bieren heruntergespült werden müssen. ...

Aber es gibt nicht nur unangenehmen, sondern auch positiven Stress zu vermelden. Wir waren ja mit unseren Bielefelder und Münchener Freunden und Freundinnen auf Tour nach Zanzibar. Mit zwei Autos sind wir in den Norden Malawis und dann quer durch Tanzania nach Dar es Salam gefahren. Von dort ging es dann mit der Fähre auf die Insel, zunächst mit Aufenthalt in der Steinstadt und dann mit einem Ausflug an die Ostküste.

Die Fahrt durch Tanzania war landschaftlich attraktiv. Die Straßen sind gut, aber die Entfernungen auch sehr groß. Immer wieder unterschätzt man, wie lange man braucht. 500 km sind eben nicht in vier oder fünf Stunden zu machen, sondern brauchen einen ganzen Tag. Und obwohl wir uns alle ablösen konnten, waren wir doch manchmal recht erschöpft. Aber der vorgegebene Zeithaushalt von zwei Wochen ließ keine andere Option zu, wollte man noch die Insel Zanzibar mit wenigstens einigen Tagen genießen.

Tanzania ist ein ambivalentes Reiseland. Auf der einen Seite die Schönheit der Natur, die Wildreservate und Berge, auf der anderen Seite eine unverschämte Preisgestaltung bei gleichzeitigen Resten sozialistischer Schlamperei. Reisen erzeugt Demut, und so verklärte sich auf einmal die Situation in Malawi mit seinen zurückhaltenden Menschen und den weit niedrigeren Preisen. Während man in Tanzania ständig auf der Hut sein muss, nicht übervorteilt zu werden, sind doch die Gewinnerwartungen der Malawis gegenüber den weißen Eindringlingen gemäßigt.

Aber Zanzibar ist ein Highlight. Die Stadt Zanzibar stellt eine Ausnahme in ganz Afrika dar. Die engen Gassen und Plätze, die Bazare und Paläste summieren sich zu einem städtischen Ensemble, zu einem öffentlichen Leben, das sich sonst in Ost- und Südafrika nicht findet. Lilongwe, um vielleicht das am wenigsten attraktive Beispiel zu nennen, ist schlicht eine bloße Ansammlung von Wohn- und Schlafmöglichkeiten. Das gilt aber auch für Harare und Lusaka. Zanzibar-Stadt ist aber schließlich auch keine genuin afrikanische Stadt, sondern arabischen Ursprungs und erinnert deshalb eher an westafrikanische Beispiele oder vielleicht auch an Jerusalem. Nichtsdestotrotz, hier kann man in das Gewirr der Gassen eintauchen, Cafés besuchen, auf dem Nachtmarkt Fisch essen und vor den Kneipen bis spät in die Nacht Bier trinken. Zanzibar ist eine Schnupperstadt.

Die landschaftliche Schönheit der Insel besteht wahrscheinlich am stärksten in seinen Stränden. Erstaunliche Lichtverhältnisse, der Wechsel von grünem zu blauem Wasser und die Weite der Strände, die noch gar nicht erschlossen sind, beeindrucken. Sicher, auch hier sind die Preisvorstellungen der Hotel- und Pensionsbesitzer etwas aus den Fugen geraten. Der rasche Übergang Tanzanias von der sozialistischen Planwirtschaft hin zum kapitalistischen Markt beflügelt offensichtlich die Phantasie ins Grenzenlose. »The sky is the limit«, das scheint hier das Motto zu sein. Dass dem Preis ein Äquivalent entgegenstehen muss, ist jedoch noch nicht in das Bewusstsein der Kaufanbieter gedrungen. Und so versuchte man, uns für ein Frühstücksei pro Stück einen US-Dollar abzuknöpfen. Unsere Ziererei wurde als bloße Zickigkeit empfunden. Schließlich brauchen Weiße ja nur zur Bank zu gehen, um sich Geld zu besorgen.

Aber trotz allem eine lohnende Fahrt, voll dichter Eindrücke und nicht stressfrei. Es wäre gut, wenn man dafür mehr Zeit investieren könnte, aber es geht eben nicht immer so, wie man will.

P.S.: Eben erreicht uns aus Deutschland die Horror-Meldung, dass unsere Kollegin, Frau Dr. Ursula Semin-Panzer, in Harare einem Raubmord zum Opfer gefallen ist. In Afrika zählt eben ein Menschenleben nicht viel, und für ein Videogerät kann man schon seinen Kopf verlieren. So recht reagieren kann man auf diese Nachricht nicht, aber sicher ist, wenn die Angst in die Seele zu dringen droht, werden wir sofort unsere Zelte hier abbrechen. ...

November 1999

... Die Quellen der mehr als 100-jährigen Missionsgeschichte in Malawi lesen sich wie Parabeln der aktuellen Entwicklungszusammenarbeit. Nach anfänglichen Schwierigkeiten hatten sich insbesondere die schottischen Presbyterianer im Norden und Süden des Landes etabliert. In der zentralen Region arbeitete die Dutch Reformed Church, aus Südafrika stammend. Die Anglikaner und Katholiken schließlich suchten zunächst am See ihre Stützpunkte. Die berühmtesten und für das Land bestimmenden Missionsorden waren jedoch für lange Zeit und bis in die Gegenwart ausstrahlend die schottischen Gründungen in Blantyre und in Livingstonia.

Hier wie an anderen Orten entstanden lebendige und funktionstüchtige Mikrokosmen. Schulen und Krankenstationen wurden gebaut. Wirtschaftshöfe entstanden, die eine weitgehend autarke Versorgung der Anwohner garantierten. Repräsentative Kirchen zeugten vom Stolz und Selbstbewusstsein ihrer Erbauer, und Zug für Zug wurde eine funktionierende Infrastruktur erstellt, die sowohl der Absicherung des Gewonnenen diente als auch zur weiteren Expansion. Die ersten Allwetterstraßen im Lande gingen auf die Missionare zurück und nicht etwa auf eine weltliche Herrschaft. Um die

Stationen herum entstanden Wohnsiedlungen, Steinhäuser für die weißen Missionare, Lehrer und Händler, Lehm- und Schilfhäuser für die schwarzen Arbeiter und Arbeitssuchenden.

Die Anwesen wuchsen relativ rasch und wurden permanent verschönert. Feste Schulen im quasi öffentlichen Raum entstanden, Parkanlagen und Gärten. Denkmäler wurden aufgestellt, und eventuelle Besucher konnten und können noch heute zweifellos den kulturellen Bezugspunkt der Erbauer dieser herrlichen Anlagen mitten in Afrika erkennen. Und so denkt man bei einem Spaziergang durch die Nkhoma-Mission an ein holländisches Dorf, während man sich in Blantyre an einen englischen Universitätscampus erinnert fühlen könnte. Livingstonia schließlich stellt sich als eine festgefügte Bergsiedlung im schottischen Hochland dar.

Die protestantische Kirche in Ekwendeni

Mehr jedoch als die europäisch inspirierten stilistischen Eigenheiten dieser Ansiedlungen prägte deren ökonomische und spirituelle Dynamik das afrikanische Umfeld. Handwerkliche Produktionsstätten entstanden, die selbst angebauten oder getauschten Landwirtschaftsprodukte wurden verarbeitet, und die Missionsstationen wurden über den Aspekt ihrer Selbstversorgung zu kleinen ökonomischen Kraftzentren in ihrer Region. Die enge Verknüpfung der Missionare mit ihren Heimatkirchen bedingte zudem einen ständigen Zufluss von monetären und warenförmigen Ressourcen, die die Missionsorte zu Pforten zum europäischen Markt machten. Hier in den Missionsorten kam die Welt an, gab es bezahlte Arbeit und wurde europäische Ausbildung angeboten. Und auf wundersame Weise funktionierte dieser Mikrokosmos scheinbar reibungslos. Schier unerschöpflich schienen die finanziellen, organisatorischen und wissensmäßigen Ressourcen der weißen Ankömmlinge, die das Ganze am Laufen hielten, zu sein. Und wo diese nicht reichten, konnten die Missionare auf die Macht der von ihnen ins Land gerufenen englischen Krone zurückgreifen. Einer der ersten schwarzen Schüler in der Blantyre-Mission, dem sich später eine kleine Karriere als Verwaltungsbeamter zunächst in der Mission und dann bei der Kolonialregierung eröffnete, erinnert sich später. »Morgens erwartete uns ein Glas Milch aus der Missionsmolkerei zum Frühstück. Ein frisches Hemd aus der Wäscherei war bereitgelegt. Der Tag verging in gemeinsamem Gebet, Arbeit und Essen. Und abends ging zu einem gegebenen Zeitpunkt das elektrische Licht in der Station an. Wenn wir in unseren sonntäglichen Gebeten von den Stätten sangen, in denen Milch und Honey fließen, so dachten wir, damit könne nur die Missionsstation gemeint sein.«

Um sich den Objekten ihrer Begierde, den afrikanischen Heiden, nähern zu können, benötigten die weißen Missionare einheimische Vermittler, kulturelle Broker, die sprachlich und sozial in der Lage waren, Brücken zu den Afrikanern zu bauen. Diese kulturellen Vermittler mussten ausgewählt, erzogen und für die Sache gewonnen werden, das heißt in das eigene kulturelle und soziale System integriert werden. Bereits vor der Jahrhundertwende wurden also die ersten Schwarzen getauft, zu Ministranten gemacht und auf die Priesterausbildung geschickt. Um den kleinen weißen Missionarskern bildete sich also ein Fundus bereitwilliger und fähiger schwarzer Vermittler, die von den finanziellen und bildungsmäßigen Ressourcen der Weißen profitierten und sich damit bislang nicht da gewesene soziale Statuspositionen sicherten. Die traditionellen Familien zögerten deshalb auch nicht, einen Teil ihrer Söhne an die Missionen abzugeben, um hier in neue Einflusssphären einzutauchen, während ein anderer Teil der Söhne auf den Weg der traditionellen Führer vorbereitet wurde. Doppelt genäht hält besser. Diese neue Schicht der kulturellen Vermittler weitete sich in kurzer Zeit aus, besetzte zunächst die angebotenen Verwaltungsstellen in den Missionen und wechselte später in die Kolonialverwaltung über. Sehr schnell wurde ihnen klar, dass weder die Missionare noch die neue Kolonialherrschaft ohne sie auskommen würde. Und so konnten sie mit Erfolg durchsetzen, dass sie zumindest finanziell und statusmäßig aus der Masse der Bevölke-

rung herausgehoben wurden. Ihre Loyalität jedoch galt zweifellos ihren Auf-
traggebern – und das ist noch heute in der Entwicklungszusammenarbeit
der Fall – und nicht etwa der Bevölkerung, die allenfalls den Status einer
Klientel beanspruchen durfte.

Sicher, das Ganze ging nicht ohne Reibungen und Widersprüche ab.
Zwar war der schwarze Ministrant, Priester, Verwaltungsbeamte und Poli-
zist gegenüber der sonstigen schwarzen Bevölkerung privilegiert, blieb jedoch weiterhin in unübersteigbar großer Distanz zu den Privilegierten der
weißen Herrschaft. Und so fordern sie nicht etwa die Gleichstellung mit der
schwarzen Bevölkerung, sondern die gleichen Privilegien wie die Weißen,
ein Traum, den sie plötzlich mit der Entkolonialisierung erfüllt sehen. Bis
dahin jedoch fechten die weißen Missionare und ihre schwarzen Helfer
über Jahre den gleichen Kampf einer Privilegienangleichung aus. Die Weißen verweisen dabei darauf, dass die Missionen zu über 70 – 80% von
Fremdmitteln aus den Mutterkirchen leben, Mittel, die verantwortungsbe-
wusst ausgegeben werden müssen und für die die weißen Missionare gera-
dezustehen haben. Die Schwarzen verweisen darauf, dass sie doch im Wesentlichen die gleiche Arbeit erledigen würden und dass ohne sie die weißen
Missionare auch ihren Mutterorganisationen keinen Erfolg vorweisen könnten. Schnell ist in dieser Situation ein Rassismusvorwurf zur Hand, und
manchmal scheint es, dass die Missionen nicht so sehr mit der Rettung un-
schuldiger Seelen beschäftigt sind, sondern mit ihren Privilegien. Die
schwarzen Kulturbroker machen jedenfalls das relativ Beste daraus, indem
sie sich dem Meistbietenden anbieten. Kirchenwechsel ist deshalb durchaus
kein Novum, und zur Not macht man eine eigene Kirche auf, für die sich
dann ein Geber im außerafrikanischen Kontext findet. Völlig außen vor jedoch bleibt dabei die Tatsache, dass die Missionen und ihre angeschlosse-
nen Schulen, Krankenhäuser und Produktionsstätten gar nicht von den
streitenden Akteuren selbst abgesichert werden, sondern von außen alimentiert sind. Wie solche Gebilde langfristig überleben sollen, sollte doch nach-
denklich stimmen. Aber wie auch im Entwicklungsbereich, noch heute fließen, wenn auch in geringerem Maße, erhebliche Kirchenbeiträge aus Europa und Nordamerika nach Afrika. Hier liegt ein Stück des Übels begraben,
dass die afrikanische Gesellschaft im gegenwärtigen Zustand nicht aus sich
heraus selbst lebensfähig erscheint. Das Wenige, das funktioniert, hängt am
Dauertropf außerafrikanischer Geber. Die demoralisierende Wirkung solcher Strukturzusammenhänge kann gar nicht unterschätzt werden. Und die
neuen Eliten, ob in den Kirchen oder gar in den entkolonialisierten Regio-

nen, haben sich an diese Ausgangssituation gewöhnt. Für sie ist es selbstverständlich geworden, dass sie nicht aus ihrer eigenen Gesellschaft ihre notwendigen Ressourcen erhalten, sondern als Appendix der westlichen Gesellschaft ihre Existenzberechtigung erfahren.

Die Geschichte der Missionen ist also nicht nur eine Geschichte heroischer Taten, sondern wurde nicht zuletzt durch den geballten Einsatz von Kirchenmitteln und Spenden ermöglicht. Und noch heute, wo ein Großteil der vormaligen Missionen in nationale afrikanische Kirchen überführt wurde, ist ihre verquere Geburtsgeschichte weiterhin sichtbar und spürbar. Im Kern ist das die eingebläute Einstellung, dass nicht eigene Anstrengungen etwas bewegen, sondern die dauerhafte Alimentierung durch auswärtige Geber den eigenen Bestand gewährleistet. Gibt es da etwa Parallelen zur gegenwärtigen Entwicklungszusammenarbeit?

November 1999

... Immer wieder enden Gespräche und Diskussionen über Ereignisse und Handlungen in unserer malawischen Umwelt mit der Feststellung: »Ja, sie benehmen sich wie die Kinder!« In dieser Formel einigen sich die Verbohrten und Gutwilligen, diejenigen, die die afrikanische Kultur für inferior halten, und diejenigen, die sich unwohl fühlen, mit diesem Ausspruch einen solchen Eindruck zu vermitteln. Und natürlich sind es nur die Weißen, die sich untereinander auf diese Formel einigen können.

Die Kind-Analogie betrifft einen Komplex von Handlungs- und Redeweisen, die allerlei Strategien des Ausweichens, des Abschiebens von Verantwortung, des Nicht-Offen-Ansprechens von Problemen und deren Verdrängung und Verschiebung betreffen. Das Ganze lässt sich vielleicht anhand von Beispielen besser illustrieren:

- Das Schneidemesser des Fleischwolfs, also das Herzstück dieser Maschine, ist verschwunden. Die Nachfrage bei den Hausangestellten ergibt, dass dieses Teil schon immer gefehlt habe, also die Maschine seit zwei Jahren ohne Schneidemesser ihre Pflicht erfüllt habe. Ersatzweise wird angegeben, dass das Messer schon seit langem fehle, und wenn diese Antwort auch nicht befriedigt, dass das Messer offensichtlich jetzt gerade erst weggekommen sein muss. Die Umstände dazu seien unbekannt.
- Unter einen Schrank gekehrt finden sich Glasscherben. Darauf angespro-

chen, beeilt sich das Hauspersonal, sich gegenseitig die Schuld in die Schuhe zu schieben. Man selber sei es jedenfalls auf keinen Fall gewesen, sondern entweder die anderen oder ein unbekannter Geist.

- Das Schloss zum Nebeneingang zum Grundstück ist seit einigen Tagen oder Wochen kaputt und lässt sich nicht mehr zuschließen – eine Situation, die angesichts der Sicherheitslage in Malawi nicht unprekär ist und auch alle Schutzmaßnahmen gegen Einbruch und Überfall (Nachtwächter, Alarmanlage, Elektrozaun) ad absurdum führt. Als der Hausherr durch Zufall diesen Tatbestand entdeckt, beharren die Angesprochenen darauf, dass die Tür immer ordnungsgemäß abschließbar war und dass sie sich den Zustand des Schlosses nicht erklären könnten. Es fehlen nur noch die Andeutungen, der Hausherr selbst habe wohl gerade das Schloss zertrümmert.

- Die Gärtner gießen seit neuestem den recht großen Garten per Gießkanne und schleppen in der Tageshitze unermüdlich Tröge über Tröge heran. Angesprochen darauf, warum sie nicht den Gartenschlauch benutzen würden, weichen sie aus. Die erzwungene Inspektion des Gartenschlauchs ergibt, dass er schon seit Wochen kaputt ist. Wann und warum er seine Funktion als Schlauch aufgegeben hat, lässt sich nicht mehr rekonstruieren. Irgendwelche anderen haben ihn wohl vor irgendeiner Zeit mal kaputt gemacht.

So weit einige Beispiele, die sich ins Unendliche fortführen lassen. Ganze Abendveranstaltungen und -unterhaltungen zwischen Weißen werden mit Anekdoten dieser und ähnlicher Art bestritten. Jeder Erzähler verfügt über einen unendlichen Schatz gleich lautender Stories dieser Art. Und die Quintessenz? Siehe oben! Wo aber liegen die tatsächlichen Erklärungen und Gründe für das in diesen Geschichten auftretende, gleich bleibende Verhalten der Beschriebenen?

Maschinen, Schlösser und Gläser gehen aus Unachtsamkeit und manchmal auch aus Böswilligkeit kaputt. Materialmüdigkeit oder Unwissenheit über die notwendige Pflege des Gegenstandes können andere Gründe sein, Fehler in der Nutzung können hinzukommen. Welche Gründe für die Zerstörung eines Gegenstandes letztendlich entscheidend sind, ist im Ergebnis irrelevant, wenngleich zur Vermeidung zukünftiger Vorfälle es interessant sein kann, den Grund zu erfahren. Darüber hinaus kann es allerdings auch wichtig sein, den genauen Hergang zu kennen, wenn man an eine Schuldzuweisung oder gar Ersatzpflicht seitens des Besitzers gegenüber dem Verschulder denkt. Bezogen auf die oben erwähnten Stories, müssen wir also die folgenden Fragen auseinander halten, nämlich

- die bloße Mitteilung über ein Ereignis (»Master, der Gartenschlauch ist kaputt gegangen«),
- die Erklärung eines Ereignisses (»Master, der Gartenschlauch ist kaputt gegangen, weil er zu lange in der Sonne lag«)
- und eine eventuelle schuldhafte Verantwortlichkeit für das Ereignis (»Master, der Schlauch ist kaputt gegangen, weil ich oder jemand anderes ihn zu lange hat in der Sonne liegen lassen«).

Deutlich geworden sein sollte jedoch bereits, dass die Betroffenen nicht zur Differenzierung dieser unterschiedlichen Fragen, die sich an den gleichen Sachverhalt richten, neigen, sondern insgesamt den Vorfall negieren (Der Schlauch ist gar nicht kaputt oder: Was für ein Schlauch?). Erst wenn erzwungen, werden die weiteren Stufen durchdekliniert. Auf »Ich habe gar nicht bemerkt, dass der Schlauch kaputt ist« folgt »Der Schlauch muss schon lange kaputt sein«. »Das muss passiert sein, als ich auf Urlaub war«, und hinzugefügt werden könnte »Haben Sie nicht selbst mal neulich den Gartenschlauch in der prallen Sonne liegen lassen?« und »Mein Kollege neigt ja offensichtlich dazu, den Schlauch nicht wegzuräumen.« In der Gesamtstrategie der Darstellung geht es also darum, den Vorfall zunächst einmal zu negieren, dann als unerklärlich darzustellen und, wenn das nicht zieht, einem anderen die Schuld zuzuweisen, wobei man zunächst einmal netterweise eine unbekannte Täterschaft vorzieht.

Hinter diesem Verhalten steckt die Angst, in zweifacher Hinsicht in Verantwortung genommen zu werden: einmal in der härteren Form einer finanziellen Ersatzpflicht und zum anderen in einer moralischen Verantwortlichkeit. Zweifellos ist die finanzielle Ersatzpflicht diejenige, die am meisten gefürchtet wird. Der Ersatz eines verschlissenen Gartenschlauchs übersteigt das monatliche Einkommen eines Gärtners bei weitem, und so würde eine Inanspruchnahme ihn ruinieren. Dass das aber im Bereich des Möglichen liegt, hat der Gärtner durchaus bereits erfahren, oder er hat davon vernommen, dass Kollegen in entsprechenden Regress genommen wurden. Ein deutscher Botschaftsrat, der heute nicht mehr in Malawi tätig ist, hat eine solche Regel durch- und umgesetzt, obwohl sie juristisch durchaus auch in Malawi problematisch ist. Jedem Hausangestellten und Gärtner wurde der Gegenwert für einen zerstörten Gegenstand in seinem Zuständigkeitsbereich vom Gehalt abgezogen, unbeschadet einer Feststellung der Böswilligkeit oder Fahrlässigkeit seines Handelns. In Verantwortung genommen wurde also nicht nur eine Schuldhaftigkeit, sondern eine irgendwie auch moralische Verantwortlichkeit, und diese Erweiterung des Schuldbegriffes ist in der kolonialen und nachkolonialen Zeit durchaus weiterhin virulent und den Leuten im Kopf, so dass sie also auch eine nicht schuldhafte Verantwortlichkeit nicht übernehmen wollen oder können. Der Schritt, den Vorfall selbst zu negieren und zu verdrängen, ist dann nicht mehr weit und fern, mehr noch, die Verbreitung von Diffusität, also das gleichzeitige Negieren des Vorfalls, die Verschiebung der Ursache ins Unbekannte, das andeutungsvolle Raunen, vielleicht war es ja der Gärtner, und überhaupt, hat einen strategischen Wert, nämlich, der Beschwerdeführer gibt entnervt angesichts der Unklarheiten und Komplexitäten schließlich auf. Vielleicht brüllt er noch einmal und droht mit irgendwelchen Sanktionen, beides aber setzt ihn letztendlich ins Unrecht und macht ihn zum Verlierer, und schließlich hat man auch noch was anderes zu tun, als den Verursachern eines zerschlagenen Weinglases nachzuspüren.

Erinnert diese Konstellation nicht tatsächlich an eine Auseinandersetzung zwischen Erwachsenen und Kindern in entsprechenden Konflikten? Ich denke schon, dass die Analogie ein Stück weit trägt, allerdings nur auf der Ebene der Erscheinungen und nur bedingt auf der Ebene der Begründungen. Insbesondere die Herstellung von Diffusität und die Verhinderung von Aufklärung zeitigen auffallende Parallelen. Dahinter steckt der gemeinsame Grund befürchteter Sanktionen. Ein wesentlicher Unterschied jedoch besteht in der Grundkonstellation. Kinder verhalten sich in einer bestimmten biographischen Situation in dieser Weise und merken bereits in dieser Phase, dass ein solches Verhalten ihnen nur zeitweilige Luft ermöglicht und sich langfristig nicht nur abnutzt, sondern auch ihrem Bestreben nach Anerkennung durch den Erwachsenen schadet. Für den malawischen Mitarbeiter jedoch ist eine solche Strategie langfristig rational und, wo sie es nicht ist, bleibt sie ihm aufgezwungen als Teil der tief verankerten und verfestigten Kulturdifferenz zwischen seiner Welt und der der Weißen. Denn diese beruht nicht nur auf einer allgemeinen Differenz, mit der man leben könnte, sondern auf einer asymmetrisch verteilten Sanktionsfähigkeit. Der Diskurs findet nicht zwischen sozial Gleichberechtigten statt, sondern zwischen denjenigen, die das Sagen haben, und denjenigen, die deshalb auch zuzuhören haben. Es werden also nicht nur auf horizontaler Ebene Argumente ausgetauscht, sondern die eine Seite zertifiziert das Argument des Gegenübers dahingehend, dass er es für ausreichend erachtet, das Arbeitsverhältnis weiterhin aufrechtzuerhalten oder den Entsprechenden sogar zu promovieren oder eben das Gegenteil zu tun und den Betroffenen für die Zerstörung des Gartenschlauches zu entlassen und ihm dabei auch noch möglicherweise die Chance zu nehmen, bei einem weißen Kollegen eine Neueinstellung zu erhalten. Die Hausangestellte, der Gärtner und das Kindermädchen verspüren permanent das Damoklesschwert einer Bestrafung, sei es durch Lohnentzug oder gar durch Entlassung, im Nacken, werden sie mit zerstörten Gegenständen im Haus konfrontiert. Und selbst da, wo sie zu Recht damit konfrontiert werden, haben sie sich nicht unbedingt die Handhabung mit Waschmaschinen, Staubsaugern, Gartenschläuchen und Fleischwölfen ausgesucht, der Umgang mit ihnen gehört nicht unbedingt zu ihrer primären Sozialisation, und so fühlen sie sich auch nicht im weiteren Sinne so recht verantwortlich, wenn der ihnen aufgetragene Umgang mit diesen Techniken misslingt. So etwas wie ein professionelles Ethos hat sich bislang nicht oder nur in rudimentären Ansätzen entwickeln können. Wo ein Berufsfahrer in Europa, unabhängig davon, ob er der Besitzer des von ihm betreuten Fahrzeuges ist oder nicht, seinen Stolz daran setzt, den Wagen tipp-topp zu halten und so zu fahren, dass er lange hält, sieht sich hier ein Fahrer mit einem unheimlichen und überkomplizierten Gegenstand konfrontiert, dem er schlimmstenfalls mit Magie begegnen muss, dessen Bewegungsgesetze er jedoch nur recht dunkel kennt, so dass er kaum einen inneren Zugang zu diesem Gebilde finden kann, geschweige denn einen professionellen Stolz und damit verbundene Verantwortung für das Gefährt. Also lautet die Devise: wegsehen, wegducken, wegdrängen und andere beschuldigen.

Kurzfristig wird hier keine Verhaltensänderung möglich sein, zu groß ist die soziale Differenz, als dass sie verständnisvoll die kulturelle Differenz überbrücken könnte. Sicherlich ließe sich die Rechtssituation der Hausangestellten verbessern, aber das betrifft nur Marginalien, wie man in anderen Ländern, die über eine solche Rechtssicherung verfügen, sehen kann. Die »weiße Seite« könnte sich natürlich auch angewöhnen, nicht hinter jedem zerstörten Weinglas gleich Aufruhr, Nachlässigkeit oder Unfähigkeit zu vermuten, und vielleicht ließe sich auch deutlicher machen, dass Verantwortung für ein Geschehen zu übernehmen nicht gleichbedeutend ist mit der Frage nach dem finanziellen Ausgleich des Schadens. Aber darüber hinaus muss man wohl akzeptieren, dass die Mentalität der Verantwortungsabschiebung im Syndrom der Unterentwicklung aufgehoben ist, und dazu gehört die finanzielle, organisatorische, wissensmäßige und kulturelle Dominanz anderer nationaler und internationaler Systeme und deren Experten, gegen die man sich durchaus plausibel zunächst einmal als »Kind« subversiv wehren muss. Subversiv meint dabei nicht etwa einen durchdachten Masterplan, sondern alle bewussten und unbewussten Formen des Ausweichens und Widerspruchs. Erklärungen zu Sachzusammenhängen werden nicht angenommen oder können nicht verstanden werden wegen ihrer relativen Komplexität, aber auch weil die Kommunikationsgrundlagen fehlen. Wie Mandela in seiner Biographie schreibt, ein Afrikaner fragt nicht nach. Das wäre unhöflich. Gleichzeitig will er sich auch nicht blamieren, indem er etwa andeuten würde, er hätte es nicht verstanden. Arbeitsaufträge, Erklärungen, Informationen enden alle mit einem »Yes, Master, thank you«, und die Ergebnisse sehen dann völlig anders aus. Bei einem Kind würde man daraus schließen, es habe nicht zugehört, es habe es nicht verstanden oder es habe sich einen Jux daraus gemacht, genau das Gegenteil zu tun. Was ist es hier? Ich weiß es nicht genau.

Vermutlich ist es zunächst einmal eine Kommunikationsdifferenz. Ein Diskurs zwischen Koch und Master ist zunächst nicht ein Diskurs über die Sache Kochen, sondern ein sozialer Prozess, in dem Autorität und Achtung anerkannt und ausgedrückt werden müssen. Der Koch signalisiert also nicht, dass er den Eintopf so zu kochen bereit und in der Lage ist, wie sich der Auftraggeber es vorstellt, geschweige dass er von der Sache her etwa einen abweichenden und aus seiner Sicht verbessernden Vorschlag macht, sondern er dokumentiert, dass er die Autorität des Masters anerkennt und ihm Respekt erweist, indem er seine Zustimmung und Bereitschaft zur Tat ausdrückt. Die Sache selbst, der Eintopf, fällt dabei hinten runter. Erst im Nachhinein fällt ihm möglicherweise auf, dass er wohl nicht alles verstanden hat. Jetzt aber den Master zu stören und nochmals nachzufragen bedeutet nicht nur für den Fragenden Gesichtsverlust, sondern belästigt den Master. Also laviert er sich durch, obwohl er wissen müsste, dass er dann später mit Erstaunen oder gar Ärger auf Seiten des Masters rechnen muss. Aber bis dahin kann ja schon die Erde untergehen oder ein Blitz einschlagen oder der Master hat es vergessen. Aber es sind auch nicht nur solche irrationalen Hoffnungen auf sich wundersam verändernde Umstände, sondern in der afrikanischen Tradition hat die Wahrung der hierarchischen Ordnung absoluten Vorrang vor einer möglicherweise misslingenden Sachentscheidung. Letzterer Fehler ist entschuldbar und muss auch von der befehlsgebenden Autorität als entschuldbar anerkannt werden. Nur der Weiße, an der Sache und am Ergebnis geschult, bricht heulend zusammen, wenn er merkt, dass nicht seine inhaltliche Vorgabe als Verständniskern vom Gegenüber aufgenommen wurde, sondern er nur in seinem Status als Befehlsgeber wahrgenommen wurde. Wenn es nun hier über eine falsche Sacherledigung zum

Konflikt kommt, steht der Malawi dem fassungslos gegenüber und versteht die Welt nicht mehr. Was will denn der Weiße? Ich habe ihm doch zugehört und das, was ich verstanden habe, nach bestem Wissen und Gewissen ausgeführt. Damit habe ich ihm den notwendigen Respekt gezollt. Mehr ist nicht, und mehr kann auch nicht sein.

Wenn also Anweisungen nicht oder nur fehlerhaft ausgeführt werden, ist das eben nicht nur allein ein Problem sprachlicher und technischer Fähigkeiten und Kenntnisse, sondern auch ein Problem der sozialen Konstruktion des Diskurses. Im modernen Europa steht das Sachergebnis eines Gesprächs, auch zwischen hierarchisch unterschiedlichen Positionen, im Vordergrund. Hier geht es um die Bestätigung und Verfestigung von Statuspositionen, und der Inhalt des Gesprächs ist allenfalls Vehikel zum Zweck. Und so spricht die eine Seite vom richtigen Rezept zum Eintopf, und sollte man ihn nicht noch durch eine Prise Muskat verfeinern, während die andere Seite meint, ist schon recht, ich weiß ja, dass du der Größte bist, und ich zeige dir auch, dass ich das nicht anzweifele.

P.S.: Eben erreicht uns die Nachricht, dass der wegen Trunksucht in den Ruhestand versetzte Koch des GTZ-Gästehauses, Mr. Manda, heute nacht verstorben ist. Er habe, so berichtet wiederum einer der Gärtner, zwei Tage und zwei Nächte lang, ohne etwas zu essen, das lokal gebraute Bier genossen, »und das sei nicht gut«. Tatsache ist, dass die lokale Bierherstellung in Malawi unkontrolliert vonstatten geht und dass die Nachfrager nach diesem Getränk für ihr Geld eine gewisse Stärke des Suds erwarten. Und so entwickeln die Hersteller des Biers, meistens Frauen, allerlei Phantasien und Fähigkeiten, dem Bier Stoffe beizumengen, die die alkoholische Wirkung des Getränks erhöhen. Missgriffe sind da offensichtlich nicht auszuschließen. Bislang hat man noch nicht gehört, dass das dem Hersteller des Biers geschadet hätte. Wie auch in diesem Fall, wird die Ursache für eventuelle Unglücksfälle woanders gesehen, hier darin, dass Mr. Manda offensichtlich nichts gegessen habe. Am Bier jedenfalls kann es nicht gelegen haben, denn das muss stark sein, das jedenfalls kann man ja wohl für seine wenigen Pfennige erwarten. Gefragt, was denn die Kirche zu den Trinksitten der Bevölkerung sagen würde, meinte mein Koch, er wisse nicht, welcher Kirche der Verstorbene angehöre. Seine eigene Kirche jedenfalls, die presbyterianische, würde den Alkoholgenuss dieser Art verbieten, aber die katholische Kirche würde den Genuss erlauben. Ich habe dann etwas halbherzig und ohne verlässliche Hintergrundinformationen die katholische Kirche verteidigt, bin aber offensichtlich mit meinen unqualifizierten Einlassungen nicht durchgedrungen. So werde ich jetzt beobachten müssen, ob mein Koch in nächster Zeit zur katholischen Kirche übertreten wird oder nicht. ...

Dezember 1999

... Anlass für den heutigen Brief ist ein Ereignis, das man nur als absurd bezeichnen kann – ein Stoff, der von einem Schriftsteller bearbeitet werden müsste, der ich nun leider nicht bin.

Der Repräsentant der EU hatte geladen. Als wir ankamen, waren schon erschienen der Britische High Commissioner – so nennen sich die britischen Botschafter –, der Repräsentant der Weltbank in Malawi, der Country Director von USAID* und der Staatssekretär des malawischen Gesundheitsministeriums, einige mit Familienanhang, andere ohne. Der Gastgeber bat zu Tisch und eröffnete das Beisammensein mit einigen Worten, denen man entnehmen konnte, dass er das an sich informelle Zusammensein zur Diskussion und möglicherweise zur Beschlussfassung zu bestimmten politischen Problemen Malawis nutzen möchte. Dabei ging es um Folgendes:

Das Gesundheitssystem Malawis leidet schon seit Jahren chronisch unter Personalmangel. Insbesondere fehlen Ärzte, aber mehr noch Krankenschwestern und Hebammen. In den letzten Jahren ist der Druck eher noch größer geworden, weil sich immer mehr Frauen aus diesen Berufen zurückziehen. Manche lassen sich frühzeitig pensionieren, andere verlassen den Job ganz, und auch die Ausbildungsplätze für Krankenschwestern können gar nicht mehr besetzt werden, weil sich keine entsprechend qualifizierten Nachfrager finden. Dabei habe man schon die Einstellungsvoraussetzungen gesenkt. Gleichzeitig hätten mehrere Geber, also auch am Tisch versammelte, in ergreifender Nächstenliebe neue Krankenhäuser und Gesundheitsposten erstellt bzw. bereits vorhandene Anlagen rehabilitiert – dies, obwohl sie ersichtlich nicht personell besetzt werden können. Nun müsse man also ganz schnell etwas unternehmen. Da offensichtlich – so die Annahme – das niedrige Gehalt der Krankenschwestern die Attraktivität des Berufs mindere, müsse man wohl hier ansetzen. Sollten also nicht die Donors einen Fonds einrichten, aus dem dann die Krankenschwestern und Hebammen eine bessere Bezahlung erlangen könnten? So der einleitende Vorschlag, und nun ging es los.

Der High Commissioner meinte, der öffentliche Dienst in Malawi sei

* amerikanische Entwicklungsagentur

sowieso zu aufgebläht. Offensichtlich war ihm entgangen, dass das skizzierte Ausgangsproblem der Mangel an Krankenschwestern war und nicht ein Zuviel von Personal im öffentlichen Dienst allgemein. Ein anderer meinte, die Personalkosten seien Angelegenheiten des Landes. Wiederum ein anderer meinte, dann würden ja die anderen Sektoren des öffentlichen Dienstes nachziehen wollen, denn deren Gehalt sei natürlich auch sehr gering. Natürlich fehlte nicht der Hinweis, man möge das Ganze doch dem Markt übertragen oder zumindest die hochgelobten Nicht-Regierungs-Organisationen anstelle der staatlichen Dienstleister fördern. Der amerikanische Vertreter, zum Statement aufgefordert, meinte, ein Fonds dieser Art sei mit ihm nicht zu machen. Ohne eine generelle Reform des öffentlichen Dienstes würden sich die USA nicht beteiligen. Und so ging es hin und her. Der Gastgeber versuchte seinen Vorschlag dadurch zu retten, dass er immer wieder auf die Umsitzenden mit der Frage eindrang »Können Sie sich vorstellen, mit noch nicht einmal 2.000 KW leben zu können? Und wer sollte sich dann um die Kranken kümmern?« »Aber wer sollte das dann finanzieren?« usw. usw.

Deutlich wurde unter anderem, dass die wichtigsten Geber weder willens noch in der Lage sind, eine gemeinsame Linie zu fahren. Jeder vertrat die wichtigsten Ideologien seines Heimatlandes, ohne dass man dahinter auch nur annähernd irgendwelche greifbaren Interessen erkennen konnte. Der British High Commissioner verteidigte die Personalreform von Margaret Thatcher und pries unter Gelächter aller Anwesenden ausgerechnet das britische Gesundheitssystem in seinem jetzigen Zustand. Der Amerikaner wollte mehr Markt sehen und meinte, schließlich sei in den USA auch jeder versichert. Der Gastgeber wollte schlicht nur unbürokratisch helfen, und so brabbelte jeder seine Worthülsen herunter. Letztendlich stecken dahinter weder Interessen noch Ideen und schon gar nicht Konzepte. Erschreckend die absolute Beliebigkeit der Positionen. Das Ganze hat ein Stammtisch-Niveau, bei dem einem das Lachen im Halse stecken bleibt. Wichtig ist nur, dass jeder sich für wichtig hält. Und so wird ganz nebenbei Politik gemacht. Zur Beliebigkeit der Positionen gesellt sich noch die Unernsthaftigkeit. Es ist so, als ob die Kassenwarte der Schrebergärtnervereinigungen sich darüber auseinander setzen, wann das nächste Grillfest und wie organisiert werden soll. Und die Beteiligten fühlen sich wohl dabei. Hier können noch Entscheidungen gefällt werden, so zum Beispiel in der Frage, ob ein ganzes Land sein Gehaltsgefüge verändern soll oder nicht. Und so kurz vor Weihnachten noch den Weihnachtsmann spielen zu können ist doch was Herrliches.

Und die Malawis? Ach so, ja, sie müsse man natürlich irgendwann mal von solchen oder ähnlichen Überlegungen informieren. Der beisitzende Staatssekretär könne ja mal entsprechende Informationen in die Regierung hineingeben. Aber bitte schön, keine überzogenen Hoffnungen oder Ansprüche wecken! Aber sei das Ganze nicht eher eine Entscheidung der gewählten malawischen Regierung? Ja schon, sie könne ja auch nein sagen, wenn sie dem Ganzen nicht zustimmen wolle. Aber warum sollte sie ein Geschenk verweigern? Und was ist, wenn der eingerichtete Fonds irgendwann erschöpft ist? Na ja, so lange muss man nicht vorausdenken.

Mittlerweile waren die Hühnerbeinchen verspeist, und es wurde Kaffee serviert. Im Ergebnis war klar, die Amerikaner werden sich nicht beteiligen, während die anderen dem Plan wohlwollend gegenüberstanden. Das mit dem Amerikaner hatte man ja schon vorher gewusst, so dass man sich die gute Laune dadurch nicht verderben ließ. Zwischen Vorspeise und Kaffee hatte man also ad hoc und ohne große Vorüberlegungen einen duften Plan zur Verbesserung der Krankenversorgung in Malawi kreiert. Jetzt konnte man beruhigt in die Weihnachtsferien fahren, und so klopften sich alle auf die Schulter und verabschiedeten sich mit den besten Wünschen.

Mit Imperialismustheorien oder anderen Verschwörungstheorien kann man das Ganze nicht mehr begreifen. Der Verweis auf Inkrementalismus ist ebenfalls viel zu hoch gegriffen. Das Ganze ist Absurdistan, außerhalb von Berechenbarkeit und rationalen Kalkülen. Hier kann jeder und hier darf jeder tun und lassen, was er will. Allenfalls dem lieben Gott verantwortlich, der offensichtlich aber nicht eingreift, machen hier Westentaschen-Macchiavelli Politik, und sie können das kraft fehlender Strukturen, die dem Einhalt und Korrektur gebieten. Und so wie Zicken-Schulze aus Bernau auf die Hochzeit, freut sich jetzt jeder schon auf die nächste Zusammenkunft, wo man mal wieder so richtig schön Politik machen kann. ...

Briefe Februar bis Dezember 2000

Februar 2000

... Gewalt ist für alle Gesellschaften konstitutiv. Sie tritt in vielfältigsten Formen auf als gesellschaftlich legitimierte Gewalt oder ohne begründende Legitimation, als durch Rechtsnormen gebändigte Gewalt, dagegen verstoßend oder unterhalb der Schwelle von Rechtsnormen verbleibend. Das ist in Malawi nicht anders als in Deutschland. Gesellschaften unterscheiden sich allenfalls nach dem Ausmaß und der Art von Gewalt und dem Verhältnis der unterschiedlichen Formen zueinander. Hinweise über die jeweilige Beschaffenheit finden sich im Grad und in der Art und Weise der Monopolisierung von Gewalt durch den Staat oder eine andere Instanz, in der Intensität der Verfolgung von Gewaltverstößen und nicht zuletzt in der Hinnahme und Akzeptanz von legitimierter Gewalt, aber auch illegitimer Gewalt durch die Bevölkerung. Letzteres weist insbesondere auf die gesellschaftliche Definition von Gewalt, sei sie legitimer, sei sie illegitimer Art, hin. Welcher Art auch immer, Gewaltförmigkeit trifft sich im Kontinuum von der Makroebene der Gesamtgesellschaft und des Staates bis hin zur Mikroebene der Familie und der persönlichen Beziehungen.

Die geschriebene Verfassung muss ein Eintrittspunkt in das Gewaltproblem sein. Das neue demokratische Malawi verfügt über eine brillant formulierte und konsistente Verfassung englischen Zuschnitts. Alle klassischen und »modernen« Issues sind angesprochen und geregelt, so zum Beispiel Gewaltenteilung, Parlamentarismus, Parteiendemokratie, Versammlungsfreiheit, Bürgerrechte usw. usw. Es fehlen auch nicht die Human Rights und die Frauengleichstellung. Ein Ombudsmann ist vorgesehen und tatsächlich bestellt. Die Frage ist, ob es sich um eine gelebte Verfassung handelt. Sie ist jedenfalls nicht von Betroffenen auf der Grundlage der schrecklichen Erfahrungen aus der Diktatur heraus entstanden, sondern von einem juristisch gebildeten Expertenteam aus dem englischen Commonwealth unter der Federführung eines Australiers formuliert worden. Daher auch der Eindruck, dass es sich um eine Verfassung aus einem Guss handelt. Wird sie dann aber auch von der Mehrheit der Bevölkerung in Besitz genommen und akzeptiert? Auffällig jedenfalls ist, dass die jeweiligen Akteure dieses Grundgesetz eher instrumentell betrachten und zu nutzen suchen. Der Wesensgehalt der Verfassung und der einzelnen Grundgesetze jedenfalls scheint den malawischen Betrachtern nicht immer klar zu sein. Wie auch in anderen gesellschaftlichen Bereichen, so zum Beispiel der Religion oder der Wissenschaft, halten sich die Malawis eher an die ersichtliche und erlernbare Form von Aussagensystemen, als sich mit der Interpretation von Inhalten herumzuschlagen, und so ähnlich ist auch ihr Umgang mit der Verfassung. Das kommt auch ihrem Formalitätsanspruch entgegen.

Hier ein Beispiel: Die Oppositionspartei hat das Ergebnis der letzten Wahlen, mit einer knappen Mehrheit der abgegebenen Stimmen für den Kandidaten der UDF, gerichtlich angezweifelt, mit dem Hinweis, dass in der Verfassung eine Mehrheit für den Sieger vorgesehen sei, das aber könne nur die Mehrheit der Abstimmungsberechtigten sein und nicht die Mehrheit derjenigen, die tatsächlich ihre Stimme abgegeben haben. An eine solche

Differenz zwischen Abstimmungsberechtigten und tatsächlich Abstimmenden hat die Verfassung nicht gedacht, auch nicht an ein Quorum, deshalb
kann es sich nur um die tatsächlich Abstimmenden handeln. Hier aber werden nun buchstabengetreu wilde Konstruktionen in den politischen Alltags-
kampf hinübergenommen. Das Verfahren ist noch immer vor dem High
Court anhängig.

Obwohl in der Verfassung die Bürger- und Menschenrechte einen hohen Rang einnehmen, sind die Zustände zum Beispiel in den Gefängnissen
von Malawi unbeschreiblich. Auch der Umgang der Polizei mit der Bevölkerung ist noch immer von der alten Diktatur geformt; allenfalls eine neue
Schlampigkeit, ein professionelles Desinteresse und eine begleitende Korruption mildern den harschen, willkürlichen Zugriff polizeilicher Gewalt.
Eine schlechte Bezahlung und Verstrickung der Polizei mit dem alten Regime sind einige der Gründe hierfür. Die Folgen sind eine wachsende Kriminalität und eine sinkende Aufklärungsquote. Die Polizei erscheint auch
gar nicht mehr am Tatort, mit der Begründung, sie habe keinen Transport.
Wenn der Betroffene sie abholen würde, könnten sie ja mal nachschauen
kommen. Bereits an diesem kleinen Beispiel wird deutlich, dass die Polizei
nicht allgemein gültigen und für jedermann zugänglichen Rechtsnormen
folgt, sondern hoch selektiv, durch Umstände erzwungen oder selbst gewollt, nach sozialer Gewichtigkeit vorgeht. Hierzu gilt ja auch das Beispiel,
das ich in einem anderen Brief bereits genannt habe, nämlich dass die indische Kaufmannschaft in Blantyre versucht, polizeiliche Aktivitäten zu ihren
Gunsten durch finanzielle Beiträge zu sichern.

Die mangelnde Effektivität und Transparenz polizeilicher Eingriffe geht
einher mit einer weiterhin recht willkürlichen Festnahmepraxis. Und so
sind die Gefängnisse überfüllt. Die Insassen haben kaum Platz auf der bloßen Erde, um zu schlafen. Es fehlt an Betten und anderen notwendigen Artikeln, wie Seife und Kleidung. Als die englische Regierung Lebensmittel in
die Gefängnisse zu liefern begann, wurde der malawischen Öffentlichkeit
bewusst, dass die Gefängnisinsassen ohne hinreichende Nahrung verblieben. Die Gefängnisverwaltungen verwiesen auf Geldmangel und mangelnde
Lieferungen durch den Staat. Dies und die mangelnde Hygiene führen im
Ergebnis dazu, dass in den Gefängnissen eine erstaunlich hohe Todesrate
herrscht. Im berüchtigten Zentralgefängnis von Zomba sterben jährlich
über 200 Insassen, das sind etwa 8-10 % der Gefangenen.

Es waren in erster Instanz die englische Regierung und eine Reihe von
ausländischen NROs, die sich dieser Probleme in den Gefängnissen an-
nahmen, und nicht etwa malawische Gruppen. Apathie und Gewöhnung auf

der einen Seite und ein tief verwurzelter Rachegedanke gegenüber Außenseitern und Verbrechern andererseits sind wohl die wichtigsten Gründe für das Fehlen jeglichen Mitleids. Bereits die Engländer haben sich wenig um die Gefangenen gekümmert, sondern ihre Versorgung den Familienangehörigen überlassen. Zudem, warum sollte es den Gefangenen besser gehen als der Mehrzahl der Bevölkerung? Und haben nicht die Insassen sich selbst in die jetzige Situation gebracht? Und in der Tat wäre ein bloßes Wegschließen der Gefangenen bei gleichzeitiger Vollversorgung wahrscheinlich in der Bevölkerung nicht begründungsfähig. Die Abertausende von Ärmsten der Armen würden dann wohl ein Gefängnisleben ihrem jetzigen Überlebenskampf vorziehen.

Aber auch der Gedanke, dass Verbrechen gesühnt und gerächt werden müssen, ist historisch und kulturell tief verankert. Wo der Staat hier nicht Rache exekutiert, nehmen die Betroffenen das selbst in die Hand. Eine wachsende Selbstjustiz ist die Folge. Kleine Diebe, erwischt beim Stehlen von zehn oder zwanzig Maiskolben oder von einem Paar Schuhen, werden erschlagen oder verbrannt. In der vorkolonialen Zeit wurde Abweichung zum Beispiel durch Verkauf an Sklavenhändler, Prügelstrafe oder Totschlag bestraft. Verbrechern muss es schlecht gehen. Und so regen auch niemanden Berichte in den Zeitungen auf, dass Gefängniswärter gegen Geld nachts die Zellentüren aufschließen, um männlichen Verbrechern die Vergewaltigung von weiblichen und jugendlichen Insassen zu ermöglichen. Menschenrechte haben keinen Platz im Gefängnis, oder Verurteilte können sich nicht etwa auf Rechtsnormen berufen – eine Auffassung, die weitgehend von der nicht einsitzenden Bevölkerung hingenommen, wenn nicht gar akzeptiert wird.

Gewalt in der Ehe und in der Familie sind in Malawi mindestens genauso weit verbreitet wie in Deutschland. Hier wie dort jedoch liegen die Dunkelziffern hoch, so dass keine genauen Angaben gemacht werden können. Es ist nicht richtig, dass Afrikaner nur liebevoll und zärtlich mit ihren Kindern umgehen. Konformitätsausbrüche werden hart bestraft, und physische Gewalt ist keineswegs tabuisiert. In den letzten Jahren, seit es eine mehr oder weniger freie Presse gibt, werden zudem sexuelle Übergriffe in der Familie häufiger zur Kenntnis genommen. Täter sind dabei in der Regel die Männer. Das ist insofern keine überraschende Beobachtung, sondern eine, die sich auch außerhalb Malawis wiederfindet, wohl aber ist die stark hierarchische Anordnung in den Familien zugunsten des Mannes ein zusätzliches Element potentieller Täterschaft.

Wie auch in anderen Gesellschaften, wird Gewalt in der Familie von allen Beteiligten und Betroffenen nicht oder kaum publik gemacht. Aber auch die beobachtende Umwelt, die sehr wohl in einer dörflichen Gemeinschaft zum Beispiel aus der Enge der Wohnverhältnisse heraus gewaltförmige Vorkommnisse in der Nachbarschaft mitkriegt, hält sich aus diesen Konflikten heraus. Während sich bei uns eine solche mangelnde Hilfeleistung aus Trägheit und Angst vor Trouble ergibt, tritt hier in Malawi eine eigenartige Scham, sich in private Angelegenheiten einzumischen, hinzu. Zunächst einmal haben Malawis ein hohes Konsensbedürfnis und können mit Konflikten so gut wie gar nicht umgehen, deshalb auch das rasche Umkippen in Gewalt. Es ist ihnen also unangenehm, Zeuge von solchen Konflikten zu sein, obwohl gleichzeitig offensichtlich das pralle Leben, das sich in solchen Konflikten ausdrückt, auch seine anreizenden und spannenden Momente hat. Man muss hier mal eine Prügelei auf der Straße oder einen Verkehrsunfall mit schwer wiegenden Folgen erlebt haben, um das auch nur annähernd zu begreifen. Keiner greift ein, jeder steht gebannt, aber auch verlegen um dieses Tatgeschehen herum. Soll man eingreifen, soll man nicht? Was geschieht als Nächstes? Wird die Polizei kommen? In jedem Fall, es ist nicht »Bürgeranliegen«, helfend, mäßigend oder regulierend einzugreifen. Das ist Sache von Autoritäten. Da hält man sich heraus. Und so auch bei den Gewalttaten in Familien. Das betrifft nicht nur die zivilen Augen- und Ohrenzeugen solcher Gewalt, sondern auch die offizielle Wahrnehmung von Staatsvertretern. So hat sich neulich zum Beispiel die Polizei geweigert, die Anzeige eines Familienmitglieds, das von den anderen schwer verprügelt worden ist, anzunehmen. Das sei Angelegenheit der Familie. Es bestünde kein öffentliches Interesse an einem solchen Fall.

Die Scheu vor Interventionen in Familienangelegenheiten auch dieser Qualität ergibt sich jedoch nicht nur aus einer mangelnden Konfliktfähigkeit oder einem vorgeblichen Schutz der Privatsphäre, sondern darüber hinaus sind auch die verwurzelte Hierarchie- und Eigentumsverhältnisse, die sehr wohl durch Gewaltförmigkeit geschützt werden können, mit involviert. In der Regel sind ja die Opfer familialer Gewalt Frauen und Kinder. Diese aber unterstehen dem Mann und damit auch seiner Gewalt. Sicher, ab einer bestimmten Schwelle darf eine diesbezügliche legitimierte Gewalt nicht zu stark mit dem Strafgesetzbuch kollidieren. Schwere körperliche Gewalt oder gar Totschlag werden bestraft. Aber Vergewaltigung zum Beispiel erhält schon generell eine milde Beurteilung, und noch stärker, wenn sie innerhalb der Familie stattfindet. Die öffentliche Nicht-Thematisierung geht bis weit in die Rechtsprechung hinein. Obwohl das Gesetz für Vergewaltigung recht hohe Strafsetzungen erlaubt, setzen die malawischen Richter eher geringe

Strafen an. Sie folgen damit der allgemeinen öffentlichen Meinung. Erst in letzter Zeit haben insbesondere ausländische Organisationen, auch die GTZ, auf dieses Problem aufmerksam gemacht – aber auch hier wieder eine externe Intervention und nicht ein autonom wachsendes Problembewusstsein. Für die Malawis selbst ist also das Thema Gewalt nur insofern ein Thema, soweit sie mit Kriminalität im unmittelbaren und erkennbaren Sinne verbunden ist.

Es ist nicht mein Anliegen, das Ausmaß von Gewalt in Malawi als vergleichsweise besonders hoch zu bezeichnen. Ich wüsste auch gar nicht, wie man Gewalt insgesamt und ihre verschiedenen Formen in vergleichender Absicht messen könnte. Allenfalls würde ich es in vorsichtiger Weise wagen, einige Charakteristika der malawischen Gewalt zu kennzeichnen. Und da habe ich den Eindruck, dass sie hier unmittelbarer und offener hervortritt, weil anders bewertet und letztendlich anders definiert. Während bei uns Gewalt in der Familie oder im Gefängnis zumindest öffentlich und gegenüber Dritten kaum oder wenig verteidigt wird, wird sie hier als ein mögliches und durchaus verständliches Ereignis oder gar als eine Handlungsstrategie akzeptiert. ...

März 2000

... Letzte Woche hat die Polizeidirektion der Südregion, also der bevölkerungsreichsten und ökonomisch stärksten Provinz der insgesamt drei Provinzen in Malawi, eine Pressekonferenz abgehalten, auf der sie verlauten ließ, dass von den vor drei Monaten gelieferten 100 nagelneuen Landrovers für den Polizeidienst bereits 24 Fahrzeuge nicht mehr fahrbereit seien. Selbst erschrocken über diese Ausfallrate, beeilte sich der Sprecher zu erklären, dass man wohl einen Fortbildungslehrgang für die Polizeifahrer einrichten müsse. Immerhin gab er damit zu, dass nicht etwa die englische Herstellerfirma oder die englische Regierung, die wahrscheinlich diese Autos gespendet hat, an diesem Desaster schuldig sei. Wer sich hier in Malawi dem Straßenverkehr aussetzt, kommt natürlich leicht auf die Idee, einen solchen Fortbildungslehrgang für alle Autofahrer verbindlich zu machen.*

---

* Nicht wenige Fahrer von Pkws, Lastwagen und Taxis haben gar keine Fahrausbildung erhalten und fahren ohne oder mit gefälschten Führerscheinen. Aber natürlich ist auch der Zustand der Fahrzeuge und Straßen für die sichtbaren Fahrerleistungen mit verantwortlich.

Laut internationaler Statistik ist jedenfalls Malawi, bezogen auf die Anzahl der vorhandenen Fahrzeuge und der Straßenkilometer, in der Unfallstatistik absolut führend in Afrika. Es ist also ein Irrtum anzunehmen, dass Malawi in allen Bereichen das Schlusslicht bildet.

Mehr öffentliche Aufmerksamkeit jedoch als die Unfallstatistik im Allgemeinen und die polizeilichen Fahrzeugprobleme im Speziellen zieht die Frage auf sich, ob weiterhin Frauengruppen auf öffentlichen politischen Veranstaltungen tanzen sollen und dafür ein Entgelt erhalten. Der Diktator Banda hatte diesen Brauch im großen Stil gepflegt und verfestigt. Bei jedem öffentlichen Auftritt des Präsidenten wurden Hunderte von Frauen angekarrt. Sie erhielten einheitlich mit dem Konterfei des Diktators gedruckte Tücher, die sie behalten durften, so dass auf jedem Hinterteil gleichmäßig der Kopf des Diktators prangte. Vor und nach der Rede des Präsidenten wurden die Damen aufgefordert zu tanzen. Als Belohnung konnten sie nicht nur das besagte Kleidungsstück behalten, sondern erhielten auch noch ein kleines Geldgeschenk. Der neue, demokratisch gewählte Präsident hat diesen Brauch in kleinerem Maßstab übernommen. Darüber aber nun gibt es eine Kontroverse.

Der Brauch selbst hat einen allgemeineren Hintergrund. Es ist durchaus üblich, dass im dörflichen Kontext bei Festivitäten, aber auch im familialen Zusammenhang, etwa zu Beerdigungen, Hochzeiten und ähnlichen fröhlichen Anlässen, Frauengruppen zum Tanz antreten, die dann auch nach getaner Arbeit verköstigt werden wollen und einen Obolus erwarten. Überhaupt sind die materiellen Erwartungen der Malawis auch untereinander bei allen möglichen sozialen Events enorm hoch. Das macht zum Beispiel Beerdigungen, die eine ganz zentrale Rolle im kulturellen und sozialen Leben der Bevölkerung darstellen, so ruinös. Jedenfalls Tanz so nur aus Freude, das ist nicht drin. Da muss schon mehr geboten werden. Und so haben die Präsidenten demokratischer und vordemokratischer Art die Frauengruppen in ihre Parteiveranstaltungen gegen Bezahlung integriert.

Letzte Woche jedoch hat die wohl bekannteste Frauen-NRO, CARER – bekannt deshalb, weil sie von Vera Chirwa geführt wird, der Witwe des legendären Oppositionellen Orton Chirwa, der in Bandas Gefängnissen verstarb –, in einer öffentlichen Verlautbarung den Präsidenten aufgefordert, diese etablierten Rituale aufzugeben. Es sei diskriminierend für Frauen, gegen Entgelt tanzen zu müssen, auch sei der Rückgriff auf Zeremonien aus der Zeit der Diktatur für einen demokratischen Präsidenten nicht statthaft.

Gestern nun hat der so öffentlich angesprochene Präsident in scharfer Form reagiert. Dabei ging es, wie im politischen Diskurs des Landes üblich, quer durch den Gemüsegarten aller möglichen und unmöglichen Argumente. Der Tanz von Frauen sei Ausdruck malawischer Kultur und dagegen sollte sich doch nun ausgerechnet eine malawische Frauenorganisation nicht versündigen. Im Übrigen sei der Aufruf von CARER als ein politischer zu verstehen, der einer Nicht-Regierungs-Organisation nicht zustehe. Und wenn Frau Chirwa Politik machen wolle, dann solle sie ins Parlament gehen. Außerdem komme das Geld, das er den Frauen für ihre Tänze anbiete, aus seiner persönlichen Schatulle und nicht aus dem staatlichen Budget. Es sei eben Teil der malawischen Kultur, jemanden zu belohnen, wenn er (oder in diesem Fall sie) gut getanzt hat oder irgendetwas anderes Gutes getan hat.

Malawische Frauen tanzen vor dem Diktator Banda

Die Öffentlichkeit steht dieser Kontroverse, soweit sie sie überhaupt zur Kenntnis nimmt, eher erstaunt und reichlich unbeteiligt gegenüber. Frauenfragen sind in der Wahrnehmung der malawischen Gesellschaft, ähnlich wie ökologische Probleme, eher ein Unthema denn von Bedeutung. Und die harten, um nicht zu sagen, unmenschlichen Lebensbedingungen der Frauen in dieser Gesellschaft nun ausgerechnet an den verordneten und bezahlten Tanzveranstaltungen festzumachen, weist doch eher auf verzerrte Wahrnehmungsmuster hin denn auf eine wirklich tief greifende Perzeption gesellschaftlicher Problemlagen. Sicher, die Tanzveranstaltungen zeugen von einer hohlen Symbolik, die spontane Zustimmung ausdrucken soll, und insofern tragen sie auch ein diskriminierendes Element gegenüber den Frauen in sich, insgesamt jedoch handelt es sich eher um ein peripheres Thema. Die landläufige Meinung hierzu ist »das bisschen Tanz«, und wenigstens kann man sich damit noch notwendig gebrauchte Groschen verdienen.

Es ist nicht auszuschließen, dass Frau Chirwa von Gebern zu ihrer Intervention angestoßen wurde. Die Frauenorganisationen, ähnlich wie die Umweltorganisationen, sind aufgrund ihrer schwachen gesellschaftlichen Verankerung in besonderer Weise auf die internationale Geber-Community angewiesen, und das nicht nur in finanzieller Hinsicht, sondern insbesondere auch in den Themenvorgaben. Als wir vor einigen Jahren hier in Malawi eine Erhebung über die Situation der malawischen NROs gemacht haben, fanden wir in fast allen Frauenorganisationen Amerikanerinnen und Europäerinnen, die in ihrer Betroffenheit über die Zustände im Lande ihre malawischen Mitschwestern gar nicht zu Wort kommen ließen, sondern an ihrer Stelle unsere Fragen beantworteten.

Aber auch den Präsidenten interessiert das Tanzthema überhaupt nicht. Wenn er sich dennoch in einem Rundumschlag, der in früheren Zeiten das Todesurteil für Chirwa bedeutet hätte, aber auch noch heute die entschiedene Zurückweisung einer Majestätsbeleidigung beinhaltet, äußert, dann will er an sich sagen: Wie kommt die Frau eigentlich dazu, mich, den Präsidenten, zu kritisieren? Wie so oft in der afrikanischen Gesellschaft geht es gar nicht um irgendwelche Inhalte und Programme, sondern um Statusbewahrung. Mein Koch ist nicht zerknirscht, weil er mal wieder ein unprofessionelles Produkt abgeliefert hat, sondern weil er hinter der Kritik des Masters die Unterstellung liest, dass dieser beleidigt sei, weil ihm nicht der notwendige Respekt gezollt werde. Das aber kann gefährliche Folgen nach sich ziehen. Die inhaltliche Kontroverse, ob Tanz oder nicht Tanz, ist völlig belanglos. Bedeutsam allein ist, dass hier offensichtlich die »Hidden Agenda«, der Status des Kritisierten, plötzlich an die Oberfläche gehoben wurde. Hier muss sich Frau Chirwa nun etwas einfallen lassen. Eingezwängt zwischen den wohlmeinenden Donors, die über die Diskriminierung von malawischen Frauen bei bezahlten Tanzdarbietungen nicht in den Schlaf kommen können, und einer statusorientierten malawischen Männergesellschaft, die sich die Statusverletzung nicht gefallen lassen will, muss sie die nicht kompatiblen Diskursstränge irgendwie miteinander versöhnen, was logisch unmöglich erscheint. Aber das ist nun einmal das Tagesgeschäft der malawischen Eliten, soweit sie als Broker zwischen der internationalen Gebergemeinschaft und ihrem eigenen Lande arbeiten. Sie müssen sich nicht nur auskennen in den jeweiligen Diskursen Westeuropas und Nordamerikas auf der einen Seite und dem malawischen Diskurs auf der anderen, sondern müssen Beziehungslinien und Verbindungen herstellen – ein Unterfangen, das sehr häufig notwendigerweise nicht überzeugend ausfällt. Und so bleiben Missverständnisse und Nichtverstehen nicht aus. Man kann sich zwar auf der sprachlichen, nämlich der englischsprachigen Oberfläche einigen, redet aber in der Tiefenstruktur aneinander vorbei, was man dann bei einer eventuellen Umsetzung gemeinsam getroffener Entscheidungen fassungslos zur Kenntnis nehmen muss. Kommunikation ist eben nicht nur der verbale Austausch in einer Leitsprache – ein basales Problem, auf das die meisten Entwicklungsexperten nicht systematisch vorbereitet sind. Wenn überhaupt, reagieren sie eher erfahrungsgeleitet und instinkthaft denn systematisch trainiert. Und so bleiben sich die unterschiedlichen Welten fremd. Wer weiß, wozu das gut ist! ...

März/April 2000

... Die entwicklungspolitische Öffentlichkeit in Deutschland steht offensichtlich unter dem Schock nicht unerheblicher Budgetkürzungen im BMZ und fokussiert folgerichtig ihre lobbyistischen Anstrengungen auf eine Revision dieser finanzpolitischen Entscheidung. German Watch fordert ultimativ die Zurücknahme der Mittelkürzungen für Entwicklungspolitik und titelt seine dritte Ausgabe (1999) des gleichnamigen Mitteilungsblattes mit »Anfang vom Ende?«, wobei das relativierende Fragezeichen im folgenden Text keine Entsprechung mehr findet. Auch ein informierter und kritischer Geist wie Franz Nuscheler reiht sich ein in den Betroffenheitschor, wenn er die »massive Kürzung des Entwicklungsetats« für »kontraproduktiv« erklärt (Die Woche, 52/01, 2000). Und ein für die Entwicklungsbelange verdienstvoller Journalist, Bartholomäus Grill, spricht in seiner Empörung über die vorliegenden Etatkürzungen von einem Rückschlag für Afrika (Die Zeit, 14, 2000).

Und sicher, die Etatverkürzung von über 8 % und mehr noch, das

Schrumpfen der Verpflichtungsermächtigungen haben bereits Auswirkungen gezeigt und werden für die Zukunft Folgen haben. So manches Entwicklungsprojekt musste gekürzt und verkürzt werden, andere wurden verschoben oder ganz aufgegeben. Personalentscheidungen sind revidiert worden. Der generelle Trend zum Personalabbau ist also durch diese Maßnahme erheblich beschleunigt worden, und so manch fähiger Entwicklungsexperte sieht die Zeit für eine berufliche Umorientierung, so noch gegeben, für gekommen. Die Motivation der verbleibenden Mitarbeiter erfährt erhebliche Belastungen, aber auch die Partner sind irritiert und fragen nach der Verlässlichkeit deutscher Entwicklungszusagen. Unter dieser Perspektive besteht also kein Anlass, den zukünftig beengten finanziellen Spielraum zu begrüßen.

Finanzielle Kürzungen, unbeschadet ihrer Notwendigkeit und Dringlichkeit, sind immer und in jedem Politikfeld ein Problem, das Beteiligte und Betroffene erregt. Diese Aufregung jedoch zu einer Krise hochzureden, bedürfte mehr argumentativer Anstrengungen, als auf die geschmolzene finanzielle Verfügungsmaße zu verweisen. Es ist zwar richtig, mit mehr Geld kann man mehr machen, mit minimierten Finanzen weniger. Aber das ist nur die quantitative Seite des Problems. Unter Betrachtung der Effektivität und des Impacts von entwicklungspolitischen Maßnahmen geht die Rechnung schon nicht mehr auf. Hier ist mehr Geld noch lange kein Garant für die Maximierung und Verbesserung der Ergebnisse, und Kürzungen stellen nicht automatisch und konsequent den Anfang vom Ende dar. Diese an sich banalen Tatsachen drohen in der erhitzten Debatte über tatsächlich oder scheinbar unzumutbare Kürzungen des Entwicklungsetats unterzugehen. Dass die Diskutanten die zweifellos erheblichen Probleme deutscher Entwicklungspolitik auf die gegenwärtigen Mittelkürzungen reduzieren, mag ihren vertretbaren, aber auch kurzfristigen Interessen geschuldet sein. Die Probleme jedoch werden bleiben, unbeschadet des Ausgangs der Diskussion über die Höhe der zur Verfügung stehenden finanziellen Ressourcen für die internationale Entwicklungszusammenarbeit. Wenn man schon von einer Krise deutscher Entwicklungspolitik sprechen wollte, dann ist sie nicht erst mit den aktuellen Haushaltskürzungen aufgestiegen oder erscheint auch nur recht indirekt in ihnen, sondern seit Jahren gewachsen und mittlerweile strukturell verfestigt. Im Kern handelt es sich dabei um unübersehbare konzeptionelle Defizite, organisatorische Kompetenzwirrnisse, die zur Normalität erklärt werden, und ein eklatantes politisches Steuerungsversagen des zuständigen Ministeriums und der Führungsetagen der wichtigsten deutschen Durchführungsorganisationen. Diese schon seit langem bestehenden und zudem hausgemachten Probleme führen dazu, dass die Entwicklungspolitik auf die veränderten Rahmenbedingungen internationaler Zusammenarbeit nicht adäquat reagieren kann und sich in einem perspektivlosen Muddling-through bewegt, wofür die zu bedauernden Haushaltskürzungen nicht verantwortlich gemacht werden können und wovon die Konzentration der Diskussion auf die Finanzmittel abzulenken droht.

Von fundamental veränderten Rahmenbedingungen für die internationale Entwicklungszusammenarbeit zu sprechen ist mittlerweile zu einem Gemeinplatz geworden. Gleichzeitig stellt man mit Erstaunen fest, dass auf diese einschneidenden Veränderungen für die Entwicklungspolitik kaum oder gar keine konzeptionellen Reaktionen oder Versuche einer adäquaten programmatischen Antwort auf deutscher Seite zu identifizieren sind. Sicher, auf der konkreten und unmittelbaren Arbeitsebene hat sich sehr wohl unter dem Zwang der Bedingungen etwas verändert. Die Mitarbeiter vor Ort in den Projekten haben die Zeichen der Zeit erkannt und versuchen, darauf nicht nur pragmatisch, sondern auch konzeptionell einzugehen, allerdings sektoral bezogen und damit begrenzt und nicht in ein Gesamtkonzept, weil nicht vorhanden, eingepasst. Im institutionellen Überbau jedoch, den Zentralen der deutschen Durchführungsorganisationen oder dem für das Politikfeld zuständigen BMZ, kann man keine bemerkenswerten programmatischen und konzeptionellen Aktivitäten erkennen. Auf den Führungs- und Leitungsebenen deutscher Entwicklungspolitik, bis hinein in die mittleren Ränge der Durchführungsorganisationen, herrscht konzeptionelle Funkstille. Zwar existieren allgemeine Leitlinien und Programmsätze wie Hilfe zur Selbsthilfe, Einhaltung des Nachhaltigkeitsprinzips (Sustainability), Gender-Orientierung, Beachtung ökologischer Notwendigkeiten, bevorzugte Zusammenarbeit mit Nicht-Regierungs-Organisationen und Ähnliches mehr. Aber diese Leitsätze sind für die praktische Arbeit in den Projekten auch dort, wo sie durch weitere Zusätze unterfüttert wurden, wenig oder gar nicht handlungsinstruktiv. Es mangelt ihnen an Spezifität und notwendiger Differenzierung für die unterschiedlichen Sachprobleme vor Ort. Zudem sind sie älteren Ursprungs und keineswegs Antworten auf die stattgefundenen Veränderungen im globalen Zuschnitt. Und nicht zuletzt, viele von ihnen sind zu bloßen Schlagworten verkommen, die, wenn sie sich im Projektalltag als hinderlich erweisen sollten, umstandslos beiseite geräumt werden. Nicht die genannten oder andere Leitlinien und Programmsätze orientieren die deutsche Entwicklungspolitik, sondern ablauforganisatorische, haushaltsrechtliche und Ad-hoc-Entscheidungen der Politik setzen die entscheidenden Parameter – ein Vorgang, der durch das entstandene konzeptionelle und programmatische Vakuum noch weiter gestärkt und gefestigt wird.

Man erinnere sich, die deutsche Entwicklungspolitik ist entgegen ihrem Anspruch im Prinzip angebots- und nicht nachfrageorientiert. Es sind die Programmpakete der deutschen Durchführungsorganisationen, die dem Partner im Entwicklungsland zunächst zur Auswahl vorgelegt werden. Das ist insofern vernünftig, als keine Entwicklungsorganisation sich in ein Vorhaben einlassen sollte, für das unter anderem die professionellen Voraussetzungen gar nicht vorliegen. Bedenklich jedoch bleibt, dass der tatsächliche Bedarf des Entwicklungslandes so erst im zweiten Schritt mit dem Angebot der deutschen Entwicklungsorganisation versöhnt wird. Wenn es sich um schwache Partner handelt, wie im afrikanischen Kontext häufig, erfolgt diese Versöhnung manchmal recht oberflächlich, ruppig und einseitig, nämlich zugunsten der deutschen Angebote.

Aber nicht nur das vorhandene Leistungspaket der deutschen Seite setzt einen Ausgangspunkt für die Konkretisierung und Planung von Entwicklungsprojekten, sondern vorangegangene politische Entscheidungen in der deutschen Regierung darüber, wie viel dem jeweiligen Entwicklungsland an finanziellen Mitteln zuteil werden soll. Diese so genannten Länderquoten sind nicht primär am Bedarf des Empfängerlandes orientiert, sondern werden unter der Federführung des Auswärtigen Amtes unter Berücksichtigung vielfältiger politischer Interessen, also nicht nur entwicklungspolitischer Art, festgelegt. Und so wundert es nicht, dass an der Spitze der Empfänger von deutschen Entwicklungsbeiträgen Länder zu finden sind wie Ägypten, Israel, Indien oder die GUS-Staaten, die alle nun gewiss nicht zu den ärmsten der armen Länder gehören.

Aber auch haushaltsrechtliche Bestimmungen stören eine an sich gewollte, aber nicht erreichte Bedarfsorientierung deutscher Entwicklungspolitik. Der festgelegten Länderquote folgend, werden Barmittel und Verpflichtungsermächtigungen in die jährlichen Budgets eingestellt. Diese Mittel bestimmen dann den Horizont der Programmplanungen für das jeweilige Entwicklungsland. Zwar ist es juristisch nicht zwingend, diesen budgetär festgelegten Mittelsatz voll auszuschöpfen, aber es gibt vielfältige Zwänge organisatorischer und professioneller Art, die Ausschöpfung der vorhandenen Mittel vorzunehmen. Ein Unterschreiten (wie auch natürlich ein Überschreiten) dieser Budgetlinie ist erheblich erklärungsbedürftig und kann als fehlerhaftes Verhalten der verantwortlichen Mitarbeiter gewertet werden. Und so werden die zur Verfügung gestellten Mittel zum »Abfluss« gebracht, häufig in nicht zu verantwortender Art und Weise, besonders am Ende des

Budgetjahres, und nicht immer im Einklang mit den entwicklungspolitischen Gegebenheiten und Bedürfnissen des betroffenen Entwicklungslandes.

Ähnlich entwicklungspolitisch dysfunktional wirken immer wiederkehrende Ad-hoc-Interventionen, so zum Beispiel, wenn nach der Konferenz von Rio Sondermittel zum Schutze der Ökologie dem BMZ zugeführt werden, die dann von den Durchführungsorganisationen in politisch gewollter Schnelligkeit umgesetzt werden müssen, obwohl das sachgerecht zu tun gar nicht möglich ist. Politische Interventionen zugunsten deutscher Firmen zur Verbesserung ihrer Exportchancen sind ebenso wenig für eine bedarfsorientierte Entwicklungspolitik förderlich.

Vor dem Hintergrund des Gesagten ist es nicht verwunderlich, dass in vielen Entwicklungsländern, insbesondere der Mehrzahl der afrikanischen Länder, die Absorptionskapazität für die Verarbeitung der von der internationalen Gebergemeinschaft zugeführten Entwicklungsgelder längst erschöpft ist, mit der Folge, dass die Mittel entwicklungspolitisch nicht mehr sinnvoll und sachgerecht verwendet werden, aber dennoch unter haushaltspolitischen Gründen abfließen müssen, also schlicht vergeudet werden. So zeichnet sich eben nicht das Bild, das in der aktuellen Diskussion über die Budgetkürzungen im BMZ das Krisenszenario beherrscht, nämlich ein durchgehender Mangel an finanziellen Ressourcen für notwendig erachtete Entwicklungsprogramme, sondern ein tatsächlicher Zustand, der in einigen Ländern und Programm- und Projektfeldern durch finanziellen Überfluss gekennzeichnet ist, während in anderen Ländern und Feldern tatsächlich ein Mangel an Finanzmitteln für die Durchführung von Projekten in der zu fordernden Qualität zu verzeichnen ist. Diese Gleichzeitigkeit von finanzieller Über- und Unterdeckung kann nicht durch den moralisch unterfütterten Appell an mehr Entwicklungsbeiträge aufgelöst werden, sondern hier bedarf es verbindlicher Konzepte und wirksamer Instrumente. Die aber können nicht jeweils auf der untersten Arbeitsebene der Durchführungsorganisationen nach eigenem Gusto festgelegt werden, sondern müssen einen übergreifenden Verbindlichkeitscharakter aufweisen.

Die Führungs- und Leitungsebenen mit ihren Stäben in den Durchführungsorganisationen und dem BMZ sind gefordert, das konzeptionelle und instrumentelle Vakuum mit der notwendigen Dringlichkeit auf der übergreifenden Ebene deutscher Entwicklungspolitik auszufüllen und diese Programmarbeit nicht den separaten Arbeitsebenen in den Projekten zu überlassen. Nur so kann die augenblickliche Heterogenität der jeweils von den vor Ort aktiven Mitarbeitern gefundenen Antworten auf gegebene entwicklungspolitische Probleme, die ein Bild der Beliebigkeit zeichnet, aufgehoben und einigermaßen konzeptionell homogenisiert werden. Man kann nicht nur allgemein von neuen Anforderungen und Problemlagen für die Entwicklungspolitik reden, sondern man muss auch den Versuch wagen, konzeptionelle Antworten in Konsistenz und Verbindlichkeit für das gesamte Politikfeld zu formulieren.

Es mangelt gewisslich nicht an Fragen, die einer konzeptionellen Antwort schon seit Jahren bedürfen und die von der operationalen Ebene nicht allein oder gar nicht gelöst werden können. Ein Problemfeld verbindet sich mit der Tatsache, dass die internationale Entwicklungszusammenarbeit schon seit langem »Renten-Staaten« zweiter Ordnung begründet und alimentiert. »Renten-Staaten« zeichnen sich ja bekannterweise dadurch aus, dass sich ihre Existenz auf die unmittelbare Zugriffsmöglichkeit auf Einnahmen, zum Beispiel aus den Erlösen von Rohstoffen, gründet. Man denke hier an die Ölstaaten. Die Einnahmen fließen hier also den Regierungen direkt zu und nicht über den heilsamen Umweg als Steuern und dienen ihrer Existenz. Soweit an den Einnahmen die Bevölkerung beteiligt wird, geschieht das in klientelistischen Arrangements, die allenfalls der Pazifizierung, nicht aber der echten Teilnahme oder gar Selbstbestimmung der so alimentierten Bevölkerungsgruppen dienen. Anders als in »Steuerstaaten«, wo der ökonomische Erfolg der Bürger die Höhe der davon abzuschöpfenden Steuern bestimmt und damit ein Reziprozitätsverhältnis zwischen Regierenden und Beherrschten definiert, sind »Renten-Staaten« auf ihre Bevölkerung nicht angewiesen – mehr noch, sie stört, weil sie klientelistische Teilungsansprüche stellt und möglicherweise durch die Androhung von Aufruhr durchsetzt. Good Governance oder gar Demokratie entsprechen nicht der Existenzlogik von »Renten-Staaten«.

Nun aber sind viele Entwicklungsländer, insbesondere die in Afrika, die über keine oder wenig bemerkenswerte Rohstoffe oder gar Öl verfügen, durch die internationale Entwicklungszusammenarbeit in eine ähnliche Position gerückt. Viele Staaten leben faktisch mit 30, 40 oder gar 50 Prozent ihres Sozialprodukts von Entwicklungsbeiträgen westlicher Geber. Und so wie die Existenz der Ölscheichs sich auf das weitere Sprudeln ihrer Ölquellen gründet, sind die Eliten in den Entwicklungsländern in ihrer Existenz auf die hoffentlich nie endenden Ressourcenübertragungen aus Westeuropa und Nordamerika angewiesen. Und sie wissen auch ganz genau, wem sie ihre Lebensgrundlagen verdanken. Folgerichtig ist ihre Loyalität nur noch vermittelt und über viele Umwege an die eigene Bevölkerung gebunden, die im Übrigen auch nicht über Sanktionsmöglichkeiten verfügt, eine solche

Loyalität einzuklagen. Längst hat sich eine fatale Arbeitsteilung zwischen »Renten-Staaten« und Geberländern etabliert, in der die Eliten des Entwicklungslandes ihre Konsumbedürfnisse und die Verwaltung ihrer eigenen Interessen aus den Revenuen ihrer Länder befriedigen, einschließlich kostspieliger Kriege, während die internationale Entwicklungs-Community sich gefälligst um die Nahrungssicherung, Armutsbekämpfung und Gesundheitsfürsorge der Masse der Bevölkerung zu kümmern hat. Dass von diesen Hilfs- und Entwicklungsbeiträgen dann noch ein erheblicher Anteil in den Taschen der Landeseliten landet und die Armen gar nicht erreicht, wird offensichtlich als unabänderliche Tatsache verbucht. Ob als Repräsentanten der Regierung und Verwaltung, des Militärs, der Kirchen oder der Nicht-Regierungs-Organisationen, sind die jeweiligen Landeseliten in die Konstitutionslogik entwicklungspolitisch bedingter »Renten-Staaten« eingebunden und dienen sich schon aus den Zwängen des eigenen Erhalts als Ansprechpartner und Broker der internationalen Entwicklungszusammenarbeit an. Letztere jedoch bestimmt die Agenda, die es umzusetzen gilt, will man nicht das Risiko finanzieller Einbußen hinnehmen. Bestenfalls kann man diesbezüglich den eigenen Handlungsspielraum insofern etwas erweitern, als die jeweiligen internationalen und nationalen Donors gegenseitig ausgespielt werden können. Es ist ja auch hier wiederum Faktum, dass mehr entwicklungspolitische Beiträge zur Verfügung stehen als sinnvolle Programme und Projekte, so dass sich die Donors gegenseitig auf die Füße treten und jederzeit bereit sind, an die Stelle eines anderen zu treten, falls der eher unwahrscheinliche Fall eintreten sollte, dass ein Geber aus einem Vorhaben der Entwicklungszusammenarbeit, aus welchen Gründen auch immer, ausscheidet.

In einer solchen Konstellation von »Renten-Staaten« zweiter Ordnung haben es Entwicklungsprojekte schwer. Wie sollen unter diesen Umständen Commitment und Ownership der Beteiligten oder Betroffenen und im Ergebnis Sustainability erreicht werden? Die einheimischen Broker springen von Projekt zu Projekt und lernen sehr rasch, dass ein über die Laufzeit des Projekts hinausgehendes Engagement sich nicht auszahlt. Für sie sind Allowances und Promotion die verständliche Richtschnur für ihr Handeln, das sich notgedrungen in Projektzyklen konkretisiert. Die Zielgruppe, bereits in der Wortwahl zur Klientel degradiert, lernt ebenso schnell, dass sich eigene Initiativen nicht lohnen, sondern dass Entwicklungsprojekte wie Gewitter eben kommen und gehen und manchmal auch Regen bringen.

Es ist eher eine Untertreibung, entwicklungspolitisch fundierte »Renten-Staaten« sind nicht entwicklungsförderlich. In ihnen gewünschte Impacts zu erzielen ist im Prinzip nicht unmöglich, wohl aber auf eine relativ kleine Gruppe von Entwicklungsvorhaben begrenzt, die sich nicht so weit vom gegebenen Status quo in gesellschaftsverändernder Absicht – und das heißt auch in entwicklungspolitischer – vorwagen. Eine Variante der bekannten »Irrelevanz-Falle« tut sich hier auf: je weniger Veränderung, desto erfolgreicher das Projekt und umgekehrt. Der Ruf nach mehr Geld hilft hier nicht. Nur das Bemühen um neue Konzepte kann hier weiterhelfen.

Auch die gegebenen, historisch gewachsenen Organisationsstrukturen deutscher Entwicklungspolitik halten sich nicht an das Diktum, die vorliegenden Budgetkürzungen im BMZ-Etat gefährden den entwicklungspolitischen Ertrag. Es muss an die Trivialität erinnert werden, dass sich kein Geberland in Westeuropa oder Nordamerika so viele Durchführungsorganisationen für zum Teil vergleichbare Aufgaben leistet wie die Bundesrepublik Deutschland. Dadurch entstehen nicht nur erhebliche Kosten für die Erhaltung von Parallelapparaten, sondern mehr noch Kosten durch den dadurch notwendigen interorganisatorischen Koordinationsbedarf und, am stärksten zu Buche schlagend, in den tatsächlich auftretenden Verlusten durch unzureichende und nicht zustande gekommene Koordination. Die berühmten Synergieeffekte, die durch das Zusammenwirken unterschiedlicher Qualifikationen und Kenntnisse der getrennt existierenden Durchführungsorganisationen entstehen sollen, sind in der Regel reines Wunschdenken und treten höchst selten und eher zufällig auf. Bestenfalls addieren sich die Erträge, meist jedoch stehen sie nebeneinander, wenn sie sich nicht, wie viel zu häufig, im Konträren bewegen. Es gibt keine inhaltliche Begründung für das Neben- und Gegeneinander der technischen Zusammenarbeit und der finanziellen Zusammenarbeit in Gestalt der großen Durchführungsorganisationen GTZ und KfW. Und die schier endlose Geschichte über die Doppelstruktur von DSE und CDG mag man schon gar nicht mehr erwähnen. Die Frage nach der Existenzberechtigung der DEG schließlich steht wohl offensichtlich unter »Peanuts«-Verdacht. Entwicklungspolitisch war das Programm dieser Gesellschaft von Anbeginn an fragwürdig. Unterhalb der Wahrnehmungsschwelle der entwicklungspolitischen Öffentlichkeit und unter dem Schutz eines Koalitionspartners der vorherigen Regierung konnte die DEG bisher überleben. Darin ein Zukunftsprogramm zu sehen ist nicht zwingend. Aber das ganze Tableau deutscher Durchführungsorganisationen einschließlich einer neu zu fassenden Positionsbestimmung der NROs, soweit sie sich in bereits bedenklichem Maße in diesem Tableau eingerichtet haben, muss überdacht werden.

Aber auch intraorganisatorisch gibt es in den Durchführungsorganisationen deutscher Entwicklungspolitik einen aufgestauten Handlungsbedarf. Die begonnene sinnvolle Dezentralisierung von Befugnissen und Entscheidungen, am weitesten fortgeschritten in der GTZ, ist stecken geblieben. Das Verhältnis der Zentralen zu den nun gestärkten Außenstrukturen ist weitgehend ungeklärt. In der GTZ bleiben die Sektorbereiche bei ihrer Suche nach einem neuen Standort in der veränderten Organisation allein gelassen. In der KfW verstärkt sich die Bedeutungsdisparität zwischen Inlands- und Auslandsgeschäft immer stärker. Befähigtes Personal aus dem entwicklungspolitischen Bereich muss sich aus Karrieregründen hin zum Inlandsbereich orientieren. Das stärkt keineswegs die entwicklungspolitische Kompetenz in der internationalen Entwicklungszusammenarbeit. In beiden Häusern wurden trotz finanzieller Restriktionen die organisatorisch kaum zu rechtfertigenden Leitungsspannen und Hierarchiestränge nicht verkürzt. Die Zahl der Geschäftsführer mussten allein die kleinen Durchführungsorganisationen reduzieren. Dabei ließe sich ein Stellenabbau in der Hierarchie nicht nur unter Kostengründen, sondern, gestützt von den gängigen Managementtheorien, auch unter Effektivitätsgesichtspunkten gut vertreten.

Nimmt man nochmals die Empörung über die Budgetkürzungen im BMZ zum Ausgangspunkt der Überlegungen, so muss man ihr entgegenhalten, dass der eigentliche Skandal nicht so sehr in der Kürzung selbst lag, sondern in der Art und Weise, wie die Entwicklungsprojekte vor Ort mit diesen Kürzungen konfrontiert wurden. Nachdem bereits in den Haushaltsjahren 1997 und 1998 erhebliche Einsparungen vorgeschrieben wurden, die zunächst stärker die finanzielle Zusammenarbeit betrafen als die technische Zusammenarbeit, spitzte sich die Situation im Haushaltjahr 1999 weiter zu. Für die GTZ zum Beispiel zeichnete sich das Bild, dass Ende 1998 der Einsparungsrahmen nicht eingehalten werden konnte und er stattdessen überzogen wurde. Hierzu beitrugen erhebliche Steuerungsprobleme der GTZ-Zentrale, die immer wieder widersprüchliche Angaben zu einzusparenden, aber auch zu auszugebenden Mitteln in die Projekte vermittelte. Dieses Vorgabenchaos verlängerte sich in das Haushaltsjahr 1999, wobei die GTZ-Führung zunächst von einer 15 %igen Einsparung, dann von einer 30 %igen und schließlich von einer 25 %igen Reduzierung der Mittel ausging. Hierauf eine adäquate Projektplanung abzustellen war schlicht unmöglich. Es mussten nach dem Zufallsprinzip Sparmaßnahmen eingeleitet werden. Da man an längerfristig abgeschlossene Arbeitsverträge, die ungefähr 60 % der Gesamtmittel ausmachen, nicht herankam, wurden zum einen die Programmmittel erheblich gekürzt und zum anderen zufällig frei werdende Stellen nicht mehr besetzt. Die Folgen waren, dass die Projekte recht willkürlich von Personaleinsparungen betroffen wurden und zum Teil ohne Programmmittel dastanden, was ihre Arbeitsfähigkeit erheblich belastete.

Die Absurdität der Situation steigerte sich noch, als im September und Oktober 1999 von der GTZ-Zentrale nun im Gegenteil Mehrausgaben verlangt wurden, weil die gewollten Einsparungen weit höher ausgefallen waren als gewünscht. Nun also ging es anders herum, kurzfristig sollten Mittel abfließen, die aber wiederum keine Bindungswirkung für die folgenden Haushaltsjahre aufweisen sollten, um sich nun nicht planungsmäßig festzulegen. Im Ergebnis hieß das, dass die Mittel für nicht prioritäre Hardware, Sachmittel also wie Autos, Büroeinrichtungen, Kopierer etc., ausgegeben werden mussten – ein entwicklungspolitischer Nonsens, der sich mit der Jammerei über beklagenswerte Budgetkürzungen nicht verträgt. Zudem hat die GTZ im Oktober 1999 an das BMZ Mittel zurückgegeben, weil das Haus offensichtlich den Projekten nicht zutraute, dass sie in kürzester Zeit das Geld unter die Leute bringen könnten.

Budgetveränderungen sind entwicklungspolitisch im Prinzip kein Problem, solange sie in die mittelfristige Programmplanung einbezogen werden können. Hierfür reicht ein Zeithorizont von zwei bis drei Jahren. Hätte also die GTZ aus ihren Steuerungsfehlern 1997 und 1998 gelernt, wäre das Jahr 1999 nicht so chaotisch verlaufen. Dem war aber nicht so, so dass es genügend Anlass gibt, nach organisatorischen und programmatischen Fehlerquellen zu suchen und ebenso die Steuerungsfähigkeit des BMZs und seiner Durchführungsorganisationen kritisch zu beleuchten. Das ist natürlich in erster Linie eine politische Aufgabe, die die jetzige Regierung, bereits einige Jahre im Amt, schon längst hätte aufnehmen müssen. Statt sich also über Haushaltskürzungen aufzuregen, sollten erst einmal die Parameter, in denen die vorhandenen Finanzmittel wirksam werden können, gerichtet werden. ...

März 2000

... Warum wir eigentlich einen Koch beschäftigen, diese Frage bedarf wirklich einer Antwort, aber wahrscheinlich einer, die wenig befriedigend ist. Zunächst einmal kann man sicher zu Recht fragen, warum jemand einen Koch braucht, den er sich in Deutschland nicht leisten könnte. Darauf kann man nur zögerlich auf die Arbeitsmarktlage und die Notwendigkeit, Einkommen zu schaffen, verweisen. Und richtig daran ist, dass sich hier jeder wundern würde, warum eine offensichtlich finanziell betuchte Familie keinen Koch beschäftigt.

Warum aber, wenn dieser zwar als Koch angestellt ist, aber gar nicht kochen kann? Längst haben sich Master und Koch abgewöhnt, sich darüber zu wundern. Stattdessen ist in der fast zweijährigen Zusammenarbeit eine Arbeitsteilung entstanden, in der der Koch das Gemüse putzt, den Tisch deckt und den Abwasch regelt, während der Master 80-90 % der eigentlichen Kocharbeit in die Hand nimmt. Allenfalls Kartoffeln oder Gemüse im Wasser aufzukochen bleibt beim Koch. Bereits die Bereitung von Stampfkartoffeln wurde ihm abgenommen, nachdem wir festgestellt hatten, dass er jedesmal fast ein halbes Pfund Margarine in die zu stampfenden Kartoffeln hineingegeben hat, was zwar geschmacklich nicht das Schlimmste ist, wohl aber unserem Cholesterin-Spiegel nicht bekommt. Und so zieht sich der Koch aus seiner Tätigkeit zurück und erwartet dafür eine Gehaltserhöhung, während der Master immer mehr Pflichten übernimmt, weil er sich offensichtlich nicht mehr in der Lage sieht, die nun schon hundertfach beschwörend vorgetragenen Kochregeln an den entsprechenden Mann zu bringen. Es ist ja einfach nicht einzusehen, warum man nicht jeden Tag dieselbe Suppe isst. Warum es einmal ein Eintopf sein soll, der mit angebratenen Zwiebeln möglicherweise beginnt, aber es auch klare Brühen geben soll, in denen angebratene Zwiebeln nichts zu suchen haben. Und dann soll man auch noch unterscheiden, ob Fleisch gebraten, im Ofen gebacken, geschmort oder in Brühe gekocht wird. Was soll das ganze Theater, nur um satt zu werden?

Aus der Sicht des Kochs ist das sehr wohl eine verständliche Einschätzung. Fassungslos betrachtet er die unterschiedlichen Gewürze, und warum es nun eine chinesische, thailändische, indische, italienische und deutsche Küche geben muss, bleibt unverständlich. Mal wird der Wok hervorgeholt, mal die Pfanne, dann soll es die Kasserolle sein und schließlich ein Topf. Wer kennt sich da schon aus und warum auch?

Ein malawischer Mann als Koch ist vom Anspruch her ein Stück kultureller Gewalt des Kolonialismus und des Neo-Kolonialismus. Wie übrigens auch in der Geschichte der meisten europäischen Länder, hat der Mann traditionell in der Küche nichts zu suchen. Es ist die Frau, die kocht und den Haushalt führt. Die geschlechtliche Arbeitsteilung in Afrika, besonders zugespitzt hier in Ostafrika, weist traditionell dem Mann die Außenbeziehungen, früher die Jagd, Krieg und Fernhandel, zu, während die Frau auf das Haus beschränkt bleibt und die Felder bestellt. Kindererziehung, Gesundheitspflege, Haushaltsverrichtung und die Organisierung der Subsistenz sind als Pflichten der Frau definiert. So kommt es, dass heute, wo Jagd und Kriegszüge nicht mehr den früher gegebenen Stellenwert haben, die Frau gut und gern 80 % der lebenswichtigen Reproduktion und Arbeit übernimmt, während die Männer noch immer von der Jagd träumen.

Den ersten Missionaren und Kolonisatoren war dieses Problem sehr wohl bewusst, wenn sie nun Männer als Köche, Houseboys, Gärtner, Nachtwächter usw. in die Haushalte der Weißen holten. Frauen jedenfalls sollten aus Sicht der Missionare keineswegs in diese Positionen geschoben werden. Im Negativen galt es zunächst einmal, mögliche sittliche Gefahren zu bannen. Viele der frühen Kolonisatoren kamen ja ohne Familie, und rassistische Überheblichkeiten könnten ja möglicherweise angesichts der Attraktivität schwarzer Frauen leicht überwunden werden. In ökonomischer Hinsicht galt es zudem Lohnarbeiter zu schaffen, die so dringend in den Plantagen der Weißen benötigt wurden. Die gewaltförmige und sklavenähnliche Ausbeutung von Schwarzen war zwar durchaus üblich, geriet jedoch sehr bald in Begründungsschwierigkeiten. Als Ausweg blieb die (unterbezahlte) Lohnarbeit. Hierzu wurden nun wiederum in erster Linie Männer herangezogen und nicht die Frauen, weil sich Missionare und Kolonisatoren um die afrikanische Familie besorgt zeigten, die ihnen ohne die umfängliche Fürsorge durch die bis zur Erschöpfung reichende Arbeitsleistung der Frau im Haus gefährdet erschien.

Um die Männer nun tatsächlich in Lohnarbeit zu bringen, wurde der Druck mit Hilfe der so genannten Hüttensteuer, die der Haushaltsvorstand zu errichten hatte, erhöht. Jede Familie musste auf das ihr zur Verfügung stehende Haus eine Steuer errichten, die in Bargeld zu leisten war. Um nun an Geld heranzukommen, mussten also die Haushaltsvorstände in die Produktion. Gleichzeitig schlug die Kolonialverwaltung eine zweite Fliege, nämlich autonome Einnahmen für sich, unabhängig vom Colonial Office in London.

Die afrikanischen Männer fanden zwar die Steuerabgabe nicht gerade lustig, waren jedoch von der Möglichkeit, Bargeld zu erlangen, sehr angetan. Mit Geld konnte man die neu ins Land kommenden Luxusgüter kaufen: Stoffe, aber auch Alkohol zum Beispiel, heute Transistorradios und Batterien, Fahrräder usw. Zum Ärger der Kolonialverwaltung verschwanden deshalb viele Männer lieber gleich in die südafrikanischen Minen, wo sie weit mehr als auf den malawischen Plantagen verdienten. Andere gingen in die Plantagen oder landeten als Köche in den Weißen-Haushalten, wo sie heute noch ihr Unwesen treiben. Gemeinsam wichtig war ihnen, dass sie in diesen Tätigkeiten keine Konkurrenz ihrer Frauen erfuhren und dass diese brav zu Hause in der Kontrolle der Familie verblieben. Und so hat eine große Koalition von weißen Missionaren und Kolonisatoren und schwarzen Malawis ein Einkommensmonopol für die afrikanischen Männer begründet, das nun nicht etwa der Familienreproduktion zugute kommt, sondern den Sauf- und Luxusbedürfnissen der Letzteren dient.

Und warum kann man nicht Geld verdienen und trotzdem in der Lage sein, schmackhafte Gerichte zu produzieren? Die Antwort lautet ganz simpel: Es gibt für den malawischen Mann keine Möglichkeiten, kochen zu lernen. Als Kind und Jugendlicher ist er von dieser Tätigkeit ausgeschlossen, und er empfindet auch diesen Ausschluss keineswegs als Diskriminierung, im Gegenteil. Zwar mussten sich früher die Jäger und heute die Viehhirten zum Beispiel selbst versorgen, aber das geschah auf niedrigstem Essniveau und begründet keineswegs die hohe Schule der französischen Küche. In der Schule lernt man natürlich auch nicht zu kochen, ganz abgesehen davon, dass ja nur die wenigsten zur Schule gehen. Allerdings könnten Köche sich im Tourismus-Institut des Landes belehren lassen, und es soll auch einige geben, die die dort angebotene Ausbildung genossen haben. Das sind dann meist Köche, die in den großen Hotels landen. Wenn man jedoch dazu verdammt ist, genau in diesen Hotels essen zu müssen, stellt man fest, dass das Curriculum des Kochens offensichtlich stark begrenzt ist und die notwendige Orientierung der Ausbildung an geschmackvollen Produkten vergessen wurde. Hier kommt eine strukturelle Gegebenheit tragisch zum Ausdruck. Malawi ist ja ein ehemaliges englisches Protektorat, in dem sich die entsprechenden Geschmacksvorlieben durchgesetzt haben. Während in der Mathematik minus mal minus plus ergeben, ist das im Essen nicht der Fall. Eine schlechte englische Küche, zusammengebracht mit einer schlechten malawischen, ergibt nun einmal keine erfreulichen Ergebnisse, sondern nur eine Katastrophe.

Was also bleibt, der Koch muss im Weißen-Haushalt lernen und das heißt nachahmen und nachmachen. Damit aber erschließen sich ihm nicht die Grundsätze des Kochens. Bestenfalls weiß er, was er ins Wasser werfen muss, aber nicht warum. Imitieren lässt sich zudem nur eine begrenzte Menge von Gerichten, sonst würde sein Erinnerungsvermögen überstrapaziert werden. Kochbücher lesen kann er nicht, auch müsste er sie verstehen. Die ihm so abverlangten Gerichte liegen zudem völlig außerhalb seiner eigenen Geschmacks- und Erlebniswelt. Es ist ja typisch, dass unser Koch zum Beispiel die Gerichte, die er fabriziert, nicht kostet. Hat es sich also ergeben, dass er im Laufe einer längeren Entstehungsphase die Suppe zweimal gesalzen hat, ist die Überraschung bei den Konsumenten umso größer.

Und so fuhrwerkt der Koch mit seinem Löffel ständig und wiederholend im Nebel herum. Er weiß nicht, was er tut, er weiß nicht, warum er es tut, er weiß nicht, wie es schmeckt, er weiß nur, dass es wahrscheinlich wieder schief geht und er sich die Missbilligung seines Masters einheimst. Die für alle Seiten gerechte Folge ist, dass beide, Koch und Master, Albträume haben, denken sie auch nur ans Essen. ...

April 2000

... In Zimbabwe zeigt sich wieder einmal, wie ein bis dato halbwegs funktionierendes afrikanisches Land auf den Hund gebracht wird. Ein scheinbar verrückter Autokrat lässt aus Machterhaltungsstreben lieber das Haus abbrennen, als es einem anderen zu überlassen. Je nach Gemütslage überkommt einem als Beobachter das Entsetzen oder die kalte Wut über diese Ereignisse. Wie aber lässt sich das, was der staunenden Weltöffentlichkeit vorgeführt wird, einordnen und erklären? Offensichtlich handelt es sich ja nicht um einen Einzelfall in der nachkolonialen Geschichte Afrikas, und auch die Vermutungen über die Psyche des zimbabwischen Präsidenten stoßen nicht zum Kern des afrikanischen Demokratieproblems durch. Die entscheidende Frage ist doch, wie sind die afrikanischen Gesellschaften und ihre politischen Systeme gestrickt, dass in ihnen ein Mugabe zur Macht gelangen und sich dort halten kann, obwohl er sich als Brandstifter zum Schaden seines Landes entpuppt?

Als Staatsmann und Person ist Mugabe zunächst eine etwas verspätete Ausgabe der Nkrumahs, Kenyattas, Bandas etc., die als mehr oder weniger charismatische Führer in den Wirrnissen der Entkolonialisierung eine Gefolgschaft auf sich einschwören und mit deren Hilfe im entstandenen Machtvakuum des zusammenbrechenden Kolonialismus strategische Positionen besetzen konnten. Aus der gegebenen Situation heraus reichte es in der Regel, Veto-Positionen einzunehmen, also die entsprechenden Kolonialregime unregierbar zu machen, ohne dagegen eine irgendwie gelagerte Alternative setzen zu müssen. Zwar deklamierte die zahlenmäßig äußerst geringe afrikanische Bildungselite die in europäischen und nordamerikanischen Seminaren gehörten Ideologien und erklärte sie zur Leitlinie ihres Tuns, tatsächlich jedoch ging es um die Erlangung von Macht und die Besetzung von Führungspositionen, die bislang die weißen Kolonisatoren innehatten. Die afrikanischen Lehrer, Krankenhelfer, Verwaltungsangestellte, Pfarrer usw., die sich in ihrer Hoffnung betrogen sahen, dass ihre bisher geleistete Anpassung an das Kolonialsystem nun endlich auch durch eine Gleichstellung mit den weißen Herren belohnt würde, forderten nun für sich den Zugang zu den Fleischtöpfen, den die Weißen mit ihnen nicht zu teilen bereit waren. Und Gleiches erwartete auch ihre Gefolgschaft.

Den Staats- und Verwaltungsapparat des Kolonialregimes in ihre Hände zu bringen war das Ziel der Begierde, um damit endlich an Privilegien und Auszahlungen zu kommen, die man bisher den Afrikanern verweigert hatte. Es ging also nicht um die Umwandlung kolonialer Herrschaft, sondern um die Übernahme frei werdender Herrschaftspositionen. Strukturell wurde der vorhandene Apparat nicht, jedenfalls nicht bewusst, verändert, sondern er wurde nun im Interesse der neuen Eliten so genutzt, wie man gesehen hatte oder glaubte, dass die vormaligen Kolonialherren den Staats- und Verwaltungsapparat genutzt hätten. In der Perzeption der neuen Herren hatte dieser Apparat die wundersame Eigenschaft, schier unerschöpfliche Ressourcen zu generieren, die man zum eigenen Nutzen abschöpfen konnte. Wie diese Beiträge zustande kamen, welchen Anteil etwa die jeweiligen Mutterländer zum Kolonialhaushalt beigetragen hatten, welche Qualifikationen, Instrumente und Verfahren zum Funktionieren des Apparats vorausgesetzt werden mussten, blieb weitgehend unbekannt. Der nachkoloniale Staats- und Verwaltungsapparat wurde als eine gut genährte Kuh angesehen, die es zu melken galt, ohne sich zur Fütterung und zur Pflege genötigt zu fühlen.

Noch heute ist der afrikanische Staat Gegenstand persönlicher Bereicherung und nicht etwa Instrument zur Durchsetzung von Politik. Aber selbst wenn man Letzteres zu tun gedenkt, muss man als Politiker den Weg der Bereicherung gehen. Machterlangung und -sicherung ist im afrikanischen Kontext nur über die Schließung von personellen Bündnissen zu gewährleisten; die wiederum beruhen auf der Zuteilung von Privilegien und Auszahlungen. Da es keinen alternativen Zugang zum gesellschaftlichen Reichtum als über die Kontrolle des Staatsapparates gibt, muss man sich auch mit aller Kraft und unter Einsatz aller möglichen oder auch unmöglichen Strategien an den einmal erlangten Platz an der Sonne klammern. Ob mit dem Herrscher sein Herrschaftssystem gleich mit untergeht oder nur er selbst, macht keinen Unterschied. Und so wird der Staatsapparat mit seinen Ressourcen bis zum Letzten ausgequetscht, so als ob jede Chance, das zu tun, die letzte sein könnte. Es ist auch niemand da, der diesem Tun ein Ende bereiten würde. Jeder mögliche Konkurrent und Nachfolger sucht ja noch einmal den Staatstopf umzudrehen, um irgendwo noch einen Suppenrest zu erhaschen, und seine Gefolgschaft, die ihm ja schließlich bei der Machterlangung geholfen hat, erwartet ebenfalls ihren Teil. Ein afrikanischer Herrscher, der sich dieser Logik nicht unterwirft, bleibt nicht lange Herrscher oder wird es gar nicht erst.

Die internationale Entwicklungshilfe trägt ungewollt zur Aufrechterhaltung dieses Systems der privaten Aneignung von Staatsressourcen bei. Selbst da, wo sie nicht durch direkte finanzielle Zuweisungen die staatlichen Budgets auffüllt, sondern, wie es die deutsche Entwicklungspolitik zum Beispiel tut, nur und ausschließlich Entwicklungsprojekte fördert, entlastet sie tatsächlich den davon profitierenden Staat. Es können so Vorhaben durchgeführt werden, die das entsprechende Entwicklungsland sonst nicht finanzieren könnte, die sich das Entwicklungsland aber trotzdem auf seine Fahnen schreibt. Ein erheblicher Teil der Projektgelder verbleibt zwar im Geberland in Form von Löhnen und Produktnachfragen. Aber über Allowances und Topping-ups werden auch die Projektpartner im Verwaltungsapparat oder in den NROs des Landes finanziell beteiligt. Schließlich ergibt sich auch die wahrscheinliche Chance einer an sich nicht vorgesehenen Umleitung von Projektgeldern in die eigene Tasche. Es ist schon erstaunlich, wie viele Entwicklungsbeiträge als nicht ordnungsgemäß belegt verbucht werden, also schlicht verschwunden sind. Allein schon die volkswirtschaftliche Bedeutung der internationalen Entwicklungsleistungen ergibt sich aus der Tatsache, dass sie in vielen afrikanischen Ländern 30, 40, 50 und mehr Prozent des Sozialproduktes ausmachen.

Die afrikanischen Entwicklungsländer haben sich längst daran gewöhnt, dass auswärtige Geber ganze Politikbereiche am Laufen halten. Ob es sich um harte Infrastruktur wie Straßenbau und Energiegewinnung handelt oder um die Aufrechterhaltung eines Basisgesundheitssystems oder der schulischen Bildung, der Wasserversorgung, des Umweltschutzes, der Armutsbekämpfung oder gar der Nahrungssicherung der Bevölkerung, ist der an sich zuständige afrikanische Staat nur noch peripher und als Fordernder beteiligt. Diese gemeinhin als genuine Staatsfunktionen betrachteten Politikfelder werden, ohne zu zögern, an die internationale Gemeinschaft abgegeben, womit eine faktische Staatsentlastung der afrikanischen Entwicklungsländer einhergeht. Sie müssen sich offensichtlich auch nicht darum kümmern, und so verwundert es nicht, dass sich äthiopische Politiker hinstellen und die internationale Gemeinschaft für die ihrer Meinung nach unzureichenden und zu späten Hilfsmaßnahmen bei der Abwendung der im Lande herrschenden Hungersnot anklagen, während die äthiopische Regierung gleichzeitig Kriegsmaterial für den offensichtlich so essential notwendigen Streit mit Eritrea aufkauft. Im malawischen Wahlkampf verspricht der Abgeordnete nicht mehr, dass er, seine Partei und seine Regierung sich durch energische Handlungen für eine Verbesserung der Lebenslagen seiner Wähler einsetzen wird, sondern er verspricht, dass er dafür sorgen werde, dass auslandsfinanzierte Entwicklungsprojekte ins Dorf kommen werden. Es ist, als ob ein missverstandener und missbrauchter Wohlfahrtsstaat auf eine internationale Ebene gehoben wird. Ganze Staatsgebilde übernehmen nicht mehr für sich und für ihre Bevölkerung die Verantwortung, sondern schieben diese an ein wie auch immer gestaltetes Weltgewissen ab. Umso leichter und unauffälliger lassen sich dann die verbleibenden Ressourcen, die im eigenen Land generiert werden, plündern. Gleichzeitig werden eventuelle Forderungen der Bevölkerung an den afrikanischen Staat, doch nun endlich seine Aufgaben umfassend und gewissenhaft zu erfüllen, auf eine wohl stattdessen verantwortliche Außenwelt gerichtet. Es ist, als ob die afrikanischen Staaten und deren Eliten den Neo-Kolonialismus einklagen, gegen den sie sich ansonsten – verbal jedenfalls – so heftig wenden.

Um auf den Ausgangspunkt der Überlegungen zurückzukommen: Mugabe handelt also nicht überraschend und unverständlich, wenn er sich mit seiner Klientel mit aller Macht an seine Zugriffsmöglichkeit auf den Staat klammert. Andere würden es nicht anders tun, und auch von seinen Kritikern im Lande ist nichts anderes zu erwarten. Sicher, er geht ein Risiko ein, dass die internationalen Entwicklungsbeiträge, von denen auch Zimbabwe stark abhängig ist, ausbleiben oder verringert werden könnten. Aber auch das kann ihn nicht schrecken, denn was hätte er von diesen Entwicklungsbeiträgen, wenn er sie nicht selbst ausbeuten und für sich nützen könnte? Und ausbaden würde das sowieso die Bevölkerung und nicht er. Allerdings, es könnte natürlich Gegeneliten geben, die für ihr eigenes Wohlbefinden nicht so gerne auf die internationale Unterstützung verzichten wollten. Hierin liegt in der Tat eine ernsthafte Gefahr für den afrikanischen Herrscher, wenn er sich in diese Situation gebracht hat. Zwar hat er keine Systemkonkurrenz zu befürchten, wohl aber ist eine Regimekonkurrenz denkbar. Ob die sich allerdings zu einer aktualisierten Gefahr für seine Herrschaftssicherung entwickelt, hängt von vielen Umständen ab. Mugabe war der Führer in die Unabhängigkeit und zehrt noch immer von diesem Nimbus. Zudem ist die afrikanische Gesellschaft besonders im agrarbestimmten Osten und Süden des Kontinents traditionell konservativ und autoritär eingestellt. Attituden und Handlungen, die möglicherweise in Westeuropa zu einem veränderten Wählervotum führen könnten, wirken sich hier erst im stark verdichteten Zustand entsprechend aus. Die Einstellung zum Staat als zu vereinnahmender Ressource für den Regierungschef und seine Clique spielt im Wählerwillen nur insofern eine Rolle, als sich andere Cliquen und Klienten davon ausgeschlossen fühlen. Erst wenn seine eigene Unterstützungsgruppe in ihm nicht mehr die Gewähr für zu erwartende oder zu erhoffende Auszahlungen sieht, kann er seine relative Mehrheitsfähigkeit verlieren. So ohne weiteres jedenfalls wechselt der Afrikaner nicht seinen Führer und schon gar nicht für die Verletzung von Gerichtsurteilen, von Volksentscheiden oder demokratischen Spielregeln. Die Existenz von Minderheiten und deren Schutz ist ebenso wenig Maßstab afrikanischer Kultur. Erstaunlich übrigens, dass Mugabe die tribalistische Karte noch nicht gezückt hat und in einem Konflikt mit den Ndebele das Mehrheitsvolk der Shona hinter sich zwingt.*

Was die weitere Entwicklung in Zimbabwe betrifft, bleiben also noch viele Fragen offen. Allein von innen heraus verändert sich kein afrikanischer Staat, auch nicht Zimbabwe. Ob es zumindest zu einem Sturz Mugabes und damit zu einem Regimewechsel reicht, hängt davon ab, ob sich alternative und handlungsfähige Eliten ... von seinem weiteren Verbleiben im Amt ernsthaft in der Verfolgung ihrer eigenen Interessen bedroht fühlen. ...

Mai 2000

... In einem offensichtlich nicht bezähmbaren Offenbarungsdrang erklärte der oberste Ankläger der Republik Malawi in einem veröffentlichten Zeitungsinterview, dass er davon ausgehe, dass ein Drittel des malawischen Staatshaushalts jährlich in den Taschen der Staatsbediensteten und Politiker verschwindet. Deshalb müsse schnellstens und umfassend das nationale Rechnungswesen und Kontrollsystem reformiert werden. Tags darauf beeilte sich die Regierung zu versichern, dass das ja bereits geschehen sei. Sie wisse gar nicht, wie der Ankläger auf dieses Thema kommen würde.

Ein Land wie Malawi lebt überwiegend von indirekten Steuern, Zöllen und nicht zuletzt von den erheblichen Entwicklungsbeiträgen der internationalen Gebergemeinschaft. Indirekte Steuern werden in erster Linie auf Waren wie Benzin, Tabak, Alkohol oder Zucker erhoben – Waren, die beim Produzenten und Verkäufer relativ umstandslos zu identifizieren sind. Trotzdem gibt es natürlich einen erheblichen Schwarzhandel an den Steuerbehörden vorbei. Direkte, personenbezogene Steuern spielen dagegen kaum eine Rolle. Sie sind nur bei den Staatsbediensteten zu erheben und vielleicht noch bei den wenigen großen privaten Firmen. »Unsere Leute« zum Bei-

* Diese Einschätzung war bereits zum gegebenen Zeitpunkt falsch.

spiel sind überhaupt nicht von der Steuerbehörde erfasst, und so weiß niemand, ob sie bereits steuerpflichtig sind oder nicht. Zölle auf Importe und Exporte sind von erheblicher Bedeutung, denn auch diese lassen sich relativ einfach an den Grenzposten erheben. Allerdings sind Bestechungen der Grenzbeamten gang und gäbe. Es ist eben billiger, den Beamten eine gewisse Geldsumme in die Hand zu drücken, als die nicht unerheblichen Zölle zu bezahlen. Neulich ist deshalb ein indischer Händler der Hinterziehung von mehreren Millionen MK* an Zöllen bezichtigt worden. Hinzu kommen die Entwicklungsbeiträge der internationalen Geber, wie Weltbank, EU und anderen, und der nationalen, wie die Zuschüsse und Kredite Japans, Englands, der USA oder Deutschlands. Diese Beiträge nehmen in der Summe bereits den größten Platz ein. Mindestens 95 % aller afrikanischen Staaten könnten ohne diese Auszahlungen nicht überleben.

Die Entwicklungsbeiträge der internationalen Gebergemeinschaft können als direkte Budgethilfen, also Übertragungen in den nationalen Staatshaushalt, geleistet werden. Meistens jedoch sind sie projektgebunden und fließen damit nur indirekt dem Staat zu. Das kann über die Finanzierung von Infrastruktur geschehen, so im Straßenbau, in der Erstellung von Krankenhäusern und Schulen. Manchmal handelt es sich dabei um billige Kredite, die dem Land zur Verfügung gestellt werden, meistens jedoch um verlorene Zuschüsse. Indirekt wirken auch zur Verfügung gestellte Sachmittel der verschiedensten Art. Wer sich in Lilongwe einmal an die Kreuzung stellt, wird feststellen, dass jedes zweite Auto von einem Donor der malawischen Regierung zur Verfügung gestellt wurde. Arzneimittel, Schulbücher, Bleistifte und Schulhefte tragen den Hinweis, dass es sich um Spenden aus Europa oder Nordamerika handelt. Man findet dann diese Dinge wieder auf dem Schwarzmarkt, wo sie zu horrenden Preisen verscherbelt werden.

Der Staat und seine Bediensteten profitieren oft von Lohnzuschüssen und Honorarvereinbarungen. Es hat sich eingebürgert, dass besonders fähige Staatsbedienstete mit einem »Topping up« beglückt werden, um sie für die Projektarbeit zu motivieren. Gern gesehen sind auch Gutachteraufträge für Staatsbedienstete, die dann während der bezahlten Arbeitszeit erledigt werden. Natürlich gibt es auch Aufwandsentschädigungen für die Teilnahme an Workshops und Trainingsmaßnahmen, von denen an sich die Eingeladenen profitieren sollten. Das hindert jedoch niemanden, sich für seine eigenen Lernerfolge noch honorieren zu lassen. Bleiben diese Geldanreize zur Teilnahme an Weiterbildung aus, erklären sich die Teilnehmer als nicht

* Malawi Kwacha

motiviert. Auf das deutsche Universitätssystem übertragen, hieße das, dass die Hochschullehrer ihren Studenten eine Zuhör- und Lernprämie zahlen müssten. Und so verbringen die Staatsbediensteten große Teile ihrer Zeit auf Workshops zu Themen, die sie überhaupt nicht interessieren, und nur zu dem Zweck, die Aufwandsentschädigungen zu erhalten und zu sparen. Die Planungsbeauftragten in den Distrikten findet man gar nicht mehr in ihren Arbeitsräumen, sondern auf Reisen und Seminaren im In- und Ausland. Will man einen Minister zu einem vom Ausland bezahlten Entwicklungsvorhaben befragen, bittet er um eine Einladung an den See, denn dann erhält er Reisekosten und Aufwandsentschädigungen, die sein Gehalt bei weitem überschreiten. Der stellvertretende Vorsitzende der Regierungspartei erklärte mir einmal, dass ein einwöchiger Aufenthalt in New York zum Beispiel den Gegenwert seines Jahresgehaltes ausmache, und deshalb reise er auch sehr gern.

Des Pudels Kern ist damit bereits angesprochen, nämlich das unstatthaft niedrige Grundgehalt der Staatsbediensteten und Politiker. Kein Wunder also, dass sie um Zusatzeinkommen kämpfen, und dazu gehört auch die Veruntreuung und missbräuchliche Nutzung von Staats- oder Entwicklungsgeldern. Der bezahlte Lohn deckt in keinerlei Weise die familialen Reproduktionskosten, sondern stellt allenfalls ein marginales Grundeinkommen sicher. Die Logik ist offensichtlich noch immer auf eine existierende Subsistenzökonomie gerichtet, bei der Geld nur insofern eine Rolle spielt, als damit Tauschprodukte wie Salz oder Zucker erstanden werden, während die eigentliche Sicherung der Familie über das Feld und den Hausgarten gesichert bleiben. Für die Mehrzahl der Bevölkerung, die Bauern, gilt dieser Zusammenhang auch noch mehr oder weniger. Meistens weniger, weil sich die Subsistenzökonomie im Zusammenbruch befindet. Die zur Verfügung stehenden Agrarflächen sind zu klein geworden und qualitativ nicht mehr leistungsfähig. Für die städtische Bevölkerung und hier insbesondere die Staatsbediensteten gilt dieser Zusammenhang jedoch schon lange nicht mehr. Sie können sich nur noch teilweise auf Subsistenzzuschüsse von ihren Familien und Verwandten auf dem Land verlassen, und sie müssen bereits erhebliche Aufwendungen für Mieten, Elektrizität, Bildung, Transport und Lebensmittel aufbringen. Ihr Lohn sollte an sich lebensnotwendige Reproduktionssicherung sein, reicht dafür jedoch nicht aus.

Bei der Einweihung einer von den Deutschen gebauten Primarschule auf dem Wege zwischen Liwonde und Zomba trafen wir einen älteren Lehrer, der uns sein Leid klagte. Als Senior verdient er bereits 1.800 MK (etwas weniger als 70 DM) im Monat. An sich sind die Schulen verpflichtet, den Lehrkräften auf dem Schulgelände Wohnraum zur Verfügung zu stellen. In diesem Fall waren aber nur Häuser für den Direktor und seine zwei Stellvertreter gebaut worden. Er musste sich also in der 20 km entfernten Stadt Liwonde niederlassen und dort für etwa 400 MK eine Wohnung mieten. Zusätzlich taucht jetzt das Problem auf, wie er denn zu seiner Arbeitsstelle gelangen solle. Ein Fahrrad besitzt er nicht, außerdem erschwert die hügelige Landschaft die Fahrt, schließlich ist er auch nicht mehr im jüngsten Alter. Also bleibt nur die Nutzung einer der privat betriebenen Minibusse, die, anders als früher, mittlerweile zwischen den Städten Liwonde und Zomba hin- und herfahren, wodurch sich der Fußmarsch zu seiner abseits der Straße liegenden Schule auf etwa eine halbe Stunde reduziert. Eine Busfahrt jedoch kostet mindestens 20 MK. Dieser Tage wurde der Preis wegen einer erneuten Benzinpreiserhöhung um 20 % erhöht. Konservativ gerechnet, braucht also unser Lehrer mindestens 40-50 KW pro Tag, um zu seiner Schule hin- und zurückzugelangen. Bei einer 6-Tage-Woche sind das etwa 25 Anwesenheiten und damit 1.000 MK Fahrgeld im Monat. Kein Wunder also, dass Lehrer versuchen, sich aus dem Schulgarten zu bedienen, und ihre Schüler dorthin zum Arbeiten schicken, dass sie Geld von den Schülern erpressen, falls diese ein erfolgreiches Examen beabsichtigen, dass die gespendeten oder gekauften Schulbücher auf dem Markt landen und dass alles, was nicht niet- und nagelfest ist, schlichtweg geklaut wird.

Das Problem ist bekannt, nicht nur in Geberkreisen. Aber was ist zu tun? Der Staat selber ist pleite, sei es, weil er seine Einkommen nicht regeln kann, sei es, dass seine Ausgaben in die Konsumbedürfnisse der Herrschenden gehen. Sollen in dieser Situation die internationalen Donors jetzt auch noch die Gehaltskosten der Staatsbediensteten übernehmen? Das würde ganz sicherlich den malawischen Staat entlasten, wohl aber die falschen Signale setzen. Stattdessen drängen die Geber auf eine Verschlankung des Staatsapparates, eine an sich zunächst mal plausible Strategie. Gleichzeitig jedoch muss man sehen, dass es sowieso nur für 15 % der arbeitsfähigen Bevölkerung Arbeitsplätze gibt. Kann man es unter diesen Umständen vertreten, dass die Hälfte der Staatsbediensteten in die Arbeitslosigkeit gehen? Und ob die dadurch eingesparten Gelder tatsächlich in Lohnerhöhungen für die Verbleibenden gehen, ist mehr als fraglich. Die Marktunternehmen und die Nicht-Regierungs-Organisationen in der Zivilgesellschaft können die staatlich organisierten Arbeitsplätze nicht ersetzen. Ihre Anzahl ist viel zu gering, so dass sich auch die relativ bessere Bezahlung nicht beispielgebend niederschlägt. Stattdessen ziehen sie die fähigsten aus dem Staatsapparat ab, wodurch sich ungewollt das Ausgangsproblem einer unfähigen und korrupten Staatsbürokratie nur noch verstärkt.

Die herrschenden Eliten in Malawi, besorgt um ihre Handlungs- und Bereicherungsfähigkeit, suchen in dieser Lage verzweifelt nach Alternativen. Eine glauben sie gefunden zu haben. Das gesamte malawische Zollwesen wurde einer schweizerischen Firma übertragen, die nun eine ordnungsgemäße, reibungslose und korruptionsarme Erhebung der Zölle an den malawischen Grenzen garantieren soll. Ob sich diese Erwartungen erfüllen, bleibt abzuwarten. Denn schon im Jahr davor war eine englische Firma mit der Zollerhebung beauftragt worden. Sie musste allerdings diesen Auftrag zurückgeben, weil der Verdacht auftauchte, dass ihr der Zuschlag nur durch erhebliche Bestechungsgelder gegenüber dem malawischen Finanzminister erteilt wurde. Der Finanzminister zeigte sich übrigens recht betroffen und zerknirscht über solche ungeheuerlichen Unterstellungen. Zurücktreten musste er nicht. Allerdings wurde er einige Monate später bei einer Kabinettsveränderung in ein anderes Ministerium transferiert. Wie auch immer, das Verscherbeln staatlicher Souveränitätsrechte an private ausländische Firmen ist schon eine originelle Lösung, die es verdient, weiterverfolgt zu werden. Warum kann man nicht die ineffiziente Polizei und die schlecht ausgebildete Armee durch Ausländer ersetzen? Die Berliner Polizei hat doch Personalüberschuss, und auch die Bundeswehr sucht nach neuen Aufgaben. Gleichzeitig wären bei einer Vermietung von deutschen Polizisten und Truppen die entsprechenden Haushaltsetats in der Bundesrepublik entlastet. Man kann nur hoffen, dass einem die Russen nicht durch billigere Angebote zuvorkommen, denn schließlich will ich nicht noch Russisch lernen müssen. ...

Mai 2000

... Letzte Woche ist die 15-jährige Tochter eines unserer Nachtwächter an Malaria verstorben. Das erinnerte uns daran, dass nicht HIV-Aids, sondern Malaria der größte Killer in Afrika ist. Die Weltgesundheitsorganisation geht von einer Million Malaria-Opfern im Jahr aus, davon allein in Afrika 900.000. Malaria ist also eine afrikanische Krankheit und zudem eine der Armen. Während Aids seine Schneisen in fast alle gesellschaftliche Gruppen schlägt und auch in Europa, den Amerikas und Asien zu finden ist, trifft die Malaria primär die arme afrikanische Bevölkerung. Die zahlenmäßig kleine afrikanische Mittel- und Oberschicht jedenfalls fühlt sich davon nicht betroffen, hat sie doch Zugang zur prophylaktischen oder heilenden medizinischen Versorgung. Und wer in Europa an Malaria stirbt, hat sich häufig auf seinen Reisen in die Tropen nachlässig verhalten.

Die Tatsache, dass Malaria die Krankheit der Armen und der Afrikaner ist, schlägt sich unmittelbar in der Perzeption und Bekämpfung des Übels nieder. Während in die Aids-Forschung Finanzmittel in Millionenhöhe einfließen, muss die Erforschung und Bekämpfung der Malaria mit Bruchteilen an finanziellen Zuwendungen auskommen. Es scheint, dass die afrikanischen Armen keine Lobby haben, aber auch keinen Absatzmarkt für die entsprechenden pharmazeutischen Produkte bieten. Anders dagegen die Geisel Aids, deren Bekämpfung lukrative Einnahmen verspricht und wo sich Betroffene in den westlichen Ländern längst organisiert haben, um auch politische Forderungen der Zurückdrängung von Aids stellen zu können. Und so gehört Malaria zum malawischen Alltag wie der Schnupfen im winterlichen Europa. In regelmäßigen Schüben und Intervallen meldet sich das Fieber, und gut, wenn man dann in dieser Situation einen Master hat oder das hoffentlich erreichbare Distriktkrankenhaus mal ausnahmsweise über die entsprechenden Tabletten verfügt, die das Fieber dämmen. Ansonsten kann man nur auf die Natur oder Gott vertrauen.

Den westlichen Wahrnehmungsmustern folgend, ist Aids hier in Malawi eigentlich erst zur Kenntnis genommen worden, als sich herausstellte, dass die Seuche nicht ein Unterschichten- und Minderheitenphänomen ist, sondern auch die administrativen und politischen Eliten des Landes trifft, Entscheidungsträger in den Kirchen, Offiziere der Armee und der Polizei. In der Nachwuchsförderung, ob als Lehrer oder Krankenschwester, ob als Pilot oder Anwalt, ob als Soldat oder Handwerker, man geht von einer Ausfallrate noch während der Ausbildung von bis zu 40 % aus. Und erschrocken diskutieren einige Hellsichtige nicht nur das Ausmaß menschlicher Verluste, sondern auch die volkswirtschaftliche Bedeutung dieser enormen Ausfälle. Ist es für ein armes und zurückgebliebenes Land wie Malawi sowieso schon schwierig, wenigstens das Minimum an ausgebildeten Kräften auf allen Feldern des politischen, ökonomischen und sozialen Lebens heranzubilden, so scheint Aids ein solches Vorhaben ad absurdum zu führen. Die zynische Variante, Aids wäre so etwas wie ein notwendiges Korrektiv für unkontrolliertes Bevölkerungswachstum, zieht nicht, weil nicht nur die möglicherweise überflüssigen Esser davon betroffen sind, sondern auch die, und vor allem die, die das Land voranbringen könnten.

Gibt es für Malaria so gut wie keine öffentliche Problemwahrnehmung, ist das bei Aids mittlerweile anders. Während der Diktatur Bandas war das Thema politisch unerwünscht und deshalb auch nicht präsent. Seit einigen Jahren jedoch verweisen die Repräsentanten der westlichen Geberländer immer energischer auf dieses Problem und stoßen auch auf eine Zuhörbereitschaft der Malawis, die allerdings weiterhin durch eine traditionelle Tabuisierung einer öffentlichen Diskussion über Themen wie Sexualität behindert wird. Angesichts dieser gesellschaftlich tief verankerten Scheu, über das zu reden, was alle so gerne machen, war es schon ein bemerkenswertes Ereignis, dass sich der permanente Staatssekretär im Gesundheitsministerium, ein gelernter Mediziner, vor einiger Zeit selbst als HIV-positiv outete. Spätestens jetzt wurde deutlich, dass Aids als Thema bei der Regierung angekommen war. Seither jedenfalls sind unzählige Programme von auswärtigen Gebern zur Aids-Aufklärung aufgelegt worden. Zahlreiche Selbsthilfegruppen und Nicht-Regierungs-Organisationen, die auf Alimentierung hoffen, haben sich gebildet, und die Zeitungen nehmen das Thema in unregelmäßiger Folge immer wieder auf. Die Regierung schließlich hat sich bereit erklärt, einen Fonds einzurichten, aus dem ein auf dem Weltmarkt zur Verfügung stehendes Arzneimittel, das Aids zwar nicht heilen, wohl aber im besten Fall stoppen kann, von 25.000 KW im Moment auf 10.000 KW hinuntersubventioniert werden soll. Dieses wohl löblich gemeinte Vorhaben hat jedoch einen bitteren Beigeschmack. 10.000 KW sind das mehrfache Monatsgehalt eines Lehrers, eines Kochs, eines Nachtwächters. Wer also soll sich einen solchen Aids-Cocktail leisten? Und können nicht diejenigen, die offensichtlich 10.000 KW monatlich aufzubringen in der Lage sind, auch 25.000 KW zahlen? Es liegt also auf der Hand, dass sich viele in Malawi fragen, ob sich hier die Reichen nicht wieder selbst aus Steuermitteln subventionieren. Und wenn man sich dann auch noch vor Augen führt, dass die Krankenhäuser über nicht vorhandene Malaria-Tabletten klagen, die für 10 bis 15 KW pro Ration erhältlich wären, vermag man einer solchen Prioritätensetzung nicht mehr zu folgen. ...

August 2000

... Die Vergabe der Fußballweltmeisterschaft 2006 an Deutschland und nicht an das ebenso favorisierte Südafrika hat am Kap tiefste Frustration, ja auch Wut ausgelöst. Nachdem man bereits mit der Bewerbung um die nächsten Olympischen Spiele gescheitert war, nun auch das noch. Die Knappheit der Abstimmung zugunsten des deutschen Bewerbers und das eigenartige Verhalten des neuseeländischen Vertreters von Ozeanien, der sich im letzten Wahldurchgang der Stimme enthielt, obwohl sein Stimmverband sich für Südafrika als zweite Wahl ausgesprochen hatte, falls England in den ersten Wahlgängen scheitern sollte, werfen Schatten nicht nur auf das Ergebnis selbst, sondern auch auf das Entscheidungsverfahren.

Und in der Tat sind die Begleitumstände, Deutschland die Ausrichtung dieser Fußballweltmeisterschaft anzutragen, als dubios zu bezeichnen und im Ergebnis sportpolitisch falsch. Für Afrika generell und für Südafrika im Speziellen wären die Weltmeisterschaften ein gegebener und willkommener Anlass gewesen, sich darzustellen und sich zu zeigen als ein Kontinent bzw. ein Land, das nicht nur Gewalt, Hunger und Elend symbolisiert. Sicher, man kann sich zu Recht fragen, ob denn ein Land wie Südafrika mit so vielen existentiellen Problemen nun ausgerechnet in Spiele investieren sollte. Aber mal abgesehen von der volkswirtschaftlichen Bedeutung solcher weltweit medial vermarkteter Sportgeschäfte, man sollte die symbolische Wirkung internationaler Großereignisse für das Gastgeberland nicht unterschätzen. Das gilt für die Länder der Dritten Welt in besonderer Weise, mehr jedenfalls als für die europäischen und nordamerikanischen Nationen. Hier sind sportliche Großereignisse identitätsstiftend, produzieren nationale Integration und nationales Selbstbewusstsein. Unterentwicklung ist ja nicht nur und vor allem ein ökonomisches Phänomen fehlender Weltmarktchancen und Investitionen, niedriger Produktivität und Leistungskraft, sondern auch und nicht zuletzt das Gefühl der Ohnmacht und des Ausgeliefertseins an ein kollektives Schicksal, das man aus eigener Kraft nicht zu meistern in der Lage ist. Daraus resultieren internalisierte Minderwertigkeitskomplexe, zerstörte Selbstwertgefühle, Resignation, Unterwerfung und Aggression. Auch wenn man der Beobachtung erwachsener Leute, die hinter einem Ball her rennen, nicht viel abgewinnen kann, Fußballweltmeisterschaften haben eine gesellschaftliche Bedeutung nicht nur im Sinne von »Brot und Spielen«, als Ablenkung von der gesellschaftlichen Realität, sie bilden und produzieren gesellschaftlichen Kitt – jedenfalls können sie das –, Kitt, auf den ein von innen gefährdetes Land wie die Südafrikanische Republik dringend angewiesen ist, anders als die Bundesrepublik, für die ein sportliches Großereignis neben anderen ein gutes Geschäft verspricht, mehr jedoch nicht.

Fußball war der erste und bedeutendste Massensport in Südafrika, der die Apartheidsgrenzen sprengte. Hier konnten sich Schwarze mit ihren Leistungen durchsetzen und sind heute selbstverständlich in der Nationalmannschaft nicht nur als Alibi-Schwarze repräsentiert, während Rugby, Cricket oder Tennis weiterhin Domänen der Weißen bzw. der Inder sind, die sich nun nicht mehr politisch, wohl aber sozial eine schwarze Konkurrenz vom Leibe halten. Wenn auch nicht ohne Brechungen, Friktion und Widersprüche, ist der Fußball in Südafrika der wichtigste und fortgeschrittenste Sportbereich der Nach-Apartheid. Und so ist es zu verstehen, dass die südafrikanische Öffentlichkeit, ungeachtet ihrer rassischen Verortung und Disposition, übereinstimmend zunächst in Erstarrung, Trauer und dann in Empörung und Wut verfiel. In den Städten und Dörfern waren bereits Feste vorbereitet gewesen, die nun abgesagt werden mussten. Was war geschehen, wie konnte es geschehen, und wer trug die Verantwortung für die Entscheidung, die Fußballweltmeisterschaft 2006 nicht in Kapstadt, Johannesburg und Durban stattfinden zu lassen, obwohl dies schon als sicher galt?

Noch Wochen später nimmt eine renommierte Kolumnistin der angesehenen Daily News in einem Kommentar Stellung, der bezeichnenderweise untertitelt ist mit »Südafrika kann nicht mit dem Status eines Bettlers leben«, während der Obertitel von einer unverständlichen Naivität des Landes in dieser offensichtlich so existentiellen Frage spricht. Und dann geht es los. Von Europa habe sie sowieso nie eine positive Einlassung zugunsten Südafrikas erwartet, schließlich zeichne sich die europäische Haltung gegenüber dem Land schon immer durch Plünderung und Ausbeutung aus. Gott sei Dank, dass sie nie ein deutsches Auto erstanden oder gefahren habe, nun aber würde sie auch die koreanischen, wegen des Abstimmungsverhaltens des Vertreters dieses Landes, meiden. Die Saudis hätten Südafrika ihren fetten Stinkefinger gezeigt, indem sie mit Europa gestimmt hätten. Man sollte deshalb die Lizenzen gegenüber einem saudi-arabischen Konsortium für ein neues Handynetz in Südafrika neu überdenken. Die Araber, die Asiaten und der rassistische Neuseeländer wären ihrem »Fuhrer« Franz Beckenbauer gefolgt. Das lehre Südafrika die Lektion, es sei allein auf sich gestellt, und sich auf andere und insbesondere die Europäer beim Aufbau des Landes und des afrikanischen Kontinents zu verlassen würde nur zu weiteren Enttäuschungen führen und die Rolle Südafrikas als Bettler verfestigen.

Mir ist nicht bekannt, für wen die Autorin spricht. Immerhin wird sie als Executive Editor der News bezeichnet, einer liberalen und seriösen Zeitung, die sich auf hohem Niveau mit dem vorangegangenen Apartheids-Regime auseinander gesetzt hat und konsequent auch Schwarzafrikaner in ihren Reihen beschäftigte. Ich kann also nicht sagen, ob der Artikel in breiten oder intellektuellen Kreisen Zustimmung erhält oder erhalten hat. Aber immerhin, die Daily News fand den Kommentar abdruckenswert.

Wie auch immer, bemerkenswert bleiben die Maßlosigkeit der verwandten Sprache, die Unangemessenheit der Assoziationen und Bilder und die analytische Distanzlosigkeit zum Gegenstand. Bei gegebener Gefahr unzulässiger Verallgemeinerung stehen der Kommentar und seine Autorin als ein Beispiel, zugespitzt wie in einer Karikatur, deshalb aber nicht falsch, für einen weit verbreiteten Typ afrikanischer Intellektueller, verletzt, sich selbst bemitleidend, sich von Verschwörungen umzingelt glaubend und um sich schlagend.

Haben es Intellektuelle in einer Welt postmoderner Beliebigkeit generell schwer, für sich und ihre Umwelt einen Standpunkt zu finden und zu besetzen, lebte der afrikanische Intellektuelle bereits in Zeiten gesichert erscheinender ideologischer Ufer in Unsicherheit. Produkt kolonialer Erziehung und Prägung, suchte er sich einerseits in dieser gegebenen Struktur zu bewähren und die begrenzten Vorteile für sich und seinesgleichen zu nutzen und gleichzeitig der Gefahr eines Identitätsverlusts durch eine Rückbesinnung auf seine afrikanische Herkunft und Kultur zu begegnen. Ist ein solcher Spagat für sich genommen schon eine schier unlösbare Herkules-Tat, kann er nicht gelingen, wenn dieser kulturell bedingte Gegensatz sich nicht zu einem Kompromiss zwingen lässt, sondern von einer Seite dominiert wird. Von wenigen Ausnahmen abgesehen, hielt die afrikanische Kultur dem geballten Ansturm westlicher Technologie und Philosophie nicht stand und zog sich in Widerstandsnischen zurück. Zumindest auf der Oberfläche der kolonialen und nachkolonialen Gesellschaft dominierte westliches Gedankengut und prägte damit den afrikanischen Intellektuellen.

Der afrikanische Intellektuelle ist heimatlos, und nicht erst seit gestern. Als Figuration ein Phänomen der Moderne und Produkt des Westens, sucht er seine afrikanische Identität und kann sie nicht finden. Dem Westen will und kann er in seiner Mehrzahl nicht folgen, das aber, was er aus seiner eigenen Tradition und Kultur herzuleiten sucht, sind Bruchstücke, Artefakte oder schlicht Ideologien. Der Versuch eines Rekurses auf die afrikanische Demokratie in ihrer traditionellen Variante als dörfliche Palaverdemokratie oder in der missverstandenen sozialistischen Variante als Staatskapitalismus, übrigens in den Lehrsälen europäischer und amerikanischer Universitäten gehört und in deren Hinterstuben rekonstruiert, ist längst desavouiert, untergegangen in einem Sumpf von Korruption, Zynismus und Ineffizienz und daraus resultierender bodenloser Armut und Verzweiflung. Der moralische und ideelle Zerfall Afrikas ist umfassend und weitreichend.

Die afrikanischen Intellektuellen stehen dem hilflos gegenüber. Brav haben sie den abendländischen Diskurs gelernt und sind nie im Westen angekommen. Ein Zurück gibt es nicht, es sei denn in der gebetsmühlenartigen Wiederholung hohler Phrasen. So beharren sie in einem »So Nicht«

und meinen damit den Westen. Gefragt nach Alternativen, wissen sie keine Antwort. Sie haben der schrecklichen afrikanischen Wirklichkeit keine Visionen entgegenzusetzen. Bis jetzt ist noch jede sinnvolle gesellschaftliche Zielsetzung von den afrikanischen politischen Führern in ihr Gegenteil verkehrt worden. Das zweifellos vorhandene Rassismusproblem im Verhältnis weißer Minderheiten zu schwarzafrikanischen Mehrheiten in Südafrika oder Zimbabwe wird zynisch von den Mbekis oder Mugabes zur Sicherung eigener Herrschaft funktionalisiert. Die Landfrage, die dringend einer Lösung bedarf, ist nur der Vorwand für eigene Bereicherung. All das aber ist nicht neu, sondern hat sich bereits tausendfach wiederholt. Die Helden der Unabhängigkeit, die Nkrumahs, Kenyattas, Kaundas, Bandas und wie sie alle heißen, sind längst als skrupellose Lügner entlarvt, die mit großen Worten und mitreißender Rhetorik die rücksichtslose Ausweidung ihrer Staaten zudeckten und einen Trümmerhaufen hinterließen. Die Folgen für die afrikanische Ökonomie, Staatsorganisation und Zivilgesellschaft sind sicht- und spürbar. Die überwiegende Mehrzahl der afrikanischen Staaten hat den bereits erreichten Standard zur Zeit ihrer Unabhängigkeit nie wieder erlangt, und die Talfahrt ist weiterhin ungebremst. Wenig Beachtung haben jedoch bisher die politisch-moralischen Folgen dieses afrikanischen Desasters gefunden. Auch wenn die afrikanischen Intellektuellen in ihrer Hilflosigkeit gerne internationale Verschwörungen für die katastrophale Entwicklung des Kontinents verantwortlich machen, wissen sie doch ganz genau, was ihre eigenen politischen Eliten ihren Ländern angetan haben. Die Erkenntnis, dass nicht weiße Kolonialisten und Imperialisten, sondern afrikanische Brüder und manchmal Schwestern, in die sie so viel Hoffnungen und Erwartungen gesetzt hatten, denen sie freudig und geradezu euphorisch zu folgen bereit waren, den Kontinent zu Bruch haben gehen lassen, ist für die afrikanischen Intellektuellen zutiefst demoralisierend. Wem kann man noch glauben, wem kann man noch folgen? Der moralische Genickbruch Afrikas ist das eigentliche Problem, und die Intellektuellen wären aufgerufen, die Trauerarbeit zu beginnen, und viel zu wenige tun das bereits. Das aber würde eine radikale Wende, weg von den geliebten und stereotypen Feindbildern, weg von der geradezu paranoiden Fixierung auf den Westen, hin zu eigenen tragfähigen Utopien und Visionen bedeuten. Die aber werden sich nicht umstandslos und bruchlos in einer bereits fiktiv gewordenen afrikanischen Tradition finden lassen. Afrika muss den Weg in die Moderne suchen. Das beinhaltet keineswegs die kritiklose Kopierung westlicher Vorbilder, wohl aber eine möglichst vorurteilsfreie und selbstbewusste Prüfung von möglicherweise Brauchbarem, wo immer es sich findet. Vielleicht wird eine neue Generation von Intellektuellen befähigt sein, ihr selbstverliebtes Leiden an sich und der Welt zu überwinden, für die jetzige scheint es zu spät zu sein. ...

September 2000

... Als wir nach fünf Wochen Europa wieder unser Haus in Lilongwe betraten, erwartete uns unsere Hausgemeinschaft, an ihrer Spitze der Koch, Mr. Samala. So sehr wir uns über den freundlichen Empfang freuten, so sehr erschraken wir über seinen Anblick. In der kurzen Zeit unserer Abwesenheit ist er um Jahre gealtert, abgemagert und von grauer Hautfarbe. Müde Augen schauen uns an, und seine Sprechweise hat sich verlangsamt – alles Symptome, die wir schon einmal in unserem Hause beobachten mussten. Unsere Frage, ob er denn krank sei, wehrt er vehement ab. Er habe vielleicht etwas wenig gegessen in der letzten Zeit, aber das sei auch schon alles.

Was für eine absurde Antwort. In Malawi isst man nur wenig, wenn es die Situation erzwingt. Das aber ist für unseren Hof, wo Scheuer und Gärten voll sind, nicht der Fall. In einer Armutsgesellschaft isst man jeden Tag so, als ob es der letzte sei. Entsprechend orientiert sich auch das gängige Schönheitsideal nicht an der Schlankheit. Gleichzeitig wurde klar, dass der Koch über dieses Thema nicht gerne reden wollte. Handelt es dabei um die Tabuisierung eines unangenehmen Themas? Befürchtet er Entlassung, wenn sein Boss feststellen sollte, dass er schwer krank ist? Weiß er bereits mehr über seinen Zustand, als er öffentlich bekannt geben will? Wie auch immer, auch den Zusatz, man würde ihn zu einem guten Arzt schicken und die Kosten übernehmen, sah er eher als Bedrohung denn als erleichternde Fürsorge. Es war also angesagt, das Thema fallen zu lassen und die zukünftige Entwicklung abzuwarten.

Krankheit und Tod gehören zum malawischen Alltag wie Essen, Schlafen und das Wetter. Sie sind allgegenwärtig und fordern ohne Maß und Unterlass Tribut, nicht nur, aber zu allererst bei der Mehrzahl der Bevölkerung, den Armen. Gelebt wird schnell, gestorben ebenso. Und der Lebenszeitraum wird immer kürzer. In den letzten Jahren ist die durchschnittliche Lebenserwartung der Menschen im Lande auf unter vierzig Jahre gesunken.

Malaria ist endemisch und fordert in Afrika südlich der Sahara jährlich 0,9 Millionen Tote. Internationale und nationale Gesundheitsbehörden erwägen, entgegen wissenschaftlicher Bedenken wieder DDT zur flächenweiten Bekämpfung der Brutstätten von Moskitos einzusetzen. Unsere Leute in

Haus und Hof melden sich durchschnittlich viermal im Jahr krank, unter Verweis auf Malaria. Sie erhalten dann entweder von uns oder vom Krankenhaus Aspirin und Fansidar, und das war es. Von Vorsorge und Prophylaxe kann nicht die Rede sein. Selbst passive Schutzvorkehrungen wie Malarianetze sind kaum üblich. Während in Zambia chemisch behandelte Netze eine Verbreitung von über 60 % in der Bevölkerung haben sollen, findet das in Malawi keine Nachahmung. Unsere Leute nehmen die Malarianetze schlicht nicht an. Es ist also nicht nur die Armut, die einen relativ guten Malariaschutz verhindert, sondern auch Unwissenheit und Leichtfertigkeit.

HIV-Aids hat noch lange nicht in Afrika seinen Höhepunkt überschritten. Die Gesundheitsstatistiken, die alle nicht in methodischer Hinsicht Nachfragen aushalten, sprechen von 20-40 % HIV-Betroffenen in der Bevölkerung. Das südliche Afrika, hier neben Malawi besonders Zimbabwe und im steigenden Maße die Südafrikanische Republik, sind absolute Spitzenreiter in der Schreckensstatistik, mit steigender Tendenz. In vielen Dörfern finden sich nur noch ältere und ganz junge Menschen. Während dieser Zustand in früheren Jahren möglicherweise eine hohe Arbeitsemigration anzeigte, wo die mittlere Generation sich in den benachbarten Ländern ein Zubrot verdiente, bedeutet er heute, dass Aids auch hier seine sichtbaren Zeichen gesetzt hat. Die Anzahl von Waisen ist in den letzten Jahren in erschreckender Weise gestiegen, konservative Schätzungen sprechen von 200.000 für Malawi. Immer häufiger müssen ältere Menschen, die selbst bereits auf die Fürsorge und Obhut ihrer Kinder und Verwandten angewiesen wären, sich um ihre allein gelassenen Enkel oder Großnichten und Großneffen kümmern. Nicht wenige von ihnen sind mit diesen Aufgaben schlichtweg überfordert, fehlt es ihnen doch an Kraft und Ressourcen. Immerhin wird das Problem jetzt öffentlich thematisiert, während es für lange Jahre der politischen Zensur unterworfen war. Aber an dem Wissen über und an der Einstellung zu HIV-Aids hat diese Diskussion noch wenig ändern können. Noch immer sind recht abstruse Theorien über den Entstehungshintergrund und die Gefahrenreichweite dieser Krankheit landläufig – so etwa die Meinung, dass häufiger Geschlechtsverkehr mit wechselnden Partnern zwar einerseits das Ansteckungsrisiko anwachsen lässt, gleichzeitig jedoch Immunitätswirkungen zeigt. Der Beischlaf mit Jungfrauen mindere nicht nur die Ansteckungsgefahr, sondern verspreche Heilung. Die größte Behindertenorganisation in Malawi sah sich genötigt, insbesondere dieser Auffassung in der Öffentlichkeit entgegenzutreten, weil in sich verstärkendem Maße geistig und körperlich behinderte Frauen Opfer von Vergewaltigungen aidskranker Männer wurden. Aberglaube und Unwissenheit, eng verknüpft mit bestehenden kulturellen Normen, soweit sie bei den Initiationsriten der Jugendlichen, insbesondere der Mädchen, oder auch bei Beerdigungen eine sexuelle Komponente mit beinhalten, führen in der Konsequenz zur weiteren Ausbreitung dieser Epidemie.

Aber Malaria und Aids sollten nicht ablenken von den weiteren Krankheiten, die den Afrikaner in seinem Alltag begleiten. Tuberkulose ist wieder im Anwachsen, die bereits besiegt geglaubte Cholera tritt wieder auf, ebenso Lepra, und selbst die Pest gehört noch lange nicht der Vergangenheit an. Erkältungskrankheiten der vielfältigsten Art sind Gang und Gäbe. Nur wer den afrikanischen Kontinent gar nicht kennt, verbindet mit ihm ausschließlich und in erster Linie Hitze und Sonne. Dabei sind vor wenigen Wochen im Western Cape über dreißig Menschen bei einem überraschenden Wetterumschwung in Hütten, Slums und auf der Straße erfroren.

Mütter- und Kindersterblichkeit, die in Malawi weit über dem gewisslich nicht niedrigen afrikanischen Standard liegen, sind nicht immer auf akute Krankheiten zurückzuführen, sondern erklären sich aus Unter- und Fehlernährung, mangelnder Hygiene und dysfunktionalen kulturellen Normen. Viele Kinder und Jugendliche weisen ernährungsbedingte Wachstums- und Haltungsschäden auf, sind physiologisch gehandicapt und verfügen über reduzierte mentale und physische Leistungsfähigkeiten. Mit dieser ihnen nicht angeborenen Disposition sind sie überdurchschnittlich risikobehaftet und anfällig für alle möglichen Krankheiten, nicht nur die spektakulären. Dass Krankheit und Armut Zwillingsschwestern sind, mag ein Europa der Sozialstaaten zugedeckt haben, in Afrika jedoch wird diese Wahrheit jeden Tag sichtbar und fühlbar neu bestätigt.

Auf einer Party, wie üblich unter weitgehendem Ausschluss von Malawis, versteigt sich ein Angehöriger der britischen Botschaft zu der Aussage, Afrikaner könnten nicht trauern. Und auch ein deutscher Arzt meinte, er sei immer wieder neu überrascht, wie teilnahmslos die Familienangehörigen den Tod eines Patienten aufnehmen würden. Aber Vorsicht, man sollte die Bewertung von Trauerhaltungen nicht so vorschnell und umstandslos an eigene Erwartungen und Maßstäbe binden. Die sicht- und beobachtbare Trauerarbeit ist von den jeweiligen kulturellen Gegebenheiten stark determiniert und wird zudem von den jeweils Betroffenen individuell variiert. Sie zeigt sich in akzeptierten und erwarteten Ritualen, Zeremonien und Rollen, die man zunächst einmal näher kennen muss, um so weit gehen zu können, Aussagen über die emotionale Betroffenheit der Trauernden machen zu können. Auf den ersten Blick jedenfalls wird zunächst nur eine Oberfläche sichtbar, die keineswegs weitgehende Rückschlüsse zulässt. Berücksichtigt man das nicht, würde man hinnehmen müssen, dass ein malawischer Beobachter bei einer Beerdigung im ostwestfälischen Bauernmilieu zu recht garstigen Bewertungen kommen müsste.

Es liegt nahe, die tatsächliche oder vermutete Teilnahmslosigkeit von Afrikanern angesichts von Krankheit und Tod einer Gewöhnung und schicksalhaften Unterwerfung unter das Unausweichliche zuzuschreiben. Richtig daran ist, dass jeder Malawi über entsprechende Erfahrungen verfügt. In den drei Jahren unseres Aufenthaltes hier im Lande sind bisher ein Hausangestellter und vier Kinder von Hausangestellten gestorben. Drei schwere Erkrankungen auf Leben und Tod sind im gleichen Zeitraum zu verzeichnen. Über die Opfer in der erweiterten Familie hört man nur am Rande. Ein Grund, wenn auch nicht der wichtigste, für die enorm hohe Geburtenrate in Malawi liegt unter anderem in diesen Erfahrungen. Gerade für die Armen sind Kinder zusätzliche Arbeitskräfte und damit eine potentielle Einnahmequelle und eine gesicherte Altersversorgung. Eine hohe Kindersterblichkeit kann sich deshalb für betroffene Familien zu einer Katastrophe auswirken.

In Malawi gilt es als unschicklich, große Emotionen zu zeigen. Gefühlsmäßige Ausbrüche sind selten und werden von Beobachtern als Exzesse und Peinlichkeiten bewertet. Es ist immer wieder bemerkenswert, wie die Malawis bei verbalen oder physisch geführten Konflikten in ihrer Nachbarschaft oder auf der Straße sich einerseits fasziniert zeigen von diesen Vorfällen und sich andererseits winden und wenden angesichts der Zumutung, hier hineingezogen zu werden. Den beobachteten Konflikt zu unterbinden verbietet wiederum die Scham. Mann oder Frau kann sich doch nicht in die Privatsphäre anderer Leute einmischen. Nelson Mandela beschreibt in seiner lesenswerten Autobiographie, wie er von seiner Mutter auf einem vierzehntägigen Fußmarsch zu seiner neuen Schule begleitet wird, die ihn seinem Ziel, die Universität besuchen zu können, näher bringen soll. Auf diesem Marsch kamen sich die beiden so nah wie noch nie. Sie tauschen sich über ihre Zukunftserwartungen aus, die Mutter, im Stolz auf ihren Sohn, der nicht nur schreiben und lesen kann, und der Sohn, der hofft, etwas zu erreichen, was den meisten Schwarzen in Südafrika verwehrt bleibt. Vor der Schule angekommen, gibt ihm die Mutter einen Klaps, dreht sich um und beginnt, ohne sich umzudrehen, ihren Rückmarsch. Der Junge betritt die Schule, und sie sehen sich erst einige Jahre später wieder.

Diese Scheu, Gefühle zu zeigen, ist auch in Europa in vielen sozialen Milieus und regionalen Kulturen nicht unbekannt. Für Malawi und zumindest für das südliche Afrika ist sie jedoch kennzeichnend. Höflichkeit, bescheidene Zurückhaltung, Freundlichkeit, konformes Verhalten, das sind die traditionellen Werte, mit denen sich emotionale Ausbrüche nicht vertragen. Diese kulturell bedingte Grundhaltung muss auch bei der Beobachtung von Trauerverhalten mit berücksichtigt werden. Zurückhaltung ist eben nicht gleich Teilnahmslosigkeit.

Bei den Beerdigungszeremonien wird diesem Umstand Rechnung getragen in der Institutionalisierung unterschiedlicher Rollenzuweisungen. Klageweiber finden sich ein, an die aus verwandtschaftlicher Verpflichtung oder gegen Entgelt der eher expressive Schmerz delegiert wird, während sich die nahen Angehörigen eher dem stillen Leid hingeben. Auch ist die engere Familie mit der Organisierung der erstaunlich aufwendigen Beerdigungszeremonien voll beschäftigt und vielleicht auch abgelenkt. Beerdigungen haben einen hohen sozialen Stellenwert, und soweit es sich die Familien leisten können, erinnern sie noch in späteren Jahren in regelmäßigen Abständen öffentlich, zum Beispiel in Zeitungsanzeigen, an dieses Ereignis. Allein die finanziellen Aufwendungen für die Totenfeier sind erheblich und werfen die betroffenen Familien ökonomisch auf Jahre zurück. Zwar wird von den Trauergästen erwartet, dass sie sich mit Sach- und Geldspenden beteiligen, aber die Ausgaben übersteigen in der Regel diese Zuwendungen bei weitem. Essen und Getränke sind anzubieten, Transport und Schlafplätze für eine nicht kleine Anzahl von Trauergästen sind zu organisieren, und häufig geht das Fest über mehrere Tage und Nächte.

Dass die Beerdigung zu einem Fest wird, dafür sorgen die kulturell gegründeten Erwartungen aller Beteiligten. Vielleicht ist das auch ein Grund dafür, dass europäische Beobachter hierin eine bloße Selbstbezogenheit der Überlebenden sehen, die den Tod eines Angehörigen nur zum Anlass für Festivitäten nehmen und den eigentlich Betroffenen schon längst abgeschrieben und vergessen haben. Diese Einschätzung ist jedoch völlig falsch. Ganz abgesehen davon, dass ja auch in der europäischen Kultur der Totenschmaus institutionalisiert ist und der Genuss von Alkohol dabei eine nicht unerhebliche Rolle spielt, stellen die eventuellen Ausschweifungen keineswegs die bloße Instrumentalisierung eines traurigen Anlasses zur Befriedigung eigener Bedürfnisse dar. Es ist wohl ein universales Muster, dass das Erleben des Todes in der nächsten Familie und Nachbarschaft beim Beobachter Erschrecken und Erstarrung produziert, die nach Entlastung sucht. Unterschiedliche Kulturen haben darauf unterschiedliche Lösungsversuche formuliert, und nicht wenige das Totenfest. In der afrikanischen Inszenierung wird der Dahingeschiedene keineswegs in das sich anbahnende Vergessen verdrängt, sondern ist in gewisser Weise Teil des Festes und der folgenden Trauerarbeit. Anders als im säkularisierten Europa, tritt der Verblichene nicht in das Nichts ein, sondern bleibt im Lebenskontext der Zurückgelassenen existent. Er wird zum letzten Glied der Kette der Ahnen, bei denen man sich auch für die Lösung alltäglicher Lebensprobleme Rat holt, die als böse oder gute Geister in das Leben der Einzelnen eingreifen. Der Tote ist also in gewisser Weise weiterhin erfahrbar präsent; deshalb wird auch das Hinübergehen in die Nach-Lebens-Welt nicht als eine so scharfe Zäsur wie in der abendländischen Kultur empfunden. Das gibt dem Toten eine starke Bedeutung, und darin können auch die Zurückgebliebenen einen gewissen Trost finden, den man nicht mit Gleichgültigkeit verwechseln sollte.

Den Ahnen ist man verpflichtet und verbunden, nicht nur als historische Anekdote, sondern als Orientierungspunkt im Guten und im Bösen. Die Geister der Ahnen walten in Haus, Hof und Feld, man muss ihnen opfern und darf sie bei Strafe nicht beleidigen. Deshalb ist es auch wichtig, dass Tote schnell und würdig in ihrem Geburtsort, nämlich dem Ort ihrer Ahnen, beerdigt werden. Eine große Teilnehmerzahl am Beerdigungsritual dokumentiert und stärkt die Bedeutung des Gestorbenen. Fällt das Totenfest unwürdig aus, wird sich der Geist des Verstorbenen mit Kinderlosigkeit, Dürre, Krankheit und Feuer rächen. Welche Macht den Ahnen zugeschrieben wird, zeigt sich an einer Geschichte, die vor kurzem die malawische Öffentlichkeit beschäftigt hat. Eine Mutter weigerte sich, ihren erwachsenen Sohn zu beerdigen. Sie beschuldigte ihn, dass er ihr vor mehr als zwanzig Jahren landwirtschaftliche Geräte gestohlen und sich der Strafverfolgung durch eine Flucht nach Südafrika entzogen hätte. Im Angesicht seines Todes sei er nun in das Dorf zurückgekommen und dort verstorben. Die Dorfgemeinschaft erwartete nun, dass die Mutter ihrer Pflicht zur Beerdigung nachkommen würde, was sie jedoch zum Entsetzen und Erstaunen der Nachbarschaft nicht tat. Daraufhin hat das Dorf die Beerdigung übernommen, um den Geist des Toten zu besänftigen und nicht leichtfertig einen bösen Rachegeist hervorzubringen. Die starke Normenverletzung durch die Mutter blieb jedoch nun das Problem; auch war dem Dorf ein finanzieller Schaden entstanden durch die Ausrichtung der Totenfeierlichkeiten, so dass die Frau vor dem traditionellen Gericht auf Regelverletzung und Schadensersatz verklagt wurde. Bisher hat das Gericht noch keine Entscheidung gefällt.

Zwei unverbunden nebeneinander und zum Teil gegeneinander agierende Gesundheitssysteme nehmen sich der Behandlung auftretender Krankheiten an. Dabei überwiegt das kurative Element. Systematische Versuche einer Vorsorge im Gesundheitsbereich sind nicht zu erkennen. Da ist zum einen das traditionelle System der Heiler und weisen Frauen und zum anderen das moderne Krankenhauswesen, das nur im ersten Anschein eine gewisse Ähnlichkeit mit der europäischen Krankenhausversorgung aufweist. Wenn man überhaupt davon sprechen kann, decken die Midwives und die traditionellen Heiler die Grundversorgung der Bevölkerung ab. Insbesondere auf dem Land – und 80 % der malawischen Bevölkerung lebt auf dem Land – ist dieser Personenkreis die erste Anlaufstelle für gesundheitliche Probleme. Anders als in der Stadt, ist ein Krankenhaus kaum oder nur unter großen Schwierigkeiten wegen der Entfernungen, mangelnder Transportmöglichkeiten und schlechter Straßen erreichbar. Arztpraxen auf dem Land gibt es nicht, allenfalls Gesundheitsstationen auf Sanitätsniveau. Midwives sind in der Regel ältere und erfahrene Frauen, die sich ein wenig in Hygiene auskennen und auch auf Hebammendienste angesprochen werden. Manchmal verfügen sie über eine kleine Grundausstattung an Tabletten und Verbandsstoff, die sie möglicherweise von Nicht-Regierungs-Organisationen, seltener vom staatlichen Gesundheitssystem, zur Verfügung gestellt bekommen haben. Sie arbeiten nebenberuflich, wie auch die überwiegende Anzahl der traditionellen Heiler. Nur wenige »Wunderheiler« können ihr Leben ausschließlich aus ihren medizinischen Dienstleistungen bestreiten. Weil die meisten Gelegenheitsheiler sind, liegen auch keine halbwegs verlässlichen Schätzungen über die Anzahl der traditionellen Medizinanbieter vor. Nur sehr, sehr wenige traditionelle Heiler arbeiten in diesem Sinne seriös, so dass sie sich zum Beispiel bescheiden auf die Anwendung von Heilkräutern konzentrieren und darüber auch einigermaßen solide Kenntnisse haben. Stattdessen wird mit heiligen Messern unter gröblicher Missachtung aller Hygienevorschriften geschnippelt und geschnitten. Immer wieder gehen Warnungen durch die Zeitungen, dass die traditionellen Heiler sich so an der Verbreitung von HIV beteiligen. Aus Mäusekot werden Pillen gedreht, heilige Knochen werden geworfen, und nicht wenige Heiler versuchen sich in der gefährlichen Praxis von Witchcraft.

Obskurantismus spielt in der afrikanischen Lebenswelt noch immer eine große Rolle. Als vor wenigen Jahren ein Wunderheiler aus dem Süden des Landes versprach, mit dem Saft eines in seinem Garten stehenden Baumes Aids zu kurieren, pilgerten Hunderttausende von Malawis in seinen Heimatort, um an diesem Wunder teilnehmen zu können. Es waren nicht etwa die ungebildeten, des Lebens und Schreibens nicht kundigen Landleute, sondern ganze Ministerien, einschließlich ihrer Chefs, machten auf Staatskosten Betriebsausflüge in den Süden, um auch einen Schluck vom Trank abzubekommen. Männer der Kirchen kamen im Schutze der

Dunkelheit, und Armee und Polizei, vom Gefreiten bis hin zum General, durften nicht fehlen. Selbst vom Präsidenten des Landes wird erzählt, dass er mehrfach diesen Wunderheiler aufgesucht habe. Allein von der Menge des ausgeschenkten Getränkes her hätte der gute Mann den gesamten Staatsforst Malawis anzapfen müssen, aber er beharrte, dass das sein Baum im Garten auch leisten würde.

Die Folgen dieses Auftriebs waren ganz andere, als zunächst vermutet. Es entstand nach ganz kurzer Zeit eine erhebliche Seuchengefahr, weil die vielen Besucher nicht anders konnten, als ihre Notdurft in und um dem Garten des Wunderheilers zu verrichten. Um nun nicht noch eine Cholera zu riskieren, erbarmte sich schließlich die GTZ und baute nach alter Landserart eine erhebliche Anzahl von Latrinen. Nun war also mindestens diese Gefahr gebannt, und der traditionelle Heiler konnte sich der Aufmerksamkeit des Landes für mehr als ein Jahr erfreuen. Jetzt sitzt er mehr oder weniger verbittert allein in seinem Garten und ärgert sich, warum er nicht von jedem Kunden mindestens eine Mark genommen hat, dann wäre er heute Millionär. Stattdessen wurde deutlich, dass diejenigen, die seine Dienste in Anspruch genommen hatten, nicht von ihrer Last befreit wurden. Das aber schädigte den Ruf des Heilers erheblich.

Mit Witchcraft versuchen erstaunlich viele Malawis, ihre Alltagsprobleme zu lösen. So wird der Manager einer Firma von seinen Arbeitern mit einem Todesfluch belegt, worauf der prompt eine Lohnerhöhung verspricht. Ehefrauen versuchen ihre gewalttätigen Ehemänner loszuwerden, indem sie ein Totem unter das Bett legen. Wochenlang beherrschte das Schicksal eines elfjährigen Mädchens die Schlagzeilen der malawischen Zeitungen, das sich angeblich seit seiner Geburt von Menschenblut und -fleisch ernährt haben soll und nun versprach, dieses lästerliche Tun aufzugeben.

Häufig ist dieser Hexenwahn in den Kontext von Sexualität gestellt. Eine im ganzen südlichen Afrika vorfindliche Denk- und Handlungsfiguration ist die der Durchbrechung des Inzestverbots. In Erlebnisberichten, traditionellen Märchen und modernen Kurzgeschichten taucht immer wieder die erzählerische Grundkonzeption auf, dass auf Anraten von Wunderheilern Männer, seien es Väter oder Söhne, zur Überwindung oder Vermeidung von existentiellen Problemen mit ihrer Tochter bzw. Mutter schlafen sollen. In den Erzählungen führt das zunächst auch tatsächlich zur Abwendung der befürchteten Gefahren. Dann jedoch holt das offensichtlich gerechte Schicksal den Misstäter doch ein. Er stirbt, wird wahnsinnig oder vom Arm des Gesetzes eingeholt. Aus Zimbabwe stammt die anthropologische Erklärung, dass die Täter aus der Schwere und Ungeheuerlichkeit des Tabubruchs eine schier unermessliche Macht schöpfen. Sie erheben sich gottähnlich über die Menschen, indem sie deren basale Regeln verletzen. Vielleicht sind das auch Widerspiegelungen des hohen Konformitätsdrucks, den Afrikaner in all ihren Lebensäußerungen erfahren, das Spiel mit dem Unmöglichen, das aber offensichtlich in der Praxis nicht nur Spiel und Gedankenkonstruktion bleibt – jedenfalls zeugen davon eine Fülle von Berichten und Erzählungen. Sich über die menschliche Ordnung stellen zu können, das ist die eine Message, die andere aber ist die, dass letztendlich doch die gesellschaftliche Moral siegt. Der Täter wird unbarmherzig abgestraft, zur Warnung des erregten Publikums und zur Wiederherstellung der menschlichen Ordnung.

Sicher, nicht alle traditionellen Heiler gebärden sich als Wunderheiler, aber zu viele von ihnen agieren in Graugrenzen, die bestenfalls Humbug verkörpern. Nur in wenigen Ausnahmen kann man den traditionellen Heilern hier im Lande den Status alternativer Heilkunst im Vergleich zur westlichen zuerkennen, am ehesten noch in den Randbereichen der Psychologie und Psychiatrie und der nicht pharmazeutischen Heilmittel. Die meisten sind schlicht Quacksalber und noch nicht einmal in jedem Fall harmlos. Für die Bevölkerung jedoch bleiben sie ohne Alternative, weil und solange die sicherlich im Prinzip auch begrenzten Möglichkeiten der modernen Heilkunst nicht bekannt, entfernungsmäßig nicht erreichbar, im Lande nicht vorhanden oder finanziell nicht bezahlbar sind.

Die Krankenhausversorgung der malawischen Bevölkerung ist extrem lückenhaft, chronisch unterausgestattet und im Zustand zunehmender Erosion. Fragt man nicht danach, ob die jeweilige Institution den Namen verdient, existieren nach offizieller Verlautbarung 84 Krankenhäuser im Lande, bei einer geschätzten Einwohnerzahl von 10 Millionen. Davon werden drei als Zentralkrankenhäuser, angesiedelt in den drei größten Städten des Landes, geführt und 22 als Distriktkrankenhäuser. In der Regel soll in jedem Distrikt eines dieser Krankenhäuser vorhanden sein, mit der Erhöhung der Distriktanzahl ist diese Sollvorschrift nicht mehr erfüllt. 34 Krankenhäuser werden als Rural Hospitals bezeichnet. Hinzukommen zwei Mental Hospitals, was nicht zu dem Kurzschluss führen sollte, dass die geringe Zahl entsprechender Einrichtungen auch nur einigermaßen den Bedarf an psychiatrischen Kliniken ausweisen würde. Es ist nicht so, dass psychiatrische Probleme nur das Privileg zivilisationsgeschädigter Europäer oder Amerikaner seien. Das staatliche Versorgungsangebot wird durch 22 Krankenanstalten in der Regie der christlichen Kirchen und eine in der Verantwortung von Muslimen ergänzt. Diese nichtstaatlichen Einrichtungen sind in der Regel besser geführt und ausgestattet, können sie doch, wenn auch in den letzten

Jahren im schwindenden Maße, auf personelle und finanzielle Unterstützungen durch ihre Schwesterorganisationen in Europa, Amerika und Arabien bauen. Auch ist die wahrscheinlich religiös unterfütterte Motivation der Mitarbeiter in diesen christlichen und muslimischen Krankenhäusern höher als in staatlichen.

Als Unterbau zu den bestehenden Krankenhäusern finden sich 334 Gesundheitszentren, 17 Maternity Units (und das bei der hohen Mütter- und Kindersterblichkeit im Lande) und 68 Dispensaries, viele von ihnen nur zeitweilig personell besetzt und geöffnet. Die räumliche Verteilung dieser Einrichtungen geht ganz klar zu Lasten des ländlichen Raums. Das ist nicht nur den Egoismen der politischen Entscheidungsträger geschuldet, die schließlich in den Städten leben, sondern beinhaltet auch ein grundsätzliches Problem. Ballungsräume lassen sich immer leichter versorgen als große Flächen.

Personell und materiell ist das Krankenhauswesen in Malawi in jeder Hinsicht und ohne Aussicht auf Verbesserung unterausgestattet und kann schon allein deshalb die minimalsten Funktionserfordernisse nicht erfüllen. Personal ist knapp, häufig schlecht ausgebildet, unterbezahlt und demotiviert. Abgesehen von den Zentralkrankenhäusern und der Mehrzahl der Distriktkrankenhäuser, sind die übrigen noch nicht mal mit einem Arzt besetzt. Medizinische Assistenten, die zum Teil Großartiges leisten, übernehmen ärztliche Aufgaben wie Diagnosen, Operationen und Arzneimittelverschreibung. Auf 60.000 Einwohner kommt ein Arzt, und diese Ärzte arbeiten in ihrer überwiegenden Mehrzahl in den drei großen Städten des Landes. Hierin sind schon die etwa hundert Expatriates, die sich als zeitweilige Gäste im Land befinden, eingerechnet. In Schottland gibt es mehr malawische Ärzte als im Heimatland. Aber auch im medizinischen Unterbau sind die vorhandenen Lücken chronisch. Zur Zeit scheiden mehr Schwestern durch Pensionierung, Heirat, Berufswechsel und Tod aus dem Dienst aus als sich in der Ausbildung befinden. Die wenigen Ausbildungsplätze, die noch nicht einmal die stellenplanabgesicherte Nachfrage der Krankenhäuser befriedigen, geschweige denn den tatsächlichen Bedarf, werden nur zur Hälfte besetzt, weil es zu wenige Bewerber bzw. zu wenige Bewerber mit entsprechender schulischer Qualifikation gibt. Eine indiskutable Entlohnung von noch nicht einmal 100 DM im Monat für Schwestern ist einer der Gründe, das gestiegene HIV-Aids-Ansteckungsrisiko bei der Arbeit mit den Kranken ist ein anderer. Krankenschwester zu sein war in früheren Zeiten durchaus mit sozialem Prestige verbunden, und Reste davon haben sich auch heute noch bewahrt. Der Berufsgang war und ist eine der wenigen Möglichkeiten für Frauen, in eine Ausbildung zu gelangen, allerdings immer in Konkurrenz zu Männern. Aber dieses Prestige bindet sich nicht unbedingt an eine ernst gemeinte und engagierte Berufsausübung. Viele Schwestern wurden und werden es, weil sie damit ihre Heiratschancen verbessern und so nur kurz oder gar nicht den gelernten Beruf ausüben. Andere sind in erster Linie oder allein am gewonnenen Status interessiert und nicht so sehr an der damit verbundenen Arbeit. Ich erinnere mich an Besuche in der Cholera-Baracke des Zentralkrankenhauses in Lilongwe, wo die Kranken auf dem bloßen Betonfußboden lagen, wenige auf Pappen oder Decken. Der Gang war gesät voll mit gebrauchten Spritzen, und der Gestank von Urin, Kot und Erbrochenem machte das Atmen schwer und zog den Magen zusammen. Im Eingangsbereich jedoch saß eine Schwester in ihrer gestärkten, makellos weißen Uniform an einem Schreibtisch, die Zunge zwischen die Zähne geklemmt von der großen Anstrengung, Formulare und Statistiken auszufüllen. Nein, sie fühlte sich keineswegs zuständig für die äußeren und inneren Zustände der Patienten. Und auch die nervigen Anfragen besorgter Verwandte konnte sie nur zurückweisen. Sie hatte doch gewiss anderes zu tun. Es war, als ob die Gefahr einer Verschmutzung ihrer Uniform auch eine Gefahr für ihre eigene Person darstellte. Sie war es auch, die ich dabei beobachten konnte, wie sie mit einer der wenigen fahrbereiten Ambulanzen des Krankenhauses, gelenkt von einem Chauffeur, vorfuhr, der sie von zu Hause abgeholt hatte. Sicher, sonst wäre sie gar nicht zur Arbeit erschienen. Man kann nur hoffen, dass in derselben Zeit nicht ein Notfall auf diese Ambulanz verzichten musste. Aber wenn Ärzte mit den knappen Ambulanzen an den See zum Angeln fahren und Arztfrauen zum Einkaufen, warum soll dann nicht eine Krankenschwester den Fußmarsch oder den Minibus meiden und so die Uniform vor Staub und Knitterfalten schützen?

Die schlechte materielle Ausstattung der Krankenhäuser ergänzt die Malaise. Die immer wieder nachgeschobene Ausstattung der Einrichtungen durch auswärtige Geber verschwindet auf wundersame Weise in kürzester Zeit. Und an dieser Auflösung von Sachgütern in Luft beteiligen sich mit größtem Eifer Patienten und Krankenhausmitarbeiter gleichermaßen; Laken eignen sich gut zur Herstellung von Kleidungsstücken. Und während der einzelne Patient sich mit dem Laken begnügt, auf dem er oder sein Nachbar gelegen hat, nimmt der Pfleger, die Schwester oder der Arzt gleich die Vorratskammer mit. Man muss ja nicht alles selber gebrauchen können, sondern besser ist, sich über den Verkauf dieser Güter ein zusätzliches Einkommen zu erwirtschaften. Das gilt natürlich in besonders hervorragender Weise für Arzneimittel. Regelmäßig ergeben Nachprüfungen und Razzien, dass gespendete oder gekaufte Arzneien dem Krankenhaus ausgegangen sind, aber von den dort Beschäftigten oder auf dem nahe liegenden Markt gekauft werden können, zu einem kleinen Aufpreis natürlich. Die europäischen und amerikanischen Geber und Financiers dieser Ausstattungsgüter drängen dann natürlich auf Aufklärung, und so wird dann auch manchmal ein unberechtigter Zugriff auf die Pillen entdeckt – ein unausweichliches Berufsrisiko, das man nur dadurch in eine erträgliche und zumutbare Balance bringen kann, indem man schneller und entschiedener bei der Privatisierung der Krankenhausausstattung zulangt.

Das moderne Krankenhauswesen in Malawi, wie rudimentär auch immer entwickelt, geht zurück auf die christlichen Missionen. Es waren die Missionare, die von Anfang an ihre christliche Heilslehre mit dem Angebot körperlicher Gesundung verbunden hatten. Das gilt insbesondere für die schottischen Presbyterianer, die eine erstaunlich hohe Anzahl von Ärzten in das damalige Nyasa entsandten. Nur die Berufsgruppe der Lehrer überflügelte die Anzahl der Ärzte in den Missionsstationen. Auch die später in das Land gekommene katholische Kirche setzte im Wesentlichen auf diese zwei Pfeiler Erziehung und medizinische Versorgung. Der englische Kolonialstaat hat sich in beiden Fällen erst sehr spät engagiert, zunächst in der finanziellen Unterstützung der kirchlichen Bemühungen und im Grunde erst nach dem Zweiten Weltkrieg im Aufbau eigener Strukturen. Aber auch diese wie auch die kaum erwähnenswerten Vorläufer staatlicher Infrastruktur bezogen sich immer in der Priorität auf die Weißen im Lande, die Administration und das Militär. In Zomba, dem Sitz des britischen Gouverneurs, gab es ein Krankenhaus für Weiße, bei dem selbst die Schwestern Importe aus Großbritannien waren, während für die schwarze Mehrheit ein Native Hospital zuständig war, »native« nicht nur vom Kundenstamm her, sondern hier durften dann in den fünfziger Jahren die ersten schwarzen Pfleger und Schwestern ihren Beitrag leisten. Malawische Ärzte waren natürlich nicht vorgesehen. Der spätere Diktator Hastings Banda war übrigens einer der ersten Malawis, die in den Ärztestand aufrücken konnten, allerdings in Amerika und später in Edinburgh, dem Mekka aller malawischen Mediziner, und nicht in seinem Geburtsland.

Die moderne Medizin im heutigen Malawi hat historisch nie auch nur den Hauch einer Chance gehabt, sich mit der lokalen Tradition und Kultur zu verbinden, zu vermischen und sich in ihr zu verankern. Sie ist weiterhin ein aufgesetzter Fremdkörper, angewiesen auf dauerhafte personelle, inhaltliche, finanzielle und organisatorische Inputs von außen. Die Malawisierung eines Krankenhauses bedeutet in der Regel zum heutigen Zeitpunkt das Aus für die Institution, es sei denn, Hilfestellungen aus dem Ausland stoppen den eingeleiteten raschen Verfallsprozess. Der malawische Staat hat kein Geld, bzw. verwendet es für andere Dinge. Fähiges und motiviertes Personal wandert ins Ausland ab. Ohne die weißen Experten und die finanzielle Unterstützung von außen würde das Wenige an moderner Krankenhausversorgung im Lande endgültig zusammenbrechen.

Die Masse der Bevölkerung findet sich offensichtlich mit der raschen Erodierung des Krankenhauswesens in Malawi ab. Es ist nicht ihr Krankenhaus, dessen Erhalt und Funktionsfähigkeit sie einfordert. Zum einen stellt man in einem politischen System, das der Logik einer Patron-Klient-Beziehung folgt, keine Forderungen, sondern äußert Bitten. Zum anderen hat man auch sehr unklare Vorstellungen und Erwartungen an das Krankenhaus. Zwar versucht jeder im Notfall, so er die Möglichkeit hat, ein Krankenhaus aufzusuchen, spätestens dann, wenn sich die Interventionen des traditionellen Heilers als nicht wirksam erwiesen haben, aber was dort nun geschieht und warum, kann man nur in stoischer Gelassenheit abwarten. Vielleicht wird man ja auch zurückgeschickt, weil keine Medikamente vorhanden sind oder das notwendige Verbandszeug fehlt. Aus der Sicht des Patienten erscheint das Ganze als ein Lotteriespiel, in dem man nur selten gewinnt.

Die Eliten des Landes verbessern ihre Gewinnchancen, indem sie die wenigen privaten Hospitäler aufsuchen und dabei die Zahlung einer Gebühr in Kauf nehmen, die von den staatlichen Krankenhäusern nicht erhoben wird. Oder sie fliegen gleich ins Ausland, nach Südafrika etwa oder, noch besser, nach Europa bzw. in die USA. Der Präsident und sein Kabinett werden von deutschen Ärzten betreut. Dem Vizepräsidenten wurde in Deutschland eine Spenderniere eingepflanzt. Wo liegt also das Problem?

Gesundheit ist ein äußerst knappes Gut in Malawi und sie sich zu erhalten eher unwahrscheinlich. Gehört man nicht zu den wenigen, die sich im Fall einer Krankheit im Ausland bzw. von Ausländern helfen lassen können, wird man als Malawi auf die Alternative zurückgeworfen, sich einem Scharlatan auszuliefern oder ein nicht funktionsfähiges Krankenhaus aufzusuchen. Vor eine solche Alternative gestellt, lernt man mit Tod und Krankheit zu leben. ...

Oktober 2000

... Als der malawische Präsident Bakili Muluzi letzte Woche von einer seinen vielen Spritztouren ins nähere und weitere Ausland zurückkehrte, kam es auf dem Flughafen Lilongwe in und vor der VIP-Lounge zu Rangeleien und Prügeleien zwischen Ministern, hohen Staatsbeamten und Journalisten, die in außergewöhnlich hoher Anzahl erschienen waren und sich nun den Zugang zu der nicht übermäßig großen Lounge des Flughafens erkämpfen wollten. In diesem Raum pflegt der Präsident nach Rückkehr aus dem Ausland eine erste Pressekonferenz zu geben, auf der er seine epochalen Eindrücke, Erfahrungen und Konsequenzen aus seiner Reise der malawischen Öffentlichkeit vorzutragen pflegt. Üblicherweise sind dann auch einige Minister, die den Präsidenten vom Flughafen abzuholen aufgefordert sind, anwesend, um den präsidialen Erkenntnissen zu lauschen. Heute jedoch waren sie in Kompaniestärke angerückt und hatten gleichzeitig ihre Staatssekretäre und Abteilungsleiter mitgebracht. Entsprechend eng ging es zu. Was war geschehen? Wozu der Auftrieb?

Wenige Tage zuvor hatte das Public Accounts Committee (eine Art Rechnungshof) öffentlich vermelden lassen, dass es zu Unregelmäßigkeiten gekommen sei, in die das Erziehungs- und Finanzministerium bzw. hohe Repräsentanten der Häuser involviert seien. Man gehe zum gegebenen Zeitraum von einem Schaden von 125 Mio. MK (immerhin 4 Mio. DM) aus. Einige Bauunternehmer seien festgenommen worden und ein Staatssekretär sei vom Antikorruptions-Büro vorgeladen. Scheibchenweise wurden dann Tag für Tag neue Informationen preisgegeben. Schließlich ergab sich das folgende Bild: Aus dem Budget des Erziehungsministeriums waren mit Gegenzeichnung und Billigung des Finanzministeriums mehr als 100 Mio. MK an Bauunternehmer, vier oder fünf Parlamentsabgeordnete, wahrscheinlich zwei Minister und eine Hand voll Staatssekretäre und Abteilungsleiter ausgezahlt worden – Mittel, die für den Bau von Schulen vorgesehen waren. Weder hatten jedoch die Bauunternehmer entsprechende Leistungen erbracht, noch war klar, was die Staatsbediensteten und Politiker zum Bau von Schulen beitragen konnten. Es stellte sich heraus, dass Scheinverträge geschlossen worden waren und dass zuständige Stellen im Erziehungs- und Finanzministerium die tatsächliche Leistungserbringung bestätigt hatten, was sie bestimmt nicht uneigennützig taten.

Die Offenlegung dieser Zusammenhänge nahm die malawische Öffentlichkeit zunächst eher gelassen auf. Dass öffentliche Mittel in private Taschen wandern, gehört zum malawischen Alltag. Auch erinnerte man sich, dass zu Beginn dieses Jahres der Staatssekretär aus dem Erziehungsministerium in gleicher Position in ein anderes Ministerium versetzt worden war, ohne Angabe von Gründen. Gerüchte also standen schon lange im Raum. Einzig neu an der Situation war jetzt aber, dass die auswärtigen Geber, die ja in nicht unerheblichem Maße den malawischen Staatsapparat am Laufen halten, sich räusperten. Erst vor zwei Monaten hatte Transparency, eine internationale Nicht-Regierungs-Organisation, Malawi zwar als ein nicht unbedingt übermäßig korruptes Land bezeichnet und, weil hier bereits von den Engländern ein Antikorruptions-Büro eingerichtet und unterstützt wurde, quasi als Prophylaxe und Belohnung eine Pilotmaßnahme zur Bekämpfung der bestehenden Korruption eingeleitet. Die Berechtigung eines solchen Projektes war nun erwiesen, nicht realistisch war jedoch die Einschätzung, dass Malawi sich nicht um einen Spitzenplatz in der Korruption bemühen würde.

Wenn die internationale Gebergemeinschaft hustet, bekommen afrikanische Regierungen Halsschmerzen. In einer der landesweit verbreiteten Tageszeitungen wurde zudem der Aufruf einer malawischen Nicht-Regierungs-Organisation veröffentlicht, das Ausland möge doch alle finanziellen Beiträge so lange sperren, wie nicht diese und andere Fälle aufgeklärt seien. Aufgeschreckt reagierte der Präsident noch vom Ausland her. Er kündigte knurrend an, dass er keinen, auch nicht einen Minister, zukünftig schonen werde und dass er nach seiner Rückkehr mit den Aufräumarbeiten sofort beginnen würde. Grund genug, dass sich nun alle Minister, Staatssekretäre und Abteilungsleiter in der viel zu kleinen VIP-Lounge des Flughafens drängelten, um unmittelbar erfahren zu können, was sich hinter den Worten des Präsidenten verbergen könnte. Sollte er es wirklich ernst meinen? War er nicht selbst oft genug in Verdacht geraten? Könnte er es sich also leisten, einzelne Fälle, und noch nicht einmal die spektakulärsten, exemplarisch herauszusieben und zu bestrafen? War er dann noch der Loyalität seiner Minister und Partei sicher? Würde er sich zu einem Bauernopfer bereit erklären, und wenn ja, wen würde es treffen?

Es herrschte eine aufgeladene Stimmung, die sich teilweise in Tumulten entlud. Gestandene Minister und fast pensionsreife Staatssekretäre buhten Journalisten aus, die sich erdreisteten, Fragen zum aktuellen Korruptionsvorfall zu stellen. Leibwächter versuchten, nicht belehrbare Nachfrager aus dem Raum zu drängen. Ansonsten beeilten sich alle Anwesenden, dem Präsidenten zu versichern, dass sie seinen weisen Entscheidungen bedingungslos folgen würden. Dieser aber wiederholte nur noch einmal, was er bereits im Ausland angekündigt hatte, er werde bei gegebenem Anlass und bei wasserdichten Beweisen gegen Schuldige vorgehen, ungeachtet deren Rang und Bedeutung.

Im Timing für die Regierung unglücklich, koinzidierte dieser Vorfall mit einer Anweisung der politischen Spitze des Landes, man möge ältere PKWs aus dem Fahrzeugbestand der Ministerien und staatlichen Behörden den dort Arbeitenden und Dienenden zu ermäßigten Preisen anbieten. Die Rede war von 15.000 MK, das sind etwa 500 DM. Begründet wurde diese Maßnahme damit, dass die älteren Fahrzeuge ja einerseits in steigendem Maße Reparaturkosten bedingten und andererseits insbesondere die Beamten und Angestellten der mittleren und unteren Laufbahnen ja auch einmal einen Ausgleich für ihre gewiss niedrigen Entgelte erfahren sollten. Um diese großherzige Geste einschätzen zu können, muss man wissen, dass Gebrauchtwagen in Malawi einen enorm hohen Wiederverkaufswert haben. Die Einfuhrzölle auf Neuwagen – schließlich produziert Malawi keine Autos – sind so hoch, dass der Kauf von Gebrauchtfahrzeugen unbedingt attraktiv ist. Ein drei Jahre alter PKW bringt ohne weiteres noch den Neupreis, weil dann keine Zölle erhoben werden. Ein mehr als zehn Jahre alter VW-Bulli erbringt gut und gerne 10.000 DM, soweit er über vier Reifen verfügt. Einen fahrbereiten Gebrauchwagen für 15.000 MK oder 500 DM erstehen zu können kommt also einem Lottogewinn gleich und wird allenfalls noch von der unbezahlten Aneignung des Gegenstandes getoppt – ein Verfahren, das jedoch möglicherweise Risiken in sich birgt.

Die Spitzen der Ministerien und Behörden, über deren Schreibtische die Anordnung zuerst lief, sahen das ähnlich und beeilten sich, ihre Effizienz und Effektivität durch prompten Handlungsvollzug unter Beweis zu stellen. Um nicht unnötig Zeit zu verlieren, kauften sie selbst und in großer Zahl die Fahrzeuge des Ministeriums auf, teilweise erst zwei Jahre alte. Gebraucht ist gebraucht, und von einer zahlenmäßigen Beschränkung der Kaufoptionen für ein Fahrzeug pro Person war in der Vorlage keine Rede. Erst als die mittleren und unteren Chargen der Behörden sich nach einigen Tagen beklagten, dass für sie nur noch Schrottautos übrig blieben, zog die Regierung erschrocken das Angebot zurück. Aber da waren die staatlichen Fuhrparks bereits geplündert. Von einer Annullierung der Kaufverträge hat man bisher nichts gehört, und eine solche wäre auch sehr schwierig rechtlich durchzusetzen.

Wie das Unglück will, wurde zwei Tage später berichtet, dass die von der Regierung bestellten 39 neuen Mercedes Benz im Werte von 200 Mio. MK (ca. 6,5 Mio. DM) nun endlich geliefert würden. Vertraglich vorgesehen war die Auslieferung bereits im Juli. Wer immer diese Zeitverschiebung verschuldet hat, es muss sich um einen Gegner des heutigen malawischen Regimes handeln, denn nun steht die Nachricht über den Neukauf von lebenswichtigen Mercedes Benz im Kontext von Vergeudung und Korruption. Aber der Neukauf von Staatslimousinen sei wegen der Überalterung des bisher verfügbaren Mercedes-Fuhrparks notwendig geworden. Der älteste Wagen stammt ja auch von 1995 und die jüngsten von 1997. Die drei bis fünf Jahre alten Fahrzeuge hätten so viel an Reparaturkosten verschlungen, dass der Kauf einer neuen Mercedes Benz-Flotte ökonomisch zwingend war.

Es war nicht zu verhindern, dass diese Vorfälle auf dem ersten Treffen der auswärtigen Geber thematisiert wurden. Die malawische Regierung hatte zum ersten Mal das einzige weiße Kabinettsmitglied in dieses Gremium entsandt, das sich nun beeilte, sowohl die Bedeutung der Vorfälle als auch einen ersichtlichen Zusammenhang herunterzuspielen bzw. zu negieren. Alles sei normal und in nachvollziehbaren und geordneten Bahnen abgelaufen. Der mögliche Korruptionsvorfall schließlich sei doch durch die malawische Seite aufgedeckt worden und das beweise doch die Ernsthaftigkeit der malawischen Regierung im Bemühen, einem solches Fehlverhalten, das im Übrigen in allen Ländern dieser Erde vorkomme, bereits in seinen Anfängen entgegenzutreten. Was die Bestellung der Mercedes-Karossen betreffe, führte der Minister aus, sei der Zeitpunkt der Veröffentlichung dieser Tatsache sicherlich unglücklich, aber bestellt seien die Autos schon vor langer Zeit, und im Übrigen hätte sich Mercedes bei einer internationalen Ausschreibung als der billigste Anbieter erwiesen. Nachdem sich das Gelächter der Anwesenden gelegt hatte, erhob der britische High Commissioner gegen diese Behauptung Einspruch.

Korruption, Aneignung und Verschwendung von Staatsgeldern sind in allen Gesellschaftssystemen virulent, Ausmaß und Verbreitung hängen nicht zuletzt von handlungsfähigen und wirksamen Strukturen sozialer und politischer Kontrolle ab. In der Mehrzahl der heutigen afrikanischen Gesellschaften jedoch sind Korruption und die Privatisierung öffentlichen Eigentums systemimmanent und bestandsnotwendig. Zwar erhebt der afrikanische Staat Steuern und, wo er kann, nicht zu knapp, aber aufgrund mangelnder Durchdringung des Landes, unübersteigbarer Privilegien wesentlicher Gesellschaftsgruppen und der eröffneten Möglichkeit, über Renten (zum Beispiel in Form von Entwicklungsbeiträgen der internationalen Gebergemeinschaft) sich zu finanzieren, hat er nicht die Logik des Steuerstaates entwickelt, die darin besteht, dass ein mehr oder weniger ausbalanciertes Reziprozitätsverhältnis zwischen den Bürgern eines Landes als Steuerzahlern und den Dienern des Landes (Regierung und Verwaltung) als legitimierten Steuerempfängern besteht. Die staatlichen Einnahmen dienen deshalb auch nicht der Herstellung und Sicherung kollektiver Versorgungsleistungen in Form von Gesundheit, Energie, Bildung und Verkehr, sondern sind Pfründe, um deren Ausschlachtung sich die einheimischen Eliten balgen. Sie tun das nicht nur, um ihre eigenen Konsumbedürfnisse zu befriedigen, sondern weil sie auch unter erheblichem Erwartungsdruck ihrer Klientel stehen, die ihre Loyalität und Unterstützung an Auszahlungen materieller und immaterieller Art bindet. Wo immer ein Politiker hinkommt, muss er Geschenke mitbringen. Wann immer er eine bestimmte Position bekleidet, muss er seine Verwandten und Stammesbrüder in irgendeiner Form beteiligen. Wann immer der Präsident auf einer Goodwill-Tour einen Markt und ein Dorf besucht, lässt er Geldscheine verteilen. Der Abgeordnete, der seinen Wahlkreis besucht, führt notwendigerweise einen Lastwagen mit Zucker, Mehl, Mais und Öl mit sich – Güter, die er an seine Wähler verteilt. Woher aber die Ressourcen nehmen? Nur in äußerst seltenen Fällen verfügt der Politiker über entsprechend hohe Privateinnahmen, und wenn doch, ist er an diese nur herangekommen, weil er in seiner Eigenschaft als Politiker sich den Zugriff auf die Ressourcen erkämpfen konnte. Der gesellschaftliche Reichtum in Entwicklungsländern ist in der Regel politisch vermittelt, und nur über die Besetzung strategischer Positionen in der Politik kommt man an diesem Reichtum heran. Die Aneignungsformen variieren dann von legal bis illegal, von legitim bis illegitim, von offen bis versteckt, jeweils mit großen Grauzonen zwischen den Extremen besetzt.

Die internationale Entwicklungspolitik ist Teil und Motor in diesem System der Ausschlachtung des Staatsapparates und seiner Ressourcen für private Interessen. Sicher, die internationale Gebergemeinschaft hat Korruption, Unterschlagung und Missbrauch staatlicher Ressourcen weder erfunden noch bestellt. Aber die erheblichen Ressourcenübertragungen aus der Ersten in die Dritte Welt verbessern die Zugriffsmöglichkeiten der einheimischen Eliten in entscheidender Weise. Die Entwicklungsbeiträge werden selbst zu Quellen der Bereicherung und ermöglichen die noch entschiedenere Ausweidung des Staatsapparates und seiner Ressourcen, indem und soweit sie den afrikanischen Staat dadurch entlasten, dass sie genuine Aufgaben dieser Länder an ihrer Stelle erledigen. Die Agenturen internationaler Entwicklungspolitik setze zudem missverständliche Signale, indem sie das Ausmaß und die Strukturbedingtheit von Korruption und Unterschlagung in Afrika herunterspielten und diesen Phänomenen in ihrer praktischen Arbeit mit erstaunlicher Toleranz begegneten. In ihrem interessegeleiteten Bemühen, weder die Öffentlichkeit in den Geberländern zu beunruhigen, noch ihre Auftraggeber zu irritieren, werden Fehlleistungen der entsprechenden Art organisationsintern zugedeckt und solange es geht intern geregelt. Auch bewegen sich die Entwicklungsakteure selbst notgedrungen in Graugrenzen, die sie zum Teil selbst herstellen, aber in jedem Fall stabilisieren und tolerieren. Die internationale Entwicklungszusammenarbeit ist nicht nur passiver Gegenstand der Privatisierungsbemühungen afrikanischer Eliten, sondern wirkt aktiv mit, manchmal zähneknirschend, manchmal gelassen, manchmal auffordernd, selten jedoch entschieden protestierend.

Die Vorteilnahme aus Entwicklungsbeiträgen nimmt im Projektalltag die vielfältigsten Formen an. Diebstahl und Unterschlagung sind dabei die spektakulärsten Fälle, aber nicht die einzigen. Einige der Vorteilnahmen sind geradezu vom Geber gewollt, bei anderen handelt es sich um interessante Uminterpretationen vorhandener Regeln, und wiederum in anderen Fällen handelt es sich um Missbräuche, manchmal lässlicher Art, manchmal schon von recht ärgerlicher Qualität.

Es beginnt mit den Ausstattungshilfen, die in der Regel dem Entwicklungsland für die Durchführung eines Projekts zur Verfügung gestellt werden. Das Projekt mietet auf seine Kosten Räume an, stellt Computer zur Verfügung, Büromöbel und Einrichtungen der Telekommunikation. Transport ist natürlich ein basales Problem, so dass die Fahrzeugausstattung geregelt werden muss. Hinzukommt ein kleiner Fonds für Running Costs wie Reisebeihilfen, Benzin, Reparaturen usw. Jeder Geber fängt hier von Neuem an. Es ist äußerst ungewöhnlich und selten, dass aus einem vorangegangenen Projekt, ob ähnlich ausgerichtet oder nicht, irgendwelche Ausrüstungsgegenstände übernommen werden können. Aus der Logik des Projektkannibalismus ergibt sich, dass nach Ablauf eines Projekts die Projektausstattung dem afrikanischen Partner übergeben wird, und danach lösen sich die Gegenstände in nichts auf. Bis dahin jedoch ist es nicht einfach im Projektalltag, mögliche Missbräuche bei der Nutzung der Büroausstattung zu vermeiden. Insbesondere die Projektfahrzeuge kreuzen in erstaunlicher Menge und Ausdauer durch die Stadt. Das Fehlen oder die Ineffizienz des öffentlichen Nahverkehrs machen solche Fahrten häufig notwendig, aber der eine oder andere private Ausflug ist nicht auszuschließen. Daran beteiligen sich auch die weißen Experten, wenn sie selbst oder ihre Lebenspartner mit Projektfahrzeugen zum Einkaufen fahren oder die Kinder von der Schule abholen oder den Fahrer damit beauftragen. Es ist durchaus üblich, dass Fahrer bei Dienstfahrten gegen einen kleinen Obolus Mitfahrer aufnehmen. Und der immer wieder diskutierte Grenzfall stellt die Frage dar, ob bei einer

Beerdigung das Projekt ein Fahrzeug zur Verfügung stellen muss oder ob es sich um eine private Angelegenheit handelt.

Bei einem Projektbesuch am See verfolgten die Besucher mit Interesse, wie ein afrikanischer Counterpart am Farbkopierer des Projekts (Warum eigentlich ein Farbkopierer? Vielleicht um die Buntbarsche besser kopieren zu können?) Speisekarten für ein benachbartes Restaurant produzierte. Alle lachten herzlich auf. Wozu ist auch ein Kopierer da? Zwar ist die Erstellung einer Speisekarte nicht mit dem Projektziel verbunden, und auch hat das entsprechende Restaurant vergessen, dem Projekt für die Nutzung des Kopierers ein Entgelt zu überlassen, aber was soll's. Schließlich kann man auch nicht die Nutzung des Telefons lückenlos kontrollieren.

Hoch begehrt sind die Projektmitarbeiterstellen bei den lokalen Nachfragern. Entwicklungsprojekte zahlen in der Regel weit höhere Löhne als der öffentliche Dienst oder auch die Privatwirtschaft und ziehen damit Personal aus diesen Institutionen ab. Gern lassen sich deshalb Staatsbedienstete in die Projekte delegieren und freistellen. Zur Not kündigen sie auch, um den finanziell weit ertragreicheren Job im Entwicklungsprojekt anzunehmen.

Soweit Entwicklungsprojekte mit einzelnen Personen oder Teilen des Staatsapparates zusammenarbeiten, erwarten diese ein Topping-up zu ihrem Gehalt, das sie vom Staat gezahlt bekommen. Der District Health Officer, in dessen Distrikt ein Gesundheitsberatungsprojekt durchgeführt wird, erwartet also für seine Arbeit eine zusätzliche Entlohnung aus Projektmitteln, zumindest aber den Zugriff auf Reisekosten, Ausstattungen und Transport, obwohl die Tätigkeit zu seinen Pflichten gehört. Soll er in diesem Zusammenhang einige grundlegende Bemerkungen über die Gesundheitssituation in seinem District, verbunden mit Vorschlägen zur Problembearbeitung, schriftlich niederlegen, wird er dieses Ansinnen als Auftrag zur Erstellung eines Gutachtens verstehen und entsprechend ein Honorar erwarten. Als lokaler Gutachter kann man hier in Malawi etwa 100 DM, vielleicht auch 100 US $ pro Tag verdienen. Das ist immerhin das Doppelte bzw. das Vierfache eines monatlichen Lehrergehalts und übertrifft bei weitem das Grundgehalt des Staatsbeamten, der dieses Gutachten erstellt.

Profitieren kann man natürlich auch von den vielfältigen Trainings- und Weiterbildungsangeboten, die ein Entwicklungsprojekt offerieren kann. Aufbaustudiengänge oder gar Promotionen im Ausland sind hier die Top-Angebote. Ein zugegeben tüchtiger und fleißiger malawischer Unterstaatssekretär hat gerade seine vom deutschen Steuerzahler bezahlte Promotion in England abgeschlossen. Diese Fortbildungsmaßnahme kostete insgesamt 118.000 DM. Zum Vergleich: Humboldt-Stipendiaten, die sich für ihre Habilitation in Deutschland aufhalten, erhalten zwischen 2.000-4.000 DM im Monat. Als der frisch Promovierte nach Malawi zurückkehrte, ließ er anfragen, ob er nicht noch zusätzliche Mittel erhalten könne, er habe sich schließlich in England einiges anschaffen können, das er nun nach Malawi schaffen wolle, und diese Transportkosten müsse man ihm doch wohl begleichen. Dieses Anliegen wurde nicht als unzumutbar zurückgewiesen, sondern nach einigem Zögern gab die deutsche Seite vor, dass leider im Budgettopf keine Mittel mehr vorhanden seien, eine typisch afrikanische Problemlösung.

Eine immer wieder anzapfbare Quelle für Zusatzeinkommen ist die Teilnahme an den zahlreichen Workshops. Wann immer ein tatsächliches oder vorgebliches Problem besteht, muss ein solcher Workshop organisiert werden, und zwar außerhalb der Dienstgebäude in möglichst netter Umgebung, vorzugsweise am See. Der erste Tag der Veranstaltung geht dann zunächst einmal damit verloren, dass über die Allowances (Reise-, Tage- und Verpflegungsgelder) gestritten wird. Die Teilnehmer besuchen ja nicht einen Workshop, weil sie sich die Lösung eines inhaltlichen Problems versprechen, weil sie gemeinsam ein Positionspapier erarbeiten wollen oder weil sie für ihre eigene Qualifikation an einer Trainingsmaßnahme teilnehmen, sondern weil sie sich ein Zusatzeinkommen, das weit über ihrem Grundgehalt liegt, erwarten. Und so kann es vorkommen, dass die Teilnehmer wieder abreisen, weil sie sich nicht motiviert fühlen, sprich: dass ihnen das für ihr Erscheinen bezahlte Entgelt nicht hoch genug ist.

Es sind die internationalen Entwicklungsorganisationen, die die Instrumente von bezahlten Workshops, Gutachteraufträgen, Topping-ups und Stipendien für Staatsbeamte im großen Stil eingeführt haben. Sie haben das getan, um möglichst gute Mitarbeit und Motivation zu erreichen, die wiederum den Projektzielen und damit den Interessen des Entwicklungslandes dienlich sind. Gleichzeitig jedoch haben sie damit Begehrlichkeiten geweckt, und vor allen Dingen haben sie den afrikanischen Staatsbeamten in ihr Bewusstsein gebrannt, dass das ihnen gezahlte Gehalt offensichtlich nur für die bloße Anwesenheit gezahlt wird. Gearbeitet, das heißt also Leistung erbracht wird erst, wenn Allowances, Topping-ups, Stipendien und andere Vorteilnahmen winken.

Den Gebern sind diese Probleme sehr wohl bekannt, auch die Tatsache, dass sie selbst das Problem sind. Aber sie können oder wollen sich nicht zu einer Lösung verstehen. Zwar sind sich alle einig, die Allowances auf ein Minimum zu drücken und die Staatsbeamten an ihre Pflicht zu erinnern, auch ohne Zusatzauszahlungen etwas für ihr Land zu tun, aber immer wieder holt der Projektalltag diese guten Vorsätze ein. Im Interesse eines schnellen und reibungslosen Projektablaufs wollen die einzelnen Geber nicht ihre Zeit mit Konflikten über solche Peanuts verbringen. Schließlich haben sie die Erwartungen ihrer Auftraggeber zu erfüllen, denen sie ja nicht melden können, dass sie leider das Projektziel wegen solcher Kleinigkeiten nicht erreichen konnten. Also erkauft man sich kurzfristige Erfolge in der augenzwinkernden Befriedigung von Vorteilserwartungen auf afrikanischer Seite mit der langfristigen Erodierung der Arbeitsmoral und -ethik der afrikanischen Staatsbeamten und der Stabilisierung eines Systems des Einsackens und Mitnehmens.

Abgesehen vom Verschwinden von Ausrüstungsgegenständen, der Abrechnung mit gefälschten Unterlagen und der Nutzung von Projektausstattungen für private Zwecke, sprengen die geschilderten Vorfälle nicht den Rahmen der Legalität, wenngleich sie illegitime Folgen zeitigen. Aber selbst bei eindeutigen Rechtsverstößen, soweit die Entwicklungsorganisationen die Geschädigten sind, verhalten sie sich eher opportunistisch und zurückhaltend und signalisieren damit, dass es sich offensichtlich um lässliche Sünden handelt. Aus Tanzania wird berichtet, dass der Vertreter Hollands in einer Koordinationssitzung der Geber verlauten ließ, er halte bei Entwicklungsvorhaben seines Landes den Verlust von 10-20 % für noch tolerierbar. Wenngleich andere Geber sich möglicherweise dieser Position nicht anschließen, fällt es ihnen jedoch schwer, entsprechende Verstöße zu ahnden. Jede Organisation überlegt sich sehr sorgfältig und lange, ob sie wirklich einen Minister, einen hohen Staatsbeamten oder gar das Staatsoberhaupt anzuklagen bereit und in der Lage ist. In der Konsequenz würde das eine Fülle von unangenehmen Nachfragen nach sich ziehen. Warum hat die Organisation ein Fehlverhalten der Partnerseite zugelassen und nicht von vornherein verhindert? Will man ernsthaft den Abbruch der gesamten Entwicklungszusammenarbeit in Erwägung ziehen? Wie weit würden davon außenpolitische oder andere Interessen des eigenen Landes betroffen? Wahrscheinlicher jedenfalls ist, dass eine irgendwie geartete Kompromisslösung im internen Dialog gefunden werden würde. Wie eine solche aussehen könnte, zeigt das folgende Beispiel.

Eine deutsche Entwicklungsorganisation hat einem malawischen Ministerium für die Vorbereitung und Implementierung einer Projektplanung ca. 5 Mio. MK (damals ca. 200.000 DM) zur Verfügung gestellt und dabei zum ersten Mal zur eigenen Entlastung auf eine scheibchenweise Auszahlung verzichtet. Als nun das Abrechnungsdatum eintrat, erbrachte das Ministerium nur für 2 Mio. Belege, obwohl die vollen 5 Mio. abgerufen worden waren. Von den belegten 2 Mio. MK konnte wiederum von der deutschen Seite 1 Mio. nicht akzeptiert werden, weil die getätigten Ausgaben nicht der gemeinsam festgelegten Ausgabenplanung entsprachen. Von den 5 Mio. war also 1 Mio. ordnungsgemäß ausgegeben worden, eine weitere Million war zumindest belegt, wenn auch fehlbelegt, über die restlichen 3 Mio. fehlten alle Unterlagen. Die fehlbelegte 1 Mio. entstammte Workshops, die das Ministerium am Malawi-See durchgeführt hatte, die aber im Vorfeld von deutscher Seite als unnötig abgelehnt worden waren. An diesen Workshops hatten auch die Sekretärinnen teilgenommen, damit sie auch mal in den Genuss einer Reise an den See gelangen sollten. Wofür die 3 Mio. ausgegeben worden sind, ist bis heute unbekannt. Sie sind nicht notwendigerweise von den Spitzen des Ministeriums veruntreut worden, obwohl das nicht auszuschließen ist, sondern es ist auch üblich, auftretende Lücken in anderen Feldern durch das Hin- und Herbuchen von verschiedenen Projektgeldern zu schließen. So oder so, die deutsche Seite war in diesem Fall nicht bereit, die Sache als gegeben hinzunehmen. Nach einigem Zögern verstand sich dann die verantwortliche Ministerin zum folgenden Deal: Sie wolle den entstandenen Schaden in mehreren Monatsraten aus anderen Mitteln des Ministeriums bezahlen und als Teil der Gegenleistung einen Toyota-Landcruiser, den sie gerade vom Finanzministerium erhalten habe, der deutschen Seite abtreten. Wie sie in der Lage ist, Haushaltstitel in ihrem Ministerium hin- und herzuschieben und einfach so malawisches Staatseigentum in Form eines Autos einer internationalen Entwicklungsorganisation zu überantworten, blieb ihr Geheimnis. Jedenfalls ließ sich die deutsche Seite auf diesen Deal ein, sah sie doch ihre Interessen gewahrt. Zusätzlich wurde der deutschen Seite versichert, dass der für die Abrechnung zuständige Beamte im Ministerium auf eine andere Stelle versetzt worden sei, so dass er bei selbstverständlich zukünftig weiterhin zu erwartenden Beiträgen der Deutschen nicht mehr mit der Mittelverausgabung betraut sein würde.

Ende gut, alles gut, könnte man meinen. Aber tatsächlich handelt es sich um einen faulen Kompromiss mit langfristig negativer Signalwirkung. Ein Großteil der Entwicklungsgelder wurde vom Ministerium falsch oder nicht belegt ausgegeben. Möglicherweise sind Mittel in private Taschen geflossen. Niemand wurde dafür rechtlich oder auch bloß disziplinarisch belangt. Der zuständige Beamte wurde auf eine gleichrangige Stelle versetzt und wird das kaum als eine Abmahnung verstehen. Die deutsche Seite hat sich den entstandenen Schaden zwar zurückzahlen lassen, unter Einschluss eines Fahrzeugs, das dem Ministerium zu einem bestimmten Zweck zugewiesen wurde. Gleichzeitig hat sie signalisiert, dass man mit ihr auch bei rechtlich zu ahnenden Vorfällen handeln kann. Rechtsvorschriften muss man eben nicht so ernst nehmen, will man entwicklungspolitisch tätig sein. Die katastrophale Signalwirkung ist eindeutig: nächstes Mal ein bisschen vorsichtiger, aber man wird sich schon einigen, und ansonsten weiter so.

Diese Art von Problemlösung über Konfliktvermeidung ist natürlich keine deutsche Spezialität. Alle Entwicklungsorganisationen im Feld haben den Grundsatz der Skandalvermeidung zu beachten. Diesem Grundsatz folgen die Akteure im Eigeninteresse, aber auch auf Anweisung ihrer Organisationen. Und soll man sich tatsächlich als der Saubermann der Nation darstellen, noch dazu in einem Gastland?

Umso ungewöhnlicher, ja geradezu schockierender, dass der britische Hochkommissar sich auf einer halböffentlichen Veranstaltung in einigen Nebensätzen zu den bestehenden Problemen der Korruption und Verschwendung verstand. Er sprach die Hoffnung aus, dass diesmal erwischte Beamte und Minister in irgendeiner Form belangt würden, und zeigte offen seine Unzufriedenheit mit der Tatsache, dass in ökonomischen Krisenlagen neue Mercedes-Benz-Karossen bestellt worden seien. Letzteres war auch der eigentliche Stein des Anstoßes. Inzwischen hatten nämlich britische Zeitungen die Vermutung geäußert, dass Malawi aus englischen Entwicklungsbeiträgen deutsche Luxusautos bestellt und bezahlt habe. Die konservative Opposition im Unterhaus stellte entsprechende Anfragen an die Regierung, und die zuständige Ministerin für Entwicklungsfragen geriet in Erklärungsnöte. Entwicklungsgelder für Luxusgegenstände zu verwenden ist bereits ein Problem. Aber aus englischen Mitteln die deutsche Autoindustrie zu unterstützen, das geht jedem englischen Patrioten über die Hutschnur.

Nachdem die gar nicht für die Öffentlichkeit bestimmten Äußerungen des britischen Hochkommissars in die Presse gelangten, reagierte der malawische Präsident höchst unwillig. Er lasse sich doch nicht von den Gebern seine Politik bestimmen. Er wisse schon selbst, was er zu tun habe. Schließlich sei Malawi keine Kolonie mehr. Es schien also so, als ob der britische Botschafter mehr als einen Stilfehler begangen hatte. Typisch für die diplomatischen Denkweisen hier auch die Einlassung des deutschen Botschafters, der im internen Kreis die Äußerungen seines britischen Kollegen als unpassend kommentierte. Natürlich sei auch er nicht für Korruption, aber die Länder seien nun mal so und er wünsche sich, dass er nicht selbst einmal einen solchen peinlichen Fehler wie sein englischer Kollege machen würde.

Aber plötzlich drehte sich der Wind. Überraschend entließ der malawische Präsident sein gesamtes Kabinett und berief drei wichtige und bekannte Parteirepräsentanten nicht wieder in das neue. Endlich traf es jetzt auch den Minister für Erziehung, der ja bereits als Finanzminister in den Geruch der Korruption geraten war. Was den Präsidenten zu dieser für afrikanische Verhältnisse erstaunlichen Reaktion bewogen hat, lässt sich nur vermuten. Großbritannien ist einer der größten bilateralen Geber und hat gerade erst seine Entwicklungsbeiträge für Malawi um weitere 30 % angehoben. Andere Geber aus Europa und Nordamerika haben sich in diesem Jahr ähnlich entschieden, und auch die internationalen Geber wollen da nicht zurückstecken und öffnen die Geldhähne, ungeachtet der Tatsache, dass Malawi kaum in der Lage ist, die bisher gewährten Entwicklungsgelder sinnvoll und sachgemäß einzusetzen. Und nun ausgerechnet in dieser Situation des hereinbrechenden Geldsegens mussten Korruptions- und Verschwendungsvorwürfe den öffentlichen Diskurs bestimmen! Die britische Presse jedenfalls hat diesem Fall Bedeutung zugemessen, wobei nicht sicher ist, ob es dabei um malawische Korruption oder um die deutsche Autokonkurrenz geht. Möglicherweise musste also der malawische Präsident die Notbremse ziehen. Ob er damit das Notwendige und Hinreichende zur Sicherung seiner eigenen Position getan hat, bleibt abzuwarten. Die Nation jedenfalls wartet gespannt auf die Veröffentlichung des abschließenden Berichts des Antikorruption-Büros. Lässt sich mit ihm die exemplarische Opferung der drei Minister begründen, oder sind weitere Kabinettsmitglieder, Abgeordnete und vielleicht auch der Präsident in diese Sache oder noch in weitere Vorfälle involviert? Werden die Geopferten stillhalten? Müssen sie anderweitig kompensiert werden? Man wird es erleben. Bereits jetzt jedoch lässt sich sagen, dass die Kabinettsumbildung nicht die entscheidende Wende zu einer korruptionsarmen Politik in Malawi bedeutet. Hierzu bedürfte es mehr als nur der symbolischen Schlachtung von drei Politikern. Strukturelle Veränderungen müssen Platz greifen. Dazu aber können sich die einheimischen malawischen Eliten, wie auch in anderen afrikanischen Ländern, nicht verstehen. Warum sollten sie auch? Und die internationale Gebergemeinschaft schaut weg, toleriert oder stärkt gar, ohne den langfristig katastrophalen Entwicklungseffekt mitzubedenken, die systemgebundene Korruption und Verschwendung in Afrika.

P.S.: Heute machte die Nachricht die Runde, dass der Präsident außerdem die Anweisung erteilt hat, dass die neu gekauften Mercedes-Benz-Limousinen sofort nach Eintreffen im Lande wieder verkauft werden sollen. Dass damit Verluste bei den Verkaufserlösen in Kauf genommen werden müssen, sei im Interesse des Landes vertretbar. ...

Oktober 2000

... Eine Woche am Kariba-See in Zimbabwe hat uns gut getan. Vor allem für Renate war es eine Erholung, das Büro mal eine Zeit lang hinter sich zu lassen.

Kariba ist einer der großen Stauseen in der Dritten Welt, deren Bau in den sechziger und siebziger Jahren auf einhellige Ablehnung der Linken, auch in Deutschland, stießen. Die Kritiker befürchteten ökologische Schäden, beklagten die Vertreibung der einheimischen Bevölkerung aus den später überfluteten Regionen, hielten die angestrebten Kapazitäten der Elektrizitätswerke für viel zu bombastisch und die verwendeten Technologien für nicht an die afrikanischen Verhältnisse angepasst. Insgesamt war man sich einig, im Ausbau solcher Großkraftwerke und Stauvorhaben ein besonders eindringliches und anschauliches Beispiel imperialistischer Verwertungsinteressen zu sehen, die mit den tatsächlichen Bedürfnissen der Anrainerländer nichts zu tun haben. Heute ist die Kritik am Kariba-Vorhaben still geworden. Vielleicht weil ja die Fakten geschaffen sind, sicher aber auch, weil sich der Großteil der Befürchtungen nicht bewahrheitet hat. Mit dem Stausee ist ein wunderschönes und keineswegs gefährdetes Ökosystem entstanden. Selbst die Aussetzung neuer Fischsorten im Stausee, die ja zunächst mit dem Kraftwerksbau gar nichts zu tun hatte, hat sich als Vorteil für die einheimischen Fischer erwiesen. Der See ermöglicht einen bislang noch bescheidenen Tourismus, der sich noch ausbauen ließe, ohne das jetzt bestehende Biotop Kariba-See zu gefährden. Die Stromversorgung der Anliegerstaaten Zambia und Zimbabwe wird im großen Maße vom Kraftwerk gesichert. Die vorhandenen Kapazitäten sind eher zu klein geworden. Man spricht davon, dass ein dritter Stausee zwischen Kariba und Cabora Bassa gebaut werden könnte. Allein die Vertreibung der Tonga aus ihrem Siedlungsgebiet, dem heutigen Kariba-See, bleibt ein gewichtiges Defizit in der Kariba-Bilanz. Aber auch hier ist es an sich nicht so sehr die Vertreibung als solche, sondern dass man die einheimische Bevölkerung bei ihrer Neuansiedlung so wenig adäquat unterstützt hat, was es zu beklagen gilt.

Um den See herum, der von einer beträchtlichen Größe ist, eher lang als breit, hat sich eine schöne Landschaft entwickelt. Tierreservate und auch ein Nationalpark sind angelegt worden. Die gleichnamige kleine Stadt Kariba hat sich zu einem Touristenort von recht annehmbarer Gestalt entwickelt. Der See wird von einheimischen Fischern genutzt. Auch hat sich eine kleine industrielle Fischproduktion herausgebildet. Für Angler ist die Gegend ein kleines Paradies geworden. Hausboote und Fähren verkehren auf

Am Karibasee

dem See. Typisch für Kariba sind die noch immer aus dem Wasser ragenden abgestorbenen Bäume und Buschwerke, die eine eigene Ästhetik entwickelt haben. Die Hitze in den Monaten Oktober, November, Dezember wird durch eine frische Brise auf dem See erträglich. Aber das Attraktivste ist zweifellos die um den See vorfindliche Tier- und Vogelwelt. Wir haben ja gerade dieses Jahr eine Reihe von Natur- und Tierparks besucht, aber die Fülle und Nähe der Tierarten in Kariba hat alles übertroffen. Da spazieren Elefanten in zwei Meter Abstand von der Terrasse des Hauses, nachts schmatzen Hippos vor dem Schlafzimmer, und am Anlegersteg des Bootes beobachtet uns eine Herde von Antilopen. Krokodile fehlen natürlich auch nicht, deshalb geht man auch lieber nicht ins Wasser. Buffalos und Zebras gehören auch dazu. Löwen haben wir zwar nicht gesehen, wohl aber in der Nacht gehört. Kariba war ein wunderschönes Erlebnis für uns, das wir nicht missen wollen.

Wer Augen und Ohren hat, kann sich natürlich bei aller touristischen Freude nicht von der ökonomischen und politischen Situation in Zimbabwe ablenken lassen. Kariba ist ein Kernland der neuen Opposition, und das nicht ohne Grund. Die Ökonomie des Landes liegt am Boden. Die bereits erzielten ökonomischen Fortschritte – Zimbabwe war nach Südafrika das wohl entwickeltste Land im südlichen Afrika – sind verspielt und werden für

Kariba

viele Jahre nicht mehr, wenn überhaupt, neu belebt werden können. Kariba, mit einer kleinen Verarbeitungs- und Fertigungsproduktion, mit Hotels und Campingplätzen und einer entsprechenden Infrastruktur, sieht sich ruiniert. Der Tourismus ist zusammengebrochen. Die einheimische Bevölkerung des Landes kann sich einen Urlaub überhaupt nicht mehr leisten. Die zahlungsfähigen Europäer und Südafrikaner bleiben angesichts der politischen Situation des Landes aus, und so stehen Hotels und Pensionen leer. Jeder hier weiß, dass daran weder die Schwulen in London, vor denen Mugabe eine psychologisch höchst interessante Angst zu haben scheint, noch das internationale Kapital schuld sind, sondern einzig und allein er und seine Clique bzw. deren fundamentale politische Fehler. Entsprechend haben sie mehrheitlich die erst sieben Monate alte Opposition gewählt, genauso wie die großen Städte Harare und Bulawayo, mit dem Ergebnis, dass die herrschende Partei nur mit Mühe eine knappe Mehrheit hinter sich bringen konnte, und das auch nur mit wahrscheinlichen Wahlfälschungen und enormer repressiver Gewalt. Nicht weniger als 30 Mitglieder der Oppositionspartei wurden bei Auseinandersetzungen von den Anhängern Mugabes erschlagen. In einigen ländlichen Bereichen ist deshalb die Opposition auch gar nicht erst zur Wahl angetreten, weil sich niemand zu einem so mutigen Verhalten durchringen konnte.

Angeregt durch Berichte aus Europa, vergleichen viele Beobachter die Situation in Zimbabwe mit der in Jugoslawien vor dem Sturz Miloševičs. Und in der Tat gibt es einige interessante Parallelen. Von den internationalen Finanzmärkten und -strömen ist Zimbabwe völlig abgeschnitten. IWF und Weltbank, die mit großzügigen und billigen Krediten über Jahre den Finanzbedarf der zimbabwischen Regierung deckten, haben ihre Zahlungen eingestellt. Die Privatbanken sind nicht bereit – oder nur unter hohen Risikozinsen –, dem Land beizuspringen. Die internationale Entwicklungspolitik zieht sich aus Zimbabwe zurück, und die Amerikaner und Europäer haben die Import- und Exporthürden gegenüber Zimbabwe empfindlich erhöht. In der Konsequenz deckt das Land seinen Finanzbedarf über die Notenpresse. Mehr als 50 % Inflation ist die Folge. Die Preise steigen, während die Einkommen für die Masse der Bevölkerung stagnieren oder sinken. Die Kaufkraft tendiert gegen Null, und die wenigen Gewinner, die Spekulanten, arbeiten auf US-Dollar-Basis.

Am sichtbarsten von dieser Entwicklung betroffen ist der kleine, aber immerhin vorhandene Mittelstand im Land, der in die Armut zurückgeführt wird. Jeder versucht zu verkaufen, was er entbehren zu können glaubt. In den Amtsstuben haben die Beamten und Angestellten auf ihren Schreibtischen nicht mehr ihre Akten gelagert, sondern Kaffeemaschinen, Schlipse, Elektrogeräte und Fernsehapparate – Gegenstände, die sie sich in besseren Zeiten kaufen konnten und nun zu Geld machen müssen. Zeitungen berichten, dass die Ministerien und Behörden eher Basaren ähneln denn Amtsstuben. Akademiker suchen Nachtwächter-Jobs, und in dieser Woche berichteten einige Zeitungen über die zunehmende Prostitution in und um den Campus der Universität. Um Geld einsparen zu können und um mögliche Unruhen der Studenten im Keim zu ersticken, haben die Behörden die Schließung der Wohnheime verfügt, so dass die Betroffenen nun auf der Straße stehen. Die sozialen und damit auch sozio-ökonomischen Folgen der Degradierung eines innovativen, kreativen und aktiven Mittelstands werden die Entwicklung Zimbabwes auf Generationen hin belasten und mindern.

Die Armee steht in einem hoffnungslosen und nicht zu gewinnenden Krieg im Kongo. Die demotivierten und demoralisierten Soldaten desertieren in Scharen. Die Armeegeneräle agieren wie Söldnerfürsten im Mittelalter. Sie werden von Kabila mit Diamanten bezahlt, die sie dann auf dem Schwarzmarkt in harte Währung umsetzen, um damit ihre Soldaten zu bezahlen, aber natürlich auch um ihre nicht unerheblichen eigenen Bedürfnisse zu befriedigen. Weitere Einkommensquellen sind der Verkauf von Sprit und Diesel, die die Armee aus Zimbabwe geliefert bekommt, und natürlich

auch der Uniformen und Waffen. Dass die Armee zu etwa 40 % HIV-ver-
seucht ist, weiß man noch aus ihren Einsätzen in Moçambique. Diese »Bilanz« wird sich auch im Kongo nicht bessern.

Vom Krieg profitieren einzig und allein die Generäle und die Clique um
den Präsidenten. Das Land jedenfalls kann sich diese zusätzliche finanzielle
und politische Belastung nicht mehr leisten, so dass selbst Mugabe Auswege
sucht, ohne Gesichtsverlust aus diesem Krieg aussteigen zu können. Vielleicht hat dazu auch beigetragen, dass die Diamantenpreise regional und im
Weltmarkt erheblich gesunken sind. Schließlich bezahlt nicht nur der Kongo seine Bündnisgenossen mit den Edelsteinen, sondern auch die Unitá in
Angola finanziert ja bekanntlich ihren Krieg ebenfalls mit Diamanten. Die
libanesischen Händler in der Region, die den Markt beherrschen, sind nur
noch einen Bruchteil für diesen Rohstoff zu zahlen bereit, worauf sie von
den Regimen im Kongo und in Zimbabwe des Landes verwiesen wurden,
mit der Folge, dass die Veräußerung dieser Werte noch schwieriger geworden ist.

Das Regime hat den Niedergang der zimbabwischen Ökonomie schon
seit Jahren kontinuierlich betrieben. Korruption, eine unfähige Bürokratie,
der Aufbau und die Beibehaltung von ineffizienten Staatsbetrieben, die ma-
fiosi-ähnliche Erpressung von Beiträgen von noch funktionierenden Mittel-
standsfirmen durch Polizei und Bürokratie und nicht zuletzt die Veruntreuung von Staatseinnahmen und Entwicklungsgeldern in enormer Höhe hatten bereits die Talfahrt der zimbabwischen Wirtschaft eingeleitet. Wahrscheinlich nicht willentlich hat nun die herrschende Klicke die Zerstörung
der ökonomischen Grundlagen Zimbabwes intensiviert und beschleunigt.
Als sich im Wahlkampf zeigte, dass gegen alle Erwartung eine neu entstandene Opposition möglicherweise die Mehrheit gewinnen könnte, suchte das
Regime einen Ausweg in der Thematisierung der Landfrage, einer noch aus
der Kolonialzeit stammenden schweren Hypothek, die auf Zimbabwe lastet.
Die private Armee- und Polizeitruppe von Cecil Rhodes war ja zu Ende des
19. Jahrhunderts in die Region eingebrochen, weil man ähnlich wie in
Transvaal reiche Bodenschätze vermutete, deren Ausbeutung man durch die
Ansiedlung von weißen Siedlern absichern wollte. Das eroberte Territorium
wurde faktisch als herrenloses und unbewohntes Gebiet behandelt. Die
Rechtstitel, die man aus dubiosen Verträgen mit einheimischen Häuptlingen zog, brauchte man allenfalls zur Begründung nach außen. Ansonsten
besetzte man ein riesiges Gebiet nach Gutdünken und Nachfrage durch die
weißen Siedler. Im Ergebnis haben sich so Weiße mehr als 50 % der besten
Böden im heutigen Territorium von Zimbabwe angeeignet, auf denen sich

noch heute ca. 4.000 Großfarmen befinden, bisher noch mehrheitlich im Besitz von Weißen. Auf diesen Großfarmen hat sich eine industrielle Landwirtschaft entwickelt, die auf dem Weltmarkt konkurrenzfähig ist. Tabak, Mais, Weizen und Hydrokultur werden ergänzt durch eine qualitativ hoch stehende Rinderzucht, die in erster Linie auf Fleischerträge setzt. Mit ihren Produkten sichern die Farmen die Versorgung des Landes und sind gleichzeitig mit ihren Exporterlösen der wichtigste Devisenbringer. Die Farmen sind Arbeitgeber für Tausende von schwarzen Landarbeitern, und um sie herum hängt ein Kranz von Zulieferungs- und Verarbeitungsfirmen, die ebenfalls Einkommen und Arbeitsplätze sichern. Die sich überwiegend in weißer Hand befindliche Plantagenwirtschaft ist zweifellos einer der wichtigsten, wenn nicht der wichtigste ökonomische Pfeiler Zimbabwes.

Die große Mehrheit der Bevölkerung, obwohl Zimbabwe eine höhere Verstädterungsrate als Malawi aufweist – es leben noch immer über 70 % der Bewohner auf dem Land –, teilen sich die restlichen Böden, meist minderer Qualität. Auf entsprechend kleinen Flächen dominiert eine bescheidene Subsistenzökonomie, die selten zur Sicherung der Familienreproduktion reicht. Nur wenigen Kleinbauern ist der Übergang in eine intensive Gartenwirtschaft gelungen. Es fehlt an Know-how, der infrastrukturellen Voraussetzung (Wasserversorgung) und Kreditmöglichkeiten (Saat- und Düngemittel). Auch sind die Flächen häufig ungeeignet, zu klein und bereits überbeansprucht. Dass unter diesen Umständen der Blick über den Zaun auf die reiche Plantagenwirtschaft mit ihren satten Böden und schier unerschöpflichen Landreserven begehrlich ausfällt, kann nicht verwundern.

Aber die grotesk ungleiche und ungerechte Landverteilung ist nicht nur ein sozio-ökonomisches Problem, sondern trifft auch den kulturellen Nerv der Afrikaner. Land ist mehr als nur ein Produktionsmittel in der afrikanischen Kultur. Es ist Heimat und nicht zuletzt die Heimat der Vorfahren, der Ahnen und Geister. Die Enteignung und Vertreibung der schwarzen Bewohner von ihrem Land vor mehr als hundert Jahren ist noch heute ein unverarbeitetes Trauma in der Mehrheit der Bevölkerung. Scham, Wut und Trauer heizen das Thema emotional derartig auf, dass ein rationaler Diskurs darüber kaum noch möglich erscheint. Ein gefundenes Fressen für Demagogen, die das zweifellos vorhandene Problem der so nicht aufrechtzuerhaltenden ungleichen Landverteilung für ihre Ziele und Zwecke nutzen können.

In den zwanzig Jahren seit der Unabhängigkeit des Landes hat das durchgängig herrschende Mugabe-Regime es nicht für nötig empfunden, sich ernsthaft und perspektivisch mit diesem fundamentalen Problem auseinander zu setzen. Zwar bemühte man in jedem Wahlkampf die revolutionäre Rhetorik einer gerechten Landverteilung, tatsächlich jedoch bewahrte man den Status quo und nutzte noch nicht einmal sich ergebende Handlungsspielräume. Seit 1980 sind über 600 Großfarmen durch Abwanderung und Aufgabe frei geworden. Hier hätte man also ein alternatives Bauernprogramm begründen können. Stattdessen haben sich überwiegend die neuen Machthaber diese Farmen unter den Nagel gerissen. Kaum ein Minister und General, der nicht die Gelegenheit nutzte, auf eine frei gewordene Farm zuzugreifen. Die verstorbene erste Frau des Präsidenten soll sieben Farmen besessen haben. Diese Plantagen werden dann von weißen Verwaltern gemanagt oder als bloße Prestigeobjekte unterhalb ihrer ökonomischen Potentiale genutzt. Nur auf wenigen aufgelassenen Plantagen wurden Kleinbauern angesiedelt, und das ohne die notwendigen Hilfen. Trainingsmaßnahmen, die den Bauern zu neuen Arbeitstechniken bei einer intensiveren Landwirtschaft verhelfen könnten, blieben ebenso aus wie die Beratung in Management und Vermarktung. Da die Kleinbauern zudem keinen Zugriff auf Kredite hatten, konnten sie notwendiges Saatgut und Düngemittel nicht erstehen. In der Konsequenz entwickelte sich also auf diesen Farmen nicht ein solider und gesunder Bauern-Mittelstand, sondern die Fortsetzung der Subsistenzökonomie vorangegangener Zeiten. Wenn man heute solche ehemaligen Farmen aufsucht, findet man eine verarmte Bauernschaft, die in verfallenen, viel zu großen Scheunen campiert. Nicht mehr funktionsfähige Traktoren, verschlissene Wasserversorgungseinrichtungen, versumpfte Wassertanks bilden ihre alltägliche Gegenwart, während sie, wie gehabt, mit der Hacke den jetzt versandeten und verödeten Boden bearbeiten. Und so wird auch die Zukunft der nun übereilt und rabiat durchgesetzten Landumverteilung, die zur Zeit stattfindet, aussehen.

Wie wenig die Mehrheit der Bevölkerung der Ernsthaftigkeit der Regierung in dieser Frage traut, zeigte sich im letzten Jahr, als die Regierung zu aller Überraschung ein Referendum mit der Frage, ob denn die Bevölkerung die Umverteilung des Landes wünsche, verlor, und das angesichts der sozio-ökonomischen und kulturellen Bedeutung der Landfrage in Zimbabwe. Dennoch glaubte das Regime, keine andere Wahl zu haben, als auf diese Karte zu setzen. Gleichzeitig wurden Fakten gesetzt. So genannte Veteranen des Unabhängigkeitskrieges, häufig Personen, die erst 18/19 Jahre alt sind, also den Krieg gar nicht miterlebt haben können, besetzten die Weißen-Farmen und vertrieben mit Gewalt die Besitzer, aber auch die schwarzen Farmarbeiter. Nach den knapp gewonnenen Wahlen, die von Gewalt und Wahlfälschungen begleitet waren, forcierte die Regierung das Tempo der

Enteignungen, obwohl alle Gerichtsurteile bisher die Rechtmäßigkeit der Landnahme bezweifelten. Aber die Polizei ist nicht bereit oder vielleicht auch nicht in der Lage, die ergangenen Gerichtsurteile umzusetzen. Also gehen die Enteignungen weiter. Die ökonomischen Folgen sind heute schon sicht- und spürbar. Ein Teil der Ernte wurde gar nicht mehr eingebracht und ist verloren. Die bedrohten Farmer haben naheliegenderweise nicht mit der Aussaat für das nächste Jahr begonnen. Man rechnet mit Ernteausfällen zwischen 20-50 %. In anderen Worten: Zimbabwe wird nicht nur seine Deviseneinnahmen im nächsten Jahr verlieren, sondern zudem einer Nahrungsmittelknappheit entgegensehen. Die Neusiedler sind in keinerlei Weise auf ihre neuen Aufgaben vorbereitet. Häufig handelt es sich um Bewohner aus den städtischen Slums, die sich gar nicht oder nur dunkel an ihre bäuerliche Herkunft erinnern können. Wie auch immer, keiner von ihnen ist auf eine industrielle Landwirtschaft eingerichtet. Es sind bestenfalls Subsistenzbauern. Aber auch dann überwiegt die Prestigeerwartung auf den Besitz von Land und nicht so sehr deren ökonomische Nutzung. Der zuständige Landwirtschaftsminister hat bereits an die Plantagenbesetzer appelliert, sie mögen sich doch nicht nur in den schönen Landhäusern der Weißen breit machen, sondern nun auch gefälligst die Böden aufteilen und bearbeiten. Ob dieser Appell Früchte zeigen wird, bleibt zu bezweifeln. Zwar möchte jeder Zimbabwer ein Stück Land besitzen, nicht jedoch, um darauf unbedingt zu farmen. Wahrscheinlich wird ein nicht unerheblicher Teil der Neubauern weiterhin oder neuerdings seinen Lebensmittelpunkt in der Stadt suchen und allenfalls seine Familie auf dem Land zurücklassen. Denn das ist immer noch der Traum jedes Afrikaners, in der Stadt zu leben und ein Stück Land außerhalb zu besitzen, auf das man sich am Wochenende oder im Alter zurückziehen kann. Wie auch immer, die neue Bauernschaft wird keine ökonomische Potenz entwickeln. Weder wird sie in der Lage sein, Devisen zu erwirtschaften, noch landwirtschaftliche Überschüsse zur Ernährung der zimbabwischen Bevölkerung zu produzieren.

Die Abwanderung der Weißen aus Zimbabwe hat sich wieder beschleunigt. Wer noch kann, sich also für einen Neuanfang jung genug fühlt und/ oder über ein Startkapital verfügt, verlässt das Land lieber heute als morgen. Neuseeland, Australien und Kanada sind die Ziele. Großbritannien ist für die afrikanischen Weißen zu eng, zu bürokratisch und zu fremd. Der klassische Weg der Auswanderung nach Südafrika ist verstellt. Die Befürchtung, dass sich dort Ähnliches absehbar wiederholen werde, beherrscht die Köpfe der weißen Zimbabwer. Ihre Zahl ist bereits in den letzten zwanzig Jahren weit unter 100.000 gesunken. Ist das das angestrebte »historische« Verdienst von Mugabe? Ganz sicherlich auch. Es geht ihm um die gewaltsame Auflösung des Traumas der Landwegnahme zu Lasten der schwarzen Mehrheit, allerdings ohne eine tragbare soziale und ökonomische Lösung an die Stelle der notwendig und dringend zu reformierenden ungerechten Landstruktur zu setzen. Wenn im Vollzuge dieses historischen Prozesses, der deshalb auch als ein gewaltförmiger legitimiert erscheint, die Weißen das Land verlassen, umso besser, damit kann sich Mugabe gleichzeitig störender Elemente entledigen.

Afrika zerstört sich selbst, und die Zerstörung ist bereits das Ziel und nicht etwa ein wie auch immer geeignetes Instrument zur Annäherung an eine Vision, an eine positive Utopie, an einen angestrebten besseren Zustand. Der Genozid in Ruanda genügt sich selbst. Der Krieg in Angola ist Selbstzweck und kann deshalb endlos weitergehen. Die fehlenden gesellschaftlichen Visionen und Utopien werden ersetzt durch die krudesten Verschwörungstheorien. Afrika fühlt sich nicht selbst verantwortlich, sondern von dunklen Mächten umstellt: der Kolonialismus, die Amerikaner, das internationale Kapital, die Weltbank, der CIA, der westliche Kulturimperialismus – sie alle und mehr sind verantwortlich für den elenden Zustand des Kontinents. Alles was der eigenen politischen Verantwortung als Entlastung dienen könnte, wird begierig aufgesogen. Schuld sind immer die anderen, und die Entwicklungshilfe des Westens ist in dieser Perspektive eine Art Kompensationszahlung für erlittenes Unrecht. Gerne fordern afrikanische Politiker und Intellektuelle eine Art Marshall-Plan für den zerstörten Kontinent ein. Sie vergessen dabei, dass über die Jahre bereits das Vielfache der Marshall-Plan-Mittel, die nach dem Krieg nach Europa flossen, bis heute schon in Afrika versickert sind. Es ist schon eindrucksvoll, aber auch bedrückend zu sehen, wie weit Afrikaner die Fähigkeit, Realitäten zu leugnen und nicht wahrzunehmen, entwickelt haben. Wenn es stimmt, dass das Auseinanderklaffen von Rhetorik und Wirklichkeit ein Charakteristikum der Postmoderne ist, dann müsste der afrikanische Kontinent bereits das Stadium der Postmoderne erreicht haben. Und so wird Mugabe fortfahren, seine spät entdeckte historische Mission, das Land nicht nur in die Unabhängigkeit geführt, sondern auch das koloniale Unrecht beseitigt zu haben, zu verwirklichen. Mit dieser historischen Leistung will er in die Annalen des Landes und des Kontinents eingehen. Was sind dagegen die Zerstörung der Grundlagen einer Ökonomie, die Verarmung weiterer Teile der Bevölkerung, die Erodierung des Rechtssystems, zunehmende Repression, Gewalt und Kriminalität und das rapide Anwachsen der Korruption? Und wer will ihn bei seinem Versuch, Geschichte zu schreiben, aufhalten?

Und in der Tat, selbst wenn es, dem jugoslawischen Beispiel folgend, zu einem Regimewechsel kommen sollte, indem sich Teile des Herrschafts- und Parteiapparates gegen die alte Funktionsclique stellen, in der Hoffnung, wenigstens noch einige Fleischtöpfe für sich zu retten, werden die bereits gesetzten Parameter nicht mehr rückgängig gemacht werden können. Nur die wenigen weißen Farmer, die für sich keine alternative Chance im Ausland erwarten, werden zurückkehren und die Arbeit wieder aufnehmen, allerdings auch dann mit den gemachten Erfahrungen der jüngsten Vergangenheit im Kopf. Was aber geschieht dann mit den Landbesetzern? Soll man mit ihrer erneuten Vertreibung einen Bürgerkrieg riskieren? Und auch ein neues Regime wäre nicht in der Lage, die bereits zerstörte Landwirtschaft auf einer neuen und tragfähigen sozio-ökonomischen Grundlage wieder aufzurichten. Die internationalen Entwicklungsagenturen gehen herrlichen Zeiten entgegen. Für unabsehbare Zeit wird sich Zimbabwe an den Dauertropf der Entwicklungshilfe legen müssen, und Afrika wird den von Mugabe hinterlassenen Scherbenhaufen einer internationalen Verschwörung zuschreiben. ...

Dezember 2000

... Nach langem, langem Zögern und Widerstand ist unser Koch, Mr. Samala, doch zur Untersuchung ins Zentralkrankenhaus von Lilongwe gegangen. Er hatte große Schmerzen und konnte nur wenig Essen bei sich behalten. Das malawische Personal war zunächst nicht in der Lage, eine spezifische Diagnose zu stellen. Man schwankte zwischen der Vermutung, dass es sich um Magengeschwüre handelt oder um ein Hepatom im Bauchbereich. Erst ein europäischer Arzt, der von Blantyre aus anreiste und die vorhandenen modernen Diagnosegeräte bedienen konnte, befand auf eine Geschwulst an der Leber im fortgeschrittenen Zustand, Leberkrebs.

Leberkrebs ist in Malawi relativ häufig anzutreffen, ausgelöst durch Hepatitis oder/und Pilzbefall im Mais, dem Hauptnahrungsmittel der Menschen hier. Man sagte mir, dass auch in Europa Leberkrankheiten, verursacht durch giftige Pilzsubstanzen, früher häufig waren, bevor sich die Haltbarmachung von Lebensmitteln mit Hilfe der Chemie durchsetzte. Nun, nachdem Wochen vergangen waren, wurde er zur Operation bestellt. Aber weil der Gesamtzustand des Patienten eher bedenklich war, sollte er für eine Bluttransfusion ca. 1 Liter Blut beibringen. Bekanntlich können die malawischen Krankenhäuser nicht auf funktionierende Blutbanken zurückgreifen. Die Familie wurde mobilisiert, und nach erneuten Verzögerungen erklärten sich zwei Kinder von ihm, die über eine verträgliche Blutgruppe verfügten, zur Blutspende bereit. So vergingen weitere vier Wochen des Wartens, aufbewahrt in einem Krankenhaus, immerhin eines der zwei Zentralkrankenhäuser des Landes, in das man seinen ärgsten Feind nicht zwingen möchte. Schließlich befand der ägyptische Chirurg, dass das Karzinom nicht mehr operierbar und eine Chemotherapie nicht möglich sei, zum einen wegen der Fortgeschrittenheit der Krankheit und zum anderen, weil die entsprechenden Möglichkeiten im Lande gar nicht vorhanden seien.

Gebrochen und deprimiert kehrte Mr. Samala in das Gartenhaus auf unserem Grundstück zurück. Als wir anregten, es mit anderen Ärzten in einem anderen Krankenhaus erneut zu versuchen, lehnte er den Vorschlag entschieden ab. Er wolle nach Hause in sein Dorf bei Dedza, er bitte um seinen Abschied aus unseren Diensten und um eine kleine Abfindung, damit er eine Hilfe einstellen könne zur Bestellung seines Ackers. Es sei sowieso schon sehr spät, die Regenzeit habe begonnen und seine Frau sei mit seiner Pflege ausgelastet und auch nicht mehr die Jüngste und könne deshalb diese Arbeit, die sie über Jahre ausgeübt habe, nicht mehr leisten.

Heute wurde unser Pickup mit seinen Habseligkeiten geladen. Durchgelegte Matratzen, angeschlagene Stühle – die längst verkauft gewähnte Isomatte war auch dabei – türmten sich auf der Ladefläche. Die von uns weggeworfene kaputte Kochplatte erhielt einen Ehrenplatz. »Ja, sie sei repariert worden.« Ich traute mich nicht, darauf aufmerksam zu machen, dass sein Dorf nicht über einen Stromanschluss verfügt.

Als schließlich alles verstaut und festgebunden war, setzte sich die gesamte Hofgemeinschaft zum Abschied zusammen. Ich bat Mrs. Mhone, unsere Zusammenkunft mit einem kleinen Gebet zu eröffnen, und bedankte mich dann bei Mr. Samala für seine treuen Dienste. Dann überreichte ich ihm ein angemessenes Geldgeschenk, eine warme Decke, Stoff für Mrs. Samala und einige Textilien für die beiden jüngeren Kinder. Wie schämte ich mich nun für meine spöttischen Bemerkungen zu seinen Kochkünsten in vorangegangenen Malawi-Briefen. Gut, dass er davon nichts wissen konnte. Mr. Chirwa, der alte Gärtner, sprach einige Worte in Chichewa, und allen stand das Wasser in den Augen. Dann ging es ins Auto. Es wurde gewinkt. Und nicht erst als das Fahrzeug in der Ferne verschwand, war allen bewusst, Mr. Samala fährt heim zum Sterben.

P.S.: 10 Tage später, am 16. Dezember des Jahres 2000, vier Tage nach seinem 60. Geburtstag, verstarb Mr. B.A. Samala in Langisoni Village, Desza District. R.I.P. ...

Dezember 2000

... Das Verhältnis der Malawis zu ihrer staatlichen Obrigkeit ist von tiefstem Misstrauen beherrscht. In einer langen Geschichte begründet, gibt es auch keinen Anlass für die Menschen zu einer positiven Beurteilung oder einer vertrauensvollen Öffnung. Darin unterscheiden sich weder die vorkolonialen, kolonialen noch nachkolonialen Gegebenheiten.

Anders als in einigen Regionen Westafrikas, existierten in und um das heutige Malawi herum keine dauerhaften großräumigen Herrschaftsverbände. Die Menschen lebten in überschaubaren kleinräumigen Herrschafts- und Siedlungsräumen. Das Dorf war ihr Kosmos, und nur selten gelang es Herrschaftspersonen, mehrere Dorfgemeinschaften übergreifend zu unterwerfen. An diesbezüglichen Versuchen mangelte es nicht. Das vorkoloniale Afrika ist keineswegs eine Idylle, sondern kriegerische Auseinandersetzungen zwischen den Dörfern und Stämmen gehören zum Alltag. Aber bedingt durch Siedlungsdichte und Geographie, sind der gewaltsamen Zusammenfassung größerer Herrschaftsräume Grenzen gesetzt. Eine relativ dünne Besiedlung und die Verfügbarkeit von Land ermöglichten eine hohe Mobilität der Bevölkerung, die sich im Prinzip ungeliebten Herrschaftsansprüchen durch Wegzug entziehen konnte. Deshalb waren auch die Hierarchien in den Dorfgemeinschaften relativ flach ausgebildet. Eine absolute Herrschaft konnten die Chiefs und Headmen nicht ausbilden, weil ihre Untertanen, auf die sie schließlich angewiesen waren, jederzeit die Option der Weiterwanderung wählen konnten, sollten sie sich ungerechtfertigten Ansprüchen oder Übergriffen ausgesetzt fühlen. Erst als der internationale Sklavenhandel einzelnen Häuptlingen ermöglichte, sich Einnahmen aus dem Menschenhandel zu verschaffen, änderte sich das Bild. Waren sie bislang von der Agrarproduktion ihrer Dörfer abhängig, erhielten sie nun den Zugriff auf von ihrer Bevölkerung unabhängige und zusätzliche Mittel, mit deren Hilfe sie sich kleine stehende Armeen leisten konnten, die sie wiederum gegen andere Dörfer, aber auch gegen die eigenen, einsetzen konnten. Jetzt gelang es ihnen, ihre Herrschaft aus dem Reziprozitätsverhältnis mit ihrer Bevölkerung zu lösen und zu verabsolutieren. Ein Teil ihrer Untertanen wurde positiv in die neue Herrschaftsstruktur integriert. Als Verwalter, bewaffnete

Kräfte oder Hofschranzen waren sie an den Einnahmen beteiligt und damit eingebunden, während die anderen mit Gewalt an der Entwicklung irgendwelcher Widerstandsformen, und sei es dem Wegzug, gehindert wurden. Unliebsame Zeitgenossen im eigenen Dorf konnten und wurden nach Zanzibar verkauft. Indem sich aber nun die Herrschaft verabsolutierte und von ihrer Bevölkerung ablöste, verlor sie auch ihre Legitimation. Gewalt statt relatives Einverständnis bestimmte nun den gesellschaftlichen Zusammenhang.

Willkürlich definierten die neuen Herrscher ihre Normen, verkauften ihre eigenen Landsleute oder überfielen die Nachbardörfer, um Sklaven zu erbeuten. Nicht selten setzten sich angeheuerte Söldner an die Spitze des Herrschaftsverbandes und vertrieben die bis dahin regierenden Häuptlinge. Araber oder Halfcasts bauten sich kleine Reiche am Malawi-See auf, die als Stützpunkte für den Handel mit Sklaven zur Küste dienten. Die spätere englische Kolonialverwaltung musste sich noch zu Ende des 19. Jahrhunderts mit diesen Räubern Gefechte liefern, waren diese doch nicht bereit, sich den lukrativen Menschenhandel entgehen zu lassen.

Als die Missionare in den sechziger Jahren des gleichen Jahrhunderts ins Land kommen, ist die Region um den Malawi-See verwüstet. Der Begriff Maravi, Land des Feuers, hatte sich in makabrer Weise materialisiert. Die verbliebene Wohnbevölkerung öffnete sich ihnen nur widerstrebend und misstrauisch. Aber letztendlich waren die Missionsbestrebungen erfolgreich, denn sie brachten drei wertvolle Güter ins Land: Frieden, ärztliche Versorgung und Erziehung. Am Anfang sind es insbesondere die gefährdeten kleinen Stämme, die zum Christentum überlaufen. Die Tonga zum Beispiel, die um Nkhata Bay siedeln, sahen sich ständig in jährlichen Intervallen, meist nach der Erntezeit, den Überfällen der benachbarten Ngoni, einem kriegerischen Volk, das zu Beginn des 19. Jahrhunderts aus Südafrika zugewandert war, ausgesetzt. Da die Ngoni selbst keinen Ackerbau betrieben, raubten sie sich ihren Bedarf bei den Nachbarvölkern. Aber nicht nur Lebensmittel waren das Ziel ihrer Begierde, sondern sie brauchten zur Sicherung ihres Stammeserhalts auch Soldaten, und so raubten sie vorzugsweise Frauen und Kinder.

Die betroffenen Stämme suchten also folgerichtig den Schutz der Missionare, denen sie allerlei übernatürliche Kraft zuwiesen, besaßen sie doch Feuerbüchsen, Stoffe und unermessliche Reichtümer. Zudem waren sie in schwimmenden Festungen, die aus Eisen gebaut waren, an den Küsten des Malawi-Sees erschienen, in die sie sich bei Gefahr unangreifbar zurückziehen konnten. Die Missionare versprachen das Heil, und die einheimische

Bevölkerung verstand Frieden und Versorgung mit bisher nicht bekannten Gütern. Unter Lebensgefahr gingen die Missionare in die Ngoni-Lager und versuchten, die Häuptlinge von ihrem räuberischen Tun abzuhalten, was ihnen auch gelang, als sie auch ihnen den Zugang zu den erhofften immateriellen und materiellen Schätzen, über die sie verfügten, versprachen. Aber die friedensstiftende Mission der Presbyterianer erwies sich als nicht unproblematisch für sie selbst. Immer stärker wurden die Kirchenleute in die weltlichen Belange und Bedürfnisse der einheimischen Bevölkerung hineingezogen. In den achtziger Jahren des 19. Jahrhunderts kommt es zu einem Riesenskandal, der in den schottischen Zeitungen ausgetragen wird, weil sich die Geistlichen in der Blantyre Mission gezwungen sahen, zur Aufrechterhaltung ihrer inneren Ordnung auch eine Polizeigewalt auszuüben. Notgedrungen besaßen sie ein Gefängnis und suchten Diebstahl und Verbrechen durch die Prügelstrafe einzudämmen. Auslöser für den Skandal war, dass ein Betroffener an den Folgen der Peitschenhiebe verstarb. Man stelle sich vor, geistliche Herren kümmern sich nicht nur um das Seelenheil ihrer Schäflein, sondern peitschen ihnen Gehorsam ein.

Dieser Vorfall blieb nicht folgenlos. Um diesem Dilemma zu entgehen, verstärkten nun die schottischen Missionare ihren Druck auf die englische Regierung, in Nyasa ein Protektorat zu errichten. Die presbyterianische Kirche wollte sich ihrer weltlichen Pflichten nun endlich entledigen und sich auf den Kern ihres eigentlichen Tuns zurückziehen. Die Krone jedoch zögerte lange Zeit, war doch die Region weder strategisch noch ökonomisch auch nur irgendwie interessant. Erst als die Portugiesen ihre Ansprüche von Moçambique aus auf den See richteten, ging ein Aufschrei durch die britische Presse. Ein Konkurrent britischer Kolonialambitionen, noch dazu ein katholischer, maß sich an, die Früchte schottischer Evangelisten zu ernten; das konnte nicht sein. Prompt entsandte die britische Regierung ein Kanonenboot an die Mündung des Zambezi und erzwang den Rückzug einer portugiesischen Expedition, die sich bereits auf dem Wege zum Shire-Hochland befand. Auf dem Berliner Kongress schließlich wurde dann die Grenzziehung zwischen Moçambique und dem neuen Protektorat Nyasa festgelegt. Nun gab es eine weltliche Kolonialordnung, und die Missionare konnten sich im Prinzip auf ihre kirchlichen Aufgaben zurückziehen.

Die neue englische Kolonialherrschaft in Nyasa erhielt von ihrem Mutterland nur wenig materielle Unterstützung. Entsprechend zögerlich und zeitraubend gelang ihr die Durchdringung des Protektoratsterritoriums. Die Zentralregion, das Siedlungsgebiet der Chewa, wird erst in den zwanziger Jahren des 20. Jahrhunderts erschlossen. Von einer kraftvollen Zentralgewalt in Nyasa kann also nur bedingt die Rede sein. Der erste Gouverneur sieht sich gezwungen, von Cecil Rhodes, dem südafrikanischen Diamantenmagnaten, der sich bereits in eigener Initiative private Kolonien im heutigen Zimbabwe und Zambia angeeignet hatte, Geld zu erbitten, um Soldaten in Nepal und Malaysia anheuern zu können, mit deren Hilfe er die Ordnung in Nyasa herzustellen sucht. Rhodes hatte sich im Übrigen auch schon vorsorglich den Norden Nyasas überschreiben lassen, einen Titel, den er später der englischen Krone überließ. Die britische Regierung in London verfolgte den Grundsatz, dass sich die Kolonien aus eigenen Ressourcen zu sichern hätten. Jedenfalls war die englische Bourgeoisie nicht bereit, ihrer Regierung Steuererhebungen für solche Zwecke zu gewähren. Die noch immer gängigen Imperialismustheorien müssen auch in dieser Hinsicht umgeschrieben werden, wenn man bedenkt, wie wenig das englische Kapital bereit war, die angeblich in ihrem Interesse erfolgte Kolonialausbreitung finanziell abzusichern. Ende des 19. Jahrhunderts verfügte die englische Armee über ca. 40.000 Mann, die zudem überwiegend in den strategisch wichtigeren Gebieten Ägypten, Sudan und Südafrika gebunden waren. Da blieb für Peripherien wie Nyasa nichts übrig. In der Konsequenz musste die Kolonialverwaltung Steuern in ihrem eigenen Territorium erheben. Da die Zahl der Einwohnerschaft Nyasas unbekannt war, wurden die Wohnhütten zur Bemessungsgrundlage gewählt. Die so genannte Hüttensteuer hatte aber nicht nur den Zweck, die leeren Kassen der Kolonialverwaltung zu füllen, sondern diente als ökonomischer Hebel, die Haushaltsvorstände zur Arbeit auf den Plantagen zu zwingen. Auf den Tabak-, Kaffee-, Tee- und Sisalfarmen der Weißen herrschte jedenfalls Arbeitskräftemangel. Die Afrikaner wollten partout nicht in die Produktion. In der noch funktionierenden Subsistenzökonomie gab es keinen oder nur einen geringen materiellen Grund, sich auf den Feldern der Weißen zu verdingen. Dem Versuch, Zwang auszuüben, widersetzten sich die Afrikaner. Allein die aus Moçambique eingewanderten Lomwe, die als Neulinge keinen Landzugang hatten, waren aufgrund fehlender Optionen gezwungen, auf den Plantagen zu arbeiten. Mit der Hüttensteuer sollte nun eine ähnliche Wirkung erzielt werden. Mit dem Fehlen eines Marktes war die Arbeit in den Plantagen die einzige Möglichkeit, sich Geld zu verschaffen, um damit die eingeforderte Steuer zu bezahlen.

So das Kalkül, aber die Wirklichkeit lief anders. Sehr schnell erkannten die Betroffenen, dass, wenn man schon zur bezahlten Fremdarbeit gezwungen wurde, man in den umliegenden Nachbarkolonien durch die Arbeit in den Kupfer- und Kohleminen mehr Geld verdienen konnte als auf den heimischen Farmen, wo man mit einem Taschengeld entlohnt wurde. Seitdem war Nyasa das Land der Arbeitsemigranten. Mit der Lohnarbeit im Ausland erwirtschaftete man sich den Brautpreis und konnte den Hausstand finanzieren. Mindestens zeitweilig nach Südafrika oder den beiden Rhodesien zu gehen entwickelte sich zu einem sozialen Attribut erwachsener junger Männer.

Die Hüttensteuer wurde mit großer Rigorosität durchgesetzt. Polizei und Armee durchkämmten regelmäßig das Land, und wer nicht zahlen konnte oder nicht wollte, dem wurde die Hütte abgebrannt und/oder die Familie haftbar gemacht. Als diese gewaltsame Steuererhebung immer noch nicht die erwünschten Erfolge zeitigte, wurden die Chiefs und Headmen für die Eintreibung der Hüttensteuer verantwortlich gemacht und gleichzeitig prozentual beteiligt. Das weckte natürlich deren Begierde, bewirkte allerdings auch eine zunehmende Entfremdung der traditionellen Herrschaft von den Untertanen. Wenn sich Chiefs und traditionelle Führer dennoch wehrten, die ihnen zugewiesenen Aufgaben zu erfüllen, wurden sie von der Kolonialverwaltung abgesetzt und durch kooperationsfreudige Führer ersetzt. Im Ergebnis ist die Hüttensteuer ein weiterer Grundpfeiler für das Misstrauen der Malawis gegenüber ihrer Obrigkeit, nicht nur der fremden Kolonialverwaltung, sondern auch ihrer eigenen traditionellen Herrschaft.

Die Obrigkeit entwickelte jedoch nicht nur perfide ökonomische Hebel zum Gehorsam, sondern bildete auch ein umfassendes Netz sozialer Diskriminierung aus. Wenn ein Afrikaner einem Weißen auf der Straße begegnete, hatte er die Straßenseite zu wechseln. Vor dem Betreten eines Farmgrundstücks oder eines öffentlichen Geländes der Kolonialverwaltung musste er den Hut ziehen; versäumte er das, wurde er ihn vom Kopf gerissen und konfisziert. Der Betroffene konnte dann von Glück reden, wenn er nicht noch eine Geldstrafe aufgebrummt bekam oder sich einige Peitschenhiebe einfing. Das Mitführen einer Nilpferdpeitsche oder eines metallbeschlagenen Stocks gehörte zur Kleiderordnung der weißen Farmbesitzer, Verwaltungsangestellten und Militärs. Und dieses Statussymbol wurde auch bei allen sich bietenden Gelegenheiten oder Nichtgelegenheiten eingesetzt. Falls sich wider Erwarten ein Afrikaner in Selbstverteidigung dagegen wehrte, landete er im Gefängnis, so er sein ungeheuerliches Verbrechen überlebte.

Selbst die Missionare, die sich hier in löblicher Weise anders verhielten, entwickelten zumindest missverständliche Attitüden. So war es auf Livingstonia nicht gern gesehen, dass Afrikaner Schuhe trugen und als extravagant angesehene europäische Kleidung. Das Motiv hierfür war, die Schwarzen von den unnötigen und verderblichen Konsumbedürfnissen der Weißen abzuhalten. Und so sieht man auf alten Fotografien, wie schwarze Priester in weißen Leinenanzügen barfuß ihre Predigten halten. Dass es in Livingstonia auf fast 2.000 m Höhe mehr als ein halbes Jahr bitter kalt ist, sollten die Menschen entsprechend ihrer Natur stoisch ertragen. Allerdings sah man nie einen weißen Missionar barfuß über die zugigen Höhen schreiten. Auch Gutwillige können also Klassen- und Rassensysteme ausbilden und erhalten.

Dennoch, die Rassentrennung und -diskriminierung in Nyasa hat nie die Qualität der Apartheid in Südafrika oder Südrhodesien erreicht. Die Gründe hierfür liegen in der Tatsache, dass Nyasa aufgrund fehlender ökonomischer Ressourcen nie zum Siedlungsland weißer Einwanderer wurde. Um die Jahrhundertwende lebten höchstens 1.000 Weiße im Protektorat, die Mehrzahl nur zeitweilig in ihrer Eigenschaft als Verwaltungsbeamte und Militärs. Unter 5.000 betrug ihre Anzahl im Land in den fünfziger Jahren, in einer Zeit, wo die großen Einwanderungsströme aus den englischen Industrievierteln und dem Alentejo die demographischen Grundlagen Südrhodesiens und Moçambiques veränderten. Es sind ja die armen Weißen, unqualifiziert und wenig gebildet, die in Südafrika und Rhodesien die Konkurrenz besser ausgestatteter Schwarzafrikaner im Kampf um Arbeitsplätze fürchten und deshalb eine rassistisch begründete Abwehrfront fordern und politisch durchsetzen. Hierfür gibt es in Nyasa keine demographischen und sozialen Voraussetzungen. Zwar ist die Gruppe der europäisch gebildeten Schwarzen in Nyasa vor der Unabhängigkeit äußerst klein; noch in den fünfziger Jahren gibt es im ganzen Protektorat nur zwei Secondary Schools, denen auch noch die letzten zwei Jahre zum A-Level fehlen, aber immerhin können diese wenigen Absolventen in mittlere und gehobene Positionen der Verwaltung, des Farmmanagements und der Kirche eintreten. Es ist diese relative Besserstellung des schwarzen Bürgertums in Nyasa, die zur einhelligen Ablehnung einer Föderation des Protektorats mit den beiden Rhodesien führt. Zu viele Arbeitsemigranten konnten in den Minen Nordrhodesiens und Südrhodesiens am eigenen Leib erfahren, was Apartheid heißt, und widersprachen deshalb energisch allen Plänen, für diese beiden noch immer von Weißen beherrschten Kolonien als Arbeitskräftereservat zu dienen. Um den Widerstand gegen eine Föderation rankte sich dann auch im Folgenden der Kampf des Landes um seine Unabhängigkeit.

Bevor es jedoch 1964 zu dieser kam, taumelte Nyasa durch eine Welle von Gewalt und Tumult. Unter dem fadenscheinigen Vorwand, dass der Nyasa-Kongress nach Vorbild der Mau Mau die Ermordung aller Weißen im Land planen würde, rief der englische Gouverneur den Notstand aus. Polizeikräfte und Militär aus Süd- und Nordrhodesien marschierten in das Protektorat ein und gingen mit brachialer Gewalt, wie die Devlin-Commission später feststellte, gegen die Bevölkerung vor. Viele Tote auf Seiten der malawischen Bevölkerung waren zu beklagen, ohne richterlich geprüfte Haftentscheidungen wurde fast die gesamte Elite des Landes in Konzentrationslagern zusammengefasst, Verbannungen ausgesprochen und Hausarrest verfügt. Mit einem Schlag riss die scheidende britische Kolonialherrschaft all das ein, was sie über Jahre der Bevölkerung als zivilisatorische Leistung angepriesen hatte. Die noch immer von Weißen durchsetzten Kirchen stellten sich auf die Seite der Verfolgten, konnten aber den entstandenen Schaden an Glaubwürdigkeit nicht wieder gutmachen. Als die Engländer endlich das Protektorat verließen, weinte ihnen niemand eine Träne nach. Die koloniale Obrigkeit hatte sich selbst desavouiert und ihre beanspruchte Legitimation zerstört.

Dagegen stand die Euphorie und das unbegrenzte Vorvertrauen in den Führer und Befreier Dr. Banda, der, einem Messias gleich aus fernem Lande herbeieilend, dem Volk Rettung verhieß. Zum ersten Mal in der Geschichte der malawischen Völker konnten sie sich in einem gemeinsamen Willen zusammenfinden und in der Person Bandas ihre nationale Identitätsfigur erkennen. Umso erschreckender und deprimierender, als sich das Ganze als eine Projektion entlarvte. Nun wurde Malawi nicht durch eine Fremdherrschaft ausgeplündert und betrogen, sondern von einem Bruder, der sich als Scharlatan entpuppte. Die Obrigkeit war wieder das, was sie schon immer war: Willkür, Gewalt und Anmaßung. Der Terror der Jungen Pioniere und der Polizei hielt das Gemeinwesen Malawi einigermaßen zusammen. Viele, die ihr Vertrauen in Banda gesetzt hatten, behalfen sich mit dem bekannten Denkmuster, nicht der Führer sei schuld an den Zuständen, sondern er werde von seiner Umgebung betrogen und dem Volk entfremdet. Aber 1993 brach auch diese Ideologie zusammen. In einem Referendum sprach sich die Bevölkerung mit über 60 % für ein Mehrparteiensystem und damit für eine Demokratie aus. Auch nach seinem Tod liegt der Schatten des Diktators über dem Land. Das Trauma Banda wird noch lange Zeit Malawi beherrschen. Wie viele enttäuschte Hoffnungen, wie viele nicht erfüllte Wünsche sind mit dem Vater der Nation verbunden? Der Traum von einer gerechten malawischen Ordnung hat sich als Albtraum erwiesen.

Die neue Regierung, im Wesentlichen demokratisch legitimiert, muss sich mit einem schweren Erbe herumschlagen. Das abgelöste Regime hat ein politisch-moralisches Vakuum hinterlassen, in das sich Resignation, Zynismus und Korruption einnisten. Es gibt keine demokratieförderliche politische Landeskultur. Nie gab es eine Gelegenheit, sie zu entwickeln und einzuüben. Die neuen Eliten sind die gewendeten alten. Woher sollten sie auch kommen? Der bestehende Graben zwischen Bevölkerung und Obrigkeit vertieft sich täglich in einer sich explosionsartig ausbreitenden, umfassbaren Armut der Masse der Bevölkerung auf der einen Seite und dem wachsenden Reichtum einiger weniger auf der anderen. Erstaunt, aber auch neidisch schauen die Malawis zu, wie sich Politiker, Verwaltungsbeamte und Militärs die Taschen mit Steuergeldern und Entwicklungsbeiträgen vollstopfen. Die bestehende Ungleichheit und Entfremdung zwischen denen da oben und denen unten beruht nicht mehr auf dem willkürlichen Einsatz brutaler Gewalt wie im alten Regime, sondern wird weit moderner und eleganter durch die Ermöglichung privilegierter Zugriffschancen auf politisch vermittelte Ressourcen für einige wenige hergestellt. Die neuen-alten Eliten fungieren längst als Vorposten der internationalen Interessen und keineswegs als Makler und Vermittler zwischen ihrem Volk und der westlichen Welt. Die unerträgliche Armut ist allenfalls Anlass für sie, die internationale Gebergemeinschaft um Hilfsgelder anzugehen, keineswegs jedoch ein Grund zu ernsthaften Eigenanstrengungen. Nein, auch von den neuen Herren ist ja nicht viel zu erwarten, und so ziehen sich die Malawis in ihre altgewohnten familialen und tribalen Strukturen zurück, die sie über Jahrhunderte begleitet haben. Wie bei den Wahlen erkenntlich, löst sich das Gemeinwesen in regionale und tribale Orientierungen auf. Was aber wird passieren, wenn auch diese Strukturen, wie jetzt bereits erkennbar, nicht mehr dem wachsenden Armuts- und Erwartungsdruck der Bevölkerung standhalten werden? Wird es dann ein neues Ruanda geben, oder kann sich Malawi unter einem wachsenden Leidensdruck politisch und kulturell erneuern? Letzteres wird jedoch nicht mit den gegebenen Eliten möglich sein. ...

Dezember 2000

... Unsere Katze hat uns verlassen. Zwar war sie schon wenige Male für einige Zeit verschwunden, aber niemals so lange. Hat sie sich endgültig aus enttäuschter Liebe von uns abgewandt und etwas Besseres gefunden, oder ist ihr etwas zugestoßen? Wir werden es wohl nicht erfahren.

Wir haben die Katze nicht eingeladen und zu uns gebeten. Sie hat uns erwählt und beschlossen, bei uns zu wohnen. Eines Tages, kurz nach unserem Einzug in unser Haus in Lilongwe, stand sie vor der äußeren Begrenzungsmauer und beschwor uns mit schrecklichem Gejammer, sie einzulassen. Dass ich sie mit Drohgebärden und kleinen Wasserbomben zu vertreiben suchte, focht sie nicht an; entschlossen suchte sie ihren Willen, bei uns zu leben, durchzusetzen. Und als ich eines Tages von einer Wochenendreise nach Hause kam, saß sie neben Renate auf der Terrassenbank.

Sie war angekommen und schien mit uns zufrieden. Morgens brachte sie uns zum Auto, und wenn ich in den späten Abendstunden meinen Gartenrundgang machte, begleitete sie mich wie ein Wachhund. Wenn wir von Reisen wiederkamen, beschwerte sie sich mit lautem Geschnatter über unsere Abwesenheit, und energisch forderte sie sowohl ihr Essen als auch intensive Streicheleinheiten an. Sie muss schon vorher in einer Familie gelebt haben, denn sie war sehr auf Menschen bezogen und suchte sehr engen Kontakt zu uns. Vielleicht war sie deshalb so geschockt, als in unserem Haushalt zwei kleine Hundebabys auftauchten, die in ihrer Drolligkeit und Abhängigkeit alle Aufmerksamkeit auf sich zogen. Sie wurde eifersüchtig, und man konnte sie öfter beobachten, wie sie den kleinen Hunden aufzulauern suchte, um ihnen hinterrücks einen Tatzenschlag zu verabreichen. Pflichtgemäß schrien dann die Hunde auf, und befriedigt zog die Katze ab. Über die Zeit jedoch schien sie sich an diese neue Konkurrenz zu gewöhnen, und soweit das Hunde und Katzen können, lebten sie in einer Art Koexistenz. Aber vielleicht täuschen wir uns auch und haben die Verbitterung der Katze nicht hinreichend gewürdigt, so dass sie sich gezwungen sah, uns unzufrieden zu verlassen.

Das Verhältnis der Malawis zu Tieren und zur Natur allgemein ist für uns Europäer gewöhnungsbedürftig. Die Haltung von Haustieren ist nicht weit verbreitet und zudem einem bestimmten Nutzenkalkül unterworfen. Während bei uns Hauskatzen und -hunde die schier unersättlichen Liebesbedürfnisse von älteren Damen zu erleiden haben und in der Folge an Neurosen oder Verfettung sterben, müssen sie hier Erfolge als Jäger von Mäusen oder anderem Getier vorweisen. Sie werden dabei nicht alt, denn sie erhalten keine besondere Fürsorge oder Verpflegung. Sie müssen sich um das Haus herum irgendwie selbst versorgen. Und so sieht man ausgehungerte, verlauste und mit Krätze übersäte Geschöpfe auf vier Beinen, die bei der Annäherung von Menschen sofort versuchen zu verschwinden. Kinder bewerfen sie mit Steinen, und entsprechend misstrauisch verteidigen Hunde und Katzen ihr offensichtlich nur bedingt akzeptiertes Leben.

Aber auch anderen Nutztieren – Hühnern, Ziegen, Schafen und Rindern – geht es nur bedingt besser. Diese werden zwar nicht verfolgt und angegriffen, müssen aber ebenso sehen, wie sie sich selbst ernähren. Das Viehzeug läuft frei herum, wird allenfalls abends in einen Kral geschafft, um Diebstahl oder Dezimierung durch Hyänen und herumstreuende Hunde zu

Renate und der Autor mit Anna und Emma

vermeiden. Fütterung oder gar nur Zufütterung ist so gut wie unbekannt. Dafür gibt es weder eine Tradition noch die ökonomischen Mittel. Viehhaltung ist hier ein weitgehend ungesteuerter Prozess, dem bestenfalls ein Freiraum eingeräumt wird. Und so mögen zwar Grün-Bewegte aus Europa die Freilandhaltung von Vieh begrüßen, aber wenn man dann die ungepflegten und mickrigen Tiere beobachtet, kann man allenfalls ihren zähen Überlebenswillen bewundern, aber nicht so sehr ihren ebenfalls zähen Fleischgehalt.

Die Malawis sind, anders als andere Völker in Ostafrika, keine Viehzüchter und -treiber. Nur 5 % der Haushalte besitzen Großvieh, breiter gestreut sind Hühner, Ziegen, Schafe und Schweine zu finden. Es sind deshalb auch keine kulturell verankerten Symbiosen zwischen Tier und Mensch, wie etwa bei den Massai in Kenia, entstanden. Wenn ein deutscher Bauer in früheren Zeiten sich zuerst um sein Vieh kümmerte und dann um seine Frau, so sind ähnliche Verhaltensweisen in Malawi nicht vorzufinden. Beratungsdienste, auch von deutscher Seite unterstützt, die Viehhaltungspotentiale, die schließlich auch als Einkommens- und Ernährungsquellen genutzt werden könnten, zu steigern, stoßen auf wenig Verständnis. Zwar würde jeder gern mehr Hühner oder Ziegen besitzen und ist deshalb für entsprechende Geschenke dankbar, sich aber hierfür aktiv durch eigene

Leistungen einzusetzen, dazu besteht wenig Bereitschaft. Es fehlt an Wissen über die Zusammenhänge, sicherlich auch an finanziellen Ressourcen, auch wird der Neid der Nachbarn bei eventuellen Erfolgen gefürchtet. Aber vor allem fehlt es an einer kulturell verankerten Erfahrung, dass man Tiere pflegen muss, will man ihre ökonomische Potentiale ausnutzen. Nein, Tiere sind da, also sind sie, und mehr ist nicht.

Die Einstellung zu Haus- und Nutztieren korrespondiert mit der Haltung zu Wildtieren und der Natur insgesamt. Die belebte und unbelebte Natur ist bloßer Ausbeutungsgegenstand, das ist nicht anders als in Europa. Ein verselbstständigtes ästhetisches Vergnügen in der Natur, wie es sich in Europa mit der allgemeine Wohlstandssteigerung entwickeln konnte, kann hier nicht Platz greifen. Zudem ist Natur Bedrohung. Man muss sich sein eigenes Leben gegen die Natur ertrotzen. Der Bauer musste sein Land der Wildnis abringen, Bäume fällen und Strauchwerk mühselig vernichten, um seinen Acker vorbereiten zu können. Schlangen, Spinnen und Skorpione, Hyänen, Schakale und Löwen waren konkrete Gefahren, denen man nur durch ihre Vernichtung begegnen konnte. Elefanten brechen noch heute aus den Naturreservaten aus und verwüsten die Felder der anliegenden Ortschaften. Wildtiere und Natur sind also keineswegs ein Gegenstand der Ergötzung, sondern, wenn schon nicht Gefahrenmoment, dann wenigstens Gegenstand der eigenen Reproduktionssicherung. Wildtiere werden gejagt, um sich von ihnen zu ernähren, und Bäume dienen zur Sicherung der Energieversorgung. Unter den Bedingungen einer umfassenden Armut und Ernährungsunsicherheit wird der diesbezügliche Druck auf die Natur stärker. Natur wird aufgegessen, als Rohstoff verkauft oder abgebrannt. Die viel behauptete Einheit des Afrikaners mit der Natur, die sich im Respekt und vorsichtigem Umgang mit ihr dokumentiert, ist entweder schon immer eine Erfindung der Anthropologen gewesen oder gehört der Vergangenheit an.

Wenn man durch die Gartenstadt Lilongwe geht, kann man mit großer Wahrscheinlichkeit die Herkunft der Besitzer von Haus und Garten bestimmen. Ein Grundstück mit Blumen im Vorgarten, Hängepflanzen an der Veranda, einem gepflegten Rasen, alten Bäumen und Topfpflanzen, wo immer man hinschaut, gehört mit fast 100 %iger Sicherheit einem Expatriate. Ist der Vorplatz blank gefegt, alles Grün ausgerissen, Bäume abgehackt oder dezimiert und wächst Mais anstelle von Rosen, so muss es sich um afrikanische Bewohner handeln. Das hat natürlich was mit Armut zu tun, aber selbst der Garten eines Ministers wird nicht so viel anders aussehen, obwohl der über entsprechende finanzielle Mittel verfügt. Natur unterliegt einem Nutzungsgebot, das sich materialisieren muss und sich keineswegs ästhetisch verselbstständigen kann. Mehr noch, ein blank gefegter Sandboden wirkt in afrikanischen Augen ästhetisch und keineswegs nackt und abstoßend. Dass es sich hierbei um eine historisch und kulturell geformte Bedingung handelt und damit durchaus Veränderungen unterliegt, zeigt sich unter anderem in den städtischen Slums, wo die Bewohner, ihrem natürlichen Wohnumfeld entzogen, in bescheidenem Maße kleine Schmuckpflanzen halten, die sie in alten Blechbüchsen, kaputten Eimern und anderen Behältnissen aufbewahren. Wenngleich nicht auf dem Standard einer deutschen Gärtnerei, wird also unter den Bedingungen der Naturferne eine Kunstnatur produziert. Auch das Vorbild der Europäer, dem man nachzueifern sucht, drängt in diese veränderte Natursicht. Rückkehrer aus Europa oder den USA, die dort gelernt und studiert haben und zum Teil zum ersten Mal wilde afrikanische Tiere in Zoos gesehen haben, entdecken auf einmal ihr Interesse und ihren Stolz auf ihre einheimischen Naturschätze. Und so wie sich Malawis tapfer in den Malawi-See werfen, obwohl sie nicht schwimmen können und obwohl sie diesen gefährlichen Gewässern mit größtem Misstrauen gegenüberstehen, weil die Assungos (Weißen) es ja auch machen, so besuchen jetzt auch Afrikaner, wenn auch in kleinen Zahlen, die Natur- und Tierparks des Landes.

Das Naturverständnis der Malawis ändert sich also, aber, wie bei kulturellen Wandlungsprozessen üblich, sehr, sehr langsam. Traditionen sind zäh und wirken auch noch, wenn ihr Begründungszusammenhang überhaupt nicht mehr erkennbar oder bekannt ist. Vor einigen Tagen haben die Kinder von Mrs. Mhone eine Fledermaus, die sich in das Gartenhaus verirrt hatte, erschlagen. Befragt nach dem Grund, konnten sie keinen angeben. Sie fanden das Tier halt ekelig und unheimlich. So weit eine Kindersicht, die möglicherweise bei uns nicht so viel anders aussehen würde. Vor einigen Tagen jedoch beobachtete ich den älteren Gärtner, Mr. Chirwa, wie er irgendein Tier mit dem Stock jagte. Als ich dann runter in den Garten ging, sah ich, dass er hinter einer etwa 30 cm. langen Eidechse her war. Ich unterbrach sein Tun und erklärte ihm, dass es sich um ein äußerst nützliches Tier handelt, das niemandem einen Schaden zufügen wird, und dass es deshalb auch nicht gejagt werden müsste. Er stimmte mir zu, wie überzeugt, konnte ich nicht ermessen. Heute fand ich an derselben Stelle die Leiche des Reptils. Der wunderschöne blaue Kopf hatte seine Farbe verloren, und die Ameisen begannen bereits, das Tier zu zerlegen. Sicherlich hat die Eidechse nicht Selbstmord gemacht, und sicherlich ist sie auch nicht vom Baum gefallen. Ob nun der Gärtner oder die Nachtwächter das arme Ding erschlagen haben, weiß ich nicht. Unsere Katze jedenfalls ist aus den schon genannten

Gründen unschuldig. Ich habe dann versucht, mögliche Gründe für die Tötung einer Eidechse herauszufinden, bin aber nicht sehr weit gekommen. Nur so viel, alles, was da kriecht und fleucht im Garten, ist irgendwie unheimlich und eine potentielle Bedrohung. So werden alle Schlangen, egal ob es sich um die wenigen handelt, die tatsächlich giftig sind, oder um harmlose Reptilien, erschlagen und zerhackt, und das, obwohl die Beteiligten mittlerweile gelernt haben, dass sie von mir keine Prämien für ihre erfolgreiche Jagd erhalten. Die Möglichkeit, ja die Gewissheit, dass Natur auch in Afrika knapp werden könnte, ist den Einwohnern nicht bzw. noch nicht gegenwärtig. Und auch der Gedanke, dass der Erhalt und die Schonung einer Art ein Wert für sich genommen sein könnte, ist unbekannt. Wir sollten allerdings, angesichts unserer eigenen Umweltprobleme in Europa, darüber nicht die Nase rümpfen. ...

Briefe Februar bis Mai 2001

Februar 2001

... Warum ist Afrika eigentlich unterentwickelt? Genauer gefragt, warum ist der Teil von Zentral-Ost-Afrika, in dem wir zur Zeit leben, so wenig entwickelt, dass nicht nur der Abstand zu Europa und Nordamerika immer größer wird, sondern auch bereits in der jüngsten Vergangenheit erreichte Lebensstandards nicht mehr gehalten werden können, und das trotz massivster ausländischer Interventionen und Ressourcentransfers, ohne die das Bildungs-, Gesundheits- und Energieversorgungssystem, ja selbst die Nahrungsmittelsicherung, nicht mehr gewährleistet wären? Natürlich wird es mir nicht gelingen, diese Millionen-Dollar-Frage auch nur erschöpfend zu beantworten. Aber sich mit ihr zumindest auseinander zu setzen scheint mir dringend und notwendig.

Augenscheinlich steht und fällt die Frage von Entwicklung oder Unterentwicklung mit den unterlegten Kriterien. Nicht jeder Stromausfall, nicht jedes Schlagloch auf der Nationalstraße und auch nicht das Fehlen eines anständigen italienischen Restaurants sind für sich schon hinreichende Indikatoren für Unterentwicklung, sondern bezeichnen eher die Wahrnehmungsmuster europäischer Expatriates. Jede Gesellschaft verfügt über eigene Klassifikationsschemata und sich darin ausdrückende Prioritätensetzungen. Wenn darin eine heile Straßendecke keinen hohen Stellenwert einnimmt, umso mehr als die Masse der Bevölkerung gar keine Autos besitzt, mag das für betroffene Minderheiten ärgerlich sein, bezeichnet aber noch keinen gesellschaftlich relevanten Notstand. Die Betrachtung der makroökonomischen Daten über die Jahre, also das Brutto- und Nettosozialprodukt, die Investitionsrate, Inflation, Wachstum und Beschäftigungsrate in einem Land, sind für die Frage des jeweiligen Entwicklungsstandes und -trends eher aufschlussreich für den Zustand einer Gesellschaft, wenngleich es auf Entwicklungsländer bezogen erhebliche methodische und berechnungstechnische Probleme bei der sauberen Erfassung und Bewertung dieser Daten gibt. Schließlich ist das zugrunde liegende statistische Instrumentarium entlang der Bedürfnisse der westlichen Kapitalismen konstruiert worden. Stößt es hier bereits auf Probleme der adäquaten Erfassung von Sozialkosten und Umweltschäden, erhöhen sich die Anwendungsschwierigkeiten wegen der hohen Informalität und mangelnden Datenerfassung in den Ländern der Dritten Welt ins Unermessliche. Aber dessen ungeachtet, die begrenzt aussagekräftigen makroökonomischen Daten zum Beispiel in Malawi geben zu keinem Optimismus Anlass, wobei die eigentliche Bedrohung, ablesbar in diesen Zahlen, in ihrem kontinuierlichen Abwärtstrend liegt.

Was sich auf der Ebene der makroökonomischen Statistiken ablesen lässt, wird im Alltag erlebt. Die Einkommensniveaus werden immer tiefer gesenkt. Inflation und Abwertung sind schneller als die geringen Lohnzuwächse. Nur wer sich in harter Währung auszahlen lassen kann, wie zum Beispiel die Entwicklungsexperten, ist ein Gewinner. 80 % der Bevölkerung leben unterhalb einer schon bereits unsäglich niedrig definierten Armutsschwelle. Unter- und Fehlernährung sind eine der Folgen. Das rasante Ansteigen von Krankheiten aufgrund unzureichender Nahrung, mangelnder Hygiene und fehlender Gesundheitsvorsorge ist eine andere. Die allgemeine Lebenserwartung der malawischen Bevölkerung hat sich in den letzten Jahren nicht stabilisieren lassen, sondern ist unter 40 Jahre gesunken. Allein diese Zahl und ihr Entwicklungstrend zeigen das ganze Elend des Landes auf. Unterentwicklung ist also nicht primär an unbefriedigt bleibenden Konsumbedürfnissen orientiert, sondern ganz elementar an sinkenden Lebens- und Überlebenschancen.

Malawi ist auf vielfältige Weise mit der Welt und ihrer Ökonomie verbunden. Das Land produziert für den Weltmarkt Tabak, Tee und in kleineren Mengen Baumwolle, Zucker, Kaffee und bestimmte Nusssorten. Eine gute Ernte vorausgesetzt, können auch manchmal überschüssige Maiserträge exportiert werden. Alle dieser Produkte treffen auf eine harte Konkurrenz der Nachbarländer oder von Produzenten in Ländern anderer Kontinente.

Entsprechend schwierig gestaltet sich die Absatzlage, und nur selten werden ordentliche Gewinne erzielt. Wenn dann noch, wie bei Tabak und Tee, die Markthoheit und die herrschenden Börsen in angloamerikanischer Hand liegen, muss Malawi relativ hilflos und passiv abwarten, was mit seinen Produkten und den daran gebundenen Erlösen passiert. Diese punktuelle Anbindung des Landes an die Weltökonomie, auf die Malawi zur Erwirtschaftung von Devisen zwingend angewiesen ist, erweist sich als äußerst erratisch, fragil und wenig berechenbar, und soweit überhaupt mittlere und kleinere Bauern an der Produktion dieser Güter beteiligt sind, finden sich ihre Gewinnerwartungen in der Regel enttäuscht, während sich die Zwischenhändler und Vermittlungsinstanzen die Profite teilen.

Tabakauktion in Lilongwe

Aber Malawi steht nicht nur deshalb mit seinen »Cash-Crops« auf dem Weltmarkt schlecht da, weil auch andere Länder vergleichbare Güter bei möglicherweise höherer Produktivität und niedrigeren Preisen anbieten, sondern auch, weil die europäischen und nordamerikanischen Märkte insbesondere durch politisch gesetzte hohe Handelsschranken, die allen Ideologien der freien Marktwirtschaft Hohn sprechen, abgeschlossen sind. Gleichzeitig hat der internationale Währungsfonds seine Unterstützung der Entwicklungsländer an die radikale Öffnung der lokalen Märkte gebunden.

Und so sieht sich die malawische Wirtschaft ungeschützt einer ausländischen aggressiven Marktkonkurrenz ausgesetzt, in der insbesondere Zimbabwe und die Südafrikanische Republik regional gesehen die dominanten Kräfte sind. Die dort praktizierte industrielle Landwirtschaft und Massentierhaltung sind den malawischen Kleinproduzenten so stark überlegen, dass Eier, Rindfleisch, Hühner und Marmeladen aus Südafrika oder Kartoffeln, Zwiebeln und Orangen aus Zimbabwe trotz hoher Transportkosten und mehrerer Zwischenhändler noch immer billiger sind als die einheimischen Produkte, ganz abgesehen von der entschieden besseren Qualität. Ausgerechnet also die Landwirtschaft, das Einzige, was Malawi aufzuweisen hat, kann der internationalen Konkurrenz nicht standhalten. Wenn dann noch die dahinsiechende Subsistenzökonomie Malawis auf Druck der internationalen Geber in größter Schnelligkeit in den internationalen Markt integriert werden soll, mit der Freigabe der Preise, dem Abbau aller Handelshemmnisse, dem Verzicht auf Subventionen für Saatgut, Dünger, aber auch für Sozialleistungen, ist die ökonomische und soziale Katastrophe vorprogrammiert. Wie sich ein Land unter diesen Bedingungen entwickeln soll, sollten an sich die Architekten solcher Pläne in Washington und New York erklären. Ihre örtlichen Vertreter hier in Lilongwe jedenfalls weichen solchen Fragen eher verlegen aus.

Die Bevölkerung des Landes muss sich auf eigene Überlebensstrategien konzentrieren. Traditionell, genauer seit Ende des 19. Jahrhunderts, ist die landesinterne oder -externe Wanderarbeit eine mögliche Option. Mit dem Erscheinen der Missionare und ihren Bildungsangeboten erhöhten sich die Vermittlungschancen ihrer Zöglinge in dem entstehenden modernen Sektor, den Bürokratien in den Kolonialhauptstädten, den neuen Tee-, Kaffee- und Tabakplantagen und den Kohle- und Kupferminen in Südafrika, Zimbabwe, Zambia und Katanga. Diese Option konnte jedoch nur von Männern wahrgenommen werden: zum einen, weil sie in erster Linie in den Genuss der neuen Bildungsinhalte kamen, und zum anderen, weil die staatlichen und kirchlichen Vermittler sowie die Abnehmer von Arbeitskraft in den Plantagen und Minen nicht den dauerhaften Zuzug von Arbeitswilligen mit ihren Familien wünschten. Die Missionskirchen wollten schließlich nicht die Auswanderung ihrer nun gerade getauften Schäflein hinnehmen. Auch sollte das Institut der Ehe und Familie möglichst gesichert bleiben. Deshalb sollten die Männer nur auf einen begrenzten Zeitraum ihren Wohnort verlassen. Die Arbeitsverträge wurden in der Regel auf zwei Jahre begrenzt. Die Nachfrager von Arbeitskräften konnten sich damit einverstanden erklären, weil sich so eine amorphe Arbeiterschaft herausbildete, die kaum in der Lage war, sich in Gewerkschaften zu organisieren, und die zudem bei jeder ökonomischen Krise schnellstens und ohne Verzögerung in ihren Heimatort abgeschoben werden konnte, ohne dass man sich auch noch mit einer begleitenden Familie abgeben musste.

Wie auch immer die Kalküle der Veranstalter, die Malawis machten sich ihren eigenen Sinn daraus. Die Wanderarbeit der Männer wurde zu einer eigenen Institution, die im großen Stil wahrgenommen wurde. In manchen Jahren verließen mehr als 50 % der arbeitsfähigen Männer ihre Heimat und Familien. Bevorzugt wurden dabei nicht die bescheiden bezahlten Arbeitsplätze in den Plantagen und Verwaltungen des eigenen Protektorats, sondern die neuen Industrie- und Minenzentren der Nachbarländer. Dadurch zerstob schon mal die Hoffnung der englischen Kolonialverwaltung und Plantagenbesitzer, die mit der Etablierung der Hüttensteuer ihren Arbeitskräftebedarf sichern wollten. Wenn aber nun die malawischen Männer schon Steuern zahlen und die dafür notwendigen Geldmittel durch den Verkauf ihrer Arbeitskraft gewährleisten sollten, dann konnten sie das wohl besser durch lukrativere Einnahmemöglichkeiten im Ausland tun. Auch waren sie hierfür nicht mehr auf die Vermittlungsdienste kirchlicher oder staatlicher Agenturen angewiesen, die dann auch noch mit Gebühren und diversen Vorschriften das ganze Vorhaben verteuerten und komplizierten, sondern sie suchten selbst den direkten Weg zu den ausländischen Arbeitsstätten. Soweit sich die jungen Männer dorthin auf den Weg machten, waren sie nicht durch die Zahlung abgezogener Steuern motiviert, sondern in der hohen Erwartung, nun viel rascher und umfassender als in der Tradition den nicht unerheblichen Brautpreis für eine baldige Heirat erwirtschaften zu können. Sie entzogen sich damit auch der bisherigen Abhängigkeit von ihrer Familie, die bislang notwendigerweise den Preis für die Braut (lobolo) mit oder voll finanzierte. Der lange Weg in die Minen Südafrikas, Zambias oder Katangas symbolisierte also gewichtige Schritte der Mannwerdung und des tatsächlichen Erwachsenseins. Aber es blieb nicht nur bei der Wanderarbeit in einer bestimmten biographischen Situation. Mehrfachausreisen wurden zur Normalität. Nicht wenige wanderten gegen ihre ursprüngliche Intention faktisch aus. Manche zogen ihre Familie nach oder trennten sich von ihr und gründeten parallel oder alternativ eine neue an ihrer Arbeitsstätte.

Die sozialen und ökonomischen Folgen der Wanderarbeit, die einer sozialen Bewegung gleichkommt, interessieren uns deshalb, weil sie gleichzeitig in gewichtiger Weise die historischen und gegenwärtigen Entwicklungsbedingungen Malawis kennzeichnen. Eine relevante und letztlich entwicklungshemmende Folge ist die mit der Arbeitsemigration verbundene perpetuierte und verstärkte geschlechtliche Arbeitsteilung. Kann man in der traditionellen Aufgabenverteilung zwischen Mann und Frau – hier Jagd und Schutz, dort Familie und Haushalt, wozu das Feld gehört – einen gewissen Sinn erkennen, verliert sich dieser spätestens zu Beginn des 20. Jahrhunderts. Zu diesem Zeitpunkt hatten die Ballereien und Schlachtereien der weißen Jäger den Tierbestand Afrikas, insbesondere was das Großwild betraf, weitgehend zerstört. Auf den verbleibenden Rest erhoben die Kolonialregime Anrecht und setzten Jagdverbote für die afrikanische Bevölkerung durch. Ein fragiler kolonialer Landfrieden reduzierte zudem die Möglichkeiten männlicher Kriegsertüchtigungen, so dass wesentliche traditionell begründete Tätigkeitsbereiche der Männer wegfielen. An deren Stelle hatten die Missionare, Administratoren und Plantagenbesitzer die Lohnarbeit gesetzt. Erwachsene Männer, Boys genannt, kochten und bügelten in den Weißen-Haushalten und pflegten den Rosengarten. Andere mühten sich auf den Tee- und Tabakplantagen, und wiederum andere schufteten in den Kohle- und Kupferminen. Wie auch immer, der nun von den Männern monopolisierte Zugang zum modernen Tauschmittel Geld verschärfte die bereits traditionell vorhandene Ungleichheit der Geschlechter und brachte die Frauen in eine Abhängigkeit, soweit sich ihre und die familiale Reproduktion nun über den Markt vermittelte. Anders als in Westafrika, haben die Frauen in Ostafrika nie den autonomen Zugang zum Markt oder, wenn doch, nur sporadisch erlangt. Erhofften sie sich früher, an den Jagderträgen der Männer partizipieren zu können, mussten sie nun in der neu entstehenden Geldwirtschaft um die Beteiligung an den Lohneinnahmen des Mannes bitten. Da Bitten bekanntlich wenig eindrucksvoll und nachhaltig ausfallen, wurden sie durch marktähnliche Arrangements begleitet. Die Frauen verkauften ihren Männern gegen Bargeld selbst gebrautes Bier und, wenn nötig, auch sich selbst.

Wenn auch eine beachtliche Zahl der Familien ihren Haushaltsvorständen auf der Wanderarbeit folgten, gingen die malawischen Männer in ihrer Mehrzahl allein auf diesem Weg. Die damit verbundene räumliche und länger während zeitliche Trennung von Familie und Dorf bewirkte eine weitere Zuspitzung der geschlechtlichen Arbeitsteilung zu Lasten der Frau, die noch heute anhält. Zwangsläufig waren die zurückgelassenen Frauen nun nicht mehr allein für ihre traditionell definierten Aufgabenbereiche Kindererziehung, Haushaltsführung und Feldbestellung zuständig, was ihnen bis dahin schon nicht unerhebliche Lasten aufbürdete, sondern in umfassender Weise für den gesamten Bereich der familialen Reproduktion. Mehr noch, der Mann in der Fremde erwartete bei möglicherweise auftretenden Notfällen wie Krankheit, Arbeitslosigkeit oder Gefängnisaufenthalt Unterstützungsbeiträge aus der Heimat. Und während die Frau nicht sicher sein konnte, dass sie vom Einkommen des Mannes einen einigermaßen vernünftigen Anteil bekam, sah sie sich häufig umgekehrt den Unterstützungsforderungen ihres Mannes ausgesetzt, die dieser, insbesondere in patrilinearen Verhältnissen, mit Hilfe seiner Ursprungsfamilie bei eventueller Verweigerung durchzusetzen suchte.

Die traditionell ungleichen Geschlechterverhältnisse haben sich mit der Institutionalisierung der Wanderarbeit in eine Einbahnstraße verwandelt. Während sich die Männer auf der Suche nach Arbeit aus ihren Verpflichtungen lösen konnten und neue Freiheiten fern der dörflichen Ordnung fanden, blieben die Frauen in der alten Dorfstruktur gefangen. Sie mussten sich in sie einpassen, oder es blieb ihnen nur die Alternative, das Dorf zu verlassen, und dann wohin?

Bevor die Männer sich auf die Wanderarbeit begeben, arrangieren sie bestimmte Absicherungs- und Kontrollmaßnahmen. Der Chief muss mit Geschenken oder dem Versprechen zukünftiger Geschenke davon überzeugt werden, dass die zurückgebliebene Frau auch weiterhin Land zur Bearbeitung zugewiesen bekommt. Nachbarn werden gleichermaßen gebeten, ein Auge auf das zurückgebliebene Anwesen zu werfen und möglicherweise bei schweren körperlichen Tätigkeiten helfend einzugreifen. Und nicht zuletzt wird die weitere Familie auf eventuelle Schwierigkeiten durch die Abwesenheit des Mannes hingewiesen. All diese Momente beinhalten durchaus die Chance für die Frauen, bei auftretenden Problemen Hilfe erhalten zu können. Aber im Wesentlichen generieren sie einen erheblichen Kontrolldruck. Jetzt fühlt sich nicht nur der Ehemann als Herr über die Frau, sondern jetzt sehen sich alle möglichen Instanzen und Personen befugt, Anweisungen zu geben und Forderungen zu stellen. Es ist dieser Mechanismus, der verhindert, dass die Frauen die Abwesenheit ihrer Männer zu selbstbewusster Selbstgestaltung ihres Lebens nutzen können. Sie können sich auch kaum mit dem Appell an Solidarität an die anderen Frauen im Dorf wenden, weil diese sich durch die nun zeitweilig allein stehenden Frauen eher bedroht fühlen denn gestärkt. Ducken ist also die Parole, und allein die Hoffnung, dass der Mann vielleicht doch zurückkehrt und dann unermessliche Reichtümer mit sich trägt, lässt sie diese Mühsal ertragen.

Wie auch immer, die in europäischen Augen schier unerträgliche und kaum erklärbare geschlechtliche Asymmetrie ist, abgesehen von ihrer moralischen Dimension, ganz sicherlich ein erheblicher entwicklungshemmender Faktor in Afrika. Ein im Überlebenskampf höchst innovativer Teil der afrikanischen Gesellschaft, die Frauen, wird durch die ihnen aufgeladenen Lasten und Bürden geradezu physisch und psychisch niedergedrückt. Krankheiten, Fehl- und Unterernährung, Müttersterblichkeit und immer wieder auftretende physische Übergriffe aus der männlichen Nachbarschaft schöpfen die vorhandene Leistungsfähigkeit der Frauen ab, bzw. drücken sie auf ein Minimum. Bereits in den dreißiger Jahren des 20. Jahrhunderts hielten Beobachter fest, dass in den Regionen mit einem überdurchschnittlich hohen Emigrationsanteil die Felder in einem signifikant schlechteren Zustand waren und entsprechend deren Produktivität. Die Überlastung der Frauen auf der einen Seite und das Fehlen von Arbeitskraft in bestimmten Spitzenzeiten der Feldvorbereitung und Ernte führen zusammengenommen zu fatalen Ergebnissen, die sich auch auf die malawische Makroökonomie negativ auswirken.

Die materiellen Produktionsbedingungen für die afrikanische Landwirtschaft sind im Durchschnitt eher schlecht als gut. Dünne Bodenschichten, die bei den harten klimatischen Bedingungen leicht erodieren und nicht geeignet sind für die entwickelte europäische Landtechnik, das weitgehende Fehlen einer natürlichen Infrastruktur, so zum Beispiel schiffbare Flüsse und ein unwirtliches Klima mit starken Temperaturschwankungen, sowohl im Tag-Nacht-Rhythmus als auch über das Jahr, mit extremen Ausschlägen der Trockenheit einerseits und sintflutartigen Regenfällen andererseits, sind keine guten Voraussetzungen für eine entfaltete Landproduktion. Auch hat es in Afrika keine oder kaum eine agrartechnische Revolution gegeben, wie wir sie aus Oberitalien zum Ausgang des Mittelalters kennen, mit der Entwicklung von Wasserwirtschaft, Technikeinsatz, neuen Pflügen und einer verbesserten Pflugtechnik. Am ehesten bewirkte noch die Einführung neuer Pflanzsorten, hier in Malawi zum Beispiel von Mais, Cassava, Mango und Papaya, zu gewissen Steigerungen der landwirtschaftlichen Erträge. Ansonsten dominiert eine extensive statt einer intensiven Landwirtschaft. Dem entsprach auch eine relativ dünne Besiedlung Afrikas über die Jahrhunderte. Es gab im Prinzip genug Land. Nach seiner Erschöpfung durch landwirtschaftliche Nutzung zog man weiter. Das kann man auch an der Siedlungsstruktur erkennen. In Malawi steht kein Dorf noch an der Stelle, wo es vor zwanzig Jahren stand. Entsprechend fragil und vorläufig sind auch die Häuser. Alles ist nur auf Zeitweiligkeit und Vorläufigkeit gerichtet. Allerdings entspricht die demographische Entwicklung in Malawi nicht mehr dieser gewohnten Siedlungs- und landwirtschaftlichen Produktionsform. Hier, ebenso wie in Ruanda, Burundi und teilweise Uganda, ist Land knapp geworden.

Die vorherrschende Subsistenzökonomie kann die Bevölkerung nicht mehr ernähren. Die Masse der Kleinbauern sichert kaum noch die Reproduktion ihrer eigenen Familie und lebt am Rande des Existenzminimums, viele – viel zu viele – darunter. Längst wäre eine technische und sozio-ökonomische Reform angesagt. Aber tatsächlich erstarrt das Land in Immobilität und Stagnation.

Warum kennt Afrika und insbesondere Malawi so wenig oder keine sozio-technischen Neuerungen, speziell in seiner ökonomischen Basis, der Landwirtschaft? Die Gründe liegen vermutlich in bestimmten historischen und sozio-kulturellen Geformtheiten. Da ist zum einen der in früheren Zeiten gegebene geringe Druck der Lebenssicherung. Wie bereits gesagt, Grund und Boden gab es im Prinzip in verfügbaren Mengen. Sich weit über das Existenzminimum hinaus landwirtschaftliche Erträge zu sichern lohnte sich nicht unter den gegebenen Zwängen der mangelnden Berechenbarkeit. Kriege, Gewalt, Raub, Versklavung und das erratische Klima machten eine umfassende Vorratswirtschaft zur nicht einsehbaren Sisyphusarbeit. Landwirtschaftlicher Reichtum diente nicht der Verbesserung und Steigerung der eigenen und familialen Reproduktion, sondern weckte Begehrlichkeiten und generierte nur zusätzliche Forderungen, die letztendlich das Risiko der Lebenssicherung nur noch erhöhten. Die Institution des Landfriedens – eine sozio-politische Revolution, ohne die der europäische Weg nie hätte gegangen werden können – blieb im vorkolonialen Afrika allenfalls Rand- und Zeitphänomen. Insbesondere hier in Zentral-Ost-Afrika gehörte der Kampf jedes gegen jeden zum jahrhundertelangen Alltag. Noch gegen Mitte des 19. Jahrhunderts brachen Kriegerstämme in das Land ein, die die vorhandenen Bewohner töteten, versklavten, ausraubten und unterwarfen. In einer solchen Kultur der Gewalt hat langfristige Daseinsvorsorge, gegründet auf komplexe und voraussetzungsvolle Produktionsformen, keine Chance. Wenn dann noch die vorhandene Landwirtschaftstechnologie und Bodenbeschaffenheit zumindest eine Existenzsicherung auf niedrigerem Niveau erlauben, kann man sich darin, ob freiwillig oder nicht, einrichten.

Erst die Missionare und die Kolonialverwaltung brachten einen wie auch immer fragilen Frieden und setzten durch die Einführung der Geldwirtschaft und durch eine weltmarktbezogene Plantagenökonomie im gewissen Rahmen sozio-ökonomische Veränderungen in der malawischen Gesellschaft im Gang, allerdings wildwüchsig, ungesteuert und keineswegs mit einer innovationssteigernden Modernisierung verbunden. Es lag nicht in der Absicht der Kolonialisten, eine selbst-initiierte und -verantwortete Entwicklung Schwarz-Afrikas zu ermöglichen, zu begleiten oder zu fördern. Sie suchten entweder Siedlungsland in der Verdrängung ursprünglich afrikanischer Ansprüche oder implantierten kleine kapitalistische Inseln in einem afrikanischen Umfeld, das sie herzlich wenig interessierte. In der Folge entstand eine duale Entwicklung, eine weiße Ökonomie, die an die Wirtschaftsdynamik Europas und Nordamerikas angebunden blieb, und eine schwarze Ökonomie, die, in die Peripherie gedrängt, sich weitgehend selbst überlassen blieb, was nicht heißt, dass sie sich autonom und uneingeschränkt entwickeln durfte oder konnte. Produzierte sie Störungen oder Friktionen für die weiße Ökonomie, wurde sie Gegenstand der Beobachtung und punktueller Intervention; Gegenstand einer umfassenden und gezielten Steuerung und Entwicklung dagegen war die afrikanische Gesellschaft nie. Von außen, vom Kolonialsystem, war das auch weder intendiert noch letztendlich möglich, wie die vergeblichen Versuche der heutigen internationalen Entwicklungspolitik bezeugen. Von innen jedoch den notwendigen und angemessenen Entwicklungsschub afrikanisch zu definieren und umzusetzen, dafür fehlen dem Kontinent die Kraft, Erfahrung und Ressourcen. Afrika im Allgemeinen und Malawi im Speziellen stehen in den Trümmern einer ungewollten, ungezielten und unvollendeten Modernisierung. Eine Anknüpfung an eine längst vergangene afrikanische Tradition ist nicht möglich. Diese befand sich bereits in einem Auflösungsprozess, bevor die Missionare und Kolonialherren das Land penetrierten. Das, was diese mitbrachten, ist jedoch nie angekommen, dient allenfalls als Camouflage und Verkleidung. Unter dem fadenscheinigen Mantel moderner Institutionen – eine partnerschaftliche Ehe, ein gesicherter Rechtsfrieden, Parlamentarismus, Parteien und eine demokratische Verfasstheit, Gleichheit vor dem Gesetz und soziale Verpflichtung für die Armen – verbergen sich Polygamie und eine geradezu perverse geschlechtliche Arbeitsteilung zu Lasten der Frauen, eine alltägliche und als legitime Option angesehene Gewalt, Tribalismus, Nepotismus und Klientelismus, ein statusgeschichteter Zugang zum Recht, die soziale Verpflichtung zur Korruption und eine zügellose Bereicherung derjenigen, die die Macht dazu haben, und bestimmen die Realität Malawis. Die Modernisierung ist nur Oberfläche und hat die Tiefenstruktur der sozio-kulturellen Dispositionen und Werte gar nicht berührt. Afrika braucht eine Kulturrevolution und nicht entwicklungspolitische Finanztransfers, die den notwendigen Veränderungsprozess nur bremsen und abwürgen, indem sie das bestehende hybride afrikanische Gesellschaftssystem schmieren und in Gang halten. Afrika muss nicht unterentwickelt bleiben, wenn es in einem wahrscheinlich schmerzhaften Umdenkungsprozess lernt, dass es kein Zurück, aber auch kein Einrichten im gegebenen Status quo gibt. Wir, die

Europäer und Nordamerikaner, sollten bescheiden erkennen, dass wir die Lösungen nicht parat haben und dass die Afrikaner ihre Modernisierung aufgrund eigener Erfahrungen, gesellschaftlicher Konflikte und Bewertungen formulieren müssen, bei deren Umsetzung wir dann vielleicht helfend beiseite stehen können. ...

Februar 2001

... Nun hat es uns also doch erwischt. Unsere Polaroid-Kamera und ein Kassettenabspielgerät (Walkman) sowie ein wunderschöner Stoff aus Südafrika sind verschwunden. Zwar befinden sich Bauarbeiter auf dem Gelände, die eine gefährdete Gartenmauer richten; da die Gegenstände jedoch aus dem Haus entwendet wurden, ist die Wahrscheinlichkeit sehr groß, dass jemand von unseren Leuten zugelangt hat. Besteht da ein Zusammenhang mit der jetzt fehlenden Autorität unseres verstorbenen Kochs? Oder stimmt die generelle Vermutung aller weißen Expatriates, dass die Annoncierung unserer baldigen Heimkehr die Leute auffordert, sich zu bedienen, verlieren sie doch eh bald ihren Job?

Ach, was waren wir stolz auf die Tatsache, dass wir landesüblich überdurchschnittliche Löhne und zusätzliche Sozialleistungen zahlten und zahlen. Immer haben wir uns bemüht, den für uns Arbeitenden mit dem notwendigen Respekt entgegenzutreten. Anders als die englischen Kolonialisten, die ihre »Boys« mit Vornamen rufen, haben wir immer die Form Mr. Soundso gewählt. Schließlich sind Vornamen im Afrikanischen gar nicht in der Tradition, und üblicherweise sprechen sich auch die Leute gegenseitig mit dem Familiennamen an. Allein die dünne englisch geprägte Oberschicht hat die Sitte übernommen, auch untereinander von Bill oder Lucy zu sprechen. Zerschlagenes Porzellan, verloren gegangene Gegenstände und falsch verwendete Werkzeuge wurden selbstverständlich nicht ersatzpflichtig vom Gehalt der für verantwortlich gehaltenen Angestellten abgezogen, eine Regelung, die viele Arbeitgeber ihren Abhängigen zumuten. Im Großen und Ganzen verhielten wir uns so, wie es eine südafrikanische Management-Studie empfiehlt, die wir erst später kennen lernten, die besagt, dass afrikanische Mitarbeiter dann zu Höchstleistungen befähigt werden, nicht nur bei angemessenem Lohn, sondern vor allem und im Besonderen in der Achtung ihres persönlichen Werts und des freundlichen Umgangs. Es gelte, persönliche Loyalitäten herzustellen, und das sei nicht allein über Geld erzwingbar. In der Betonung der persönlichen Loyalität liegt nun gleichzeitig die afrikanische Krux. Mitarbeiter werden eben nicht auf ein Organisationsziel und -programm eingeschworen, sondern arbeiten zur Zufriedenheit ihres Patrons. Mag das für moderne Betriebe und Bürokratien ein schwerwiegendes Strukturdefizit sein, berührt uns dieser Zusammenhang nicht, da wir ja in einer eher feudal geformten Hofhaltung miteinander leben und arbeiten. Ein rotes Warnlicht zeigt also an, dass es zu Störungen in den persönlichen Loyalitätsbeziehungen gekommen sein muss.

Die Zeitungen berichten jeden Tag aufs Neue und in extenso von Diebstählen, Unterschlagungen, Vergewaltigungen, Morden und Korruptionsfällen. Teilweise drückt sich darin aus, dass nun mit dem Wegfall der Diktatur überhaupt erst eine Öffentlichkeit hergestellt worden ist. Aber das ändert nichts an der Tatsache, dass die Kriminalität in Malawi in den letzten zehn Jahren zugenommen hat und sich auf hohem Niveau einpendelt. Damit zeigt sich eine rasche Erodierung der inneren und äußeren Normen der malawischen Gesellschaft an. Mit seinen Gewaltakten und Menschenrechtsverletzungen hat das alte Regime die traditionellen und neuen christlichen Wertesysteme ausgehebelt. Insbesondere die jüngere Bevölkerung – und mehr als 50 % der Malawis sind unter 18 Jahren – nimmt nun das Recht in die eigenen Hände, bzw. fühlt sich in ein überwölbendes gesamtgesellschaftliches Rechtssystem nicht mehr eingebunden. Der tägliche Überlebenskampf generiert Dschungel-Normen, die sich verselbstständigen und das traditionelle und moderne Recht überwuchern. Gleichzeitig ist der allumfassende und harte Kontrolldruck der Diktatur weggefallen. Die paramilitärischen jungen Pioniere existieren nicht mehr und die Polizei ist desavouiert, inkompetent und desinteressiert. Ist sie nicht selbst Teil der Kriminalität, vermag sie diese nicht zurückzudrängen.

Betrachtet man allein und vordringlich die Eigentumsdelikte und lässt die gewaltförmige Lösung von Alltagskonflikten außen vor, so reicht die Bandbreite der Kriminalität von Mundraub bis hin zu organisierter Bandenkriminalität. Die weißen Expatriates, sei es als Residents oder als zeitweilige Gäste, sind von allen Kriminalitätsformen betroffen, obwohl ich vermute, dass sie prozentual zu ihrem Bevölkerungsanteil eher weniger denn mehr kriminelle Energie auf sich ziehen. Das läge sicherlich nicht an einer tief verankerten Scheu oder Hochachtung vor dem »weißen Mann«, sondern an den umfassenderen und besseren Schutzmaßnahmen, die dieser aufgrund seiner finanziellen Situation sichern kann, und wahrscheinlich auch an der höheren Publizität, die Übergriffe gegenüber dieser kleinen Minderheit in der Öffentlichkeit provozieren würden, was dann möglicherweise auch eine müde Polizei in Trab bringen könnte. Obwohl es gerade in jüngster Zeit zu einigen spektakulären Überfällen auf Häuser weißer Expatriates gekommen ist, macht die Kleinkriminalität, insbesondere auf dem Feld der Eigentumsdelikte, die große Masse der Ereignisse aus. Die Speisekammern und Kühltruhen der Weißen sind voll mit Lebensmitteln, und wer sich nicht Tag und Nacht davor setzen will, muss einen bestimmten Abfluss der Esswaren an sein Personal vergegenwärtigen. Wenngleich Übergriffe damit nicht hundertprozentig verhindert werden können, ist es sowieso weiser und wahrscheinlich auch moralisch vertretbarer, wenn man freiwillig Teilungsabsichten praktisch werden lässt. Aber es sind ja nicht nur Lebensmittel im Überfluss, sondern auch andere materielle Güter, Kleidung, Bettwäsche, Handtücher und vor allem Luxusgegenstände wie Radios, Fernseher, CD-Player, Kameras und Walkmen. Sich hier zu bedienen liegt nahe und findet wie auch immer überzeugende Begründungen:

- Es sind ja Fremde und keine Malawis, die bestohlen werden;
- die sind so unverschämt reich, dass sie, ohne Schaden zu nehmen, etwas abgeben könnten;
- ein Patron ist zudem angehalten, für seine Klientel zu sorgen;
- bei den ungeheuren Reichtümern, über die die Weißen verfügen, bemerken sie eventuelle Verluste gar nicht;
- die Privatisierung von Gütern ist die gerechte Strafe für Beleidigungen und eine schlechte Behandlung der Täter, die eigentlich die Opfer sind;
- das Risiko, erwischt zu werden, ist gering;
- eventuelle Sanktionen wiegen in der Regel weniger als die erhofften Zugewinne, und
- die Ankündigung eines Weißen, er werde nach Europa oder nach Nordamerika zurückkehren, ist im Grunde nichts anderes als die Aufforderung, entschieden zuzulangen, solange es noch geht.

Diese und weitere Begründungen zu an sich nicht vorgesehenen Eigentumsübertragungen lassen sich differenzieren in Robin-Hood-ähnliche Gerechtigkeitsvorstellungen einer notwendigen Güterumverteilung, einer armutsbedingten Hier-und-jetzt-Mentalität, die sich weder mit Problemen eventueller Moralverletzungen noch mit vorhandenen Risiken beschäftigen kann oder will. Für die Betroffenen, sprich die Bestohlenen, ist es nun höchst unangenehm, dass an den wie auch immer überzeugenden Legitimationsversuchen etwas dran ist, nämlich dass die Verteilungsschere zwischen Arm und Reich in Malawi sich in einer Weise öffnet und weiter erweitert, wie sie im heutigen Europa unvorstellbar wäre, und dass deshalb ein abschreckender Rachegedanke, auf den sich das hiesige Recht sowieso nur reduziert, den erwünschten Effekt überhaupt nicht mehr hervorzubringen in der Lage ist. Sicher, eingesperrt zu sein und sich der Willkür der malawischen Gefängnisse ausgeliefert zu sehen ist gewisslich kein Spaß. Aber ist das Überleben in der Freiheit so viel besser? Und so schnell kommt man auch in Malawi nicht ins Gefängnis. Die Bestohlenen scheuen sich häufig, die Polizei einzuschalten. Zu schlecht ist ihr Ruf. Es mangelt an Kompetenz, und will man wirklich verantworten, dass ein Schuldnachweis aus den Verdächtigen herausgeprügelt wird? Man begnügt sich deshalb mit Er- und Abmahnungen und droht mit oder exekutiert Entlassungen. Hat man den Schuldigen eindeutig identifiziert, ist das relativ einfach, wenn nicht, muss man sich entscheiden, ob man die ganze Mannschaft von Bord schickt, also auch unbeteiligte Unschuldige. Und das ist nun das Dilemma, in dem wir zur Zeit stehen.

Der Zeitpunkt der Verluste von Kamera und Walkman lässt sich nicht mehr genau rekonstruieren, allenfalls auf die letzten zwei Wochen eingrenzen. Der Kreis der Verdächtigen umfasst zunächst die Hausangestellten, wobei unsere Hausdame von ihrer Funktion her den Zugang zu den Räumlichkeiten hat. Aber auszuschließen ist natürlich auch nicht, dass jemand vom Garten aus eine Gelegenheit zum Betreten des Hauses genutzt hat. Das schließt zusätzlich auch gelegentliche Besucher oder Handwerker ein, wenngleich dann die Wahrscheinlichkeiten sich unterschiedlich gewichten. Man hat also so seine Vermutungen, aber verfügt über keine Sicherheit der Erkenntnisse.

Wie so typisch in einer Situation einer absehbaren Abreise, von der das Personal natürlich schon längst vor öffentlicher Bekanntgabe weiß, wird das Ärgern über den Diebstahl von der Furcht, damit sei der Damm gebrochen und jetzt gehe der unbezahlte Ausverkauf ungehemmt weiter, überlagert. Es gilt also Warnzeichen zu setzen, um die endgültige Auflösung des Haushalts zu stoppen, wenn man schon nicht die bereits entschwundenen Gegenstände zurückerhält.

Wir kontaktieren zunächst einen malawischen Bekannten in der Annahme, er kenne sich in der Psychologie des malawischen Diebstahls besser aus, verfüge über die lokale Sprache und eine entsprechende Autorität, alles Eigenschaften, die dem weißen Fremdling fehlen. Mit ihm zusammen setzen wir uns nun in einzelnen Gesprächen mit den Hausangestellten zusammen. Wie nicht anders zu erwarten, wussten sie von nichts. Selbst unsere Hausdame versicherte hoch und heilig, dass niemand, aber auch niemand, außer ihr selbst in das Haus eingedrungen sein könnte, und, damit starke Nerven zeigend, sie wäre sich darüber im Klaren, dass sie damit zum engsten Kreis der Verdächtigen gehöre. Nach dieser unergiebigen Einleitung entfalteten wir ein ganzes Set von Anreizen und Androhungen. Eine Belohnung von einem Monatsgehalt sei ausgesetzt, wenn sachdienliche Hinweise auf Täter und Diebstahlsgut eintreffen würden. Ansonsten müssten wir alle entlassen, ob schuldig oder nicht. Damit ginge auch eine Abfindung nach Ablauf des Arbeitskontrakts in Höhe von drei Monatsgehältern verloren, und schließlich müsste man auch daran denken, dass wir dem Nachfolger im Haus das bestehende Personal empfohlen hätten, eine Empfehlung, die wir jedoch nur unter den gegebenen Bedingungen, nämlich einer aktiven Mithilfe bei der Aufklärung des Falls, aufrechterhalten würden. Ein ebenso hilfloses wie perfides Spiel, den Schuldigen zu isolieren und zu verraten. Bislang ohne Erfolg. Es hat ja auch etwas Tröstliches, dass den Allmachtsträumen von Mastern so plötzlich und erkennbar Grenzen gesetzt sind. Was soll er machen, wenn Gegenstände hinter seinem Rücken verschwinden? Wie soll er die Mauer des Schweigens durchbrechen? Selbst wenn er, wie die Kolonisatoren des 19. und beginnenden 20. Jahrhunderts, brutale Gewalt einsetzen könnte und würde, könnte er keine Sicherheit erlangen. Es handelt sich schon um ein Lehrstück, wie Herrenmacht auf Grenzen stößt.

Die bestehenden Muster sind eigentlich nicht so sehr afrikanische, sondern Ausprägungen von Armutsgesellschaften und von Gesellschaften in umfassender und bislang nicht gesicherter sozio-kultureller Transition. Ohne bislang neue Orientierungen hervorbringen zu können, erodieren die ökonomischen Grundlagen und kulturellen Werte in kürzester Zeit. Wie die Pest das mittelalterliche Europa, so überfällt der Aids-Virus das subsaharische Afrika. »Nur weg hier«, sagen die einen und »Da kann man eh nichts machen«, die anderen. Nicht verwunderlich, dass Obskurantismus, Zauberei und Witchcraft Konjunktur haben, und eine spezifisch afrikanische Variante der Kriminalität ist Ausdruck davon. Eine zunehmende Anzahl von Ritualmorden beunruhigt die malawische Öffentlichkeit. Überwiegend Frauen, manchmal auch Männer, werden von unbekannten Tätern ermordet und ihrer so genannten »Private Parts«, vorzugsweise Genitalien und Brüste, beraubt, für die offensichtlich ein lukrativer Markt besteht. Zu Recht als ernsthafte Krisenerscheinungen eingestuft, werden diese Ritualmorde von Politik, Religion und Öffentlichkeit mit höchster Aufmerksamkeit verfolgt.

Unbeschadet relativierender Erklärungen und Entschuldigungen, werden Eigentumsdelikte, ob gegenüber Weißen oder Schwarzen, im Prinzip in Malawi weiterhin als gesellschaftlich nicht gewünschte Akte angesehen und bewertet. Aber im Alltag hat man längst aufgegeben, sich dagegen zu wehren, und richtet sich stattdessen hilflos und resignierend auf das offensichtlich nicht mehr beherrschbare Faktum ein. Der Koch fährt nicht mehr nach getaner Arbeit in der Dunkelheit mit seinem Fahrrad heim, weil er fürchtet, dass er wegen seines Rades überfallen werden könnte. An Lohntagen bittet er seinen Master um Aufbewahrung des Geldes, um sich nicht einem zusätzlichen Risiko auf seinem Heimweg auszusetzen. Nach einem Überfall werden die Betroffenen gefragt und fragen sich selbst, warum sie in diese dunkle Gasse hineingegangen seien und warum sie irgendetwas Verwertbares mit sich getragen hätten. Das gesamte gesellschaftliche Leben richtet sich entlang der gegebenen Daten von Kriminalität und Gewalt aus. Wenn immer möglich, verlässt man sein Haus nachts nicht mehr. Der private Busverkehr – ein öffentlicher ist nur rudimentär vorhanden – erlahmt. Wer noch bis in die Nacht Personal beschäftigt, sieht sich verpflichtet, es mit seinem Jeep nach Hause zu fahren. Die Nachtwächter sind angehalten, das Gartentor bei Ankunft des Masters so schnell wie möglich zu öffnen, um eventuellen Entführungen oder Autodiebstählen vorzubeugen. Verhaltensregeln bei dennoch stattfindenden Überfällen sind ausgetauscht, wenngleich sie die Betroffenen vielfach überfordern. Mann und Frau bunkern sich ein. Die Gartenmauern werden höher gezogen und mit einem Elektrozaun versehen. Wachdienste befriedigen die zunehmende Nachfrage und sind wahrscheinlich die einzige Branche in Malawi, die mit kräftigen Zuwachsraten glänzen kann. Ebenfalls anwachsend ist die Anzahl und Größe der Wachhunde derjenigen, die sich die enormen Kosten für deren Fütterung leisten können. Die Schoßhunde sind weiterhin im Schlafzimmer eingesperrt, während im Garten kalbsgroße Ungetüme den Mond oder ungebetene Besucher anbellen. Nächtlich hört man in unregelmäßiger Folge Schüsse. Handelt es sich um Räuber und Einbruchsversuche oder um Abwehrbemühungen der Polizei? Unsere Nachtwächter sind sich sicher, dass das Militär angewiesen wurde, insbesondere in dem Wohnviertel der Weißen zu patrouillieren. Sie würden, bevor sie sich in eine Straße wagten, Warnschüsse abgeben, um sich nicht einer möglichen Konfrontation mit Kriminellen aussetzen zu müssen. Wie auch immer, das Ausgangsproblem, die wachsende Kriminalität und Gewalt, wird nicht angegangen, sondern Schutz- und Abwehrmaßnahmen bestimmen den gesellschaftlichen Respons. Und damit wird die bekannte Spirale in Gang gesetzt, dass die Weiterentwicklung, Verbesserung und Verfeinerung von Abwehrmaßnahmen und -techniken immer raffiniertere, aber auch brutalere Strategien der Kriminellen hervorrufen, und umgekehrt. Die Südafrikanische Republik gibt hier wohl das hervorstechendste und eindrucksvollste Beispiel in der Region, wenn nicht in der Welt. Wird Malawi diesem Beispiel folgen?

Bis dahin jedoch ist es noch ein langer Weg, und vielleicht kann ihn Malawi vermeiden. Noch existiert die sprichwörtliche Freundlichkeit der Menschen. Auf Likoma-Islands, wo wir unser letztes Wochenende verbrachten, konnten wir unseren Bungalow nicht abschließen. »Es gäbe keine Schlösser, und wozu auch?« Die Enttäuschung, dass uns Sachen abhanden gekommen sind, darf nicht zu der Fehleinschätzung führen, dass Malawi bereits in der Kriminalität versinkt. Sicher, die Trends sind beunruhigend und leider auch eindeutig. Aber noch ist Malawi nicht verloren.

Wir selbst haben uns mittlerweile mit dem Verlust der Wertgegenstände abgefunden. Die Hauptverdächtige wurde im Beisein des örtlichen Kirchenvorstands darauf hingewiesen, dass bei weiterem Wertschwund sie als die Verantwortliche dingfest gemacht würde. Wir werden sehen, ob das was geholfen hat. Anders als früher, schließen wir jetzt Türen und Schränke häufiger ab. Schade natürlich, dass Misstrauen und scheele Beobachtung die Stimmung im Haushalt zu vergiften drohen. Wir müssen aufpassen, dass wir uns von diesen wenigen, wenn auch ärgerlichen Vorfällen nicht unser Malawibild und die wertvollen und schönen Erlebnisse und Erinnerungen verdüstern lassen.

Reklamewand

März 2001

... Nach mehreren Jahren der Dürre wird nun das südliche Afrika schon im dritten Jahr von sintflutartigen Regengüssen heimgesucht. Am schlimmsten dran ist, wie im letzten Jahr auch, Moçambique. Der Zambezi, einer der größten Flüsse in der Region, ist in breiter Front über die Ufer getreten. Die beiden Riesen-Staudämme, Kariba und Cabora Bassa, haben bereits seit über einer Woche mehrere Stauklappen geöffnet, um den Wasserdruck auf die Staumauern zu minimieren. In der Folge wälzen sich die Fluten mit enormer Wucht und Geschwindigkeit in Richtung der Mündung des Flusses am Pazifik. Auch Malawi leidet unter starkem Regen. Es hat Erdrutsche gegeben, und der noch nicht erntereife Mais verfault auf den Feldern. Viele Flüsse sind über die Ufer getreten, und insbesondere der Shire, der Strom, über den sich der Malawi-See in den Zambezi entwässert, hat sich in die Niederungen Malawis ergossen. Daran sind nicht nur die lokalen Regenmassen schuld, sondern die ungeheueren Wassermengen des Zambezis drücken in die Nebenflüsse. Der Shire strömt zur Zeit rückwärts, also statt vom Malawi-See im Norden hinunter zum Zambezi im Süden drückt das Wasser in die umgekehrte Richtung. Eine ganze Reihe Distrikte im Süden Malawis haben »Land unter« gemeldet. Insbesondere die Bewohner der Flusstäler sind in höher gelegene Flüchtlingslager geflohen. Die genauen Zahlen der Betroffenen liegen nicht vor bzw. variieren erheblich. Insbesondere die offiziellen Zahlen von Regierungsseite sind in ihrer Tendenz sehr hoch gegriffen, nämlich 330.000 Betroffene.

Katastrophen dieser und anderer Art sind zu Routineangelegenheiten geworden. Das heißt aber nicht, dass die malawische Regierung sich etwa als vorbereitet erwies. Wieder gab es keine Vorwarnung, und wieder brauchte es Wochen, bis zumindest organisatorische Vorkehrungen zur Hilfeleistung und Gefahrenabwehr getroffen wurden. In einem Punkt jedoch zeigte sich das offizielle Malawi sehr effizient, nämlich in der Formulierung eines dramatischen Aufrufs an das Ausland, es möge doch mit Lebensmitteln, Decken, Logistik und vor allem mit viel Geld zu Hilfe eilen, denn Malawi sei natürlich nicht nur überrascht, sondern eben auch überfordert. Wenig später spezifizierte die Regierung ihre Erwartungen und übergab der Donor-Community Hilfsforderungen in Höhe von 6 Millionen US $. Schaut man sich an, wie diese Zahl zustande gekommen ist, kommt man aus dem Staunen nicht heraus. Noch nicht einmal ein Viertel dieser Summe ist für die notwendige Versorgung der Betroffenen vorgesehen. Das meiste Geld ist für die Wiederherstellung der Infrastruktur gedacht und für den Aufbau eines

Frühwarn- und Kontrollsystems, das nun bereits seit Jahren von der malawischen Regierung versprochen wurde. Das Land will sich also offensichtlich bei dieser Gelegenheit auf Kosten der Geber runderneuern. Aber mehr noch, in allen Posten, egal für welchen Zweck, sind gleich die Lohn- und Reisekosten der malawischen Staatsbediensteten, die sich dieser anstrengenden Arbeit der Versorgung ihrer Landsleute widmen sollen, mit eingerechnet – ebenso das Benzin und, wo immer man auch kann, neue Fahrzeuge, die natürlich allein und ausschließlich der Nothilfe dienen. In anderen Worten, die malawische Regierung ist bereit, die vom Ausland gespendete Nothilfe zu ihren Landsleuten zu bringen, vorausgesetzt, sie wird dafür bezahlt. Deutlicher lässt sich die Rentenmentalität des politischen Systems Malawis nicht mehr kennzeichnen.

Die Malawis haben diese Tricks nicht erfunden, sondern von den ausländischen Gebern gelernt. Die europäischen und nordamerikanischen Geberländer haben schon seit Jahren Nothilfe- und Katastrophenprogramme in ihre Entwicklungsbudgets aufgenommen, ebenso die internationalen Agenturen der UN. Die Mittel dieser Programme nun auf das eigene Land zu ziehen ist Aufgabe jeder cleveren Regierung eines Entwicklungslandes. Und sie kann sich dabei der bereitwilligen Aufmerksamkeit der Geber sicher sein. In Europa und Nordamerika hat sich zudem in jedem Land eine Katastrophen-Industrie herausgebildet. Nicht-Regierungs-Organisationen, wie in Deutschland die Caritas, das Rote Kreuz, die Welthungerhilfe, der Paritätische Wohlfahrtsverband, der Arbeiter-Samariter-Bund und auch viele Kinderorganisationen, sind bereit, gegen entsprechende Entgelte die Versorgung Betroffener in den Katastrophengebieten mit von der Regierung gelieferten Gütern zu gewährleisten. Diese Industrie lebt also weitgehend von der Katastrophe und versteht sich entsprechend als Sach- und Interessenverwalter der Entwicklungsländer. Sie sind es, die den dramatischen Appell um Soforthilfe der dortigen Regierungen in die eigene Öffentlichkeit bringen und an die entsprechenden politischen Entscheidungsträger herantragen. Wenn nötig, wird auch sofort eine Spendennachfrage an Presse und Fernsehen gegeben. Wichtig ist in diesem Zusammenhang, dass hierfür auch Filmmaterialien und Textbeispiele zur Verfügung stehen. Jetzt ist die Zeit der großen Fernsehauftritte und -appelle gekommen. Berufsbetroffene wie Rupert Neudeck eilen von Studio zu Studio und werden bereitwillig gehört, obwohl sich, wie in diesem Fall, ihre Expertise schon mehrfach als zweifelhaft erwiesen hat. Die Politik im Geberland nimmt diese Bälle dankbar auf, denn nun lässt sich in symbolischen Feldern Entschlossenheit und Effektivität zeigen. Alles in allem haben wir es mit einem Kartell der Interessen zu tun. Die Regierungen der Entwicklungsländer sehen die Chance, ihre eigene Verantwortung an großzügige Geber im Ausland zu delegieren, spezialisierte Nicht-Regierungs-Organisationen können die Katastrophe verwalten, und die Politik in den Geberländern kann rasche Handlungsfähigkeit dokumentieren. Wenn dann wenigstens die Betroffenen in den abgesoffenen Flusstälern an den ins Land strömenden Ressourcen partizipieren, macht das Ganze auch noch Sinn.

Die Betroffenen jedoch verhalten sich erstaunlich unkooperativ und eigensinnig. Viele weigern sich, die angestammten Gebiete zu verlassen, und wollen partout nicht in die rasch aufgebauten Lager. Soweit sie sich zu Transfers überreden ließen, verlassen sie nach kurzer Zeit bereits wieder die Auffangstätten mit der Klage, dort würde es ihnen ja noch schlechter gehen als in den bedrohten Gebieten. Handelt es sich bei diesen Leuten um Unbelehrbare, die ihre eigenen Interessen nicht zu erkennen in der Lage sind? Oder beruhen ihre Handlungsweisen auf Erfahrungen mit der eigenen Regierung und den Katastrophenverwaltern? Vermutlich ist es beides. Sicher unterschätzen viele Betroffene die Gefahrenmomente. Da sie im Jahresrhythmus immer wieder mit Hochwasser oder anderen Katastrophen konfrontiert werden, können sie nicht immer außergewöhnliche Risiken, die über das in der Vergangenheit erlebte Maß hinausgehen, rechtzeitig erkennen. Auch haben sie Angst, dass ihre verbleibende Habe endgültig verloren geht – Katastrophen sind auch ein gegebener Anlass für Plünderungen –, und so wollen sie verbleiben oder rasch zurückkehren. Auf der anderen Seite zeigt sich aber auch, dass häufig die Annoncierung einer Katastrophe voreilig oder überzogen ausfiel. Als wir dieser Tage nach Salima fuhren, eines der ausgerufenen Notstandsdistrikte in Malawi, konnten wir nichts Besonderes feststellen. Das Wasser hatte die Straße noch nicht einmal erreicht, was in all den Jahren vorher, ohne Notstand, der Fall war. Sicher, weiter nördlich war ein Hang abgerutscht und hatte einige Felder völlig zerstört. Menschenleben hatte es dabei nicht gegeben. Aber ansonsten konnten die lokalen Bewohner unsere Frage nach der Berechtigung, den Katastrophennotstand auszurufen, nicht beantworten. Im Süden des Landes, wo tatsächlich erhebliche Schäden an Menschen, Tieren und Sachgütern aufgetreten sind, sterben zur Zeit mehr Menschen in den Flüchtlingslagern als vorher in den überschwemmten Gebieten. In einigen ist die Cholera ausgebrochen. Die Versorgungslage scheint immer noch miserabel zu sein, weil die Regierung es nicht schafft, die notwendigsten Versorgungsgüter in die Region zu transportieren. Nur einige kleinere und offensichtlich eben auch effizientere Initiativen, wie zum Beispiel der Lions Club von Blantyre, haben es vermocht, Decken und Lebensmittel nach Süden zu bringen. Kein Wunder also, dass die Betroffenen aus den Lagern fliehen.

In der Zwischenzeit jagen sich die Sitzungen in Lilongwe, der Hauptstadt des Landes. Der Vizepräsident selbst hat sich an die Spitze der Bewegung gesetzt und bekniet die internationale Gebergemeinschaft immer wieder neu, doch nun endlich aktiv zu werden. Als dem britischen Hochkommissar, der sich auch in anderen Fragen in letzter Zeit als recht aufmüpfig erwiesen hatte, der Kragen platzte und er in einer dieser Sitzungen darauf aufmerksam machte, dass die Lager der Lebensmittel-Reserve Malawis aufgrund der guten Ernte des letzten Jahres gut gefüllt seien und man doch nun endlich und vorrangig diese Güter in die Notstandsgebiete bringen solle, man könne dann ja später immer noch mit Hilfe des Auslands verbleibende Lücken schließen und die dann möglicherweise fehlende Lebensmittel-Reserve wieder auffüllen, herrschte betretenes Schweigen. Die Regierungsvertreter Malawis, die Repräsentanten der internationalen Hilfsagenturen und die anderen ausländischen Diplomaten nahmen erschrocken zur Kenntnis, dass da jemand den seit Jahren aufgebauten Konsens zu stören versuchte, und so ging man auf diese offensichtlich unbotmäßige Einlassung gar nicht ein. Stattdessen warfen die jeweiligen nationalen und internationalen Geberorganisationen ihre Hilfsangebote in den herumgereichten Hut.

Auch die Bundesrepublik Deutschland wollte dabei nicht fehlen. Im Vorfeld hatte sich bereits das Bundesministerium für Entwicklung und wirtschaftliche Zusammenarbeit bei den örtlichen GTZ-Strukturen erkundigt, ob wohl eine Schnellhilfe aus Mitteln des Hauses gewünscht und opportun sei. Man muss dazu wissen, dass sowohl das BMZ als auch das Auswärtige Amt über entsprechende Nothilfebudgets verfügen. Jetzt wollte das BMZ endlich mal schneller sein als das Auswärtige Amt, sehr zum Ärger des Außenministeriums. Als jedenfalls der hiesige deutsche Botschafter von dieser Angelegenheit erfuhr, beschwerte er sich umgehend darüber, dass er in den entsprechenden Vorsprachen übergangen worden sei. Auswärtige Angelegenheiten lägen in der Kompetenz des AA und nicht beim BMZ. Damit war das Ganze geplatzt. Reumütig zog das Entwicklungsministerium seine Vorschläge zurück. Man gibt zwar gern Hilfe, aber nicht um den Preis von Irritationen in den Zuständigkeiten.

Von all dem ahnen die im Wasser stehenden oder sich in den Lagern befindlichen Malawis nichts. Vielleicht erreicht sie ja doch noch Hilfe. Vielleicht können sie wenigstens einen Teil der ins Land fließenden Mittel auf sich ziehen – wahrscheinlich erst zu einer Zeit, wo das Hochwasser schon längst wieder abgeflossen ist. Und so gehört das Auftauchen und Verschwinden der internationalen Katastrophenhelfer zum jährlichen Wetterzyklus. Regenzeit ist Katastrophenzeit, was soll man da schon machen!

P.S.: Und wieder hat der Tod zugeschlagen. Die 21-jährige Tochter unserer Haushälterin ist gestern im Krankenhaus verstorben. Mit allen Anzeichen von Aids ist sie vor vier Wochen eingeliefert worden, und hilflos musste ihre Mutter zusehen, wie das Kind unter ihren Händen starb. Vor unserem Grundstück auf der Straße liegen Reisigsträucher, die anzeigen, dass hier der Tod zu Gast ist. Aus dem Gartenhaus klingen die Gebete und Gesänge. Um mich herum stehen die Menschen aus der Nachbarschaft und Familie und erwarten eine Rede. Ich werde es tun müssen, obwohl ich weiß, dass ich ihnen keinen Trost bieten kann. Oh, welches Elend! ...

Mai 2001

... Unsere baldige Rückkehr nach Deutschland impliziert unter anderem die Fragen nach der Rolle von Entwicklungsexperten und nach der Funktion der deutschen bzw. der internationalen Entwicklungszusammenarbeit. Mein Standpunkt dabei ist eher die Position eines Beobachters denn eines Beteiligten.

Was vermag der Experte, und unter welchen Rahmenbedingungen ist er tätig? Zunächst einmal ist der Experte Reisender in Sachen Entwicklungshilfe. Seine Verweildauer ist relativ kurz, und in seiner beruflichen Karriere muss er sich auf mehrere Landeswechsel einstellen. Menschlich verständlich, kann er sich nicht in jeder biographischen Situation auf jedes Gastland gleich intensiv vorbereiten und in die spezifischen Gegebenheiten einlassen. So können sprachliche Defizite auftreten, und an der strukturellen Gegebenheit, dass er in einer Drittsprache, in der Regel der Kolonialsprache, kommuniziert, lässt sich nichts ändern. Sprache ist jedoch mehr als nur die Beherrschung der Grammatik und der Vokabeln. Zu ihr gehören auch die historisch begründeten Bedeutungsinhalte, der Stil des Diskurses, die soziale Positionierung der Diskutanten, in anderen Worten: die gesamte kulturelle Geformtheit menschlicher Existenz. In dieser Breite und Tiefe die Kultur eines Gastlandes zu erfassen ist jedoch den meisten Experten, auch bei bestem Bemühen, nicht möglich. Selbst die Missionare, von denen nicht wenige dreißig und mehr Jahre in einem Land tätig waren, vermochten nur bedingt in den Kulturkosmos ihres Gastlandes einzudringen. Experten sind

Fremde und bleiben es. Ob sie wenigstens den Fuß in die Tür eines Landes hineinkriegen, hängt von ihren persönlichen Bemühungen ab.

Die reisenden Experten kommen mit einem Auftrag ihrer Entsendeorganisation und sind bestenfalls abstrakt und über Umwegen dem Entwicklungsland und Gastland verpflichtet. Ihre berufliche Karriere jedenfalls wird von der Mutterorganisation bestimmt. Diese spricht Incentives und Sanktionen aus und nicht der Partner im Entwicklungsland. Die Entsendeorganisation jedenfalls will Erfolge sehen, und zwar absehbar und nicht in einer vagen Zunkuft. Deshalb steht der Experte unter einem erheblichen Vollzugszwang. Dieser ist am besten quantitativ und kaum qualitativ dokumentierbar: zwei Krankenhäuser rehabilitiert, 107 Schulbänke lokal herstellen lassen, 77 Workshops durchgeführt, 20 neue Saatsorten eingeführt, 16 Trainingsmaßnahmen eingeleitet usw. usw. Warum aber die Krankenhäuser schon nach wenigen Jahren rehabilitiert oder die Schulbänke ersetzt werden mussten, ob die Trainingsmaßnahmen und Workshops den gewünschten Erfolg zeitigten, ahnt der verantwortliche Experte entweder nur, oder er verdrängt sein Wissen darüber unter dem Druck gewünschter Vollzugsmeldungen seiner Organisation. Natürlich sieht er die Defizite in Ownership und Nachhaltigkeit seines Projektes. Aber die Gründe für diese Defizite bleiben entweder im Unklaren oder als gesetzte politische, soziale und kulturelle Rahmenbedingungen außerhalb seiner Handlungsreichweite. Zudem stehen auch kaum so weitgehende und handhabbare Sozialtechnologien in der notwendigen Qualität zur Verfügung. Weder die Wissenschaften noch die Erfahrungen des Experten vermögen eine solche Technologie zu begründen, ganz abgesehen davon, ob eine solche Sozialtechnologie im Prinzip wünschenswert wäre. Und so wiederholt sich das Schauspiel täglich und tausendfach, dass der Experte wie Sisyphus den nächsten Workshop organisiert, Schulbänke bestellt, sich um das Gesundheitssystem des Entwicklungslandes bemüht und von einer Aktivität in die nächste jagt.

Es ist offensichtlich, dass in diesem rastlosen Tun die Möglichkeit von Energie- und Mittelverschwendung eingebettet ist. Je nach Befindlichkeit kann man das als ein Problem betrachten oder nicht. Was aber, wenn sein Tun nicht nur vergeblich und unnötig ist, sondern einen selbstbestimmten und erfolgreichen Entwicklungsweg des Gastlandes behindert?

Zweifellos ist der Experte ungewollt Teil des Problems »Unterentwicklung«. Unterentwicklung bezeichnet ja nicht eine schwach entfaltete Ökonomie; in ihr zeigt sich nur die Unterentwicklung, sie ist aber nicht selbst der Grund hierfür. Unterentwickelte Gesellschaften kranken daran, dass sie nicht über hinreichende Strukturen und Mechanismen verfügen, mit deren

Hilfe die im Prinzip immer knappen ökonomischen, sozialen, politischen und kulturellen Ressourcen eines Landes adäquat genutzt, gepflegt und einigermaßen gerecht verteilt werden können. Nicht Armut zum Beispiel ist das Problem, sondern wie mit ihr umgegangen wird, ob und wie ihr entgegengetreten wird. Unterentwicklung ist also in der Tiefenstruktur einer Gesellschaft angesiedelt, die für den Experten weitgehend unerreicht bleibt, die er in ihrer Komplexität nicht erfassen und modellieren kann. Sein Tun verbleibt an der Oberfläche, so zum Beispiel wenn weiterhin finanzielle ökonomische Ressourcen in das Entwicklungsland transferiert und Hungersymptome durch Nahrungsmittelhilfe bereinigt werden, ohne dass die Gründe für die mangelnde Verarbeitungskapazität des Landes, dem die Entwicklungsressourcen zufließen, oder für die immer wiederkehrenden Hungersnöte eruiert, zur Kenntnis genommen und entweder als unabänderlich akzeptiert oder bekämpft werden. Aber wenn auch die gesellschaftliche Tiefenstruktur eines Entwicklungslandes für den Experten nicht in adäquater Weise zu begreifen, abzubilden und zu steuern ist, so zeitigt sein Handeln an der Oberfläche dennoch Auswirkungen in die Tiefe, allerdings erratisch, zufällig und ungewollt. Und so ist nicht auszuschließen, dass die List der Unvernunft überraschend positive Wirkungen zeigt, aber auch das Gegenteil ist wahrscheinlich.

Die Entwicklungshilfe ist längst zum Rentenersatz mit den fatalen Folgen der Orientierung der einheimischen Eliten an den Interessen der Geberländer mutiert. In nicht wenigen Entwicklungsländern beträgt der Anteil der Entwicklungszuschüsse am Investitionshaushalt des Landes 60 bis 100 %. Das jährliche Sozialprodukt vieler Entwicklungsländer speist sich in erheblicher Menge aus Entwicklungsgeldern, 50 % sind keine Seltenheit. Die meisten Entwicklungsländer hängen am Tropf der internationalen Gebergemeinschaft. Je nach Sichtweise ist es deshalb besonders ärgerlich oder lustig, wenn afrikanische Politiker und Intellektuelle die Auflegung eines Marshallplans für den Kontinent fordern. Die bisher schon nach Afrika und in jedes einzelne Land geflossenen Entwicklungsbeiträge übersteigen bereits heute bei weitem die Höhe der Finanzen, mit deren Hilfe der ERP-Fonds aufgelegt wurde, ohne dass positive Wirkungen aufzeigbar sind. Auch sind natürlich die Voraussetzungen für die erfolgreiche Induzierung eines solchen Marshallplans in der damaligen Zeit und Situation Europas nicht vergleichbar mit den Bedingungen im heutigen Afrika. Westdeutschland zum Beispiel verfügte nach dem Zweiten Weltkrieg über eine höchst moderne Industrie mit weit höheren Kapazitäten als das Deutsche Reich der Vorkriegszeit. Eine hoch qualifizierte und motivierte Arbeiterschaft stand bereit, unter Lohnverzicht in die Vollen zu greifen. In erster Linie die Infrastruktur – insbesondere die Energieversorgung und das Transportwesen – war stark in Mitleidenschaft gezogen. Hier jedoch mit gezielten Investitionen Erleichterungen zu schaffen war ein relativ einfaches Unterfangen. Diese Voraussetzungen jedoch sind im heutigen Afrika nicht gegeben. Fragte man die Experten, an welchen intakten Strukturen man mit Investitionshilfen anknüpfen könnte, würde man wahrscheinlich nur auf Schweigen stoßen. Stattdessen muss man erkennen, dass die bisher schon nach Afrika geflossenen Mittel in erheblicher Höhe zu ungehemmten und unbeschränkten Versorgungsansprüchen dieser Länder geführt und in die Bevölkerung eine Bettlermentalität eingebrannt haben, flossen doch diese Mittel ohne erkennbare Eigenanstrengungen und Aufwendungen.

Der Zugriff auf die internationalen Entwicklungsbeiträge ermöglicht zudem die Aufrechterhaltung und Stabilisierung der entwicklungshemmenden Patron-Klient-Verhältnisse, die die Entwicklungsgesellschaft wie Kraken gefangen halten. Der Politiker wirbt für seine Wiederwahl nicht mit eigenen Leistungen, sondern mit dem Versprechen, ein Entwicklungsprojekt ins Dorf zu holen. Das wird zwar vom Ausland finanziert, aber er, als Patron, habe schließlich dafür gesorgt, dass die ins Auge gefasste Örtlichkeit bedacht wird. Die ins Land transferierten Aufwendungen entlasten den eigenen Staatshaushalt direkt und indirekt. Die dadurch frei werdenden Mittel werden jedoch nicht für unausweichliche Entwicklungsvorhaben genutzt, sondern dienen der Befriedigung von Luxusbedürfnissen der energisch zupackenden Eliten. Entwicklungshilfe eröffnet neue und zusätzliche Formen und Möglichkeiten der Korruption, die mit noch so raffinierten und strengen Kontrollmechanismen nur mühsam im Zaum gehalten werden können. Zusätzlich hat die internationale Gebergemeinschaft ein System legitimierter individueller Bereicherung der einheimischen Elite aus Entwicklungsbeiträgen etabliert. Alle Geber pflegen die Arbeitsmotivation ihrer Partner durch Topping-ups, Allowances, Ausstattungshilfen, erteilten Consultancy-Aufträgen, Auslandsaufenthalten und Trainingsmaßnahmen, selbstverständlich bezahlt, zu stärken. Tatsächlich bewirken sie jedoch, heute bereits spürbar, die Erodierung der Arbeitsmoral und Leistungsethik der Verwaltungsbeamten und Politiker. Diese betrachten ihre eingenommene Position nicht als Aufforderung, diese auch inhaltlich auszufüllen, sondern als Eintrittskarte in die große Welt der Entwicklungszusammenarbeit. Und wenn diese zu zusätzlichen Anreizen bereit ist, lassen sich Verwaltung und Politik herab, Trainingsmaßnahmen über sich ergehen zu lassen, eine Expertise zu verfassen, ins Feld zu gehen oder sonst eine sinnvolle Tätigkeit im Interesse der eigenen Gesellschaft aufzunehmen. Die Dominanz der Entwicklungszusammenarbeit strukturiert auch das gesamte gesellschaftliche Leben entlang von Projektzyklen. Geht ein Projekt zu Ende, wird es wie eine heiße Kartoffel fallen gelassen. Sowohl die Experten der internationalen Entwicklungszusammenarbeit als auch ihre einheimischen Partner müssen sich schnellstens nach neuen Einkunfts- und Arbeitsquellen umsehen. Wenn nicht der auswärtige Financier nochmals nachbessert und verlängert, ist der Abbruch in allen Konsequenzen angesagt. Bei der Gelegenheit verschwindet dann auch auf wundersame Weise die gesamte Ausstattung des Projekts.

All diese Missstände, die mit der Entwicklungszusammenarbeit einhergehen, sind bekannt und nun wirklich nicht neu. Sie werden aber offensichtlich als lässliche Sünden oder als unabänderlich betrachtet. Tatsächlich jedoch gehen sie auf ein eng geknüpftes Interessenkartell der Beteiligten zurück. Die einheimischen Eliten wollen verständlicherweise nicht auf morgen warten und suchen den schnellen Zugriff auf Ressourcen; schließlich müssen sie auch an ihre Familien und Angehörigen denken. Die Akteure der Entwicklungszusammenarbeit stehen unter Vollzugsdruck, und deshalb müssen Aktivitäten her, doch das lässt sich gar nicht so einfach gewährleisten. Trotz reduzierter Entwicklungsetats gibt es ja in den meisten Entwicklungsländern nicht genügend begründungsfähige und praktikable Entwicklungsvorhaben. So wetteifern die internationalen Geber um Vorhaben, die sie für einigermaßen sinnvoll halten und die sie wie saures Bier ihren Partnern aufdrängen. Wie unter solchen Begleitumständen Hilfe zur Selbsthilfe, Ownership und Nachhaltigkeit gewährleistet werden soll und kann, steht in den Sternen. Dass sich die Geber gegenseitig das nun auch nicht so zahlreiche qualifizierte einheimische Personal abwerben, stabilisiert, gegen alle selbstkritischen Einsichten, das geschilderte System der Anreize und Motivationshilfen. Dabei sind die internationalen Geber natürlich guten Willens. Sie wollen doch helfen und verstricken sich in kurzatmigem Aktionismus mit langfristig katastrophalen Folgen. Hierzu gehört auch die gut gemeinte Entscheidung der Mehrheit der Geber, auch der deutschen Seite, ihre Programme angesichts verknappter Haushalte auf die Länder zu konzentrieren, die Entwicklungshilfe am nötigsten haben. Die am stärksten hilfsbedürftigen Länder jedoch sind genau die, die schon bisher ihre eigenen knappen Ressourcen und die der internationalen Gebergemeinschaft nicht adäquat handhaben und entwicklungsträchtig umsetzen konnten. In dieser Situation diesen Ländern mehr Entwicklungsbeiträge zukommen zu lassen oder zumindest das bisherige Mittelniveau zu halten, hat schon was mit mangelnder Erkenntnis- und Lernfähigkeit der Entscheidungsträger zu tun. Und die

Entwicklungsexperten spielen in ihrem eigenen Interesse mit, viele immerhin mit schlechtem Gewissen.

Ist das Gesagte ein Plädoyer für den Ausstieg, für das Ende der Entwicklungszusammenarbeit? Keineswegs, wohl aber für ihre konsequente Reform. Nichtintervention ist nicht möglich. Die viel zitierte Globalisierung zeitigt Folgen, aus denen sich die Entwicklungszusammenarbeit nicht zurückziehen kann und darf. Aber wenn man schon nicht die Vergeudung von Entwicklungsbeiträgen durch mangelnde Kenntnisse über die gesellschaftlichen Zusammenhänge im Entwicklungsland vermeiden kann und auch entsprechende Sozialtechnologien in der notwendigen Qualität gar nicht zur Verfügung stehen und stehen können, dann muss man zumindest die fatalen dysfunktionalen Folgen der Entwicklungszusammenarbeit bekämpfen. Die Entwicklungsländer müssen die Chance erhalten, zu sich selbst zurückzufinden. Ihre Eliten sind in ihre eigenen gesellschaftlichen Verantwortlichkeiten zurückzuführen und aus ihrer Bindung an die Geberländer zu befreien. Ohne erhöhten Leidensdruck wird das nicht gehen. Die internationale Entwicklungszusammenarbeit stabilisiert ungewollt die Patron-Klient-Verhältnisse und leistet damit der Korruption, der Privatisierung öffentlicher Leistungen und der Ausweidung des Staatsapparates Vorschub. Im Zentrum stehen dabei die monetären Transferleistungen der westlichen Welt, einschließlich der erheblichen Ausstattungshilfen. Die Monetarisierung von Entwicklungsleistungen sollte auf ein Minimum begrenzt werden, stattdessen sollte der Know-how-Transfer forciert werden unter Verzicht auf die vielfältigen und erheblichen finanziellen Anreize. Nur wenn das Entwicklungsland sich selbst mit begründeten Anträgen meldet und sich bereit erklärt, bei der Umsetzung mit wehtuenden Eigenbeiträgen zu beteiligen, sollte die Entwicklungszusammenarbeit aktiv werden. Die Entwicklungshilfe muss aus ihrer Angebotsorientierung, die sie ja offiziell gar nicht verfechten will, heraus. Ein Zurückfahren des Entwicklungshaushaltes und das zeitweilige Einfrieren von Geldern, soweit nicht nutzbringend einsetzbar, darf nicht mehr als eine Abkehr von Afrika oder als eine Bankrotterklärung der Entwicklungspolitik missverstanden werden. Und auch der Entwicklungsexperte sollte begreifen, dass es in seinem eigenen langfristigen Interesse liegt, die bestehenden Missstände abzubauen. ...

Mai 2001

... Unsere Zeit in Malawi ist abgelaufen. Heute erreicht euch unser letzter Malawibrief – diesmal vom Schiff, das uns nach Europa zurückbringen wird.

Der Abschied von Haus und Leuten fiel schwer. Gärtner und Haushälterin warteten schon den ganzen Morgen, was sich denn nun bewegen würde. Ein Nachtwächter war erschienen, obwohl er zu dieser Tageszeit keinen Dienst hatte. Man reichte sich zum Abschied die Hände. Peter, der jüngere Gärtner, dem wir seine Ausbildung in diesem für ihn neuen Beruf ermöglicht hatten, wiederholte seine Aufforderung mehrfach: »Master, vergiss mich nicht!« Und schon schlich sich der misstrauische Gedanke ein, ob die diesbezügliche Bemerkung zukünftige Forderungen nach Unterstützung und Geschenken ankündigen würde, wie sie alle unsere ausreisenden Kollegen noch Jahre später gewärtigen. Nochmals wurde uns bewusst gemacht, wie stark sich Menschen an uns zu klammern, sich ihr Überleben mit unserer Unterstützung zu sichern suchten, uns zur Verantwortung verpflichteten und wie stark wir diesen Druck verspürten, ihm folgten, auswichen, ärgerlich zurückwiesen, in jedem Fall verunsichert wurden. Und so schlich sich auch in diesen Argwohn die Erleichterung, zukünftig nicht mehr, jedenfalls nicht absehbar, in Verpflichtung und moralische Haftung von Menschen, die man ja kaum näher kennt, genommen zu werden. Aber, als wäre es nicht genug, diese Erleichterung wurde emotional und gedanklich sofort durch Scham überdeckt, wie kann man nur so etwas denken? Ein Glück, dass die Hektik des Abschieds und der Abfahrt alles überspielte, sonst wären wir vor den Widersprüchen der Situation schier zersprungen.

Das Personal ist versorgt. Alle haben eine Abfindung von drei Monatsgehältern erhalten und einige Abschiedsgeschenke. Zwei Tage vor Aufbruch haben wir ein kleines Abschiedsessen für alle im Gartenhaus gegeben. Ich habe einige Hühnchen im Backofen gebraten, und Mrs. Mhone hat Nsima (Maisbrei) vorbereitet. Mit den üblichen Getränken eines amerikanischen Großherstellers haben wir dann Hühnchen und Mais gemeinsam verspeist. Nachdem ich eine kleine Abschiedsrede gehalten hatte, stand jeder Einzelne auf und pries unsere Taten und rief Gottes Segen für unseren weiteren Reise- und Lebensweg an.

Der neue Hausherr hat alle Leute übernommen. Das war eine der von uns gestellten Bedingungen, so dass das Personal auch weiter bei gleichem Gehalt für die nächsten Jahre ein Auskommen hat. Hoffentlich gefährden nicht einige diese Chance, indem sie die Gelegenheit nutzen, in der Übergangszeit von zwei Tagen, wo das Haus nicht bewohnt ist, sich irgendetwas zu Schulden kommen zu lassen. Wir haben jedenfalls nur unsere Kunst, Musik, Bücher und wenige Textilien eingepackt und ansonsten das gesamte Mobiliar, Kücheneinrichtung und Geschirr, Waschpulver und Gartengeräte an den Nachfolger pauschal verkauft, der sich dadurch in der Lage sieht, mit kleinem Gepäck anreisen zu können.

Die kleinen Hunde waren ausgesprochen nervös und spürten offensichtlich eine vorhandene Spannung und Erregung. Insbesondere die sensible Emma duckte sich jedesmal, wenn man sich ihr näherte, um sie zu streicheln oder in den Arm zu nehmen, tief, als ob sie Schläge erwartete (die sie in ihrem kurzen Leben noch nie erhalten hat), und dann saß sie hilflos in ihrem selbst produzierten Pfützchen, was sie noch mehr betrübte. Manche Kreaturen heulen bei Emotionen, Emma verspürt dann unwiderstehlichen Harndrang. Anna lag ganz ungewöhnlich still auf den Boden gepresst und beobachtete uns mit großen schwarzen Augen. Was geschieht hier, was hat das zu bedeuten? Es wird den beiden hoffentlich auch weiterhin gut gehen, und sicherlich werden sie bald die Liebe der neuen Hausbenutzer auf sich ziehen können, wie sie die unsere zu ihnen entfacht haben.

Was hat die Zeit in Malawi für uns gebracht? Es ist zu früh, hier eine einigermaßen verbindliche und verlässliche Antwort geben zu können. Sicherlich war sie eine gewünschte Chance der Selbst- und Lernerfahrung. Manches, was wir erlebt und gesehen haben, hat uns erschreckt und bedrückt. Vieles war eindrucksvoll und tief bewegend, anderes blieb unverständlich und fremd, einiges konnte nur erahnt, aber manches konnte auch noch begriffen werden. Als Fremde sind wir gekommen, und als Fremde sind wir gegangen, aber manchmal öffnete sich wie bei einem Adventskalender ein kleines Fensterchen, in dem wir Erstaunliches, Unbekanntes und Bedrückendes erblicken, erleben und nachvollziehen konnten.

Zu den Haben-Seiten Malawis gehören zweifellos die freundlichen Menschen, die abwechslungsreiche schöne Landschaft und das gemäßigt warme Klima. Die Negativ-Seite ist gar nicht so einfach zu benennen, weil vieles, was wir als Beobachter als bedrängend und unangenehm empfinden, schlichtweg unser Sicht- und Interpretationsproblem ist und wenig mit dem Land zu tun hat. Es handelt sich um von uns produzierte Abbilder, gegen die wir uns wehren. Aber selbstverständlich gibt es in Malawi, wie in jeder Gesellschaft, Schattenseiten, die man nicht einfach in kultureller Großzügigkeit oder auch Uninteressiertheit hinnehmen und akzeptieren kann. Dazu gehören die inhärente Gewalt in den sozialen und politischen Beziehungen, die entwürdigende Position der Frauen und die unerträglichen und inhumanen Lebensbedingungen, in denen die Menschen ihr Dasein fristen.

Was haben wir erreicht? Der entwicklungspolitische Ertrag ist sicherlich nur gering, und undeutlich bleibt, ob nicht die bewirkten Schäden größer sind als die intendierten Hilfestellungen. Die internationalen Entwicklungsorganisationen umrunden Malawi wie Raumschiffe den Mond. Die Entwicklungsexperten betreten zwar den Boden, sind aber wie die Astronauten, die an den Schnürungen und Versorgungsleitungen ihrer Raumschiffe hängen, durch Aufgabe, Kompetenz, Loyalität und Karriereerwartung von ihren Entsendeorganisationen abhängig. Da helfen weder der zweifellos vorhandene gute Wille noch die ausgezeichnete professionelle Qualität. Bei allen Anstrengungen kräuseln die Entwicklungsexperten allenfalls das Wasser, während die Ströme und Taifune die Lebenswelt der Betroffenen peitschen.

Individuell ist nicht auszuschließen, dass man manchmal helfend eingreifen konnte. Ein halbwegs vernünftig bezahlter Arbeitsplatz, das Angebot einer Ausbildung oder gezielte finanzielle Unterstützungen mögen einzelnen Malawis ein wenig Luft verschafft haben in ihrem täglichen Überlebenskampf. Aber auch hier ist nicht sicher, ob die ausgesandten Signale nicht eher für Irritation denn für eine spürbare Erleichterung gesorgt haben. Guter Wille ist eines, messbare Ergebnisse sind etwas anderes, und dafür braucht es einen langen Atem, für den wahrscheinlich ein Zeitraum von dreieinhalb Jahren nicht ausreicht. Wir gehen weder mit einem schlechten Gewissen noch mit selbstzufriedener Gewissheit und schon gar nicht mit Erleichterung, ein »schreckliches Land« verlassen zu dürfen, sondern als irritierte, weiterhin neugierige und dem Land offen gegenüberstehende Besucher, denen das Schicksal Malawis und seiner Bewohner nicht gleichgültig ist. Und so wünschen wir uns für die Zukunft, zurückkehren zu können – als Besucher, als Fremde, erneut erstaunt, erschrocken, aber mit Sympathie.

Jetzt, wo die Tränen trocknen, sitzen wir auf einem Containerschiff, das uns von Mombasa nach Marseille transportiert. Es war eine gute Idee, nicht den kurzen und naheliegenden Weg eines Airlifts zu nutzen, sondern wie in alten Zeiten die länger dauernde Annäherung an Europa durch ein Schiff zu wählen. Nicht dass der Zeitaufschub uns mehr Möglichkeit zur ernsthaften Reflexion ermöglichte – das Erlebnis Afrika ist nicht abarbeitbar in genormten Zeiten –, sondern dass wir nicht sofort in andere interessante oder bedrängende Anforderungen katapultiert wurden, berechtigt wohl die Entscheidung für den Seeweg in die Heimat.

Wie nicht anders möglich, entwickelt jedoch auch die Seefahrt ihre ei-

gene Logik, ihre Wonnen und Zwänge. Wir sind also von Lilongwe über Lusaka und Nairobi nach Mombasa geflogen und haben dort ein Containerschiff bestiegen, das über maximal fünf Gästeräume verfügt. Die Zahl der
mitzuführenden Passagiere ist einerseits abhängig davon, wie hoch die Ka-
pazität der Rettungsboote ist, und zum anderen davon, dass ab einer bestimmten Zahl ein Schiffsarzt an Bord sein muss. Auf dieser Fahrt trafen
wir auf bereits drei vorhandene Passagiere: zum einen ein französisch-ame-
rikanisches Paar, beide über 60, das seit einigen Jahren seine nachberufli-
chen Interessen auf Fahrten mit Frachtschiffen konzentriert hat. Es ist erstaunlich, welche interessanten Routen und Häfen sie in dieser Zeit besucht
haben. Es ist natürlich auch ulkig, dass die beiden, die sich übrigens auf einem solchen Frachtschiff in ihrer späten biographischen Entwicklung kennen gelernt haben, meistens nur die Häfen von kurzfristigen Aufenthalten
kennen und nicht die dahinter liegenden Länder. Es gibt halt auch so etwas
wie die Trucker der Weltmeere, denen es mehr um die Kilometer als um die
erreichten Ziele geht. – Der andere Passagier ist ein Holländer, der gleichzeitig über einen amerikanischen und südafrikanischen Pass verfügt. Er und
seine Familie leben in Johannesburg, sind dort offensichtlich wohl betucht
und in die bestehende widersprüchliche südafrikanische Gesellschaft halbwegs eingebunden. Er selber, mittlerweile 72 Jahre alt, liebt die Schifffahrt
und hat sich diesmal wieder für ein Frachtschiff entschieden, weil er eine
ähnliche Fahrt bereits zweimal vor 30 bzw. 40 Jahren gemacht hatte. Es sind
also schon eigenartige und eigenständige Charaktere, die mit den Frachtschiffen reisen. Wir selbst sind da doch eher Novizen und werden uns wohl
auch mit der Einmaligkeit unseres Erlebnisses später begnügen.

Die Besatzung des Schiffes, das unter deutscher Flagge fährt und einer
Abschreibungsgesellschaft gehört, besteht überwiegend aus Filipinos. Nur
die höheren Offiziersränge und der Kapitän sind Deutsche, überwiegend
aus den neuen Bundesländern. Nicht verwunderlich, hat doch Westdeutschland in den letzten Jahren so gut wie keinen beruflichen Nachwuchs für die
Schifffahrt mehr produziert. Die Filipinos müssen sich auf neun Monate
verpflichten und werden dann für mindestens drei Monate nach Hause geflogen. Die Deutschen haben kürzere Zeiträume, wo sie ihre Familien nicht
sehen können. Für die freundlichen Filipinos ist das schon ein hartes Leben,
wobei nicht so sehr die Arbeit physisch anstrengt, sondern die Eintönigkeit
und das Getrenntsein von ihren Familien die Hauptlast ausmachen. Es gibt
an sich während der Fahrt gar nicht so viel zu tun an Bord. Meist handelt es
sich um Putzen, Anstreichen, Abschmieren und ähnliche Routine-Arbeiten.
Aber nach Feierabend bricht dann erst die Langeweile so richtig aus. Die

Freizeitmöglichkeiten sind so gut wie Null und reduzieren sich dann meist auf Videos, die überwiegend in deutscher Sprache vorhanden sind. Nette Passagiere sind deshalb für die Besatzung wenigstens eine kleine Ablenkung, wenngleich sich das auch auf begrenzte Unterhaltungsmöglichkeiten beschränkt.

Die soziale Kleinräumlichkeit entwickelt sehr schnell ihre eigenen Gesetze. Jeder weiß nach kurzer Zeit alles über den Nächsten. Kommt jemand nicht zum Frühstück, gibt das schon Anlass für eine längere Diskussion. Aufmerksam wird die Anzahl der konsumierten Bierflaschen registriert. Es handelt sich schon um einen Kleingartenverein auf Reisen. Die hierarchische Ordnung läuft auf den Kapitän zu, der aber nicht nur für den Technikstand und die Schifffahrt zuständig ist, sondern allumfassend für alles und jedes. Die Analogie zu der leidvoll erfahrenen Rolle eines Masters wird hier deutlich. Wenn dann noch, wie hier der Fall, der Kapitän kleinlich und jovial alles in seine Verantwortlichkeit integriert, führt das schon zu manchmal ulkigen Erscheinungen. Während sich die Passagiere im Prinzip aus diesen Verhältnissen heraushalten können, gilt das nicht für die Mannschaft und Offiziere. Die sind im hohen Maße abhängig von der Beurteilung des Kapitäns, und entsprechend hören sie geduldig den langatmigen und nicht immer klugen Monologen des Master-Kapitäns zu. Vielleicht ist es ja auch immer noch besser als Fernsehen.

Kapitän und Mannschaft haben, je nach Anzahl ihrer Dienstjahre, schon viele Häfen der Welt angefahren. Aber immer fehlte es ihnen an Zeit und Möglichkeit, die dahinter liegenden Länder zu besuchen. So wird der Kapitän, der sich auf seiner letzten Fahrt befindet, von seinen vielen Reisen berichten können, ohne die Welt gesehen zu haben. Für ihn ist Afrika ein Horror, wobei sein Beurteilungsmaßstab offensichtlich der Schmutz und Dreck in den Häfen ist. Er mag keine Menschen, wie er sagt, wohl aber die Landschaften, die er allerdings nicht zu Gesicht bekommt. Hoffentlich wird Bremen, wohin er sich nach seiner Pensionierung zurückziehen wird, seinen Ansprüchen gerecht.

Die ersten Tage an Bord waren wir wie betäubt. Das ständige Geräusch des Motors, die Hitze und Schwüle am Äquator, das leichte Schaukeln und die Tatsache, dass eigentlich nicht viel passiert während der Fahrt, führten dazu, dass wir unendlich viel schliefen. Noch heute, eine Woche später, und bereits in der nördlichen Halbkugel befindlich, schlafen wir gut und gerne zehn bis zwölf Stunden pro Tag. Da wir herrliches Wetter haben und die See ziemlich glatt ist, wird die Fahrt nur vierzehn Tage dauern. Bei rauem Wetter und den nicht vorhersehbaren Aufenthalten in den Häfen verlängert sich das Ganze um zwei bis drei Tage. Die Fahrt ging bisher entlang der afrikanischen Ostküste. Erstaunlich, wie lang sich Somalia hinstreckt, zunächst im Indischen Ozean und dann im Roten Meer. Wir wissen nicht, wie ernst gemeint, auf jeden Fall gab es Piratenwarnung, und nachts fuhren wir mit vollem Decklicht, um eventuelle Eindringlinge rechtzeitig erkennen zu können. Jetzt sind wir durch den Suezkanal geschippert, der gerade frisch ausgebaut wurde. Auf der westlichen Seite konnte man deutlich zwischen Suez und Port Said neue Ansiedlungen, Fabriken und Landwirtschaften erkennen. Die Westseite, anders als die Wüste an der Ostseite, verfügt über Süßwasser, Kanäle und Seen, so dass sich die Landschaft grün und farbig zeigt. In Port Said sind wir kurz an Land gegangen, eine typische ägyptische Stadt mit Märkten und Basaren. Im Prinzip kriegt man alles, obwohl es uns nicht gelungen ist, Wein einzukaufen. Jetzt geht es ins Mittelmeer an Kreta, später Sizilien und Malta vorbei, und wenn wir dann Sardinien und Korsika passiert haben, werden wir absehbar in Marseille anlanden. Von dort nehmen wir uns ein Auto und wollen gemütlich durch Südfrankreich bis Straßburg fahren. Wir haben uns hierfür eine Woche Zeit genommen. Dann geht es mit dem Zug zurück nach Bielefeld, wo uns hoffentlich ein fertiges, renoviertes Haus erwartet. Das muss dann wieder eingerichtet werden, und sicherlich sind noch nicht alle Schränke und Regale fertig gestellt. Es wird also wohl eine Weile dauern, bis wir uns in Bielefeld wieder häuslich machen können. ...

»Really, the Mission Was Like Paradise«[1]
Aspekte christlicher Missionierung in Malawi

I.

Die Region am großen See, heute die unabhängige Republik Malawi, im Süden von Zentralafrika gelegen, gilt als ein Land, das eine für Afrika außergewöhnlich hohe Missionsdichte aufweist. Zu Beginn des 20. Jahrhunderts finden sich elf große Missionen von etablierten Kirchen, neben einer Anzahl kleinerer, im Land. Als Folge sind so gut wie alle bekannten Denominationen in Malawi vertreten, die zu unterschiedlichen Zeiten aus ihren europäischen, nordamerikanischen und südafrikanischen Ursprungsländern in das Land des drittgrößten Natursees des Kontinents gekommen sind.

Die beiden größten Landeskirchen sind die *CCAP* (*Church of Central Africa, Presbyterian*) und die katholische Kirche. Die *CCAP* geht auf die *Livingstonia Mission* der *Free Church of Scotland*, die *Blantyre Mission* der etablierten *Church of Scotland* und die *Nkhoma Mission* der *Dutch Reformed Church of Cape Province*, Südafrika zurück, die sich nach mehreren Anläufen endgültig 1926 zusammenschließen und seither auch als unabhängige afrikanische Kirche firmieren (wenngleich noch weiter in finanzieller und personeller Kooperation mit ihren Mutterkirchen). Die Geburtshelfer der katholischen Kirche in Malawi sind die Orden der *Weißen Väter* (*Society of our Lady of Africa*) und der *Montfortians* (*Montfort Missionary Congregation in Malawi*), beide ursprünglich französischer Herkunft. Die anglikanische Kirche geht aus der *UMCA* (*Universities' Mission to Central Africa*) hervor. Hinzu kommen Adventisten, Baptisten, Lutheraner und Methodisten, die ihre Herkunft von entsprechenden Missionierungen ableiten.

Nach Schätzungen sind mehr als 70 % der malawischen Bevölkerung christlichen Glaubens, circa 15 % sind Muslime. Islamische Staaten haben

---

1 So L.M. Bandawe in seinen Erinnerungen: B. Pachai (Hg.), Memoirs of a Malawian: The Life and Reminiscences of Lewis Mataka Bandawe, Blantyre 1971, S. 69. – Für wertvolle Hinweise bin ich Klaus Fiedler, Zomba – University of Malawi, und Hartmann Tyrell, Universität Bielefeld, dankbar. – Der Artikel ist zuerst erschienen in A. Bogner, B. Holtwick, H. Tyrell: Weltmission und religiöse Organisation. Protestantische Missionsgesellschaften im 19. und 20. Jahrhundert, Würzburg 2003.

in jüngster Zeit beachtliche Missionsprogramme und den groß angelegten Bau neuer Moscheen mit erheblichen Finanzmitteln ermöglicht. Die übrigen Teile der Bevölkerung sind entweder animistisch, orientieren ihr religiöses Leben an afrikanischen Kirchen oder gehören kleineren Glaubensgemeinschaften des Hinduismus, der Bahai u.a. an.

Aber die Bedeutung des Christentums in Malawi und damit die Relevanz christlicher Missionierung ergibt sich nur in einem ersten Zugriff aus der Anzahl der Gläubigen. Die christlichen Kirchen sind die einzig intakten und halbwegs funktionierenden Strukturen der malawischen Zivilgesellschaft – und das in einer historischen Kontinuität von mehr als 100 Jahren. Die christlichen Missionen hatten vor und in der Kolonialzeit eine starke, wenn nicht überragende Stellung im modernen Segment der Gesellschaft. In gewisser Weise stehen sie am Anfang des heutigen Malawi. Ihr Wirken bereits vor der Kolonialzeit beeinflusst die territoriale Grenzziehung des kolonialen und nachkolonialen Staates. Indem sie nationale Identitätsmuster setzen, sind sie Väter des afrikanischen Nationalismus.[2] Zwar sind sie und ihre Nachfolgekirchen durch vielerlei Krisen gegangen. Insbesondere in der langjährigen Diktatur von Hastings Banda haben sich alle Kirchen, wenn auch im unterschiedlichen Maße und keineswegs immer aufgezwungen, in politische und moralische Komplizenschaft nehmen lassen bzw. begeben, die ihre Existenzberechtigung in Frage zu stellen drohte und die Gläubigen in tiefer Not zurückließ. Aber dennoch, im Vergleich zur maroden Staatsorganisation, der Politikerkaste, der Administration und der Polizei sind die christlichen Kirchen in Malawi, trotz nicht immer bestandener Anfechtungen, ein Hort an Stabilität, Effektivität und Integrität – eine Zuschreibung, die keineswegs die vorhandenen Erscheinungen von Klientelismus und Korruption innerhalb der Kirchen und um sie herum aus dem Auge verloren sehen will oder als unbedenklich bewertet.

In dieser Kontinuität und Stabilität, sicherlich auch ermöglicht durch die weiter erfolgende Unterstützung ihrer Mutterkirchen, haben die den Missionen nachfolgenden malawischen Kirchen das Schulwesen und das Gesundheitssystem geprägt. Sie haben damit nicht nur indirekt das politische Geschehen im Lande beeinflusst, sondern sind auch zu gegebenen historischen Wendepunkten mit explizit politischen Manifestationen und Aktionen hervorgetreten. Auch das in der Tradition der Missionen, die – häufig

2 Vgl. R.I. Rotberg, The Rise of Nationalism in Central Africa: The Making of Malawi and Zambia 1873-1964, Cambridge MA 1965.

im Gegensatz zu ihrer Philosophie und Ideologie – sich nicht als bloß evangelisierende Kraft verstanden, notwendigerweise im umfassenden Sinne politisch agieren mussten, wollten sie ihren pastoralen Auftrag sozial und gesellschaftlich verankern.

Die christlichen Missionen haben der malawischen Gesellschaft ein gewichtiges Erbe hinterlassen, ein facettenreich vielfältiges, aber auch ein widersprüchliches. Manche Erbstücke sind längst vergessen und haben sich als Irrtum erwiesen, andere sind präsent, ohne dass dabei ihre Herkunft noch deutlich ist, und nicht wenige sind im Bewusstsein der Bevölkerung ursprüngliches Eigentum der Missionen.

II.

Die christliche Missionierung Afrikas (insbesondere die der protestantischen Kirchen) erfährt in der zweiten Hälfte des 19. Jahrhunderts einen enormen Schub, den man fast als einen Neuanfang interpretieren kann. Sie entwickelt eine Systematik und Durchschlagskraft, die ihre Vorgänger im 18. Jahrhundert in Quantität und Qualität nicht zu entfalten in der Lage waren. Mission in Afrika ist damit nicht mehr nur Hoffnung und Absichtserklärung, sondern verwirklichtes Programm.[3] Die moderne Mission in Afrika, systematisch organisiert und im Ergebnis quantifizierbar nachhaltig, ist ein Produkt der entwickelten bürgerlichen Industriegesellschaft. Erst sie stellt die Voraussetzungen und Bedingungen ökonomischer, sozialer, organisatorischer, personeller und technologischer Art bereit für eine pastorale Pene-

---

3 Vgl. R. Oliver, The Missionary Factor in East Africa, London 1952 (1965); J.H. Kane, A Global View of Christian Missions: From Pentecost to the Present, Grand Rapids, Mich. 1971 (1979); K.S. Latourette, The Great Century: The Americas, Australasia, and Africa, A.D. 1800 to A.D. 1914. A History of the Expansion of Christianity, Vol. 5, Grand Rapids, Mich. 1943 (1976); E. Warneck, Warum ist das 19. Jahrhundert ein Missionsjahrhundert? Halle 1880; E. Warneck, Abriß einer Geschichte der protestantischen Missionen von der Reformation bis auf die Gegenwart, Berlin 1913; K. Fiedler, Ganz auf Vertrauen: Geschichte und Kirchenverständnis der Glaubensmissionen, Gießen/Basel 1992; K. Hammer, Weltmission und Kolonialismus: Sendungsideen des 19. Jahrhunderts im Konflikt, München 1981 (1978); St. Neill, A History of Christian Missions: The Pelican History of the Church, Vol. 6, Harmondsworth, Middlesex 1964 (1979).

tration des »schwarzen Kontinents«. Die Mission begleitet also nicht nur die politisch-ökonomische »Explosion« der Produktivkräfte in Europa und Nordamerika, sondern bedient sich ihrer Ressourcen.

Das was wir heute als Gemeinnützigkeit, als ehrenamtliche Arbeit und philanthropisches Engagement kennen, also die freiwillige Aktivität von Bürgern im öffentlichen Raum, über die eigenen ökonomischen Interessen und die bloße private Konsumption hinaus, findet seine Entfaltung in dem uns interessierenden Zeitraum, der zweiten Hälfte des 19. Jahrhunderts. Die innere und äußere Mission ist Teil dieser selbstverantwortlichen gesellschaftlichen Selbstorganisation und beruht auf den gleichen Voraussetzungen, zunächst der Herausbildung einer Spendenkultur und der Bereitschaft von Akteuren zur ehrenamtlichen Arbeit ohne eigene Vorteile. Es entsteht eine breite soziale Trägerschaft, die in der Lage und bereit ist, kontinuierliche, dauerhafte und damit berechenbare Zuwendungen für eine christliche Mission außerhalb der eigenen Lebenswelt zur Verfügung zu stellen. Gleichzeitig finden sich Personen, die diesen Prozess der Sammlung von Spenden und deren Verwaltung und Kontrolle unentgeltlich organisieren. Mit Hilfe eines einsetzenden, öffentlich geführten Diskurses in der sich abzeichnenden modernen Kommunikationsgesellschaft können diese Potentiale für eine Mission in Afrika auf breiter Ebene aktiviert und optimiert werden. Die alten und neu gegründeten Missionen erhalten finanzielle Unterstützungen in Höhen, die vorher undenkbar schienen.

Zudem wächst die Zahl derjenigen, die bereit sind, die harte und entbehrungsreiche Arbeit der Missionierung auf sich zu nehmen. Im Falle der britischen Missionen steigt das Bildungsniveau der Interessierten erheblich. Die *LMS* (*London Missionary Society*) zum Beispiel, eine der älteren und einflussreichen Missionsgesellschaften der Zeit, kann bis zur zweiten Hälfte des 19. Jahrhunderts nur eine begrenzte Anzahl von Missionaren ausstatten und entsenden, nicht allein auf Grund finanzieller Engpässe, sondern auch weil sich in England nur wenige Bewerber bis zu diesem Zeitpunkt finden, dem Vorbild des berühmten Robert Moffat zu folgen. So engagiert die Gesellschaft Deutsche und Schweizer, meist bäuerlicher Herkunft, die sie dann zu vier Jahren Ausbildung z.B. nach Berlin ins Jänickesche Missionsinstitut schickt (oder nach Basel), wo sie erst einmal in die Grundlagen der deutschen, lateinischen, englischen, eventuell griechischen Sprache eingeweiht werden und zudem Rechnen, Schreiben und etwas Mathematik lernen. Nach 1860 drängen zunehmend Akademiker in die *LMS* und in die neu entstehenden britischen Missionen, die, über ihre theologischen Fähigkeiten und Interessen hinaus, eine hochgradige Professionalität als Ärzte, Pädagogen, Sprachlehrer und später auch Agrarwissenschaftler mitbringen. Mit diesen erst jetzt zur Verfügung stehenden Qualifikationen steigt die christliche Mission in Afrika in völlig neue Dimensionen der theologischen, pädagogischen und medizinischen Ausbildung und Tätigkeit auf. Aber nicht nur Akademiker zieht es in die Mission, sondern auch qualifizierte Handwerker, Techniker und Angestellte, die den Leitgedanken einer »Industrial Mission« – einer Stätte von handwerklicher Produktion und Selbstversorgung – überhaupt erst personell und inhaltlich sichern können und ihm zum Erfolg verhelfen.

Eine entwickelte Spendenkultur und -organisation und eine im Prinzip vorhandene qualifizierte Manpower wird schließlich für den Missionserfolg notwendigerweise ergänzt durch die Bereitstellung neu gestalteter Technologien des Transports, der Kommunikation, der Medizin, des Bauwesens und vielem mehr. Das Dampfschiff verkürzt und verbessert die Verbindung und Nachschubsicherung, ja ermöglicht vielfach erst den missionierenden Außenstationen, mit der Zentrale im Heimatland im ständigen Kontakt zu stehen und damit die bis dato erheblichen Risiken der Überlebensfähigkeiten der Stationen zu mindern. Die Eröffnung des Suez-Kanals gehört auch in diesen Zusammenhang. Telegraphen ermöglichen eine gesicherte und relativ rasche Information. Der öffentliche Diskurs wird mit den vorhandenen technologischen Möglichkeiten der Informationsbeschaffung und -verbreitung in der bereits etablierten Medienlandschaft völlig neu strukturiert und für den Issue Mission eingesetzt. Die Entwicklungen der Medizin, die zum Ende des 19. Jahrhunderts zwar noch nicht die wichtigsten tropischen Krankheiten im Griff hat[4], äußert sich jedoch bereits auf einem Stand (z.B. in der Chirurgie und der Anästhesie), der den Missionaren die Chance des Überlebens gibt und sich zudem als Dokument der Überlegenheit des Wissens der Missionare und ihrer Religion gegenüber den traditionellen Wissensbeständen und deren Vertretern in Afrika instrumentalisieren lässt.

---

4 Viele Afrika-Reisende nutzten bereits den Wirkstoff Quinin gegen die Malaria, obwohl die genaue Wirkungsweise noch nicht bekannt war.

III.

Die Publikationen und Vorträge des Abenteurers und Afrikaforschers David Livingstone[5], der sich selbst als Missionar sah, insbesondere sein Buch »Missionary Travels and Researches in South Africa« (1857), bewirken – in erster Linie im englischsprachigen Raum – für die Missionsbewegung einen enormen Motivationsschub. Neue Missionsgesellschaften entstehen im Verweis auf Livingstone, prominent hier die UMCA (*Universities' Mission to Central Africa*), die 1858 gegründet wird, und bereits bestehende, wie die LMS von 1795, erleben einen unerhofften Aufschwung. Die gemachten Erfahrungen und die Schlussfolgerungen, die Livingstone zu Beginn der zweiten Hälfte des 19. Jahrhunderts aus seinen Reisen ins Innere von Zentralafrika zieht, treffen auf eine bereits vorhandene Grundstimmung in der britischen Öffentlichkeit, denn anders als die Hand voll Afrikaforschender seiner Generation, die wie er den Kontinent durchstreifen, begründet Livingstone sein Tun nicht mit geographischen, geologischen oder geopolitischen Motiven und Interessen, sondern mit dem Credo eines christlichen Auftrags, der Missionierung der afrikanischen Bevölkerung und der Beendigung der Sklaverei in Afrika, um damit den Kontinent für die Zivilisation und den Handel zu öffnen, das in dem Motto »Christianity and Commerce« versinnbildlicht wird.

Livingstone trifft mit seiner Argumentation, sich nach der Binnenmissionierung der britischen Massen nun den afrikanischen Heiden zuzuwenden, um sie mit Hilfe der christlichen Botschaft zu »Menschengröße« aufzurichten, auf große Resonanz in der britischen Öffentlichkeit. Sein Lebenswerk und die Publizität, die das Werk erhält, ermöglicht zudem die Schaffung des Mythos Livingstone, der wiederum für den Missionsgedanken hilfreich sein wird. Die bürgerliche Öffentlichkeit sucht Orientierung und Leitbilder in »Helden«. Die entbehrungsreichen und konsequenten Explorationen David Livingstones, die er, mit Ausnahme der Zambezi-Expedition (1858-1863), allein auf sich gestellt und ohne Unterstützung, mit erstaunlich geringen Ressourcen ausgestattet, durchführt, prädestinieren ihn für die Heldenrolle. Dass es sich um eine recht engstirnige und verbissene Persönlichkeit handelt, die die Zerstörung der eigenen Familie offensichtlich in Kauf nimmt, einzelgängerisch die Zusammenarbeit mit anderen Forschern verweigert und damit auch den Ertrag der eigenen Arbeit, wie bei der Zambezi-Expedition geschehen, gefährdet, scheint Livingstones Ruf als un-

---

5 Vgl. B.W. Lloyd (Hg.), Livingstone 1873-1973. Cape Town 1973.

David Livingstone auf dem Glasfenster der Livingstonia Kirche

erbittlichen Verfolger seiner Ziele eher zu stärken, der so gut zum Helden passt.[6] Auch seine erheblichen Fehlanalysen, wenn er z.B. die Nilquelle an der tatsächlichen Kongoquelle verortet, oder seine entgegen seiner Philosophie der Christianisierung Afrikas erstaunlichen missionarischen Misserfolge irritieren, obwohl in Großbritannien bekannt und öffentlich diskutiert, die Mythenbildung um seine Person offensichtlich nicht. Zwar wird es in der Endphase seines Lebens, Ende der sechziger Jahre, etwas ruhiger um den Helden, auch und weil er sich der britischen Öffentlichkeit durch seine Rückkehr nach Zentralafrika entzieht. Es kommt zu der höchst modern anmutenden Inszenierung des Denkmals Livingstone, die ihn in den Olymp der britischen Geschichte hebt und bis heute seinen Ruf als bedeutendsten Erforscher Zentralafrikas und Propagandist der modernen christlichen Missionierung des Kontinents durch die Briten begründet.

Livingstone scheint bereits vergessen, verschollen irgendwo in Afrika. – Lebt er überhaupt noch? – Der Herausgeber des *New York Herald* wittert in der Beantwortung dieser Frage die Chance einer bedeutenden Auflagenstei-

6 Vgl. A.J. Hanna, The Story of the Rhodesias and Nyasaland, London 1960, S. 49.

gerung seiner Zeitung und investiert erhebliche Mittel in eine Suchexpedition, deren Leitung er dem zu jener Zeit noch unbekannten, aber später berühmten Henry Morton Stanley[7] anträgt. Mit über 200 Trägern, schwer bewaffnet und mit Ballen von Baumwollstoffen, dem Zahlungsmittel im Inneren von Afrika, versehen, bahnt sich Stanley 1871 seinen Weg von Sansibar zum Tanganyika-See, wo er tatsächlich Livingstone findet. Täglich werden Expeditionsberichte von Läufern an die Küste verbracht und aus Sansibar per Telegraph in die USA übermittelt. Moderne Kommunikationstechnik und -organisation schaffen eine Aufmerksamkeit, die auf ungebrochenes Interesse stößt. Livingstone ist plötzlich wieder ein Thema. Die Begrüßungsanrede beim ersten Zusammentreffen der beiden, »Doctor Livingstone, I presume«, geht in den Anekdotenschatz ganzer Generationen von Afrika-Interessierten ein, ein PR-Gag, der Unsterblichkeit erlangt und mit ihm der Mythos Livingstone. Die Inszenierung des Heldenepos findet ihren Abschluss und Höhepunkt im Tode Livingstones zwei Jahre später. Seine Helfer tragen den Leichnam an die Küste, und ein Schlachtschiff ihrer englischen Majestät verbringt ihn nach England, wo er in der Westminster Abbey beigesetzt wird. Es sind nicht wenige Missionare der folgenden Generation, die sich später in ihren Biographien an die prunkvolle und erhabene Beisetzung, die sich ihnen als Kindern oder Jugendlichen als prägendes Ereignis ins Gedächtnis brennt, erinnern werden. Vom Ruhm des David Livingstone profitieren die christlichen Missionen und in ganz besonderer Weise die am großen Nyasa-See, den Livingstone als erster Weißer entdeckt haben will.[8]

IV.

Die Geschichte der Christianisierung im heutigen Malawi beginnt 1861 mit einer Katastrophe. Eine *UMCA*-Expedition unter der Leitung von Bishop Mackenzie vermag sich nicht in der Region zu etablieren, die meisten Missionsmitglieder, auch ihr Bischof, sterben am Fieber. Schließlich zieht sich

7 Stanley wird später für den belgischen König Leopold die Kolonialisierung des Kongo-Beckens vorbereiten.

8 Tatsächlich jedoch sind bereits Portugiesen aus Moçambique kommend mehr als 100 Jahre vorher in die Region gekommen. Aber von diesem Ereignis erhielt die Welt keine Nachricht. Die moderne Kommunikationsgesellschaft war noch nicht erfunden.

die *UMCA* in die klimatisch und politisch sicheren Gefilde von Sansibar zurück. Erst 1882 erreichen wieder anglikanische Missionare den großen See.[9]

Die *UMCA* (*Universities Mission to Central Africa*) gehört zur *Church of England*, der anglikanischen Kirche. Sie ist eine Kooperation von Mitgliedern der Universitäten Cambridge, Oxford, Dublin und Durham, die sich dem eher katholisch orientierten Flügel der Kirche zugehörig fühlen. Ihre Mitglieder und ihre Missionare rekrutieren sich aus Universitätsabsolventen der Mittel- und Oberschicht der englischen Gesellschaft. Anlass ihrer Gründung ist David Livingstone, der sich 1858 zu Vortragsreisen in Großbritannien aufhält, nachdem er zuvor den afrikanischen Kontinent als erster Weißer in West-Ost-Richtung durchquert hatte. Für seine Botschaft, den Weg nach Afrika für »Christianity and Commerce« zu öffnen, findet er Beifall und Zustimmung. Die spontan gegründete *UMCA* folgt ihm nicht nur in dieser Zielrichtung, sondern auch in seiner Empfehlung, die Mission in der Region des großen Nyasa-Sees anzusiedeln. Da sich Livingstone zu jener Zeitpunkt im Auftrag der englischen Regierung am Zambezi River aufhält, bittet die Missionsgesellschaft ihn um weitere Unterstützung, die aber nur bedingt realisiert wird, so dass Livingstone später jede Verantwortung für das Desaster der Mission von sich weist.

Die Expedition besteht aus Priestern, Handwerkern und einigen schwarzen Südafrikanern, die dort christliche Schulen besucht haben. Sie bewegt sich in Gebiete hinein, die von den Yao-Sklavenjägern, ursprünglich im heutigen Moçambique angesiedelt, in Unruhe und Aufruhr gehalten werden. Die Missionare werden in diese kriegerischen Ereignisse hineingezogen. Sie befreien mit Waffengewalt gefangene Sklaven, was dazu führt, dass sie sich nun in permanenten Konflikten mit den Sklavenjägern befinden. Zudem schließen sich die befreiten Sklaven der Expedition notgedrun-

---

9 Zur Geschichte der *UMCA* vgl. A.E.M. Anderson-Morshead, The History of the Universities' Mission to Central Africa, Vol. I, 1859-1909, Westminster 1955; A.G. Blood, The History of the Universities' Mission to Central Africa, Vol. II, 1907-1932, Westminster 1982; G.H. Wilson, The History of the Universities' Mission to Central Africa, Freeport/New York 1936 (1971); und generell zu den Missionen in Malawi: J. Weller u. J. Linden, Mainstream Christianity to 1980 in Malawi, Zambia und Zimbabwe, Gweru 1984; A.J. Wills, An Introduction to the History of Central Africa, Zambia, Malawi and Zimbabwe, Oxford 1964 (1987); K.N. Mufuka, Missions and Politics in Malawi, Kingston 1977; T.O. Ranger u. J. Weller (Hgg.), Themes in the Christian History of Central Africa, London 1975; P.E.N. Tindahl, History of Central Africa, Blantyre 1985.

gen an, denn ein Zurück in ihre Heimstätte ist nicht möglich. Dort oder auf dem Weg dahin würden sie mit großer Wahrscheinlichkeit wieder gefangen gesetzt werden. Somit aber wächst auch die Anzahl der zu Versorgenden und von Frauen und Kindern – eine Entwicklung, die sich für die Überlebensfähigkeit der Mission als äußerst gefährlich erweist. Der Nachschub ist mangels Transportmöglichkeiten ungeklärt, die Medikamentenlage unzureichend, so dass die Missionare nach kurzer Zeit einer feindlich gesinnten Umwelt erliegen. Die Überlebenden fliehen nach Sansibar. Es braucht vierzehn Jahre, bis wieder Missionare in die Region kommen, und diesen war das Desaster der *UMCA* ein warnendes Beispiel.

Inzwischen hat die inszenierte Wiederfindung Livingstones, sein Tod und danach die Beisetzung in der Westminster Abbey 1874 die christliche Missionierung des Inneren von Afrika erneut ins Bewusstsein der britischen Öffentlichkeit gerückt. James Stewart[10], der noch die gescheiterte *UMCA*-Mission am Shire River besucht und seinerzeit vor den klimatischen und politischen Schwierigkeiten für eine erfolgreiche Missionierung gewarnt hatte, wendet sich nun an seine *Free Church of Scotland* und bittet sie, sich des Auftrags und Erbes Livingstones zu erinnern und eine Mission unter dem programmatischen Namen *Livingstonia* an den See zu entsenden. Die *Free Church of Scotland* ist eine Abspaltung von der *Church of Scotland*, beide presbyterianisch, mit einer besonders engagierten Mitgliedschaft und Repräsentanz in der Geschäftswelt und unter den Industriellen Glasgows, und spricht die obere und mittlere Schicht der schottischen Gesellschaft an. Der Topos »Christianity and Commerce« ist für diese Kirche Selbstverständlichkeit und Überzeugung.

1875 erreichten die Missionare der *Free Church*[11] die Mündung des

10 Stewart ist Leiter der berühmten protestantischen Ausbildungsstätte in Lovedale in Südafrika (vgl. J. Stewart, Dawn in the Dark Continent of Africa and Its Missions: The Duff Missionary Lectures from 1902, Edinburgh/London 1903).

11 Zur Geschichte der *Livingstonia Mission* vgl. W.P. Livingstone, Laws of Livingstonia: A Narrative of Missionary Adventure and Achievement, London 1921; J. McCracken, Politics and Christianity in Malawi 1875-1940: The Impact of the Livingstonia Mission in the Northern Province, Cambridge 1977 (Nachdruck Blantyre 2000); J. McCracken, Underdevelopment in Malawi: The Missionary Contribution, in: African Affairs 76 (303), S. 195-209; T.J. Thompson, Touching the Heart: Xhosa Missionaries to Malawi 1876-1888, Pretoria 2000; H. McIntosh, Robert Laws: Servant of Africa, Carberry/Blantyre 1993; D. Fraser, African Idylls: Portraits and Impressions of Life on a Central African Mis-

Zambezi, von wo aus bereits Livingstone und später die *UMCA* ihren Weg ins innere Nyasas suchten. Als Lehren aus der Mackenzie-Tragödie wurden die folgenden Essentials bestimmt und organisiert:

- keine Einmischung in die internen lokalen politischen Gegebenheiten, auch nicht in die Sklavenproblematik (die allerdings schon im Abklingen ist), solange die Mission noch nicht etabliert und gesichert ist;
- Sicherung der Transport- und Nachschubwege. Dafür setzt die Mission ein Dampfschiff aus Eisen ein, das sich auseinander nehmen lässt und in vierzig Pfund schweren Einzelteilen über die Klippen von Kapachira von Trägern bewegt wird. Das Schiff wird *Ihlala* getauft, nach dem Ort, wo Livingstone nahe der großen Seen verstarb;[12]
- Nutzung von Afrika-Knowhow. Die Mission der Schotten wird von Leutnant Young, einem Seeoffizier, der bereits mit Livingstone an der Zambezi-Expedition teilgenommen hat und darüber hinaus die Region kennt, geleitet;
- Sicherung der medizinischen Versorgung. Der spätere Leiter der Mission, der dann mehr als fünfzig Jahre in ihr arbeitet, Robert Laws, ist Theologe und Mediziner, übrigens von den *United Presbyterians* ausgeborgt, ein Zeichen dafür, dass es noch immer nicht so einfach ist, geeignete Missionare in den eigenen Reihen zu finden. Dennoch wird in kürzester Zeit weiteres Personal geschickt, u.a. in Südafrika ausgebildete schwarze Missionare.

Der Gedanke, dass jede Mission eine selbstversorgende Dimension aufweisen muss, wird noch unterstützt durch die englisch-protestantisch geprägte Auffassung, dass eine Mission starke Komponenten der gewerblich-handwerklichen Produktion und des Handels aufweisen muss. Für lange Zeit, so auch in der Erstexpedition, besteht ihr Personal aus doppelt so vielen Handwerkern und Technikern wie Theologen. Zudem wird von Anfang an an die Gründung einer die Missionsarbeit begleitenden Company gedacht, die auch wenig später zustande kommt: die berühmte *African Lakes Compa-*

sion Station, London 1923; P.A. Cole-King, Cape Maclear, in: Malawi Department of Antiquities Publication 4, Limbe 1968 (1993); F. MacPherson, North of the Zambezi: A Modern Missionary Memoir, Edinburgh 1998.

12 Das Boot macht Schule. Alle Missionen am See werden später über ähnliche Boote verfügen, wie auch die Kolonialverwaltungen in der Region.

Die legendäre Ihlala, das erste Dampfschiff auf dem See, hier noch im englischen Dock

ny, umgangssprachlich *Mandala* genannt.[13] »The whole project was far more practical and business-like than the UMCA's venture of 16 years before, though it is only fair to add, that experience gained from the former disaster was a major factor in the Scottish missions's success.«[14]

Die *Livingstonia Mission* ist trotz unübersehbarer Anfangsprobleme für lange Zeit die erfolgreichste, aber auch die reichste Mission im Nyasa District, nicht zuletzt durch die großzügige und stetige Unterstützung aus der Glasgower Geschäftswelt. Die Missionare siedeln zuerst am Cape Maclear am südlichen Ende des großen Sees. Der Ort wird von Young wegen seines vorhandenen Naturhafens gewählt, erweist sich jedoch rasch auf Grund der klimatischen Verhältnisse – nicht wenige Missionare sterben an Malaria und Schwarzwasserfieber – und einer äußerst dünnen Besiedlung als unge-

---

13 Mandala ist das einheimische Wort für Spiegelung und bezieht sich auf die Brille eines der Brüder Moir, die als Geschäftsführer die Company leiten (vgl. F.L.M. Moir, After Livingstone: An African Trade Romance, London 1923, Nachdruck 1986).

14 Vgl. Weller u. Linden (Hgg.) (wie Anm. 9), S. 39.

eignet, so dass man eine Verlegung der Station nach Bandawe, weiter nördlich, und wieder kurze Zeit später auf die Höhen am östlichen Rand des Nyika-Plateaus, schon fast im Norden des Sees, beschließt. Dort findet die *Livingstonia Mission* nicht nur ihr endgültiges Zuhause, sondern auch den Höhepunkt ihrer Entwicklung.

Auch die etablierte *Church of Scotland* beschließt, dem Aufruf von Stewart zur Missionierung Nyasas zu folgen, sieht sich jedoch nicht in der Lage, in der verfügbaren Zeit eine genügende Anzahl qualifizierter Missionare zu entsenden. Stattdessen begnügt sie sich zunächst mit einem Beobachter, der sich den *Livingstonia*-Leuten anschließt und den Auftrag hat, einen geeigneten Standort für eine Missionsstation zu finden.[15] Auf der Grundlage einer entsprechenden Empfehlung gründet die *Church of Scotland* 1876 ihre erste Missionsstation in den Shire Highlands und nennt sie *Blantyre*, nach dem Geburtsort von Livingstone. Die *Church of Scotland* hat ihre Verankerung in den weniger industrialisierten Gebieten Schottlands, auf dem Lande und in den Universitätsstädten Aberdeen, Edinburgh und St. Andrews. Auch sie rekrutiert ihre Missionare – wie die *Free Church* – aus der mittleren und oberen Mittelschicht mit hohem Akademikeranteil, aber sie spricht eher die traditionell-etablierten Mittelschichten an, während die *Free Church of Scotland* Repräsentant der dynamischen neuen Aufsteiger der Industrialisierung und des Handels ist. Die etablierte Kirche, obwohl in der Anzahl ihrer Gläubigen der *Free Church* weit überlegen, kann nie Spenden in Höhe der Konkurrenz akquirieren. Die *Blantyre Mission* wird deshalb immer mit deutlich weniger Finanzressourcen auskommen müssen. Auch hat sie besonders in ihrer Etablierungsphase erhebliche Probleme in der Personalauswahl, weshalb die *Livingstonia Mission* immer wieder helfend eingreift.

Im Prinzip verfolgt *Blantyre* eine ähnliche Philosophie wie *Livingstonia* in der starken Betonung der gewerblich-handwerklichen Produktion und der Eigenversorgung. Dementsprechend engagiert die Mission weit mehr Handwerker und Techniker als Theologen. Aber sie scheinen weder in der notwendigen Anzahl noch Qualität zu finden zu sein.

Ein in der britischen Öffentlichkeit erregt diskutierter Vorfall in *Blantyre* wird als Problem personeller Unzulänglichkeiten diskutiert werden, obwohl dahinter ein systematisches Problem steckt, das über die Personalauswahl

---

15 Vgl. McIntosh (wie Anm. 11), S. 22. – Zur Geschichte der Blantyre Mission vgl. W.P. Livingstone, A Prince of Missionaries: The Reverend Alexander Hetherwick, London 1931; A.C. Ross, Blantyre Mission and the Making of Modern Malawi, Blantyre 1996.

weit hinausgeht. Alle Missionen, nicht nur die in *Blantyre* und auch nicht nur die frühen, stehen vor dem Problem, ihren pastoralen Auftrag mit weltlichen Ordnungsmaßnahmen sichern zu müssen. Immer wieder sehen sich die Missionare mit Diebstahls- und Gewaltdelikten auf den Stationen konfrontiert. Handelt es sich bei den Betroffenen um Missionsmitglieder, lässt sich das Problem mit disziplinarischen Maßnahmen, bis hin zur Rücksendung in die Heimat, lösen. Was aber ist zu tun mit Afrikanern, die nicht in einem Kontrakt mit der Mission stehen? Man kann sie von der Station verweisen, aber auch dazu braucht es eine Art polizeilicher Umsetzung. Der Ausweg, sie der Verantwortung der traditionellen Häuptlinge in der Region zu übergeben, wird oft genutzt, setzt aber das Vorhandensein einer solchen traditionellen Ordnung voraus und muss zudem mit der Konsequenz leben, dass die Schuldigen oder Verdächtigen möglicherweise gefoltert, getötet oder als Sklaven verkauft werden. Deshalb nehmen nicht wenige Missionen, so auch die *Blantyre Mission* (übrigens auch die *Livingstonia Mission*, die aber dafür nicht in die Schlagzeilen gerät)[16], die Jurisdiktion selbst in die Hand – in Ermangelung einer anderen verlässlichen Ordnung. Der Kolonialstaat ist zum damaligen Zeitpunkt in Nyasa noch nicht präsent und die traditionelle Herrschaft nicht immer intakt und berechenbar. Im Vollzug der Rechtsprechung durch die Missionare selbst wird 1879 ein verdächtiger Mörder exekutiert und ein Dieb so heftig mit Peitschen traktiert, dass er an den Verletzungen stirbt. Als diese Vorfälle in Großbritannien durch einen Reisenden bekannt werden, führt das zu einem Aufschrei des Entsetzens. Die Legitimation der Missionen und ihre finanzielle und personelle Sicherung durch eine dazu bereite Öffentlichkeit scheint deutlich in Frage gestellt. Deshalb sieht sich die schottische Kirche gezwungen, schnell und umfassend zu reagieren. Der Stationsleiter, der einzige Theologe, ist bereits von seinem Amt zurückgetreten, und die eigentlichen Täter, schottische Handwerker und Techniker, werden entlassen. Neues Personal wird entsandt, mit der Maßgabe, sich nicht mehr als säkulare Herrscher zu verstehen – eine nachvollziehbare Handlungsanweisung, die aber das Ausgangsproblem, das Fehlen einer kalkulierbaren weltlichen Ordnungsmacht, nur ungenau oder gar nicht trifft.

Mit diesem Personalwechsel beginnt die *Blantyre Mission* erneut ihr Aufbauwerk, das sie zu einer der dominanten und einflussreichen Missionen werden lässt. Dabei kommt ihr langfristig der gewählte Standort inmit-

16 McIntosh (wie Anm. 11).

ten der sich zunächst zögerlich entwickelnden Plantagenwirtschaft zugute, während sich *Livingstonia* im 20. Jahrhundert geographisch immer stärker an die Peripherie und ins Abseits gedrängt sehen wird.

1882 erreichen wieder *UMCA*-Missionare die Region, diesmal vom Norden her, und gründen ihre erste Station in Mtengula, im heutigen Moçambique.[17] Wie bereits erwähnt, hatten der Tod Livingstones und seine spektakuläre Beisetzung in London das Interesse der britischen Öffentlichkeit an einer Missionierung Afrikas generell und der Region am großen See im Speziellen erneut geweckt und gesteigert. Die *UMCA* sieht sich von diesem öffentlichen Ereignis in besonderer Weise in die Pflicht genommen, hatte sie doch bereits mehr als zwanzig Jahre zuvor Auftrag und Spenden zur Missionierung Nyasas angenommen und war gescheitert.

Nach dem Abzug der *UMCA* 1864 aus Nyasa etabliert sich die Mission zunächst in Sansibar, um von dort aus in das heutige Tanzania vorzustoßen – und dann auch östlich des Nyasa-Sees, wo sie eine der großen Inseln im See, Likoma, als ihr regionales Hauptquartier auswählt. Die theologische Begründung für die Wahl einer Insel besteht in der historischen Analogiebildung, dass die nördlichen Teile Großbritanniens 1.300 Jahre früher schließlich auch von Inseln aus missioniert worden waren. Aber vermutlich sind die tragischen Erfahrungen der Mission von 1861 der eigentliche Beweggrund für diese Entscheidung. Noch immer befindet sich die Region im Krieg, und die Yaos jagen Sklaven, wogegen die Inselentscheidung Schutz bietet.

Ähnlich wie die beiden schottischen Missionen agieren die Anglikaner bei ihrem zweiten Versuch, sich in Zentralafrika festzusetzen, mit weit höherem Personal- und Materialeinsatz, als es Mackenzie möglich war. Ein Dampfboot (die *Charles Janson*), ebenso wie die *Ilala* in Einzelteile zerlegbar, bildet die infrastrukturelle Grundlage und Sicherung der Bewegungsfreiheit und Nachschubsicherung. Afrikanische Lehrer, in Sansibar unter Vertrag genommen, werden zum Einsatz gebracht. Die *UMCA* rekrutiert, weniger als die Schotten, Laien wie Handwerker und Techniker, folgt also nicht dem Vorbild der »Industrial Mission«. Dem entspricht auch, dass die Missionare, ähnlich wie in den katholischen Orden, in einer Rundumversorgung und -versicherung gehalten sind. Sie erhalten ein relativ kleines Gehalt, besser ein Entgelt, sowie zusätzliche Versorgungsleistungen wie Kleidung und Verpflegung, während die Missionare anderer protestantischer Gesellschaf-

---

17 Vgl. Anderson-Morshead (wie Anm. 9) u. Wilson (wie Anm. 9).

ten ihre gesamten Bedürfnisse aus dem eigenen Gehalt bestreiten müssen. Der Missionar als Beruf ist eindeutig eine protestantische Schöpfung und findet weniger Entsprechung auf anglikanischer und katholischer Seite. Die Wahl der Likoma-Insel als regionales Zentrum der anglikanischen Mission erweist sich zunächst als vorteilhaft. Die Insel ist vor Überfällen geschützt. Die überschaubare Bevölkerung wird in kürzester Zeit missioniert, und der Bischof etabliert sich als eine Art lokaler Herrscher, was in diesem Fall offensichtlich keine erkennbaren Schwierigkeiten für die Öffentlichkeit in Großbritannien beinhaltet. Aber langfristig wird die Standortentscheidung zum Problem. Die spätere lückenlose Aufteilung Afrikas unter die Kolonialmächte rückt Likoma in die Sphäre von Portugiesisch Moçambique, denn die Insel liegt unmittelbar vor dessen Küste und nicht vor Nyasa. Nur ein energisches Veto der britischen Regierung sichert der Insel die Zugehörigkeit zum britischen Protektorat, eingeschlossen von moçambiquanischen Gewässern. Die Mission muss sich umorientieren und ihren Zugang zu Nyasa neu finden, erschwert durch den schwierigen Seeweg zum westlichen Ufer. Heute ist Likoma eine weitgehend isolierte und nur unter Schwierigkeiten überhaupt erreichbare Kirchenstation.

Die ersten katholischen Missionare erreichen 1888 die Region in einer politisch diffizilen Konstellation, die einen Erfolg nicht zulässt.[18] Es sind *Weiße Väter*, ein 1867 gegründeter und bis dahin überwiegend französischer Orden, der sich unter dem Schutzbrief des portugiesischen Königs anschickt, am südlichen Seeende eine Station im Yao-Gebiet aufzubauen. Das Interesse der *Weißen Väter* besteht neben der lokalen Missionsarbeit darin, für den durch Aufstände geschlossenen Zugang von der Sansibar-Küste zu ihren bereits bestehenden Stationen in Uganda eine Alternative über die Zambezi-Shire-Route zu eröffnen. Die Portugiesen wollen mit Hilfe der Padres die noch nicht festgelegte Grenze Moçambiques weiter vorschieben bzw. testen. In dieser Vermischung pastoraler und politischer Motive ruft das den energischen Widerspruch der schottischen Missionare hervor. Weder wollen sie sich einer katholischen Konkurrenz aussetzen noch unter portugiesischer Herrschaft arbeiten. Längst betrachten sie die Region am Nyasa-See als protestantische Domäne, die, wenn schon nicht schottischer, dann britischer Provenienz sein sollte. Die von den Schotten alarmierte britische Regierung zwingt den Yao-Häuptlingen am südlichen Seeende einen Ver-

---

18 Vgl. Weller u. Linden (wie Anm. 9); I. Linden (with J. Linden), Catholics, Peasants and Chewa Resistance in Nyasaland 1889-1939, London/Nairobi/Ibadan 1974.

trag mit ihr und nicht mit den Portugiesen auf. Damit sind für die *Weißen Väter* die Grundlagen ihrer Pläne weggebrochen. Nach achtzehn Monaten ziehen sie ohne vorzeigbaren Erfolg nach Norden weiter.

Insbesondere die politische Bewertung dieses Vorfalls wird der katholischen Mission in Nyasa noch lange von Interessierten vorgehalten, als 1901 *Montfort Fathers* in Kooperation mit den *Weißen Vätern* wieder und jetzt endgültig das Territorium am See betreten.[19]

Beide katholische Orden gründen in rascher Folge Stationen[20], sehr zum Verdruss und Ärgernis der Presbyterianer, ein zwar zunächst bescheidener Anfang, der aber nach dem Ersten Weltkrieg zu einem rasanten Anstieg von Missionsstationen und einer eindrucksvollen Anzahl an Personal führen wird. Auch sie setzen Laienbrüder in ihrer Arbeit ein, die als Handwerker, Techniker und Agrarfachleute wirken. Dennoch verfolgen die katholischen Missionen nicht im engeren Sinne die Idee der Industrial Mission. Der Selbstversorgungsaspekt steht zwar im Vordergrund, aber die Ausbildung und das Training afrikanischer Handwerker sind eher Nebeneffekt als Ziel.

In sozialer Hinsicht sind die Ordenspriester und Laien überwiegend bäuerlich-ländlicher Herkunft, zunächst aus Frankreich, später auch aus Holland, Deutschland, Belgien und Italien. Es entspricht ihrer Missionsphilosophie, sich in ihrer Arbeit auf die afrikanischen Dörfer und nicht so sehr auf die entstehenden städtischen Räume zu konzentrieren. Auch geht es ihnen, anders als den Schotten, nicht um eine wie auch immer verstandene Philosophie des Gewerbes und Handels, sondern um die Christianisierung der ländlichen Bevölkerung, die in ihrem traditionellen Umfeld verbleiben soll. Noch heute befinden sich die Mehrzahl der großen Stützpunkte der katholischen Kirche im ländlichen Raum.

1888 hospitiert der Südafrikaner A.C. Murray in der *Livingstonia Mission*, noch in Bandawe, mit dem Auftrag, einen geeigneten Missionsstandort für die *Dutch Reformed Church*, Cape-Provinz, ebenfalls eine presbyterianische Kirche, zu finden. Schließlich präferiert er die nur teilweise missionarisch von den Schotten abgedeckte Zentralregion zwischen der *Livingstonia-* und der *Blantyre Mission*, das Siedlungsland der Ngoni und Chewa. *Livingstonia* tritt dafür an die neue im Land arbeitende presbyterianische Mission ihre

---

19 Zur Geschichte der Montfortians vgl. H. Reijnhaerts u. A. Nielsen u. M. Schoffeleers, Montfortians in Malawi: Their Spirituality and Pastoral Approach, Blantyre 1997.

20 Vgl. Latourette (wie Anm. 3), S. 397.

wenigen Stationen in dieser Gegend ab, die sie auch nur mit Mühe unter den gegebenen Verkehrsbedingungen vom Norden her zu bewirtschaften und personell zu besetzen in der Lage ist.[21]

Die Mission der Südafrikaner ist die später kommende und repräsentiert eine relativ kleine Kirche mit zwar begrenzten finanziellen Mitteln, aber einer zeitweilig höheren Anzahl entsandter Missionare, als die Schotten rekrutieren können. Sie beeindruckt durch eine hohe Effizienz. Einer der Gründe dafür ist der fast familiäre Zuschnitt der Mission. Für Jahre dominieren die Clans der Murrays, Hofmeyrs und Retiefs – alle miteinander verwandt – die Missionsaktivitäten, insbesondere in ihrem zentralen Krankenhaus, in Nkhoma. Noch in der Jetztzeit zieht es immer wieder Nachkommen dieser Familie in den ärztlichen Dienst der Mission. Ein anderer Grund ist die soziale Herkunft der Missionare. Auch sie entstammen dem bäuerlichen Milieu, aber zudem verfügen die Akteure über eine wertvolle Ressource: über afrikanische Erfahrungen; sie sind in Südafrika aufgewachsen und kennen die klimatischen und sonstigen Lebensumstände und Gefahren, sind allerdings auch im Konservatismus der südafrikanischen Weißen gefangen, der sie später in Konflikte mit ihren schottischen Glaubensbrüdern führen wird.

Keine Geschichte der Missionierung Nyasas kann auf die Erwähnung des außergewöhnlichen protestantischen Missionars und Einzelgängers Joseph Booth[22] und seiner eindrucksvollen Aktivitäten verzichten. Die schillernde Persönlichkeit gründet im Zeitraum zwischen 1892 bis 1910 eine Reihe von Missionsstationen, manche mit Unterstützung bzw. im Auftrag amerikanischer Missionsgesellschaften, Baptisten, Adventisten, Methodisten sowie der *Watch-Tower*-Bewegung. Booth wird also nicht von »seiner« Kirche als Missionar entsendet, sondern bietet amerikanischen Kirchen an, für sie zu arbeiten – seit dieser Zeit sind auch amerikanische Missionsgesellschaften in der Region tätig. Sicher, nicht alle seine Gründungen haben Bestand, und sein Ruf in Nyasa ist mehr als schlecht. Er gilt als erratisch, fanatisch und orthodox, und Person und Wirken werden noch heute äußerst kontrovers diskutiert. Insbesondere in einer Frage trifft Booth den Nerv nicht nur der etablierten Missionare, sondern auch der Administration des

---

21 Zur Geschichte der Mission der *Dutch Reformed Church* in Nyasa vgl. M.W. Retief, William Murray of Nyasaland, Lovedale 1958.

22 Vgl. H. Langworthy, »Africa for the African«: The Life of Joseph Booth, Blantyre 1897; J. Booth, Africa for the African, Blantyre 1897 (Reprint ed. by L. Perry 1996).

neu konstituierten britischen Protektorats (weshalb er schließlich zu Beginn des Ersten Weltkriegs aus Afrika verbannt wird): in seiner Forderung und Praxis der Afrikanisierung seiner Missionen von Beginn an und nicht erst in weiter Zukunft. In seiner berühmten Schrift »Africa for the African« greift er die Missionen, die Kolonialverwaltung wie auch die Plantagenbesitzer an und bezichtigt sie der Entmündigung und Enteignung der Afrikaner.[23] In den von ihm initiierten Missionen überträgt er von Anbeginn an Afrikanern die Verantwortung, nicht immer mit Erfolg. Zum Ärger der bereits etablierten Missionen zieht er mit dieser Zielsetzung bereits von diesen ausgebildete und trainierte Einheimische an. Booth selbst ist ein Einzelgänger, einfacher Herkunft und ohne höhere Bildung – eine charismatische Persönlichkeit, die sich Einfluss bei der noch jungen und zahlenmäßig kleinen Gruppe afrikanischer Christen sichert, sehr zum Verdruss der anderen Missionen, die ihn immer wieder bei der Kolonialregierung anschwärzen und zu seiner Vertreibung aus der Region beitragen.

V.

Zu Beginn des 20. Jahrhunderts haben Missionen der unterschiedlichsten Denominationen in Nyasa Fuß gefasst. Bei allen theologischen, sozialen und programmatischen Differenzen folgen die Missionen bestimmten gemeinsamen Mustern in ihrer Arbeit und Organisation.

Die Missionare kommen als Gestalter einer neuen christlich-zivilisierten Lebensweise und Lebensorganisation nach Afrika: einige, wie die Schotten, mit einem expliziten Gestaltungswillen, andere, wie die katholischen Orden oder die *Dutch Reformed*, im Anspruch verhaltener, aber in bestimmten Kernfragen, wie der der Polygamie z.B., nicht weniger entschieden. Neben, ja als Teil der Verkündigung, gründen sie Schulen[24] und vermitteln Kenntnisse des Lesens und Schreibens, der Hygiene, der Landwirtschaft und des Handwerks. Während sich die Katholiken und *Dutch Reformed* in ihren Bildungsangeboten zunächst auf relativ einfache Standards festlegen, gehen die Schotten darüber weit hinaus. In *Livingstonia* kann man bald auch Griechisch und Lateinisch lernen. Es gilt das Curriculum des Heimatlandes.[25]

23 Booth (wie Anm. 22).
24 Vgl. K.N. Banda, A Brief History of Education in Malawi, Blantyre 1982.
25 Diese Bindung des Curriculums an das schottische Vorbild führt natürlich auch zu bedenklichen Ergebnissen »The subject matter in school was some-

Alle bieten jedoch nur eine Primarausbildung an. Die ersten *Secondary Schools* für Afrikaner werden erst in den fünfziger Jahren des folgenden Jahrhunderts eingerichtet. Es sind die Missionare, die die lokale Sprache verschriftlichen und christliche Texte und Lieder übersetzen. Anders als die heutigen Entwicklungshelfer lernt die Mehrzahl der Missionare die lokalen Sprachen; spätere Generationen werden sich dieser Mühe nicht mehr in vergleichbarer Weise unterwerfen, sondern verlassen sich auf die englische Sprachfähigkeit ihrer afrikanischen Kollegen und Gläubigen.

Neben Verkündigung und Bildung tritt die medizinische Versorgung. Einige Missionen, hier wieder zuerst die Schotten, setzen von Anbeginn an auf Medizin als integralen Bestandteil ihrer Aufgabe. Andere werden später folgen, aber im Prinzip werden sich alle Missionen mehr oder weniger stark in der medizinischen Versorgung Nyasas engagieren. Noch heute besitzen die kirchlichen Krankenhäuser einen weitaus besseren Ruf (ebenso im Schulwesen) als die erst im 20. Jahrhundert aufgebauten staatlichen Krankenhäuser.

Der Gestaltungswille der Missionare stößt jedoch recht bald auf immanente Grenzen. Während die Missionen in Afrika als die Bannerträger der christlichen Zivilisation auftreten und wirken, befinden sich die sie entsendenden Heimatkirchen bereits im Abwehrkampf gegenüber der wachsenden Säkularisierung in den Mutterländern. Der Optimismus fortschreitender Entwicklung erhält erste Risse. Auch in Nyasa hat zum Ende des 19. Jahrhunderts die Geldwirtschaft Einlass gefunden. Die Gründe hierfür sind die Plantagenwirtschaft, die ihre Arbeiter teilweise – wenn auch auf niedrigstem Niveau – geldlich entlohnt, und die Kolonialverwaltung, die Steuern eintreiben will. Und auch die Missionen tragen Verantwortung für die neue Wirtschaftsordnung. Sie fungieren einerseits selbst als Arbeitgeber, zum anderen suchen die von ihnen Ausgebildeten in den Minen und Plantagen in Südafrika, Süd- und Nord-Rhodesien eine bezahlte Beschäftigung. Die Ausbildungs- und Qualifizierungsangebote der Missionare scheinen sich damit als Bumerang zu erweisen. Mit steigender Ausbildung unterliegen immer mehr Zöglinge der Verlockung des Geldes und des Konsums. In dieser Situation sehen sich die Verantwortlichen in den katholischen Orden und bei der *Dutch Reformed Church* in ihrer Meinung bestätigt, nur ein begrenztes

what biased towards Scotland, with pupils of Standard Five being asked, for example, to explain the right of James VI of Scotland to the throne of England, or to describe the shortest sea-route from Glasgow to Inverness telling the Capes and Lochs on the way.« (McIntosh, wie Anm. 11, S. 151).

Bildungsniveau anzustreben, um die Betroffenen daran zu hindern, ihre Dörfern zu verlassen. Und dennoch müssen sie zusehen, wie die Menschen in großer Zahl auf Wanderarbeit gehen. Nyasa wird zum Kernland der Wanderarbeit in Zentral- und Südafrika. Zeitweilig ist mehr als die Hälfte der arbeitsfähigen Männer aus den Dörfern abwesend.

Im Zweifrontenkrieg gegen das Heidentum und die bedenklichen Seiten des kapitalistischen Zivilisation suchen einige Missionare hilflose Auswege. So verbietet der Doyen von *Livingstonia*, Robert Laws, seinen afrikanischen Schülern, Lehrern und Kollegen das Tragen von Schuhen und eleganten Anzügen. Alte Fotos dokumentieren, wie afrikanische Priester und Prediger barfuß, in formlose weiß-graue Baumwolle gehüllt, neben ihren weißen Mitbrüdern – und immer noch Vorgesetzten – stehen, die sehr wohl Schuhe und dunkle Anzügen mit Weste tragen. Diese wohlwollend gemeinte patriarchalische Geste wird von den Betroffenen keineswegs als solche geschätzt, sondern als Teil und Ausdruck der auch in den Missionen zementierten sozialen Statusdifferenz zwischen Schwarz und Weiß, wie sie sich sowieso schon in Bezahlung, Wohnung und im Zugang zu Transportmitteln zeigt, angesehen.

Der gängige Typus von Missionsstationen folgt der Philosophie der »Industrial Mission« auch dort, wo der Terminus nicht verwendet wird. Die meisten Missionen sollen und wollen sich angesichts von Kosten und Transportproblemen so weit wie möglich selbst versorgen; sie legen deshalb Felder an und richten handwerkliche Produktionsstätten ein. Über die Selbstversorgung hinaus wird die Veräußerung von geernteten oder hergestellten Gütern zunächst nur an einen lokalen Markt, später auch darüber hinaus, angestrebt. Und schließlich werden im Vollzug der Produktion von landwirtschaftlichen und handwerklichen Artikeln Afrikaner ausgebildet und trainiert, in der Hoffnung, dass die so ausgebildeten mit ihren erlernten Fähigkeiten in ihre Dörfer zurückkehren und ihre Kenntnisse weiter verbreiten werden. Alle Missionen unterhalten deshalb Ausbildungseinrichtungen, wo Maurer-, Tischler-, Schmiede- und andere Handwerksberufe erlernt werden können. Am ausgefeiltesten organisieren die Schotten dieses Ausbildungsprogramm. Bald gibt es bei ihnen darüber hinaus Klassen für Stenotypistinnen, Elektriker und Veterinärtechniker. Sogar eine Ausbildung zur Bedienung des Telegraphen wird angeboten. Ein nicht unbeträchtlicher Teil der Ausgebildeten findet sein Einkommen in den Missionsstationen selbst, deren Zahl immer noch steigt. Das gilt insbesondere in der Etablierungsphase der Missionen, wo man sich auch nicht scheut, bei der Konkurrenz ausgebildetes Personal abzuwerben. Aber mit der wachsenden Zahl der qualifizierten Handwerker müssen diese woanders ihr Auskommen finden. Da die heimischen Dörfern nur eine begrenzte Aufnahmekapazität für die neuen Kenntnisse haben, organisieren die Missionare den Zugang zu den Plantagen und bald auch den Weg in die Minen der Nachbarländer. Auch die neue Kolonialverwaltung sucht nach qualifizierten Kräften. »It was the mission that took the spear from the bearer's hand and put into it the hoe, the trowel and the carpenter's chisel, and induced yearly thousands of able-bodied Ngoni to go to the coffee- and cotton-fields at Blantyre, and to the mines and farms in Rhodesia where they labour contentedly and profitably for a given term, and return to their homes unscathed physically or morally.«[26] Als die Missionare sich der bedenklichen Folgen der so induzierten Wanderarbeit bewusst werden (die *Dutch Reformed* und die katholischen Missionen warnen bereits sehr früh vor der Wanderarbeit), die sich aus dem Herausreißen der arbeitsfähigen Männer aus den Familien und Dörfern ergeben, ist es zu spät. Der Prozess lässt sich nicht mehr rückgängig machen. Jedes Jahr gehen Tausende von Arbeitsuchenden auf die Wanderschaft und kehren, wenn überhaupt, erst nach Jahren zurück. Der Norden Nyasas wird völlig abhängig von der Suche nach Arbeit in der Fremde. Der relativ hohe Bildungs- und Ausbildungsstand in Nyasa, gewährleistet durch die Missionen, führt zu einer starken Nachfrage in den umliegenden Ländern. In Nyasa selbst aber werden Arbeitskräfte knapp. So hat die Wanderarbeit im großen Stil nicht nur soziale, sondern auch ökonomische Folgen. Die Entwicklung arbeitsintensiver Produktion in Landwirtschaft und Handwerk wird in Nyasa selbst behindert.

Die christlichen Missionen treten in Nyasa mit möglichst hohem Material- und Personaleinsatz an. Darin sind u.a. die Lehren aus den katastrophalen Erfahrungen mit vergeblichen Missionseinsätzen in früheren Zeiten zu sehen. Eine verständnisvolle und interessierte Öffentlichkeit im Entsendeland unterstützt diese Strategie mit relativ hohen finanziellen Zuwendungen. Die gesicherte Verkehrs- und Kommunikationsverbindung zum Mutterland besitzt explizit Priorität. Alle erdenklichen und verfügbaren Techniken werden für das große Ziel der Christianisierung Zentralafrikas eingesetzt, nicht nur in der Gestaltung der sozialen, sondern auch und nicht zuletzt der natürlich-materiellen Umwelt. Und so bringen die Missionare die

---

26 So Dr. Elmsley, der Leiter der Missionsstation in Ekwendeni (vgl. McIntosh, wie Anm. 11, S. 155).

Elektrizität, das maschinelle Druckwesen und das Dampfschiff ins Innere des Kontinents.

Das Dampfschiff ist wohl der sinnbildlichste Ausdruck der Funktionalisierung von Technik durch die Missionare für ihre Zwecke, und er symbolisiert zugleich die Macht des Gottes, dessen Wort sie verkünden. In einem Kontinent ohne Straßen und Eisenbahn ist der Transport durch Träger und sind Reisen durch Fußmärsche organisiert, denn selbst der Einsatz von Last- oder Reittieren ist im zentralen Afrika wegen der Tse-Tse-Fliege nicht möglich. In dieser Situation bieten Wasserwege und der Bootsverkehr eine sinnvolle Alternative. Die Nutzung von Booten ermöglicht eine weit höhere Transportkapazität, als von Trägern zu leisten ist. Ein Träger kann circa 20-30 Kilo Last schultern, und das nur wenige Tage. Zudem ist ein Teil seiner Last auf seine Eigenversorgung gerichtet (Kleidung, Verpflegung, Waffen etc.), so dass nur ein geringes Volumen darüber hinaus mit einem solchen Transportverfahren bewegt werden kann. Auch sind Boote weit schneller und, wenn sie mit Dampf- oder Motorkraft betrieben werden, flussaufwärts einsetzbar und damit der Ruderkraft und dem Segel weit überlegen.[27]

Aber das Dampfschiff ist mehr als ein bloßes Transportmittel, sondern steht geradezu für ein Symbol der christlichen Mission. Erstaunt, beeindruckt und entsetzt zugleich beobachten die Einheimischen die Ankunft der stählernen Boote, die sich ohne Segel und Ruderkraft schnell voranbewegen können. Gleichzeitig dient das Boot als Bastion, in die sich die Missionare bei Gefahr zurückziehen und die sich gut und effizient verteidigen lässt. Die Boote sind zudem, für jeden Beobachter erkennbar, Schatztruhen, aus denen die Ankömmlinge begehrte Güter (Stoffe, Medizin, Verpflegung, Waffen und Munition) in offensichtlich unbegrenzter Menge bei Bedarf entnehmen. Wie die Kirchenbauten, Schulen und Krankenhäuser ist das Dampfboot materialisierter Ausdruck der Macht und der Herrlichkeit der christlichen Missionen. Die *UMCA* schließlich vereinigt zudem Kirche und Boot, indem sie Andachtsräume in ihre Schiffe einbaut, die dann die verschiedenen Stationen am See anfahren. So gut wie jede Mission verfügt über ein oder mehrere Dampfboote, und die weltliche Macht der Kolonialverwaltung wird dem Beispiel der Missionen folgen. Bis zum Ersten Weltkrieg operiert so mehr als ein Dutzend Dampfschiffe auf dem Nyasa-See,

27 Das hatte bereits David Livingstone erkannt, der sich die Erschließung des Kontinents über die großen Flüsse erhoffte, dabei aber zu seiner großen Enttäuschung feststellen musste, dass der Beschiffung durch Stromschnellen, Wasserfälle und Versandung Grenzen gesetzt sind.

das deutsche Boot, die *von Wissmann*, das von tanzanischer Seite aus operiert, nicht mitgerechnet.[28]

Ob sie es wollen oder nicht – und sie wollten –, die eintreffenden Missionare sind von Beginn an politische und herrschaftliche Ordnungsfaktoren, wo immer sie arbeiten. Man muss sich erinnern, dass es sich, bezogen auf Nyasa, nicht um die Erfindung von imperialistischen Ideologien handelt, wenn man feststellt, dass die Region zu Beginn der christlichen Mission permanente und erbitterte Kriege erlebt hat. Die Sklaverei befindet sich in ihrer letzten Hochphase, und das blühende Land, das Livingstone bei seiner ersten Durchquerung der Seeregion beschreibt, ist bei seinen späteren Besuchen zerstört, abgebrannt und entvölkert. Das Auftauchen der Missionare mit ihrer Bewaffnung und technischen Ausstattung macht sie in der Perzeption der verschiedenen Kriegsparteien oder Betroffenen von Beginn an zu potentiellen Schutzmächten oder Bündnispartnern.

Ähnlich wie im Falle des anglikanischen Bischofs Mackenzie, ziehen die Missionen zu Anfang ihres Bestehens zunächst entlaufene Sklaven, Verfolgte und aus ihren Dörfern Vertriebene an.[29] Dieser Zulauf erschwert die Aufnahme von Kontakten zu den traditionellen Dörfern und Gemeinschaften. Die Chiefs und Autoritäten verlangen von den Missionen die Rückgabe der Entlaufenen, womit Konflikte vorprogrammiert sind. Dann aber erkennen sich bedroht fühlende Stämme den strategischen Vorteil einer engen Verbindung mit den Missionaren. Die Tonga am oberen Westufer des Sees sind beispielgebend: Sie lassen sich in großer Zahl von der *Livingstonia Mission* in Bandawe in die Schulen integrieren und später christianisieren, u.a. in der Hoffnung, damit den jährlichen und ständigen Angriffen der Ngoni zu entgehen.[30] Das Kalkül geht letztlich auf, und nun ist der Bann gebrochen: Auch die anderen Stämme in der Region verlangen nun geradezu die Entsendung von Missionaren und Lehrern in ihr Gebiet. Im Ergebnis sichern erst jetzt die Missionen ihren gewollten Ertrag und gleichzeitig den

---

28 Vgl. P.A. Cole-King, Lake Malawi Steamers; Historical Guide No. 1, Limbe 1971 (1987).

29 Oliver (wie Anm. 3), S. 172.

30 Vgl. J. van Velsen, The Politics of Kinship: A Study in Social Manipulation among the Lakeside Tonga, Manchester 1964 (1971); J. van Velsen, The Missionary Factor among the Lakeside Tonga of Nyasaland, in: H.A. Fosbrooke (Hg.), Humans Problems in British Central Africa: The Rhodes-Livingstone Journal 26, S. 1-22, Manchester 1970.

St. Michaels and All Angels Church, Blantyre

»Landfrieden«, der in Zentralafrika für Jahrhunderte keine Chance seiner Herausbildung und Sicherung hatte.

Die ökonomische Bedeutung der Missionen stärkt auch ihre politische. In der sich entfaltenden Geldwirtschaft sind die Missionare Arbeitgeber und Investoren, in Nyasa für lange Zeit in weit stärkerem Maße als die Plantagenwirtschaft; Minen und Industrien fehlen noch heute. Später wird die Kolonialadministration Alternativen anbieten. Die Stationen sind Wohlfahrtsinseln, denen zuzugehören ein Privileg darstellt. »Really, the mission was like paradise. When we used to sing the hymn ›There is a city bright‹, we often said that the mission was just like that city«. »At that time dismissal from the mission was regarded as a great punishment: Some married men and some boys were dismissed for misconduct or for immorality. They wept when pleading to have their dismissals withdrawn. I remember a man who served the mission for many years and was then dismissed because of immorality. He wept like a child and became sick for some days«.[31] Es ist offensichtlich, dass die Missionen nicht nur über die Vermittlung von Wissen und Kenntnissen zukünftige Karrieren im modernen Sektor des Landes versprechen können, sondern dass der Aufenthalt auf den Stationen bereits

31 Pachai (wie Anm. 1), S. 69.

Annehmlichkeiten bietet, die unvergleichbar mit der Lebenssituation in den Dörfern sind, aus denen die Schüler, Lehrer und afrikanischen Prediger und Priester stammen. Wie bescheiden die Ausstattung, Unterkunft und Verpflegung in den Missionsstätten dem beobachtenden Europäer erscheinen, für die Einheimischen sind die Steinbauten, die Wasserversorgung, das Wegenetz, vielleicht schon elektrisches Licht, die gebügelte Schuluniform und das Glas Milch zum Frühstück ein wahrer Luxus, der sie bereits in ihrer Ausbildung von ihren Familien und Mitbewohnern in dem Dorf, aus dem die Betroffenen stammen, abhebt. Und so wachsen ganze Generationen der neuen indigenen Elite, die an den Missionsstätten herangebildet werden, auf mit der Erwartungshaltung, die sich zur Anspruchshaltung verdichtet, dass ihnen der Zugang zu den Fleischtöpfen der Mission gerechterweise zusteht und auch zukünftig nicht verweigert werden kann, solange sie ihren Teil der ungeschriebenen Abmachung einhalten, nämlich die Anpassung und Unterwerfung an und unter die Regeln der Mission. Es ist bezeichnend, dass die durchaus nicht seltenen Konflikte zwischen Schwarz und Weiß in den Missionen von den privilegierten afrikanischen Schülern, Lehrern und Angestellten vorangetrieben werden, und nie geht es um theologische Kontroversen, sondern immer um tatsächliche oder vermeintliche Verteilungsungerechtigkeiten. Die Missionare selbst sprechen von der Gefahr der »Calico Christians«.[32] Es ist sehr wahrscheinlich, dass die kontinuierlichen und relativ hohen Zuweisungen der Spender aus Europa und Nordamerika an ihre Missionen, die in Afrika tätig sind, eine Kirche von unten und damit der Armen verhindert.[33] Stattdessen ist auch die afrikanische Kirche selbst ein Teil klientelistischer Netze, und die Anfänge für diese Entwicklung liegen in den christlichen Missionen des 19. Jahrhunderts.

Schließlich und endlich sind die Missionen des 19. Jahrhunderts in Nyasa Vorreiter der Kolonialherrschaft in dem ganz konkreten Sinn, dass sie die britische Regierung ermutigen, ja geradezu bedrängen, Nyasa zur Kolonie zu machen. Außenpolitisch veranlasst sie dazu die Gefahr, die sie von einer katholischen Ordnungsmacht Portugal in der Region ausgehen sehen. Und nach innen müssen nun nach zwanzigjähriger Arbeit die leidigen Fra-

---

32 Calico ist der Baumwollstoff, den die Missionare für alle möglichen Dienstleistungen und Gefälligkeiten den Afrikanern zahlten, bevor es eine ausgeprägte Geldwirtschaft gab.

33 So der katholische Missionar Achermann (E. Achermann, Schrei geliebtes Afrika! Ein Kontinent braucht Hilfe, Solothurn/Düsseldorf 1993).

gen der weltlichen Herrschaft und Hoheit geregelt werden. Für die Missionare sind ja nur drei Lösungswege denkbar:

- Die Unterstellung unter eine traditionelle Herrschaft, die die weltlichen Angelegenheiten zu schultern in der Lage ist. Das aber scheint den Missionaren in der Regel nicht machbar und wünschenswert. Noch war ja der angestrebte Zivilisationsauftrag nicht erfüllt.
- Wie bisher, aber nun offen dokumentiert, die weltlichen Angelegenheiten selbst – wie etwa im römischen Kirchenstaat – in die Hand zu nehmen. Dazu jedoch waren die Missionare weder von innen in der Lage, noch wurden sie darin von ihrer Klientel in den Mutterländern unterstützt.
- So blieb als letzter Weg, eine zivilisierte Macht, in der Regel das Mutterland der Missionare, einzuladen, die entsprechenden hoheitsrechtlichen Fragen und Probleme zu richten.

Für die im Land dominanten Schotten ist das ohne Zweifel Großbritannien, auch wenn man als Schotte so seine gewissen Vorbehalte gegenüber Westminster hat. Die Regierung ihrer Majestät ist jedoch von diesem Anliegen wenig begeistert. Die Region ist strategisch und ökonomisch völlig uninteressant, und die gegebenen Kolonialinteressen Großbritanniens überfordern im Sudan und in Südafrika bereits die vorhandenen Ressourcen. Ein zusätzlich kostenintensives militärisches und politisches Engagement in dieser völlig uninteressanten Gegend macht daher wenig Sinn. Erst ein erheblicher, über die Medien vermittelter öffentlicher Druck der schottischen Kirchen und der Anglikaner sowie das offen gezeigte Interesse der Portugiesen, zumindest das Shire-Hochland in ihren Machtbereich einzubeziehen, lässt die Regierung nachgeben. Nyasa wird 1891 zum Protektorat erhoben, allerdings immer ein Hinterhof britischer Kolonialinteressen bleiben.[34]

Vor Beginn des großen Krieges von 1914 sind die Presbyterianer – die *Livingstonia-*, die *Blantyre-* und die *Nkhoma-Misson* – die dominante christliche Kraft in der Region, ausstrahlend bis in die beiden Rhodesien (heute Zimbabwe und Zambia) und Portugiesisch-Ostafrika (Moçambique). Die anglikanische Kirche konzentriert ihre Arbeit auf das östliche Ufer des großen Sees. Damit sind die Interessensphären der schottischen und englischen Missionen im Wesentlichen klar getrennt. Die kleinen Initiativen, zum Teil von Booth auf den Weg gebracht und nicht zuletzt deshalb arg-

34 Sir H.H. Johnston, The Story of my Life, Indianapolis 1923.

wöhnisch beobachtet, kämpfen noch immer um ihr Überleben und sind von eher randständiger Bedeutung. Aber die katholische Kirche hat, wenn auch noch in bescheidenem Ausmaß, festen Fuß in Nyasa gefasst, und es ist nicht anzunehmen, dass sie sich mit dem gegenwärtigen Status quo begnügen wird.

Von Beginn ihrer Tätigkeit an pflegen die beiden schottischen Missionen eine enge Kooperation. Sie tauschen Personal untereinander aus, und ohne die personelle, logistische und publizistische Hilfe der *Livingstonia Mission* hätte *Blantyre* seine existentielle Krise, ausgelöst durch den erwähnten Skandal der praktizierten Verbrechensbestrafung, nicht überlebt. Erleichtert wird diese Kooperation ganz sicherlich durch den Tatbestand, dass die verschiedenen presbyterianischen Mutterkirchen trotz der »Disruption« von 1843[35] immer in Kontakt geblieben waren und bereits zum Ende des 19. Jahrhunderts über eine Wiedervereinigung diskutiert hatten, die dann zu Beginn des 20. Jahrhunderts auch erfolgt.

Die *Nkhoma Mission* der *Dutch Reformed Church* schließt sich, wenn auch zeitversetzt und zunächst zögerlich, dieser Kooperation an. Der gemeinsame presbyterianische Hintergrund erleichtert dieses Aufeinander-Zugehen. Ein bezeichnender und außergewöhnlicher Ausdruck für die Kooperation der drei presbyterianischen Missionswerke – bevor sie sich dann sogar 1926 zu einer Kirche, der *CCAP*, zusammenschließen – ist die gemeinsame Arbeit an der Bibelübersetzung in Chinjanja, einer einheimischen Sprache in Nyasa, im Zeitraum von 1900-1919[36]

Eine eigentümliche persönliche Komponente erleichtert die Enge der Kooperation der drei presbyterianischen Missionen. Jede von ihnen wird langjährig zum gegebenen Zeitraum von starken Persönlichkeiten in fast autokratischer Weise geführt. Robert Laws ist Gründungsmitglied (1875) und leitet 49 Jahre (von 1878-1927) die *Livingstonia Mission*. Alexander Hetherwick kommt erst nach dem »Selbstjustizskandal« nach *Blantyre*, zunächst als stellvertretender Leiter (1883-1898) und dann für dreißig Jahre als Leiter der Mission (bis 1928). William Murray führt die Mission der *Dutch Reformed* über 43 Jahre von 1894-1937. Diese langjährige Tätigkeit in verantwortlicher Stellung gibt ihnen eine konkurrenzlose Autorität, auch und nicht zuletzt gegenüber den Committees in ihren Mutterkirchen, die als Kontrollinstanzen fungieren, aber weder über eine vergleichbare Praxiserfahrung verfügen noch über eine ähnliche Personalkontinuität. Diese Auto-

---

35 Warneck (wie Anm. 3).
36 Vgl. Retief (wie Anm. 21), S. 103 .

rität verleiht ihnen Handlungsspielräume, die sie für die erwähnte enge Kooperation nutzen.

Auch in der *UMCA* auf Nkhoma-Island gibt es Befürworter einer Kooperation mit den Presbyterianern. Insbesondere der fast fünfzig Jahre lang in der Mission tätige (von 1876 an) Erzdiakon William Percival Johnson, eng befreundet mit Robert Laws, erhofft sich davon bessere Missionserfolge. Aber anders als die Presbyterianer, steht er in einer expliziten Hierarchie seiner Bischöfe, und die quasi »Staatskirche« Großbritannien behandelt Kooperationen dieser Art äußerst zurückhaltend.[37] Und obwohl nicht wenige Presbyterianer das Tor offen halten für den Eintritt der *UMCA* in die neue *CCAP*, wird es zu einem Zutritt nicht kommen.

Alexander Hetherwick   *Robert Laws*

37 W.P. Johnson, My African Reminiscences 1887-1895, London 1924.

VI.

Der Erste Weltkrieg zeitigt für die christliche Mission – und damit in erster Linie für die protestantische – in Nyasaland schwerste Lasten, und von den Folgen wird sie sich nie wieder erholen. Mit Kriegsausbruch geht eine Epoche zu Ende. Der Zenit der Mission ist überschritten[38], und nur mit großen Schwierigkeiten kann die Arbeit während des Krieges aufrechterhalten werden.

Mit dem Angriff deutscher Truppen unter der Führung von Lettow-Vorbeck aus dem benachbarten Deutsch-Ostafrika auf den Norden Nyasas ist der Krieg kein fernes Ereignis irgendwo in Europa, sondern real und präsent in der Kolonie. Eiligst werden waffenfähige Männer zum Militärdienst oder zu Dienstleistungen verpflichtet. Träger werden benötigt, Holzvorräte für die Dampfboote müssen geschlagen werden, Sanitätspersonal wird gesucht, und natürlich braucht es Soldaten. Davon sind nicht nur die weißen Missionare betroffen, sondern auch und nicht zuletzt die Afrikaner. Am stärksten werden die jungen christlichen Gemeinden unter dem Krieg leiden. Soweit es Alter und Gesundheit zulassen, werden so gut wie alle Prediger, Lehrer, Sanitäter und andere eingezogen, um als Übersetzer, Bürokräfte und Vorarbeiter zu dienen. Die Arbeit in den Kirchen, den Schulen und den Krankenhäusern kommt zum Stillstand. »Almost 30 % of adult males ... were recruited for service as labourers«. Weitere 3 % sind als Askaris zur KAR (*King's African Rifles*) eingezogen. Alexander Hetherwick, der Leiter der *Blantyre Mission*, beschwert sich: »From all part of Nyasaland men were recruited – pressed rather – into service.« In nächtlichen Aktionen werden Dörfer umstellt und die Männer mit Gewalt zum Dienst gezwungen.[39]

Der entrichtete Blutzoll ist erheblich; am stärksten wird er von den Afrikanern gezahlt. Zwar sterben auch einige Missionare in Kampfhandlungen oder an Krankheiten, aber Tausende der schwarzen Soldaten und Träger werden das Kriegsende nicht mehr erleben. Sie verenden an Seuchen, Erschöpfung und schlechter Ernährung, weniger in Kampfhandlungen. Entsetzt müssen die Missionare mit ansehen, wie die ihnen anvertrauten Gläubigen von britischen Militärs und der Kolonialverwaltung behandelt werden. Und dennoch ist kein Missionar in Nyasa bekannt geworden, der eine pazifistische Position bezogen hätte. In einem Kampf zwischen Gut und Böse sehen sich die Missionare in der Pflicht, ihre Gläubigen in den Krieg zu ru-

---

38 Oliver (wie Anm. 3), S. 163ff.
39 McIntosh (wie Anm. 11), S. 180.

fen und selbst mit gutem Beispiel voranzugehen[40], auch wenn die Missionsarbeit damit um Jahre zurückgeworfen wird. Der Vorschlag eines deutschen Missionars der *Moravians* an Robert Laws, ob sich die Missionare beider Kolonien in einer Art Waffenstillstand und Neutralität bewegen sollten, wird zurückgewiesen.[41]

Für die afrikanische Gläubigen ist der Krieg ein großer Schock. Hatten nicht die Missionare Frieden versprochen und gebracht? Sprachen sie nicht vom Frieden auf Erden? Und jetzt führen sie mehr als einen Operettenkrieg, wie der Soldatenfriedhof bei Karonga noch heute zeigt, aus Gründen, die für die Einheimischen kaum nachvollziehbar sind. Lokale Unruhen, wie der viel diskutierte und beachtete Chilembwe-Aufstand[42], die Renaissance afrikanischer Heilsbringer und Wunderheiler und verstärkte Absplitterungen von den etablierten Missionen dokumentieren den Gesichts- und Legitimationsverlust der bis dahin hoch angesehenen Missionare.

In Europa senkt sich die Aufmerksamkeitsschwelle für eine christliche Mission in Afrika erheblich. Dafür verantwortlich ist nicht nur der unaufhaltsame Säkularisierungsprozess, sondern auch, dass die Neugierde auf die Geschehnisse im »schwarzen Kontinent« befriedigt scheint. Es gibt andere Themen und nicht zuletzt die eigene Not, ob im Siegerland oder im Land der Besiegten.

Ökonomisch geht Europa insgesamt als Verlierer aus dem Weltkrieg hervor. Schottland beginnt seine Talfahrt in die Rezession. Die großen Schiffswerften in Glasgow sind die ersten, die das zu spüren bekommen. Erhebliche Einbrüche in die Spendenakquirierung sind der Fall. Die schottischen Mutterkirchen können ihren Missionen nur noch abnehmende finanzielle Ausstattungen sichern. Und trotz wachsender Arbeitslosenzahlen melden sich immer weniger Willige, sich an der christlichen Afrikamission zu beteiligen. Gerade die schottischen Missionen sind diejenigen, die unter den ökonomischen und sozialen Folgen des Ersten Weltkriegs die stärksten Einbußen hinnehmen müssen.

Anders die katholischen Missionen: Auch sie verzeichnen zwar erhebliche Einbrüche in ihre Finanzausstattung, können diese Defizite jedoch teilweise mit weitergehenden personellen Zugängen kompensieren. Mögli-

---

40 Ebd.

41 Ebd.

42 G. Shepperson u. Thomas Price, Independent African: John Chilembwe and the Origins, Setting and Significance of the Nyasaland Native Rising of 1915, Blantyre 2000.

cherweise ist die unterschiedliche soziale und nationale Herkunft der Or-
densmitglieder von Relevanz für dieses Phänomen. So gelingt es den katholischen Missionen, nach dem Ersten Weltkrieg ihre Aufschwungphase fort-
zusetzen, während die protestantischen Konkurrenten stagnieren. Zweifellos vertieft diese Tatsache die Gräben zwischen den protestantischen und
katholischen Missionen.

Die radikal veränderten ökonomischen, politischen und sozialen Voraussetzungen für eine Christianisierung Nyasas erzwingen eine Neugestal-
tung der Missionen, insbesondere für die schottischer Herkunft, die sich auf
drei Kristallisationspunkte verengt:

- eine weitere Verstärkung der Kooperation untereinander,
- die Frage nach dem Verhältnis zum jetzt etablierten Kolonialstaat und
- die Frage nach der anstehenden »Afrikanisierung« der Missionen, bzw.
  der Überführung der Missionen in afrikanische Kirchen.

Nachdem sich die Hoffnung der schottischen Presbyterianer auf ein Mis-
sionsmonopol in der Region nach dem Ersten Weltkrieg als Illusion erweist
und sich ihre Dominanz gegenüber nachkommenden Konkurrenten auf
Grund stark reduzierter personeller und finanzieller Ressourcen nicht mehr
aufrechterhalten lässt, denken sie in verstärktem Maße über eine Kooperation mit anderen Missionen nach, die allerdings zunächst nur im engen Lager der Presbyterianer und darüber hinaus mit anderen Protestanten realisiert werden können.

Die beiden schottischen Missionen forcieren ihren Zusammenschluss
und ihr Aufgehen in eine afrikanische Kirche, die *CCAP*. Später wird sich
die *Nkhoma Mission* beteiligen. 1926, zum 50. Jahrestag der *Blantyre Mission*,
erklären sich die drei Missionen der Presbyterianer zu Synoden und damit
als Teil der ersten afrikanischen Kirche in Nyasa. Darüber hinaus einigen
sich die Presbyterianer und die Mehrzahl der übrigen protestantischen Missionswerke auf die gemeinsame Nutzung von Ausbildungsstätten für Priester und Lehrer. Schulbücher werden zunehmend ausgetauscht, und ein
Dachverband wird gegründet. Dagegen verschärfen sich die Auseinandersetzungen zwischen dem protestantischen und dem katholischen Lager erheblich. Mit Argwohn beobachten die Protestanten die enorme Expansion
der katholischen Kirche, die nach dem Zweiten Weltkrieg in der Anzahl der
Gläubigen mit den Presbyterianer gleichziehen wird. Immer wieder beschweren sich die Missionen von *Livingstonia*, *Nkhoma* und *Blantyre* darüber, dass die beiden katholischen Orden in »ihr Stammland« einbrechen

und Kirchen und Schulen gründen, obwohl eine nicht verbindliche Absprache zwischen den Missionen festhält, dass neue Stationen nicht näher als 2,5 Meilen von bereits bestehenden Einrichtungen anderer Denominationen errichtet werden sollten. Aber nicht nur die katholische Kirche sieht sich von einer solchen Absprache nicht berührt, auch die Anglikaner beginnen sich nach dem Ersten Weltkrieg nach Westen hin, ins Kernland von Nyasa, umzuorientieren. Zudem kommen verstärkt amerikanische Missionen ins Land, deutsche Lutheraner aus Tanganyika, und auch die Muslime organisieren sich erstmals.[43]

Die britische Kolonialherrschaft und auch die kleine, aber einflussreiche Plantagenwirtschaft sehen mit gewissem Wohlwollen die Aktivitäten der nicht-schottischen Missionen, hatten sich doch die Schotten immer wieder auf Konflikte mit ihnen eingelassen, wenn sie sich gegen zu hohe Steuersätze, Zwangsarbeit und Formen der sozialen Diskriminierung ihrer afrikanischen Gläubigen einsetzten. Die anderen Kirchen dagegen hielten sich in diesen Fragen bis nach dem Zweiten Weltkrieg bedeckt.

1964, als das Land unabhängig wird, vertiefen sich eher noch die Gräben dadurch, dass sich die beiden großen Landeskirchen, die protestantische *CCAP* und die katholische Kirche, in unterschiedlichen politischen Lagen engagieren. *Livingstonia* und *Blantyre*, mit ihrem schon weitgehend afrikanischen Personal, bekennen sich im Unabhängigkeitskonflikt mit der englischen Kolonialmacht offen zum relativ radikalen *NAC* (*Nyasaland African Congress*), der späteren *MCP* (*Malawi Congress Party*), während die katholische Kirche mit einer unmittelbar zur Unabhängigkeit neu gegründeten, gemäßigten *Christian Liberation Party* in Verbindung gebracht wird. Der Führer des *NAC* und spätere Diktator Malawis, Hastings Banda, wird diese Liaison der katholischen Kirche mit einem politischen Konkurrenten bis zum Ende seiner Gewaltherrschaft nicht vergessen und verzeihen.

Erst Ende der sechziger Jahre beginnen vorsichtige Kooperationsbemühungen zwischen Katholiken und Protestanten, teilweise auch unter Einschluss der Muslime des Landes. Im Rahmen der Katastrophen- und Entwicklungshilfe arbeiten die beiden großen christlichen Lager zusammen. Ausdruck dafür ist das gemeinsam gegründete *CSC* (*Christian Service Committee*), das entsprechende Hilfsprojekte in Malawi umsetzt.[44] *CHAM*

---

43 D.S. Bone (Hg.), Malawi's Muslims: Historical Perspectives. Blantyre 2000.

44 Die langjährige erfolgreiche Arbeit dieses Joint Ventures hat jedoch die katholische Seite nicht daran gehindert, nachträglich eine konkurrierende katholi-

(*Christian Hospital Association of Malawi*) und *CLAIM* (*Christian Literature Association in Malawi*) werden als gemeinsame Unternehmungen bzw. Dachverbände gegründet. In allen diesen Fällen tragen ausländische Geber ihren Teil zu dieser Kooperation bei, indem sie ihre finanziellen Hilfszusagen an eine solche binden.

Die Gründung von *PAC* (*Public Affairs Committee*) ist in jüngerer Zeit ein bemerkenswertes Beispiel einer Kooperation zwischen Protestanten und Katholiken, an der sich auch die Muslime beteiligen. Hier treten die Vertreter der großen Religionsgemeinschaften als Interessengruppe und politischer Faktor im Land auf, indem sie sich gemeinsam zu drängenden politischen Fragen äußern und politische Erziehungsprogramme, die von ausländischen Gebern finanziert werden, durchführen und damit nicht unwesentlich zur friedlichen Ablösung der Diktatur beitragen.

Wenngleich sich diese und andere Kooperationen nicht im engeren Sinne als ökumenisch verstehen lassen, haben sie jedoch zu einem Klima der gegenseitigen Anerkennung und Toleranz geführt, wo der Präsident des überwiegend christlichen Landes ein Muslim sein kann.

Verstärkt fordern die Missionen in der Zwischenkriegszeit von der Kolonialadministration eine finanzielle Beteiligung an ihren ressourcenbindenden Aktivitäten im Schul- und Gesundheitswesen. Gleichzeitig wollen sie jedoch verhindern, dass der Kolonialstaat stattdessen eigene Strukturen aufbaut oder aber im Gegenzug für Subventionen ein Kontrollrecht einfordert. Für den Aufbau staatlicher Schulen und Krankenhäuser landesweit jedoch hat der schwache Kolonialstaat keine Möglichkeiten. Auch er muss sich mit einer äußerst knappen Finanzausstattung begnügen. Aber zu Subventionen ist er bereit und im beschränkten Maße fähig, allerdings nur als Gegenleistung zur Vereinheitlichung der Curricula in den Missionsschulen und zur Einhaltung von Standards in den Krankenhäusern. Naturgemäß wehren sich die Missionen, in diesem Fall unter Aussetzung der protestantisch-katholischen Streitpunkte, vehement gegen dieses Ansinnen. Aber schließlich sind die angebotenen, nicht sehr üppigen Zuzahlungen der Kolonialadministration zu zentralen Missionsaktivitäten hinreichende Lockung, sich anzupassen, umso mehr als die Kolonialverwaltung in jeder Hinsicht deutlich macht, dass sie ihre gewollte Kontrollfunktion überhaupt nicht effizient und effektiv ausfüllen wird und kann. Für die katholischen Orden und die *Dutch Reformed Church* wird diese Neuregelung der Finanzie-

sche Organisationsstruktur aufzubauen. Man sei damit dem Wunsch der römischen Kirche und der katholischen Spender gefolgt.

rung von Schulen und Krankenhäusern weitergehende Folgen zeitigen als für die schottische Seite. Sie müssen ihre Ausbildungsstandards in den Schulen zum Beispiel erheblich steigern, wollen sie an den Subventionen partizipieren, während die schottischen Missionen durch ihre Orientierung an britischen Standards hier nur wenige Veränderungen durchführen müssen. Nach einigem Zögern läutet die katholische Kirche eine entschiedene Wende im Bildungssektor ein. Besteht ihre Ausbildungsphilosophie bislang auf »Low Profile« und sind ihre Missionare häufig auch selbst auf Grund ihrer nationalen Herkunft nur auf Umwegen der englischen Sprache mächtig, ziehen sie nun die Konsequenzen und versuchen, auch auf diesem Gebiet ihre schottischen Konkurrenten zu überholen. Seither bieten sie *Livingstonia* und *Blantyre* Paroli in der Orientierung und Erziehung indigener Elite.[45]

Aber viel von den umfassenden und erstaunlichen Leistungen der Missionen lässt sich nicht an den Kolonialstaat übertragen, der selbst unter starken finanziellen, personellen, aber auch qualifikatorischen Mängeln leidet. Es sind nicht die besten Kräfte, die in den Zwischenkriegszeiten in die Kolonialverwaltung drängen, und Nyasa steht weiterhin im Schatten der großen Siedlungskolonien in seiner Nachbarschaft. Ökonomische Interessen der auch nicht üppig wachsenden Plantagenwirtschaft in der Kolonie gewinnen an Einfluss. Die schwache Kolonialadministration kann sich dagegen nicht wehren, und die im 19. Jahrhundert noch politisch, ökonomisch und sozial dominanten christlichen Missionen sind auf den Rang von Interessengruppen neben anderen zurückgefallen.

Perspektivisch das Ende der Missionierung einzuleiten und ihre »Afrikanisierung« und Überführung in nationale Kirchen umzusetzen, scheint jetzt angebracht. Schließlich war und ist das das Ziel jeder Missionierung, allerdings durch die ökonomischen und personalen Restriktionen eher gefordert als in einem kontinuierlichen Übergabeprozess gewollt.

Der Druck auf eine schnellere »Afrikanisierung« der Missionstätigkeit in Nyasa ist zweifellos stärker auf protestantischer Seite. Für Presbyterianer ist die Gründung neuer Kirchen, die Einrichtung von lokalen Synoden und Gemeinden Ziel der Bemühungen. Für die katholische Kirche dagegen gilt es, neue Provinzen für Rom zu erschließen und keineswegs lokale und unabhängige Kirchen zu gründen. Der Endpunkt einer »Afrikanisierung« der christlichen Mission in Nyasa ist also auf protestantischer und katholischer

---

45 Nach Auskunft von Klaus Fiedler sind allerdings noch 1961 ca. 70 % der politischen Eliten in Malawi Zöglinge von *Blantyre* und *Livingstonia*.

Seite unterschiedlich bestimmt. Die Frage aber nach den Entscheidungsstrukturen in den kirchlichen Organisationen in Nyasa, dem Abzug von
weißen Missionaren und der umfassenden oder teilweisen Kontrolle über
die Finanzmittel ist dann nur noch graduell unterschiedlich zwischen den
beiden christlichen Lagern im Lande.

In kultureller Hinsicht ermutigen alle Missionen ihre Gläubigen, am
frühesten und am weitestgehenden aber die beiden katholischen Orden, genuin afrikanische Kulturbestände in die Liturgie, das Liedgut und die sakrale
Kunst einzubringen. Aber sie beobachten und kontrollieren auch argwöh-
nisch, ob sich damit nicht unversehens a-christliche oder gar anti-christliche
Elemente in das Kirchenleben einnisten können. Die Missionare scheuen
sich auch nicht vor scharfen Auseinandersetzungen mit lokalen Traditionen,
wenn diese – wie sie glauben – ihre eigenen Vorstellungen von Hochzeits-
und Beerdigungsritualen bedrohen.[46] Zwar wird schon in den Missionen
auch in lokaler Sprache gepredigt – und hierfür haben die Missionare durch
ihre Übersetzungen den Grundstein gelegt –, aber der Inhalt richtet sich an
den europäischen Vorbildern aus. Texte und Lieder sind noch für lange Zeit
schlichte Übersetzungen, und erst später entstehen Eigenschöpfungen in
Text und Musik. Heute ist der Prozess der »Afrikanisierung« in den malawischen Kirchen in kultureller Hinsicht weiter vorangeschritten. In vielen
Sakralbauten ertönen afrikanische Gesänge und finden sich Kruzifixe und
Marienbilder von afrikanischen Künstlern, die allerdings hörbar und sehbar
noch immer starke Elemente der Nachinterpretation von Vorbildern und Äs-
thetiken Europas und Amerikas aufweisen.

Personell stößt eine »Afrikanisierung« der Missionen bzw. der neuen
Kirchen nach dem Ersten Weltkrieg auf enge Grenzen. Alle Missionen haben auf eine sehr sorgfältige Qualifizierung afrikanischer Mitbrüder Wert
gelegt und dabei viel Zeit gebraucht. Die *Livingstonia Mission*, die größte
Mission im Land, hat bis 1927, also in mehr als fünfzig Jahren ihres Be-
stands, erst dreizehn afrikanische Pastoren ordiniert.[47] Andere Missionen,
insbesondere die römische Kirche, haben sich noch mehr Zeit genommen,
Afrikaner in die kirchlichen Führungszirkel aufzunehmen. Noch heute sind
nicht alle malawischen Bischöfe der katholischen Kirche malawischer Na-
tionalität, und – von viel größerer Bedeutung – in den Gemeinden wirkt
immer noch eine erhebliche Anzahl von Missionaren.

46 Vgl. Linden (wie Anm. 18).
47 McIntosh (wie Anm. 11), S. 245.

Fenster in der St. Michaels and All Angels Church, Blantyre

Aber es dauert noch bis in die Phase der Unabhängigkeit Malawis nach dem Zweiten Weltkrieg, bis die Missionare in der *CCAP* und in anderen Kirchen die Leitung aus der Hand geben. Denn selbst dort, wo afrikanische Priester und Pastoren in genügender Zahl und Qualität zur Verfügung stehen, behalten sich die Missionare die Entscheidungen über das, was sie als ihre eigenen Angelegenheiten ansehen, und über die Spenden, die aus den Mutterkirchen ins Land fließen, vor. Auf protestantischer Seite sind es die *Mission Councils*, die das letzte Sagen behalten, in der katholischen Kirche sind es die bekannten Hierarchien, einschließlich der besonderen Stellung Roms.

Der schrittweise Prozess der Übergabe der Verantwortung an Afrikaner hat jedoch auch ambivalente Folgen, die sich aus der internen Struktur der jeweiligen Kirchen ergeben. Die drei Synoden der protestantischen *CCAP*, hervorgegangen aus den drei presbyterianischen Missionen, haben sich parteipolitisch orientiert und differenziert, entsprechend dem Parteienspektrum, in dem drei große Parteien regionale Schwerpunkte repräsentieren. Der Grund hierfür ist die im Prinzip demokratische Verfasstheit der protestantischer Kirchenstrukturen, in der die Kirchenälteren zur Wahl stehen und sich selbst die Priester in den Gemeinden einem Auswahlverfahren unterziehen müssen. In solchen Wahlverfahren setzen sich auch parteipolitische Präferenzen durch. Anders die katholische Kirche mit ihrer hiercharchischen Struktur und nicht-demokratischen internen Verfassung. Sie ist der parteipolitischen Regionalisierung, die immer latent auch ein Moment des Separatismus in sich trägt, nicht gefolgt.

Heute scheint der Prozess der »Afrikanisierung«, was immer man darunter auch genau versteht, vorangeschritten. Allein schon die Tatsache, dass vergleichsweise nur noch wenige Missionare im Land sind, jedenfalls bei den etablierten Kirchen, hat das Problem einer eventuellen Fremdbestimmung verkleinert. Auch die den malawischen Kirchen noch zufließenden Mittel ehemaliger Mutterkirchen oder internationaler Kirchenbünde sind begrenzt, und die Geber reduzieren ihre Aktivitäten in der Regel auf die Kontrolle der ordnungsgemäßen Verausgabung. Dennoch verbleibt eine Asymmetrie im Verhältnis der afrikanischen Kirchen zu den europäischen und nordamerikanischen. Aber auch die wird sich möglicherweise in der Zukunft auflösen. Denn während in Europa die Gläubigen den Kirchen den Rücken kehren, vermag die afrikanische Kirche mit steigenden Gefolgschaften zu glänzen.

VII.

Was ist geblieben von der christlichen Mission in Nyasa, nicht nur als historische Erinnerung, sondern gegenwärtig und zukünftig?

Viele der Missionsstationen, Kirchen, Krankenhäuser und Schulen stehen heute in eigenartiger Fremdheit und Exotik inmitten einer afrikanischen Bebauung und Lebensweise und sind dem Verfall preisgegeben. Sie zeugen von einer vergangenen Ordnung und einem expliziten Gestaltungswillen der Missionare, als diese noch das Sagen hatten. In Stil, Größe und Fertigung nach europäischen Maßstäben eher schlicht und einfach modelliert, stellen sie für das afrikanische Auge wahre Wunderwerke aus Stein, Glas und Metall dar, für deren Pflege und Erhalt die Bevölkerung weder Anlass noch Möglichkeiten besitzt. Vieles, nicht nur die Bauwerke, hat die afrikanischen Gläubigen eher überwältigt denn überzeugt. Besucht man jedoch sonntags die Gottesdienste und Messen, erhält man den Eindruck lebendiger Gemeinden. Da ist etwas entstanden, das sich nicht so schnell in nichts auflösen wird. Und beides, Verfall und Erhalt, prägt wohl das Erbe der Missionen im heutigen Malawi.

Wollte man sich der kaum zu bewältigenden Aufgabe stellen, in einer Art Bilanz die Erfolge und das Scheitern der Missionen und der Missionare abzuwägen, so hilft vielleicht der folgende Gedanke. Die Missionare in Afrika sind die ersten Entwicklungshelfer auf dem Kontinent. Sie bringen nicht nur eine Religion, sondern neue Techniken, neue Lebensformen, Verhaltensmuster und Einstellungen, kurz: die Moderne. Und wie die heutigen Entwicklungshelfer scheitern sie immer dann, wenn ihr Gestaltungswille übermächtig wird und über die Köpfe und Herzen der Betroffenen, die nicht zu Beteiligten gemacht werden, hinwegfegt. Immer wenn sie Überzeugung und Vorbild vorleben, geduldig und nicht in selbst gesetzten Zeitgrenzen, wenn sie als Lernende und nicht als Wissende auftreten, dann besteht die Chance, dass sich etwas bewegt. Die internationale Entwicklungszusammenarbeit könnte aus der Geschichte der christlichen Mission in Afrika einiges lernen. Aber es besteht kein Anlass anzunehmen, dass sie das zu tun vorhat.

Abkürzungsverzeichnis

BMZ   Bundesministerium für wirtschaftliche Zusammenarbeit und Entwicklung
CDG   Carl-Duisberg-Gesellschaft
DEG   DEG – Deutsche Investitions- und Entwicklungsgesellschaft mbH
DSE   Deutsche Stiftung für Internationale Entwicklung
GTZ   Deutsche Gesellschaft für technische Zusammenarbeit
KfW   Kreditanstalt für Wiederaufbau
KW   Kwacha (malawische Währung)
NRO   Nicht Regierungsorganisationen

Weitere Titel dieser Reihe:

Thomas Faist (Hg.)
Transstaatliche Räume
Politik, Wirtschaft und Kultur
in und zwischen Deutschland
und der Türkei
2000, 430 Seiten,
kart., 24,80 €,
ISBN: 3-933127-54-8

Alexander Horstmann,
Günther Schlee (Hg.)
**Integration durch
Verschiedenheit**
Lokale und globale Formen
interkultureller
Kommunikation
2001, 408 Seiten,
kart., 24,80 €,
ISBN: 3-933127-52-1

Ayhan Kaya
"Sicher in Kreuzberg"
Constructing Diasporas:
Turkish Hip-Hop Youth in
Berlin
2001, 236 Seiten,
kart., 30,80 €,
ISBN: 3-933127-71-8

Margret Spohn
**Türkische Männer in
Deutschland**
Familie und Identität.
Migranten der ersten
Generation erzählen ihre
Geschichte
2002, 474 Seiten,
kart., 26,90 €,
ISBN: 3-933127-87-4

Julia Lossau
Die Politik der Verortung
Eine postkoloniale Reise zu
einer ANDEREN Geographie
der Welt
2002, 228 Seiten,
kart., 25,80 €,
ISBN: 3-933127-83-1

Andreas Ackermann,
Klaus E. Müller (Hg.)
**Patchwork: Dimensionen
multikultureller
Gesellschaften**
Geschichte, Problematik und
Chancen
2002, 312 Seiten,
kart., 25,80 €,
ISBN: 3-89942-108-6

**Leseproben und weitere Informationen finden Sie unter:
www.transcript-verlag.de**

Weitere Titel dieser Reihe:

Cosima Peißker-Meyer
Heimat auf Zeit
Europäische Frauen in der
arabischen Welt
2002, 222 Seiten,
kart., 25,80 €,
ISBN: 3-89942-103-5

Sibylle Niekisch
Kolonisation und Konsum
Kulturkonzepte in Ethnologie
und Cultural Studies
2002, 110 Seiten,
kart., 13,80 €,
ISBN: 3-89942-101-9

Alexander Horstmann
Class, Culture and Space
The Construction and Shaping
of Communal Space in South
Thailand
2002, 204 Seiten,
kart., 31,80 €,
ISBN: 3-933127-51-3

Markus Kaiser (Hg.)
WeltWissen
Entwicklungszusammenarbeit
in der Weltgesellschaft
Januar 2003, 384 Seiten,
kart., 25,80 €,
ISBN: 3-89942-112-4

Kulturwissenschaftliches
Institut
Jahrbuch 2001/2002
Januar 2003, 400 Seiten,
kart., 19,80 €,
ISBN: 3-89942-129-9

Klaus E. Müller (Hg.)
Phänomen Kultur
Perspektiven und Aufgaben der
Kulturwissenschaften
April 2003, 238 Seiten,
kart., 25,80 €,
ISBN: 3-89942-117-5

Anja Peleikis
Lebanese in Motion
Gender and the Making of a
Translocal Village
Juli 2003, 210 Seiten,
kart., 29,80 €,
ISBN: 3-933127-45-9

Markus Kaiser (Hg.)
Auf der Suche nach Eurasien
Politik, Religion und
Alltagskultur zwischen
Russland und Europa
Dezember 2003, 376 Seiten,
kart., 25,80 €,
ISBN: 3-89942-131-0

Leseproben und weitere Informationen finden Sie unter:
www.transcript-verlag.de